하나님이 계획하신 교회

The Master's Plan for the church

| 존 맥아더 |

생명의말씀사

THE MASTER'S PLAN FOR THE CHURCH
by John F. MacArthur

This book was first published in the United States
by Northfield Publishing, 820 N. LaSalle Blvd. Chicago, IL 60610
with the title *The Master's Plan for the Church*
Copyright ⓒ 1991 by John MacArthur
All rights reserved.

Korean Edition published by Word of Life Press, Seoul 1993, 2009
Translated and published by permission.
Printed in Korea.

하나님이 계획하신 교회

ⓒ 생명의말씀사 1993, 2009

1993년 4월 25일 1판 1쇄 발행
1998년 9월 25일   4쇄 발행
2009년 7월 30일 2판 1쇄 발행
2025년 10월 31일   8쇄 발행

펴낸이 | 김창영
펴낸곳 | 생명의말씀사

등록 | 1962. 1. 10. No.300-1962-1
주소 | 서울시 종로구 경희궁1길 6 (03176)
전화 | 02)738-6555(본사)・02)3159-7979(영업)
팩스 | 02)739-3824(본사)・080-022-8585(영업)

기획편집 | 박혜주, 이은숙
디자인 | 오수지, 임수경
인쇄 | 주손디앤피
제본 | 주손디앤피

ISBN 978-89-04-07116-6 (03230)

저작권자의 허락 없이 이 책의 일부 또는 전체를
무단 복제, 전재, 발췌하면 저작권법에 의해 처벌을 받습니다.

THE MASTER'S PLAN FOR THE CHURCH

하나님이 계획하신 교회

머리글_ 목자와 건축자　　　　　　　　　　　　6

 THE MASTER'S PLAN FOR THE CHURCH

1부_교회 해부학

교회 1 | 교회의 골격	14
교회 2 | 교회의 장기	30
교회 3 | 교회의 근육	75
교회 4 | 교회의 머리	98

2부_역동적인 교회

교회 5 | 초대 교회	112
교회 6 | 데살로니가 교회	122
교회 7 | 효율적인 교회의 표징	134
교회 8 | 교회의 소명	160
교회 9 | 주님의 방법에 의한 주님의 사역	176
교회 10 | 왜 나는 교회를 사랑하는가	196

3부_정결한 교회

교회 11 | 교회 권징의 요소	216
교회 12 | 죄 지은 형제의 회복 방법	238
교회 13 | 타락한 지도자가 복직해도 될까	246

CONTENTS

리더십 THE MASTER'S PLAN FOR THE CHURCH

4부_훌륭한 종의 자질

리더십 14 | 사역의 의무 이해하기	254
리더십 15 | 하나님의 양떼를 목양하기	290
리더십 16 | 유혹의 영에 대한 분별	304

5부_교회 리더십

리더십 17 | 교회의 직분	320
리더십 18 | 성경이 말하는 장로란 무엇인가	332
리더십 19 | 성경이 말하는 집사란 무엇인가	367
리더십 20 | 영적 리더십의 자격 조건	389

6부_진정한 목자가 되기 위해

리더십 21 | 거짓 가르침을 피하라	424
리더십 22 | 무오한 성경을 전하라	438
리더십 23 | 순전한 인격을 갖춰라	466
리더십 24 | 교리에 충실하라	474

머리글_목자와 건축자

"너희는 자기를 위하여 또는 온 양떼를 위하여 삼가라 성령이 저들 가운데 너희로 감독자를 삼고 하나님이 자기 피로 사신 교회를 치게 하셨느니라" 행 20:28.

"우리는 하나님의 동역자들이요 너희는 하나님의 밭이요 하나님의 집이니라 내게 주신 하나님의 은혜를 따라 내가 지혜로운 건축자와 같이 터를 닦아 두매 다른 이가 그 위에 세우나 그러나 각각 어떻게 그 위에 세우기를 조심할지니라 이 닦아 둔 것 외에 능히 다른 터를 닦아 둘 자가 없으니 이 터는 곧 예수 그리스도시라" 고전 3:9-11.

오늘날의 교회 지도자들 가운데는 자신을 사업가나 방송인, 연예인, 심리학자, 철학자, 또는 법률가라고 생각하는 이들이 있다. 하지만 이와 같은 모든 개념은 성경에서 비유하는 영적 지도자의 모습과 정면으로 배치된다.

바울은 디모데후서 2장에서 일곱 가지 비유를 들어 리더십의 개념을 표현했다. 구체적으로 그는 목회자를 교사 2절, 군사3절, 경주자5절, 농부6절, 일꾼15절, 그릇20-21절, 종24절에 빗대었다. 모두 희생과 수고, 섬김, 고생의 의미를 담고 있다. 단 하나도 리더십을 매혹적인 직업에 비유하지 않았다.

리더십은 매혹적인 것과는 거리가 멀다. 교회의 리더십은 교회의 귀족들에게 수여되는 명예 휘장이 아니다. 교회의 리더십은 돈으로 사고파는 것도 아니요, 세습되는 것도 아니요, 연배에 따라 정해지지도 않는다. 사업에 성공했거나 재물이 많거나 또는 지성이나 재능이 뛰어나다고 해서 교회 지도자가 될 수 있는 것도 아니다. 오직 흠 없는 인격과 성숙한 영성과 겸손히 섬기는 자세를 갖춘 사람만이 교회 지도자가 될 수 있다.

주님은 영적 리더십을 묘사하실 때 목자라는 표현을 즐겨 사용하셨다. 그분은 종종 스스로를 하나님의 양떼를 돌보는 목자로 묘사하셨다. 이처럼 교회 지도자는 모두 목자다. 흔히 사용하는 'pastor'라는 용어도 '목자'를 의미한다. 목자는 양떼를 인도하고, 먹이고, 양육하고, 위로하고, 가르치고, 보호해야 하니 참으로 적절한 비유라 생각한다. 목회자는 바로 그런 역할과 의무를 담당해야 한다.

대부분의 문화권에서 목자는 신분 질서의 하위 계층에 속하는지라, 높은 지위를 자랑할 수 없다. 이런 사실은 주님의 말씀과 일맥상통한다. "너희는 그렇지 않을지니 너희 중에 큰 자는 젊은 자와 같고 두목은 섬기는 자와 같을지니라" 눅 22:26.

교회를 위해 세우신 하나님의 계획에서 리더십이 담당해야 할 일은 사랑과 겸손으로 섬기는 역할이다. 교회의 리더십은 '경영'이 아니라 '사역'을 뜻한다. 하나님이 지도자로 부르신 이들은 통치하는 군주가 아니라 겸손한 노예고, 화려한 유명인이 아니라 수고하는 종이다. 하나님의 양떼를 인도하는 사람은 희생, 헌신, 복종, 겸손의 모범을 보여야 한다.

예수님은 허리를 구부려 친히 제자들의 발을 씻겨 주심으로써 리더십의 모범을 보여 주셨다 요 13:3-17 참조. 그것은 가장 천한 종이 행하는 당시 사회의 관습이었다. 우주만물의 주님이 다른 사람들의 발을 씻겨 주셨다면, 스스로를 대단한 인물이라고 생각할 권리가 있는 교회 지도자는 아무도 없다.

양떼를 돌보는 일과 교회를 이끄는 일 사이에는 한 가지 큰 차이가 있다. 동물을 돌보는 일에는 그다지 많은 지식과 기술이 필요하지 않다. 개도 훈련만 받으면 양떼를 보호할 수 있다. 성경 시대에 장성한 남자들은 좀 더 숙련된 기술을 요하는 일에 종사했고, 양떼를 돌보는 일은 다윗과 같은 어린 소년들의 몫이었다 삼상 16:11 참조.

한편 영적 양떼를 돌보는 일은 그렇게 단순하지 않다. 영적 목회자가 갖추어야 하는 자격 기준은 매우 높으며, 그 모든 조건을 다 충족시키기는 매우 어렵다. 그래서 그런 자격 기준을 모두 갖춘 사람은 매우 드물며, 그런 사람들 중에서도 직무를 탁월하게 수행할 수 있는 능력을 갖춘 사람은 거의 없다. 영적 목자가 되기 위해서는 경건한 성품, 뛰어난 재능, 다재다능한 기술을 골고루 갖추어야 한다. 그 외에도 교사,

군사, 경주자, 농부, 종의 역할을 감당하는 것은 물론 소년 목동의 사고방식과 태도를 갖추어야 한다.

하지만 그것이 전부가 아니다. 교회 지도자는 영적 건축가다. 바울은 고린도전서 3장에서 목회자를 성경의 청사진에 따라 하나님과 힘을 합해 교회라는 건축물을 완성해야 할 건축가에 비유했다.

> "우리는 하나님의 동역자들이요 너희는 하나님의 밭이요 하나님의 집이니라 내게 주신 하나님의 은혜를 따라 내가 지혜로운 건축자와 같이 터를 닦아 두매 다른 이가 그 위에 세우나 그러나 각각 어떻게 그 위에 세우기를 조심할지니라 이 닦아 둔 것 외에 능히 다른 터를 닦아 둘 자가 없으니 이 터는 곧 예수 그리스도라" 고전 3:9-11.

지혜로운 건축가는 설계도를 반드시 지킨다. 설계자의 의도에서 조금이라도 빗나갔다가는 건물을 쌓아 올린다 해도 곧 건물이 심하게 흔들리는 사태가 빚어진다. 하나님의 말씀은 영적 건축을 위한 설계도다. 오직 성경의 설계도를 정확히 따르는 사람만이 굳건한 건축물을 세울 수 있다.

목회자는 올바른 계획에 따라 건물을 지어야 하는 건축가이자 양떼를 올바른 길로 인도해야 하는 목자다. 어떤 역할을 감당하든 목회자에 따라 교회가 나아가는 방향이 결정된다. "백성이나 제사장이나 일반이라" 호 4:9라는 말씀대로 교인들은 영적 지도자를 본받기 마련이다.

이런 말들을 들으면 현대 교회의 서글픈 현실이 생각난다. 널리 알려진 교회 지도자들 가운데 성경 기준에 미치지 못하는 이들이 너무나도 많다. 그들을 본받는 지도자들은 똑같이 실패할 수밖에 없다. 그들은 잘못된 설계도를 가지고 교회를 건축하고 있으며 양떼를 그릇된 길로 인도하고 있다.

교회는 리더십만 온전하다면 어떤 어려움 속에서도 능히 살아남을 수 있다. 따라서 오늘날의 가장 시급한 과제는 설계자이신 하나님의 계획을 다시 눈여겨보고, 영적 목자가 되는 훈련을 다시 받는 것이다.

사람들은 나에게 종종 지난 35년 동안 그레이스 커뮤니티 교회가 엄청난 성장을 이룬 비결이 무엇이냐고 묻는다. 그럴 때면 교회의 양적 성장은 하나님이 주권적으로 결정하시는 일이고, 또 교인 수를 영적 성장을 가늠하는 척도로 생각해서는 곤란하다고 대답한다. 하지만 우리 교회는 양적 성장뿐 아니라 영적 성장에서도 괄목할 만한 성과를 이루었다. 하나님이 우리 교회를 축복하신 이유는 무엇보다 교인들이 성경의 리더십에 충실한 데 있다고 확신한다. 교인들이 우리 교회 장로들의 모범적인 신앙생활을 본받고자 노력한 덕분에 우리는 하나님으로부터 놀라운 축복을 경험할 수 있었다.

우리 교회는 약 25년 전부터 매년 '목자들의 모임'이라는 프로그램을 실시해 왔다. 각 교회에서 온 장로들과 교회 직원들이 우리 교회에서 거의 일주일을 함께 지내면서 영적 목양에 관한 성경 원리를 배우고, 그런 원리들이 표본으로 선정된 교회의 상황에 구체적으로 적용되는 것을 눈으로 직접 확인한다.

'목자들의 모임'에 관한 반응은 처음 우리 기대보다 훨씬 더 뜨거웠다. 초기에 모임에 참석한 사람들 가운데 영적 목양과 표본으로 선정된 교회에 관한 자료를 하나로 통합한 자료를 요청하는 이들이 많았다.

그 결과 이 책에 포함된 자료 대부분을 차지하는 목양학 : 교회 리더십을 위한 마스터플랜Shepherdology : A Master Plan for Church Leadership이 1989년에 햇빛을 보았다. 그 후 무디출판사가 판형을 약간 고쳐 주님의 교회 계획The Master's Plan for the Church을 펴냈다. 이를 다시 새롭게 개정해야 할 시점에 이르렀다. 이번 개정판에 실린 자료 내용과 핵심은 시대를 초월한 원리인지라 예나 지금이나 달라진 것은 없다. 교회의 현실을 반영하기 위해 연대상의 사건과 사실에 관한 참조 사항을 약간 달리했으며, 성경 중심의 설교 사역, 순전한 인격의 중요성, 교회를 사랑하지 않을 수 없는 이유, 교회 사역을 위한 성경 교리의 실천적 중요성과 같은 절대불변의 진리에 관한 유익한 정보가 포함되었다.

오늘날, 성경의 리더십 원리로 복귀하는 것보다 더 중요한 과제는 없다. 현대 교회나 선교 현장은 물론 기독교 학교와 단체에 이르기까지 참된 지도자들을 찾기가 너무나도 어렵다. 아무쪼록 이 책이 현대 기독교의 모든 영역에서 사역을 충실히 감당할 수 있는 지도자를 양성하는 일에 보탬이 되었으면 하는 바람이다. 교회는 지도자의 수준을 뛰어넘을 수 없다. 목회자를 비롯한 교회 지도자들이 경건한 믿음, 순전한 인격, 성숙한 영성이라는 하나님의 높은 기준에 미치지 못하면 교회 역시 실패할 수밖에 없다.

✢ 하나님이 계획하신 교회 ✢

"머리를 붙들지 아니하는지라 온 몸이 머리로 말미암아 마디와 힘줄로
공급함을 얻고 연합하여 하나님이 자라게 하심으로 자라느니라" 골 2:19.

"그는 몸인 교회의 머리라 그가 근본이요 죽은 자들 가운데서 먼저 나신 자니
이는 친히 만물의 으뜸이 되려 하심이요" 골 1:18.

1장 • 교회의 골격

+

2장 • 교회의 장기

+

3장 • 교회의 근육

+

4장 • 교회의 머리

교회 해부학

**THE MASTER'S PLAN
FOR THE CHURCH**

1

1 : 교회의 골격
교회 The Master's Plan for the Church

다른 곳에서 말씀을 전하기 위해 여행을 떠날 때면 사람들과 대화를 나누고, 하나님께 기도하며, 책을 읽는 데 집중한다. 잠시 목회 사역의 부담에서 벗어나 생각을 다듬는 것이다. 주님은 내가 섬겨야 할 사람들을 이해하고 그들과 함께 나눠야 할 중요한 일이 있다고 생각하실 때면 종종 내 마음에 깊은 감동을 주신다. 한번은 여행 중에 우리 교회인 그레이스 커뮤니티 교회를 생각하라는 주님의 감동이 느껴졌다.

캘리포니아 남부에 자리 잡은 그레이스 커뮤니티 교회는 내 삶의 중심이자 영혼이었다. 그곳에서 목회 사역을 시작한 지 40년이 지났건만 아직도 사역을 처음 시작한 듯한 느낌이다. 나는 앞으로도 기쁨과 기대와 잠재력이 충만한 미래가 교회를 기다리고 있다고 생각한다. 그러나 여느 교회와 마찬가지로 우리 교회도 때때로 위기에 직면하곤 한다. 그런 위기를 처리하는 방법에 교회 사역의 성패가 달려 있다.

우리 교회가 1970년대에 놀라운 성장을 기록하는 동안 내 능력으로는 감당하기 어려운 일들이 많이 일어났다. 그 당시를 '발견의 시간'이라고 일컫고 싶다. 처음 그레이스 커뮤니티 교회에서 사역을 시작했을 때 모르는 것이 너무 많았다. 매주 성경을 연구해서 설교를 준비했고, 주일에는 교인들과 함께 말씀을 나눴다. 그렇게 준비해 성경을 가르치면 교인들은 감탄을 금치 못했다. "그것이 바로 그런 의미인가요? 참으로 놀랍군요!"

우리는 성경을 이해하는 능력과 영적 성장의 관점에서 괄목할 만한 발전을 이루었고, 주님은 많은 사람을 교회에 보내 주셨다. 그 시절은 한마디로 오랜 허니문과 같았다. 도처에서 열정과 활력이 넘쳐났다. 참으로 즐겁고 행복한 시간이었다.

나의 첫 목표는 기존 교인들의 이탈을 막는 것이었다. 당시만 해도 교회가 지금과 같은 규모로 성장할 줄은 꿈에도 생각하지 못했다. 참으로 하나님을 "우리의 온갖 구하는 것이나 생각하는 것에 더 넘치도록 능히 하실 이"로 말씀하는 에베소서 3장 20절이 실감나는 시절이었다. 지금까지 목회 사역을 해 오면서 내가 생각했던 것보다 훨씬 더 위대한 일을 행하시는 하나님을 줄곧 목격해 왔다.

모든 교회는 성장과 쇠퇴라는 동일한 굴곡을 거친다. 첫 세대는 대개 진리를 발견하고 확립하기 위해 노력한다. 그레이스 커뮤니티 교회 역시 그 과정을 거쳤다. 우리 교회는 초창기에 진리를 발견하고 확립하는 일에 전념했다. 둘째 세대는 진리를 유지하고 전파하기 위해 노력한다. 우리 교회도 그랬다. 그 과정에서 얻은 지식과 정보를 나누기 위해 그간 여러 책들을 출간하기도 했다. 더불어 수백만 개의 카세트

테이프와 CD를 배포했다. 최근에는 위성 기술을 이용해 해외 여러 곳에 주일 설교와 교육 프로그램을 방송하고 있으며, MP3 플레이어로 들을 수 있는 온라인 라디오 및 텔레비전 방송의 이점을 활용해 교회 밖에 있는 많은 사람에게 말씀을 전하고 있다. 이외에도 성도들을 목회자로 훈련시켜 새로운 교회를 세우게도 했고, 우리의 노하우를 다른 목회자들과 공유하기도 했다.

하지만 세 번째 세대는 교회 사역에 그토록 무관심할 수가 없다. 도대체 왜 그런 걸까? 바로 첫 세대와 둘째 세대와 함께 일하지 않았기 때문이다. 그들은 위태로운 상황을 한 번도 경험한 적이 없다. 그들은 다른 사람들이 힘써 노력해서 이룩한 것들을 당연시하는 경향이 있다.

나는 이것이 두렵다. 목회 사역에서 가장 처리하기 힘든 일은 바로 무관심이다. 교회를 세우는 일에 동참하지 않은 사람들이 모든 것을 당연시하는 것을 보면 가슴이 아프다. 그들은 싸움에 동참하지 않은 관계로 대가를 치른 적도 없고, 그러니 값진 승리의 기쁨을 맛보지도 못했다. 그들은 과거의 싸움이 어땠는지 알지 못한다.

인간은 단 한 번의 삶을 산다. 나는 하나님이 내게 허락하신 경험, 즉 그레이스 커뮤니티 교회를 이룩하는 과업에 동참할 수 있었던 때를 내 인생에서 가장 유익한 시간이었다고 확신한다. 진리를 발견하고 확립하고 지키기 위한 싸움에 동참하지 않은 사람들은 하나님이 이룩하신 역사를 올바로 이해하지 못할 때가 많다.

현재 우리 교회 교인들 가운데는 다른 사람들이 교회를 세우고 성장시키기 위해 얼마나 많은 시간과 재능과 노력과 물질을 희생했는지 이해하지 못한다. 초창기 한 젊은 부부는 교회에 헌신하기 위해 신혼

여행을 포기하기도 했다. 그런데 요즘 새로 온 교인들은 하나님 나라의 일에 더욱 많은 관심을 기울여야 하는 상황인데도 사소한 일로 법석을 떨거나 시간을 낭비하곤 한다.

아울러 무관심은 비판을 낳는다. 모든 것을 당연시하는 사람은 조그만 흠이라도 발견하면 비판을 일삼는다. 작가 토머스 하디는 아름다운 풀밭에 갈 때마다 거름 무더기를 보고 불평하는 친구가 있었다고 말했다. 그런 사고방식은 절대로 바람직하지 않다.

하나님은 그레이스 커뮤니티 교회에 훌륭한 교인을 많이 허락하셨다. 참으로 감사할 따름이다. 하지만 편리할 때만 교회에 오는 교인들도 있다. 그들에게 교회 출석은 삶의 우선순위 가운데 끄트머리를 차지한다. 그들은 주말에 다른 곳에 갈 여유가 없을 때만 교회에 나온다. 헌신의 필요성을 의식하지 못하는 것이다. 또 어떤 교인들은 주일 저녁에는 교회에 나오지 않는다. 일주일에 설교 한 편이면 족하다고 생각하기 때문이다. 그런 교인들의 안일함을 깨우치려면 일주일에 2백 편의 설교도 모자란다.

덴마크 철학자이자 신학자인 키에르케고르는 사람들이 설교자를 배우로, 자신은 비평가로 생각하는 경향이 있다는 데 주목했다. 그런 사람들은 자신들이 무대 뒤에서 잊어버린 대사를 불러 주는 사람을 필요로 하는 배우라는 사실을 이해하지 못한다[토머스 오든이 편집한 **키에르케고르의 비유**(*Parables of Kierkegaard* Princeton : N.J. : Princeton Univ. Press, 1978, p. 89-90) 참조].

일반인은 물론 그리스도인들까지도 다른 사람이 알아서 모든 것을 해 주기를 기대하는 성향이 있다. 사람들은 대개 무엇인가 얻을 것이 있다고 생각될 때만 교회에 모습을 드러낸다.

교회를 세우는 일은 비교적 쉽다. 그러나 교회가 성장한 이후, 곧 사람들이 안일한 생각에 젖어들기 쉬운 때의 사역은 훨씬 더 어렵다.

일전에 목회 사역을 그만두려고 생각하는 젊은 목회자로부터 편지 한 통을 받았다. 편지를 읽고 마음이 무척 아팠다.

아무리 애를 써도 도무지 문제를 바로잡을 수 없습니다. 그래서 목회 사역을 그만둘까 생각 중입니다. 어쩌면 주님께서 목사님의 지혜로운 조언을 통해 저의 갈 길을 비춰 주실지도 모른다는 생각이 들어 이렇게 글을 올립니다.

저는 교회 지도자가 개인적인 신앙생활에서나 자신이 인도하는 교인에게 본이 되어야 한다고 굳게 믿습니다. 물론 그렇다고 완전하거나 초인적인 지도자가 되어야 한다는 뜻은 아닙니다. 다만 목회자는 하나님과 늘 살아 있는 친밀한 관계를 맺어야 한다는 뜻입니다. 교회 지도자가 주님과 교회를 위해 충성과 헌신을 다하지 못하면 교인들도 그렇지 못하다고 저는 확신합니다.

맥아더 목사님, 문제는 직분을 맡은 지도자 가운데 3분의 2가 일주일에 한 번만 예배에 참석한다는 것입니다. 물론 교회가 문을 열 때마다 모든 교인이 빠짐없이 참석해야 한다는 뜻은 아닙니다. 하지만 교회 지도자라면 예기치 못했던 상황이나 질병, 또는 휴가와 같은 경우 외에는 일반 교인들보다 예배 참석에 갑절의 노력을 기울여 다른 성도들과 목회자에게 용기를 주어야 할 의무가 있다고 생각합니다. 지도자가 교인들과 함께 시간을 보내면서 그들의 아픔과 두려움을 이해하지 못하면 교회 안에서 올바른 리더십이 이루어질 가능성은 거의 없다고 생각합니다. 교회 위원회가 열릴 때마다 교인들의 필요와 상처와는 아무 상관이 없는 일에 대부분의 시간을 소요하곤 합니다. 우리 교회가 정체 상태에 이르러 앞으로 나아가기는커녕 오히려 뒤로 물러나는 이유가 바로 그 때문이라고 저는 판단합니다. 그동안 여러 차례 위원들에게 관심을 가져 달라 촉구했지만 아무 소용이 없었습니다. 심지어 위원들 가운데는 위원회 출석조차 등한시하는 사람들이 더러 있습니다.

교회에 헌신하는 것은 고사하고 아예 교회에 나오려고조차 하지 않습니다. 교회 지도자들 가운데는 바쁘고 피곤하다고 핑계를 대거나 아예 미안하다는 말조차 없는 이들이 적지 않습니다. 그런데도 그들은 자기들이 교회의 실세라는 점을 제게 주지시키려고 애씁니다.

이런 상황이 내년에도 계속된다면 기꺼이 교회를 사임할 생각입니다. 다른 지도자들의 후원이 없으면 어떻게 목회자가 양떼를 인도하고, 필요한 프로그램을 실시하고, 영적 리더십을 구축할 수 있겠습니까?

목사님의 고견을 부탁드립니다. 저는 저희 교회가 큰 잠재력을 지니고 있다고 믿습니다. 하지만 우리가 미지근한 태도를 취하는 한 주님은 결코 우리를 사용하시거나 축복하지 않으실 것입니다.

이런 현상은 하나님이 허락하신 축복을 당연시하는 사람들에게서 흔히 나타나기 때문에 이와 똑같은 심정을 느끼는 목회자가 한둘이 아닐 것이다. 그런 현상이 그레이스 커뮤니티 교회에서 일어나는 것을 원치 않는다. 우리 교인들이 주님을 잊지 않고 앞으로도 계속 그분의 이름을 경외하기를 바란다.

"너희가 이것을 알고 이미 있는 진리에 섰으나 내가 항상 너희로 생각하게 하려 하노라" 벧후 1:12. 베드로 사도는 하나님으로부터 큰 소명을 받았다. 그는 자신의 소명에 무책임하지 않았다. 그는 자신이 진리를 가르쳐야 할 사람들을 귀히 여기면서 이미 배운 것을 거듭 상기시켜 주려고 노력했다. 그의 말은 '이미 진리를 알고 있는 줄 알지만 늘 새롭게 기억해야 할 필요가 있소이다'라는 뜻이다. 그런 다음 베드로는 이렇게 덧붙였다. "내가 이 장막에 있을 동안에 너희를 일깨워 생각하게 함이 옳은 줄로 여기노니 내가 힘써 너희로 하여금 나의 떠난 후에라도 필요할 때는 이런 것을 생각나게 하려 하노라" 13, 15절.

잊어서는 안 될 근본 원리를 되짚는 것은 매우 중요하다. 이제부터 나도 근본 원리를 하나씩 되짚어 볼 생각이다.

교회 해부학 연구

많은 목회자가 우리 교회가 성장하는 이유와 우리가 어떤 사역에 주력을 기울이는지 파악할 목적으로 우리 교회를 찾는다. 하나님이 무슨 일을 행하고 계신지 알고 싶어 한다. 어떤 목회자들은 우리 교회에서 자기 교회에 적용할 수 있는 아이디어, 프로그램, 도구, 방법 등을 찾을 수 있으리라고 기대한다. 그러나 그들의 노력은 송아지를 사서 거죽만 집에 들고 가는 사람과 비슷하다. 그들은 우리 교회의 겉모습만 볼 뿐 사역을 올바로 이끌어 나가는 데 필요한 내적 체계에는 관심을 기울이지 않는다. 그래서 목회자들에게 우리 교회에서 행하는 사역만이 아니라 그 배후에서 이루어지는 것을 먼저 살펴보라고 조언한다.

교회 리더십에 관한 연구를 시작하면서 고린도전서 12장 12-31절에 나오는 바울의 비유에 초점을 맞출 생각이다. 교회는 몸이다. 따라서 해부학 측면에서 그 구조를 면밀히 살펴봐야 한다. 육체는 뼈, 장기, 근육, 살로 이루어져 있다. 교회 역시 골격(근본 진리), 장기(영적 태도), 근육(여러 가지 기능), 살(프로그램의 형태)로 이루어진다. 이들 기본 요소 가운데 하나만 없어도 육체는 살아남을 수 없다. 해부학은 개개의 요소가 서로 맞물려 기능하는 방법을 연구하는 학문이다. 이제부터 교회 해부학을 면밀히 연구해 보기로 하자.

먼저 뼈부터 시작하자. 육체가 기능하려면 일정한 구조가 필요하다. 척추동물의 뼈는 그런 구조를 이룬다. 이와 마찬가지로 교회도 건전한 구조를 형성하려면 뼈대 역할을 하는 근본 진리가 필요하다. 근본 진리란 어떤 상황에서도 타협의 여지가 없는 불변의 교리를 가리킨다. 근본 진리를 포기하면 모든 골격이 주저앉아 교회는 종말을 고할 수밖에 없다.

하나님께 대한 경외심

교회는 하나님을 알고 영화롭게 하는 데 초점을 맞춰야 한다. 안타깝게도 많은 교회가 하나님이 아니라 인간에게 초점을 맞추는 경향이 있다. 그렇다 보니 현대 교회는 사람들이 좋은 감정을 느끼도록 돕는 걸 목표로 삼기도 한다. 현대 교회는 영을 위한 가짜 약을 제공하면서 성도들의 욕구를 충족시키기 위해 심리 상담, 자긍심 고취, 오락 등 여러 가지 유희 활동에 초점을 맞춘다.

하지만 하나님을 알고 영화롭게 해야만 인생의 진정한 만족을 얻을 수 있다. "여호와를 경외하는 것이 지혜의 근본이요" 잠 9:10. 하나님과 올바른 관계를 형성하면 나머지는 저절로 제자리를 찾는다. 물론 사람들의 욕구를 전적으로 무시하라는 말은 아니다. 하나님을 대하듯 사람들을 대하라. 하지만 균형을 유지하는 것이 중요하다. 그러려면 하나님을 경외하는 마음에서 모든 것을 시작해야 한다.

하나님을 보좌에서 끌어 내려 사람들의 욕구를 충족시키는 종으로 전락시키는 설교자나 그리스도인들을 보면 의분을 느낀다. 그들에게는 하나님을 공경하는 마음이 없다. 그들은 하나님을 경배하는 법을 모른다. 어떤 사람들은 자기 감정이 흐뭇해지기 위해 예배를 드린다.

하나님에 관한 지식이 거의 없는 그리스도인들이 얼마나 많은지 모른다. 마르다만 많고 마리아는 드물다눅 10:38-42 참조. 늘 섬기는 일에만 바쁜 나머지 예수님의 발 앞에 앉아 있을 시간이 부족한 것이다. 하나님의 말씀을 두려워하지 않는다. 하나님의 거룩하심과 우리의 부패한 본성을 깨닫지 못한다. 그래서 하나님이 우리를 거룩하게 만들어 영광의 도구로 사용하지 못하시는 것이다.

누군가 죽으면 이런 불평을 늘어놓는다. "어떻게 하나님이 이러실 수 있단 말인가?" 우리에게는 그렇게 물을 권리가 없다. 오히려 '살아 있는 동안 우리가 무엇을 했는가?'라고 물어야 한다. 하나님은 아담과 하와가 죄를 지었을 때 그들과 함께 모든 인류를 멸하실 수도 있었지만 그렇게 하지 않으시고 은혜를 베푸셨다. 하지만 하나님이 우리에게 은혜를 베푸셨다는 이유를 들어 그분께 대한 무관심을 변명하는 것은 옳지 못하다. 우리는 하나님을 존귀하게 여겨야 한다.

동네에 있는 기독교 서점을 보면, 그 자리에서 쓰레기통에 집어던져 버려도 아무 상관 없을 만큼 무가치한 책이 많다. 대부분 사소한 문제를 수박 겉핥기 식으로 다룬 깊이 없는 책들이기 때문이다. 교회가 건전한 신앙을 유지하던 시절에는 읽을 책이 그다지 많지 않았다. 하지만 당시 펴낸 책들은, 수는 적지만 요즘 책들과는 달리 하나님과 관계를 맺는 방법을 가르치는 양서들이었다.

전국 목회자 모임에서 이루어진 설문조사에 따르면 가족 문제를 다루는 방법을 알고 싶어 하는 목회자들이 대부분을 차지하는 것으로 나타났다. 그 결과를 보고 깜짝 놀랐다. '가족 문제를 다루는 책들이 시중에 그렇게 많이 나와 있는데도 아직도 자료가 부족하다고 생각하는 기독교 지도자가 그토록 많단 말인가?'

사실 가족 관계를 다루는 책이나 자료를 더 많이 펴내는 것은 해결책이 아니다. 문제는 사람들이 하나님을 존귀하게 여기며 그분의 계명을 지키지 않는 것이다. 기독교 가정들에게 하나님을 존귀하게 여기라고 가르친다면 교회 내의 가족 문제가 지금처럼 많지 않을 것이다.

"하나님을 가까이 하라 그리하면 너희를 가까이 하시리라"_약 4:8._

사람들이 죄를 뉘우치고 하나님을 가까이 하면 하나님도 가까이 다가오신다. '하나님 앞에 가까이 나아가면 마음이 몹시 불안해져요'라고 말하는 사람들이 많다. 야고보가 "죄인들아 손을 깨끗이 하라"는 약 4:8 말씀을 덧붙인 이유가 바로 그 때문이다. 하나님께 가까이 나아갈수록 지은 죄가 더욱 선명해진다. 결국 주님 앞에 겸손히 무릎을 꿇고 죄를 뉘우치는 것만이 유일한 방법이다. 우리를 겸손히 낮추면 하나님이 높여 주신다_약 4:10 참조._

우리는 하나님을 존귀하게 여기며 그분을 높여야 한다. 인간 중심의 교회를 세우고자 해서는 안 된다. 우리는 그리스도의 사랑으로 사람들을 대해야 한다. 하지만 하나님이 항상 우리 삶과 예배의 중심이 되셔야 한다는 점을 잊어서는 안 된다.

성경의 절대 권위

교회의 골격을 구성하는 진리 가운데 타협할 수 없는 두 번째 진리는 성경의 절대 권위다. 성경은 늘 공격을 받는다. 심지어는 교회 내에도 성경을 공격하는 사람들이 있다. 어느 신학교 교수는 자신의 논문에서 동성애를 죄로 생각해서는 안 된다고 주장했다. 하나님의 말씀을 섬기는 사역자를 훈련시키는 신학교 교수가 성경의 가르침을 부인하는 것은 모순이다. 그러나 오늘날 그와 같은 일이 갈수록 더욱 심해진다. 그렇게 오늘날 교사들과 설교자들은 공공연히 성경을 비판한다.

은사주의자들은 환상과 계시를 성경에 덧붙임으로써 성경을 공격한다. 그들의 공격은 매우 미묘하고, 또 종종 부지중에 이루어지지만 그래도 성경을 공격한다는 것은 부인할 수 없는 사실이다. 그들은 예수님이 자신들에게 이렇게, 혹은 저렇게 말씀하셨다고 주장한다. 하지만 이와 같은 주장은 성경의 유일무이한 권위를 인정하지 않는다는 점에서 성경을 훼손한다.

하나님이 개개의 그리스도인에게 일일이 지시를 내리신다는 생각은 그분의 말씀을 하찮게 만들어 버린다. 하지만 하나님은 다른 무엇보다도 기록된 말씀을 통해 자신을 계시하신다. 그리스도인은 기록된 계시의 유일무이한 절대 권위를 인정해야 한다.

하나님의 말씀을 가장 심하게 훼손하는 공격 가운데 하나는 성경을 믿지만 그 가르침을 도무지 이해할 수 없다는 주장이다. 이는 성경에 대한 가장 미묘한 공격에 해당한다. 성경 말씀을 처음부터 끝까지 다 믿지만 그 가르침을 단 한 구절도 이해하기 어렵다고 말하는 사람들이 많다. 이해할 수 없는데 도대체 무엇을 믿는다는 말일까?

"사람이 떡으로만 살 것이 아니요 하나님의 입으로 나오는 모든 말씀으로 살 것이라"마 4:4. 하나님의 입에서 나오는 말씀이 우리의 양식이라면, 우리는 모든 말씀을 철저히 연구해야 한다. 그런데 요즘 설교는 이 점을 등한시할 때가 많다.

일전에 목회자 한 사람이 내게 이런 말을 했다. "저는 한 교회에서 2년 이상 목회 사역을 하지 않습니다."

"그럼 지금까지 이 오랜 세월을 그렇게 2년씩 자리를 옮기며 지내셨습니까?"

"예. 일단 설교를 52편 준비한 뒤 한 편의 설교를 두 번씩 했습니다. 그러고는 교회를 떠났지요."

"왜 하나님의 말씀을 모두 가르치지 않으셨습니까?"

"저는 제가 중요하다고 생각하는 부분만 가르치면 된다고 생각합니다."

하지만 하나님의 입에서 나오는 말씀은 모두 중요하다.

건전한 교리

교회의 골격을 구성하는 세 번째 요소는 건전한 교리다. 하나님을 존귀하게 여기며 그분께 헌신할 생각이라면 성경이 가르치는 건전한 교리를 굳게 붙들어야 한다.

요즘에는 교리를 잘 알지 못하는 그리스도인이 많다. 오늘날의 목회자들은 "연약한 그리스도인들이 쉽게 소화할 수 있는 부드러운 설교, 즉 재미도 있으면서 듣기에도 편한 설교를 전하기 좋아한다. 알맹이 없는 설교가 주를 이루다 보니 교리를 가르치거나 논하는 설교는 좀처럼 듣기가 어렵다. 하나님, 생명, 죽음, 지옥, 인간, 죄, 그리스도, 천사, 성령, 그리스도인의 지위, 육신, 세상 등에 관한 진리를 가르치는 설교자는 매우 드물다. 하지만 우리에게는 굳게 붙잡을 수 있는 진리가 필요하다. 목회자들은 성경 본문을 읽고 그 의미를 파악한 뒤 거룩한 진리를 추려내 교인들이 알아듣도록 잘 설명해야 할 의무가 있다.

나는 고등학교를 졸업할 무렵 그런 설교의 중요성을 깨달았다. 어느 날 아버지가 내게 성경책을 주셨는데, 성경책 사이에 디모데전후서를 읽으라는 쪽지가 들어 있었다. 아버지의 말씀대로 성경을 읽으면서 바울이 디모데에게 전한 메시지가 마음에 깊이 와 닿았다. "네가 이것으로 형제를 깨우치면 그리스도 예수의 선한 일꾼이 되어 믿음의 말씀과 네가 좇은 선한 교훈으로 양육을 받으리라" 딤전 4:6, 1:3, 10, 4:13, 16 참조.

그레이스 커뮤니티 교회에서 목회를 시작했던 초창기에 에베소서를 근거로 그리스도인이 그리스도 안에서 누리는 지위를 설명했다. 그로부터 몇 년 뒤, 아주 오랜만에 고등학교 시절 축구 코치를 만났다. 그도 하나님의 말씀을 가르치는 훌륭한 그리스도인이었다. 우리는 고등학교 시절에 운동을 하면서 겪었던 재미있는 일들을 함께 추억했다. 그러던 중 그가 불쑥 이렇게 말했다. "존, 자네 덕분에 그리스도인이 그리스도 안에서 누리는 지위를 구체적으로 알게 되었네. 자네의 에베소서 1장 강해설교 테이프를 여러 차례 듣고 나서 몇 년 동안 젊은이들에게 그 내용을 반복해서 가르쳤네. 그리스도인이 그리스도 안에서 누리는 지위를 이해한 것이 내가 일평생 의지할 수 있는 진리의 토대가 되었다네."

그에게 진리의 토대를 제공한 사람은 내가 아니다. 그것은 에베소서라는 하나님의 말씀과 성령의 역사를 통해 이루어졌다. 요점은 모두에게 삶을 구축할 수 있는 굳건한 교리적 토대가 필요하다는 점이다.

순결한 신앙 인격

이따금 영화나 텔레비전 프로그램, 인터넷 사이트, DVD를 비롯해 부도덕한 행위와 성경에 반하는 가치관을 가르치는 출판물을 보는 그리스도인들은 무슨 생각을 할까 궁금하다.

우리의 수준을 떨어뜨려 세상의 수준에 맞춰서는 안 된다. 이 사회가 용납하는 것을 보면 참으로 충격적이다. 25년 전만 해도 숨죽여 말해야 했던 일들을 오늘날에는 공공연하게 입에 담는다. 우리의 문화가 그토록 짧은 시간에 이렇게 심각한 상황에 이르렀다는 것이 그저 놀라울 뿐이다. 하나님은 그리스도인에게 순결한 삶을 요구하신다. 우리는 그 사실을 명심해야 한다. 좀 더 순결한 신앙 인격을 갖추고 고결한 삶을 살기 위해 노력해야 한다.

"그런즉 사랑하는 자들아 이 약속을 가진 우리가 하나님을 두려워하는 가운데서 거룩함을 온전히 이루어 육과 영의 온갖 더러운 것에서 자신을 깨끗케 하자"고후 7:1.

교회는 바울의 권고처럼 도덕적 기준을 강화하고 회개하지 않는 죄인들을 엄히 다스려야 한다 마 18:15-17 참조. 이것이 그레이스 커뮤니티 교회에서 권징을 실시하는 이유다(11장 '교회 권징의 요소'를 참조하라).

순결한 신앙 인격에 마땅히 관심을 기울여야 하건만 그렇지 못한 그리스도인이 너무나도 많다. 얼마나 순결한 삶을 살고 있고, 살아 계신 하나님과 얼마나 친밀한 관계를 맺고 있는가? 양다리를 걸친 상태로 하나님이 우리를 통해 그분의 사역을 이루기를 기대하는 것은 모순이다.

영적 권위

교회의 골격을 구성하는 마지막 요소는 영적 권위다. 교회의 머리이신 그리스도께서 경건한 장로들을 통해 교회를 다스리신다엡 1:22, 4:15, 살전 5:13-14, 히 13:7, 17 참조.

성경은 주님 안에서 우리를 다스리는 이들에게 복종하라고 명령한다. 그들이 우리의 영혼을 보살피는 일을 수행하기 때문이다히 13:17 참조. 교회 지도자들을 본받아라. "너희 가운데서 수고하고 주 안에서 너희를 다스리며 권하는 자들을 너희가 알고 저의 역사로 말미암아 사랑 안에서 가장 귀히 여기며 너희끼리 화목하라"살전 5:12-13.

그레이스 커뮤니티 교회에는 많은 지도자가 있고, 나는 그들 가운데 하나다. 나는 단지 하나님이 말씀 전파의 직무를 맡겨 주신 설교자일 따름이다. 예수님에게는 열두 제자가 있었는데, 그들의 명단을 언급할 때마다 항상 베드로의 이름이 첫 번째를 차지한다마 10:2-4, 막 3:16-19, 눅 6:14-16, 행 1:13 참조. 그는 제자들의 대변자였다. 이는 그가 다른 제자들보다 더 훌륭했다는 뜻이 아니다. 그는 단지 말씀의 은사가 있었고, 다른 제자들도 제각기 고유한 재능이 있었다.

베드로가 지도자의 역할을 맡았기 때문에 요한 사도가 많은 말을 하지 않은 것처럼 생각할지도 모르겠다. 하지만 그는 요한복음을 비롯해 세 편의 서신과 요한계시록을 저술했다. 또한 그는 예수님과 친밀한 관계를 유지했기 때문에 분명히 더 많은 진리를 들었을 것이다. 그러나 사도행전 1-12장을 읽어 보면 그는 베드로와 함께 등장할 때마다 늘 침묵했다. 왜 그랬을까? 그 이유는 베드로에게 말씀의 은사가 있었기 때문이다.

바나바는 초대 교회에서 훌륭한 교사이자 지도자로 추앙받았다. 그러나 바울과 함께 선교 여행을 다닐 때면 심지어 비그리스도인들조차도 바울을 대표자로 생각할 정도로 말을 아꼈다.

이렇듯 영적 지도자들의 은사는 매우 다양하다. 하지만 성경이 감독이나 장로로 일컫는 이들의 영적 권위는 모두 동등하다(교회 리더십에 관해 좀 더 자세히 알고 싶으면 20장 '영적 리더십의 자격 조건'을 참조하라).

교회가 그리스도의 몸이 되려면 올바른 골격을 갖추어야 한다. 무엇보다 하나님을 존귀하게 여기는 태도가 필요하다. 하나님을 아는 것이 교회의 목표다. 하나님을 알기 위해서는 성경의 권위를 인정해야 한다. 오직 기록된 말씀을 믿는 믿음을 통해서만 주님을 알 수 있기 때문이다. 교회는 성경의 권위를 인정하고 성경이 가르치는 건전한 교리를 굳게 붙잡아야 한다. 아울러 모든 그리스도인은 순결한 신앙 인격을 갖추기 위해 노력하는 한편, 주님이 영적 권위를 부여하신 이들의 지도를 받아야 한다.

2 : 교회의 장기
교회 The Master's Plan for the Church

교회의 골격은 절대 변하지 않는 근본 진리로 구성된다. 근본 진리는 교회 사역의 뼈대로써 육체의 뼈처럼 굽힘이 없이 단단해야 한다. 그러나 살아 있는 육체와 마찬가지로 교회 또한 골격만으로 살 수 없다. 육체를 살아 움직이게 하려면 각종 장기와 혈액이 필요하다. 마찬가지로 교회도 장기가 필요하다. 장기란 영적 태도를 뜻하며, 교회의 생명은 내적 체계에서 비롯한다.

목회자를 비롯한 교회 지도자들의 목표는 교인들이 올바른 영적 태도를 형성하도록 돕는 것이다. 교회 지도자들은 '이것을 하세요, 저것을 하세요'라고 그저 지시만 해서는 안 된다. 영적 태도를 고쳐 올바른 행동을 할 수 있는 동기를 부여해야 한다. 겉으로 보기에 선한 행동을 해도 마음속은 악한 경우가 얼마든지 있다. 선한 행동은 선한 마음에서 비롯해야 한다. 내적 태도, 즉 성령의 열매갈 5:22, 23 참조를 강조하는 것이 중요한 이유가 바로 여기에 있다.

때로 젊은 목회자가 교회를 맡으면 교회가 허술하다면서 비판을 해 온다. 그들은 조직이 제대로 갖춰 있지 않으니 장로들을 몇 명 더 임명해 교회를 재조직해야 한다고 주장한다. 하지만 조직을 재정비한 뒤에 과연 무슨 일이 일어날까? 똑같은 태도를 지닌 똑같은 사람들을 새로 개편한 조직에 배치한다고 해서 달라질 게 무엇이겠는가? 아마 왜 조직을 개편했는지조차 모른 채 새로 맡은 일을 배우느라 우왕좌왕할 것이 틀림없다.

처음 그레이스 커뮤니티 교회를 담임하게 되었을 때 주일학교 운영 방법과 관련해 새로운 아이디어가 떠올랐다. 그래서 생각을 정리해 교육 위원회에 계획서를 제출했다. 위원들은 만장일치로 제안을 거절했다. "아직 경험도 없으면서 의욕만 앞세우시는군요. 우리는 목사님보다 훨씬 오랫동안 이 교회에 다녔습니다."

그들의 말은 '목사님 능력이 얼마나 되는지 그것부터 입증해 보세요'라는 뜻이었다. 그로부터 몇 년 뒤에 교육 위원회는 내가 전에 제안했던 것과 똑같은 생각을 해 냈다. 나는 그 일을 통해 올바른 반응을 이끌어 내려면 먼저 사람들의 영적 태도부터 고쳐야 한다는 중요한 사실을 깨달았다. 교회가 영적으로 올바르게 선다면 사람들이 성령의 인도를 받아 성령이 명하시는 일을 할 것이다. 그러면 더불어 교회 구조가 저절로 원활하게 돌아갈 수 있다. 그런 경우에는 온 교인이 자연스레 성경이 말하는 교회를 추구하기 마련이다.

교인 개개인이 지닌 영적 태도는 교회 사역을 추진하는 힘이다. 나는 우리 교회 성도들에게 헌금이나 주일 아침 예배와 저녁 예배, 수요 예배의 참석, 또는 일주일에 다섯 시간씩 기도하고 매일 성경을 읽으라고 굳이 강조하고 싶은 마음이 없다. 그런 일들은 피상적으로나 율법적으로 접근해서는 안 된다. 오직 올바른 영적 태도를 독려하는 데 사역의 초점을 맞춰야 한다. 물론 그렇게 하기가 쉽지 않다. 왜냐하면 태도나 성향이 옳지 못함에도 불구하고 '선한 일'을 행하는 사람으로 만드는 건 참 손쉬운 방법이기 때문이다. 하지만 그런 식의 목회 사역은 옳지 못하며, 자칫 율법적인 행위에서 만족을 얻으려는 습성을 키워 주기 쉽다. 이는 성경의 가르침과 정면으로 위배된다.

복종

복종은 올바른 태도를 취하는 데 반드시 필요한 조건이다. 복종은 다른 모든 영적 덕성을 가능하게 만드는 모체나 다름없다. 복종하는 사람은 하나님이 명령하시는 것은 무엇이든 이행한다. 그런 사람은 하나님이 한 번 명령하시면 더 이상 이런저런 변명을 늘어놓지 않는다. 복종하는 법을 배우기 위해서는 하나님의 말씀을 우리의 머리와 마음에 소중히 간직해야 한다. 성경이 가르치는 복종에 근거하지 않는 행동은 무의미하다. 마음에서 우러나오는 진정한 복종이 율법적인 예배 행위보다 더 낫다삼상 15:22.

이 밖에도 복종의 삶을 살아야 할 중요한 이유는 많다. 하나님을 영화롭게 하고, 축복을 받고, 비그리스도인들에게 복음을 전하고, 다른 그리스도인들의 본이 되는 데도 복종이 필요하다. 또한 복종은 성령 충만한 삶을 살게 해 준다. 성령 충만하면 비그리스도인들에게 복음을 전할 수 있고, 다른 사람들의 본이 되는 삶을 살 수 있다.

"너희는 나를 불러 주여 주여 하면서도 어찌하여 나의 말하는 것을 행치 아니하느냐"눅 6:46. 예수님이 우리 삶의 주인이시라면 우리는 그분의 명령에 복종해야 한다. 구원에 이르는 길은 좁다 마 7:13-14 참조. 하나님의 뜻과 계명과 말씀에 복종해야 하기 때문이다. 우리는 그리스도를 주님으로 받아들이고롬 10:9-10 참조 그분의 주권을 인정해야 한다. 그래야만 복종하는 삶을 살 수 있다.

일전에 우리 교회 라디오 선교 방송을 청취하던 사람이 자신의 생각을 함께 나누고 싶다면서 편지 한 통과 카세트테이프 하나를 보내왔다. 테이프의 처음 10분 동안은 우리 교회 라디오 방송을 듣게 된 배경과 성경을 많이 배워서 감사하다는 내용이 녹음되어 있었다. 그런 다음 그는 하나님의 은혜로 그동안 살아오면서 지은 많은 죄를 깨닫게 되었다고 말하더니 내게 한 가지 질문을 했다. 그는 여성을 보면 아무 감정을 못 느끼는데 농장의 큰 동물을 보면 강한 성적 충동이 일어난다고 말했다. 그는 그 일로 인해 죄책감을 전혀 느끼지 않기 때문에 동물에 대한 성적 충동을 죄로 생각하지 않는다고 했다. 그러면서 주님이 다른 죄는 다 버리게 하셔도 괜찮은데 그것만은 안 될 것 같다고 덧붙였다.

나는 그에게 장장 네 장에 걸친 편지를 띄워 그의 문제가 하나님 앞에서 매우 심각한 범죄라는 사실을 설명했다. 만일 그가 구약 시대에 태어났다면 지도자들은 틀림없이 그를 죽였을 것이다. 왜냐하면 "남자가 짐승과 교합하면 반드시 죽이고 너희는 그 짐승도 죽일 것이며"레 20:15라는 율법이 있었기 때문이다. 하나님은 어떤 죄는 남겨 두시고 다른 죄들만 버리게 하지는 않으신다. 죄는 무엇이든 하나님의 거룩한 이름을 욕되게 한다. 그리고 내 설명을 뒷받침하기 위해 여러 가지 성경 구절을 편지에 인용했다.

그 후 얼마 지나지 않아 그는 다시 카세트테이프 하나를 보내 왔다. "아무도 나를 이해해 줄 사람이 없다고 생각합니다. 그리스도인들은 너무 성경에만 집착하기 때문에 하나님의 역사와 생각을 올바로 이해하지 못하는 것 같군요."

그의 말에는 요즘 널리 만연해 있는 사고방식이 녹아 있었다. 하지만 그런 생각은 잘못된 신학에 근거한다. 성경을 제외하고 도대체 무엇을 통해 하나님의 생각을 이해할 수 있단 말인가? 그는 자신의 죄를 정면으로 극복하려고 하지 않았던 탓에 자신의 문제에 관한 하나님의 진정한 생각에 관심을 기울이지 않았다. "누구든지 그의 말씀을 지키는 자는 하나님의 사랑이 참으로 그 속에서 온전케 되었나니 이로써 우리가 저 안에 있는 줄을 아노라"요일 2:5.

그런 가증한 범죄를 용인한 채 성경을 읽지 않고서도 자신의 일에 대한 하나님의 생각을 알 수 있다고 주장하는 것 자체가 큰 문제다. 죄를 뉘우치지 않으면 결국 자기 정당화의 함정에 빠질 수밖에 없다.

물론 이는 극단적인 사례지만 하나님의 말씀에 복종하는 것이 그분의 뜻이라는 사실을 분명히 보여 준다. 우리가 하나님이 어떤 일을 어떻게 생각하고 계신지 알 수 있는 것은 성경에 그분의 말씀이 기록되어 있기 때문이다. 목회 사역의 목적은 사랑과 기쁨으로 주님께 복종하는 경건한 그리스도인을 육성하는 데 있다. 그것이 바로 하나님이 우리에게 신구약 성경을 허락하신 뜻이다.

'나는 교회에 다녀요. 그것으로 충분하지 않은가요?'라고 말하는 사람이 있을지도 모른다. 하지만 성경은 "순종이 제사보다 낫"다삼상 15:22고 말씀한다. 베드로 사도는 "너희 마음의 허리를 동이고 근신하라"벧전 1:13고 말했다. 올바른 생각으로 하나님의 뜻을 좇으라는 뜻이다. 우리는 "너희가 순종하는 자식처럼 이전 알지 못할 때에 좇던 너희 사욕을 본 삼지 말고"벧전 1:14라는 말씀을 명심해야 한다. 그리스도인이 되기 전처럼 살아서는 안 된다. 우리는 하나님께 순종하는 자녀가 되어야 한다.

예수님은 "하나님의 말씀을 듣고 지키는 자가 복이 있느니라"눅 11:28고 말씀하셨다. 바울은 로마의 그리스도인들을 칭찬하면서 "너희 순종함이 모든 사람에게 들리는지라 그러므로 내가 너희를 인하여 기뻐하노니"롬 16:19라고 말했다. 교인들의 순종하는 모습은 목회자를 기쁘게 한다.

어느 날 자동차에서 라디오를 틀었는데, 댈러스 신학교에서 오랫동안 교수로 일했던 하워드 헨드릭스의 설교가 나왔다. 그는 50년 넘게 신앙생활을 해 온 사람들이 앞장서서 가장 순결하고 열정적이고 헌신적인 교인으로 교회를 섬겨야 한다고 강조했다. 교회의 활력은 그런 교인들로부터 나온다. 하나님과 가장 오랫동안 동행하며 살아온 사람들이 복음 전파에 앞장서고, 기도에 힘써야 한다. 그들은 하나님의 말씀을 오랫동안 삶에 적용해 왔기 때문에 신앙생활의 연수가 짧은 그리스도인들보다 더욱 성숙한 태도로 복종을 다해야 한다.

우리 교회에는 젊은 그리스도인이 많다. 나는 활력이 넘치는 그들이 좋다. 하지만 젊은 그리스도인들만 교회의 활력소가 되는 것은 서글픈 일이다. 젊은 목회자들은 종종 이렇게들 말한다. "우리 교회는 위치도 좋고 조건이 참 괜찮은데 나이 든 그리스도인들이 너무 많아요."

그리스도인인데도 하나님의 말씀을 삶에 적용하지 않을 경우 결국 나이가 들면 무기력한 그리스도인이 될 수밖에 없다. 그런 경우에는 한 오십 대에 접어들면 다음과 같이 말하면서 아마 영적 은퇴를 결정하는 게 아닌가 싶다. "수십 년 동안 교회에 다녔으니 더 이상 전도 활동을 하고 싶지 않아. 그런 일은 젊은 그리스도인들에게 맡기는 것이 더 좋아."

이스라엘을 이끈 구약 시대 지도자는 대부분 노인이었다. 초대 교회의 활력소는 나이가 지긋한 성숙한 그리스도인들이었다. 오늘날의 교회 사역은 주로 젊은 그리스도인들의 활동에 근거한다. 물론 젊은 그리스도인들의 열정도 필요하지만 오랫동안 하나님께 복종하면서 쌓아 온 나이 든 그리스도인들의 깊은 신앙심도 없어서는 안 될 필수 요소다. 나이 든 그리스도인들은 그동안 축적해 온 에너지를 모두 발산하고, 그 추진력을 이용해 하늘나라에 들어갈 준비를 갖춰야 한다. 그러나 나이를 먹으면서도 들은 말씀을 적용하지 않는 탓에 삶이 조금도 변하지 않은 그리스도인들이 너무나도 많다. 그들은 영적 진리를 알고만 있을 뿐 아무 능력이 없다. 우리는 그런 그리스도인이 되어서는 안 된다.

하나님의 말씀에 복종하자. 성령께서 진리를 가르치시면 곧 삶에 적용하자. 성령께서 죄를 꾸짖으시면 '아무개가 들어야 할 설교로군'이라고 말하지 말고 우리 자신에게 하는 말씀으로 받아들이자. 그리스도께 복종하면 영적으로 성숙해져 하나님께 더욱 쓸모 있는 사람이 될 수 있다.

겸손

그리스도인이 갖춰야 할 두 번째 태도는 겸손이다. 누구나 그렇듯이 나 또한 늘 교만과 씨름한다. 겸손해지기는 무척 어렵다. 속으로는 '나는 겸손해'라고 생각하면서도 실제로는 교만한 경우가 많다.

그동안 나는 사람들에게 겸손의 중요성을 이해시키기 위해 노력해 왔다. 우리 교회 본당을 지을 때 일이다. 누군가가 등받이에 왕관 형상이 새겨진 강단용 대형 의자 다섯 개를 주문했다. 주일 예배를 드릴 때면 나는 맨 가운데 의자에 앉아야 했다. 두어 주 동안 그렇게 했지만 왠지 마음에 들지 않았다. 그보다는 교인들과 함께 교인석 맨 앞줄에 앉는 게 좋았다. 나를 스스로 자랑스럽게 여긴다거나 다른 사람들보다 내가 더 훌륭하다는 인상을 심어 주는 것 같아 싫었기 때문이다.

교인석 앞줄에 앉는 것은 나와 다른 교인들이 동등하다는 뜻이다. 내가 교회에 나오는 것도 그들처럼 하나님을 예배하기 위해서이기 때문이다. 교인들과 나의 유일한 차이는 하나님이 내게는 말씀을 전하는 임무를, 그들에게는 말씀을 듣고 적용하는 임무를 맡기셨다는 것뿐이다.

하나님께 우리가 없으면 안 된다는 생각은 헛된 망상에 불과하다. 어떤 사람들은 '하나님이 그런 사람은 꼭 구원하셔야 돼. 그는 재능이 뛰어난 훌륭한 지도자야'라고 말한다. 하지만 그것은 터무니없는 생각이다. 하나님은 원하시는 사람을 누구나 구원하실 수 있다. 아울러 우리는 하나님께 아무것도 드릴 것이 없다. 우리는 일만 달란트를 빚졌는데도 한 푼도 갚을 돈이 없는 사람과 같다.마 18:23-34 참조. "심령이 가난한 자는 복이 있나니 천국이 저희 것임이요."마 5:3. 예수님이 하신 이 말씀은 우리가 하나님의 나라에 올 때에 아무것도 드릴 것이 없는 걸인과 같았다는 뜻이다. 우리는 영적 파산자다. 지금 우리에게 무엇인가가 있다면 그것은 우리 힘으로 얻은 것이 아니라 하나님이 주신 것이다. 우리는 하나님이 구원의 은총과 성령을 통해 허락하신 것을 다시 그분께 되돌려 드릴 뿐이다. 우리의 공로는 아무것도 없다. 우리는 모든 영광을 하나님께 돌려야 한다. 우리가 교만해야 할 이유는 없다.

그레이스 커뮤니티 교회 지도자들은 현대 사회의 이기적 성향과 사람들의 지나친 자긍심에 맞서려고 노력해 왔다. 우리는 겸손하고 헌신적인 그리스도인이 되는 것이 하나님의 뜻이라고 강조한다. 성경은 겸손을 반복해서 가르친다. "자기 십자가를 지고 나를 좇지 않는 자도 내게 합당치 아니하니라 …… 나를 위하여 자기 목숨을 잃는 자는 얻으리라"마 10:38-39.

아울러 예수님은 "나를 따라 오려거든 자기를 부인하고 …… 나를 좇을 것이니라 …… 누구든지 나를 위하여 제 목숨을 잃으면 찾으리라"마 16:24-25고 말씀하셨다. 바울 역시 "아무 일에든지 다툼이나 허영으로 하지 말고 오직 겸손한 마음으로 각각 자기보다 남을 낫게 여기고 각각 자기 일을 돌아볼뿐더러 또한 각각 다른 사람들의 일을 돌아보아 나의 기쁨을 충만케 하라"빌 2:3-4라고 말했다. 다른 사람들을 존중하고 그들의 필요를 채워 주라는 뜻이다. 교인들이 서로 높아지려고 다툴 경우에는 제자들이 가장 높은 자가 되기 위해 다투었을 때처럼 분쟁과 갈등이 일어날 수밖에 없다마 20:20-21, 막 9:33-35, 눅 22:24 참조.

겸손하려는 마음가짐이 필요하다. 그렇다고 해서 스스로를 경시하라는 뜻은 아니다. 우리는 그리스도 안에서 무한한 가치를 지닌다. '나는 벌레요 부랑자요 들쥐나 다름없어. 나는 아무것도 아니야'라고 말하지 말라. 우리는 하나님께 귀한 존재다. 왜냐하면 구원을 받아 그분의 거룩한 백성이 되었기 때문이다. 이것이 바로 우리가 하나님을 섬길 수 있게 된 이유다.

사랑

겸손한 사람만이 참사랑을 베풀 수 있다. 참사랑은 대상에 의해 좌우되는 속되고 거짓된 사랑과는 다르다. 많은 부부가 결혼생활을 오래 지속하지 못하는 이유는 참사랑이 없기 때문이다. 속된 사랑은 한갓 감정에 불과해 감정이 사라지면 관계도 끝난다. 그런 사랑은 단지 받으려고만 들고 주려고는 하지 않는다.

성경의 사랑은 그런 사랑이 아니다. 성경의 사랑은 감정이 아니라 희생과 섬김의 행위다. 성경의 사랑은 느낌이 아니라 실천이다. 사랑은 항상 무엇인가를 행한다. 고린도전서 13장 4-7절에서 사랑을 묘사하는 용어는 모두 동사다. 사랑은 겸손한 마음에서 비롯하는 섬김의 행위다.

성경의 사랑은 다른 사람들의 필요를 채워 준다. 예수님은 "네 이웃을 네 몸과 같이 사랑하라"눅 10:27는 구약의 율법을 다시금 확증하셨다. 율법학자가 "내 이웃이 누구오니이까"눅 10:29 하고 여쭙자 예수님은 선한 사마리아인의 비유로 대답을 대신하셨다눅 10:30-35 참조. 한 사마리아인이 길을 가다가 강도에게 흠씬 두들겨 맞은 한 사람을 발견했다. 그는 그의 필요를 돌봐주며 도움의 손길을 베풀었다.

우리의 이웃은 누구인가? 우리가 채워 주어야 하는 필요를 지닌 사람이 곧 우리의 이웃이다. 우리가 사랑해야 할 사람은 누구인가? 바로 도움이 필요한 사람이다. 그런 사람을 어떻게 사랑할 수 있는가? 감정이 끌리지 않거나 특별한 매력을 느끼지 않더라도 기꺼이 상대방의 필요를 채워 주는 것이다.

요한복음 13장에 겸손한 사랑을 보여 주는 대표적인 사례가 나온다. 예수님이 배신을 당하시던 밤에 그분과 제자들은 저녁 만찬을 함께했다. 제자들은 그 자리에서 가장 높은 사람이 누구인가 하는 문제로 설전을 벌였다눅 22:24 참조. 예수님 당시 사람들은 음식을 먹을 때 머리를 다른 사람의 발 위치보다 약 20센티미터 높게 한 상태로 비스듬히 기대어 눕는 자세를 취했다. 그렇다 보니 식사 전에 발을 씻어야 했고, 하인이 그 일을 했다. 그런데 예수님이 죽으시기 전날 밤에는 제자들의 발을 씻겨 줄 하인이 없었다. 열두 제자는 가장 높은 자리를 놓고 다투는 데 열중하느라 누구 하나 그런 천한 일을 하겠다고 나서지 않았다. 결국 예수님이 겉옷을 벗으시고 허리에 수건을 두르신 채 친히 그들의 발을 씻겨 주셨다요 13:4-5 참조. 그들에게 잊지 못할 교훈을 가르치신 것이다.

예수님은 제자들의 발을 모두 씻겨 주시고 나서 말씀하셨다. "내가 너희에게 행한 것같이 너희도 행하게 하려 하여 본을 보였노라"요 13:15. 예수님이 제자들에게 사랑을 베푸신 방법은 단순한 감정 표현의 의미가 아니었다. 오히려 그때 제자들은 이기심과 교만으로 가득했기 때문에 어쩌면 예수님은 그들을 미워하셨을 수도 있다. 하지만 예수님은 그들의 필요를 채워 주심으로 그들을 사랑하는 마음을 보여 주셨다. 우리도 예수님처럼 다른 사람들의 필요를 채워 주어야 한다.

다른 사람들의 필요를 채워 줄 때는 즉각적이고 자발적이어야 한다. 사랑은 겸손한 마음에서 자연스레 우러나오는 행동이다. 겸손한 마음은 늘 행동을 통해 표출되려는 속성이 있다. 몇 년 전에 자발적이고 희생적인 사랑을 보여 주는 편지 한 통을 받은 적이 있다. 그 가운데 일부를 소개한다.

얼마 전 남편과 저는 그레이스 커뮤니티 교회를 방문했습니다. 방문자의 눈에 비친 목사님의 교회에 관해 잠시 한 말씀 드리고 싶습니다. 저희 교회도 규모가 큽니다. '사랑이 있는 곳에 교회가 있다'는 것이 저희 교회의 모토입니다. 그레이스 커뮤니티 교회처럼 저를 따뜻하게 맞이해 준 곳은 일찍이 없었습니다. 교인들이 참으로 훌륭했습니다. 그들은 저희를 왕처럼 대해 주었습니다.

어떤 교인은 친절하게도 아침 일찍부터 저희에게 그레이스 커뮤니티 교회의 이곳저곳을 소개해 주기도 했습니다. 1부 예배와 2부 예배 사이 휴식시간에는 또 다른 교인과 잠시 대화를 나누었습니다. 그는 저에게 1부 예배를 녹음한 테이프가 필요하냐고 물었습니다. 저는 얼른 '예'라고 대답했지요. 그로부터 몇 주 뒤에 저는 테이프는 물론 이혼에 관한 예수님의 가르침을 다룬 시리즈 전체를 소포로 받았습니다. 제 친구들 몇몇이 그 시리즈를 듣고 자신들의 문제에 대한 해답을 발견했습니다.

목사님 교회의 교인들이 매우 훌륭하다는 점을 알려 드리고 싶은 마음에 이 글을 올립니다.

참으로 흐뭇하지 않은가? 나는 그녀가 말하는 교인들이 누구인지 안다. 그녀에게 아침에 교회 곳곳을 안내해 준 교인은 당시 맡은 일이 많아 사실 그런 친절을 베풀 시간이 별로 없었다. 또 그녀에게 테이프를 보내 준 교인도 테이프를 구입할 만큼 넉넉한 형편이 못 된다. 하지만 이것이 바로 사랑이다. 사랑은 겸손한 마음에서 비롯한다. 사랑은 자기 자신보다 다른 사람의 기쁨과 위로를 더 중요하게 생각한다.

화합

나는 늘 화합을 강조한다. 예수님은 이렇게 기도하셨다. "아버지께서 내 안에 내가 아버지 안에 있는 것같이 저희도 다 하나가 되어 우리 안에 있게 하사 세상으로 아버지께서 나를 보내신 것을 믿게 하옵소서"요 17:21.

위에 인용한 말씀은 구원의 결과로 이루어진 그리스도인들의 화합을 의미한다. 하지만 이는 우리 모두가 교회의 삶과 목적 안에서 하나가 되어야 한다는 의미이기도 하다. 바울 사도는 에베소 그리스도인들에게 권고했다. "성령의 하나 되게 하신 것을 힘써 지키라"엡 4:3.

예수님은 항상 나의 기도에 응답하신다. 따라서 나도 그분의 기도에 부응하고 싶다. 예수님은 우리에게 하나 되어 화합하라고 명하셨다.

바울 사도는 그들 스스로 화합을 만들어 내라고 말하지 않았다. 그들 안에는 이미 화합이 존재했기에, 그들은 그저 하나님이 이미 허락하신 화합을 유지하기만 하면 되었다.

그리스도인 사이의 화합은 매우 중요하기 때문에 사탄은 그것을 깨뜨리기 위해 호시탐탐 늘 기회를 엿본다. 몇 년 전 아내와 함께 사경회에 참석했다가 댈러스 제일침례교회에서 47년 동안 목회 사역에 종사했던 크리스웰 박사의 딸과 대화를 나누었다. 그때 그녀는 이렇게 말했다.

"아버지가 목회하실 때 교회 분열을 조장하는 직원이 한 사람 있었지요. 아버지는 크게 마음이 상하셨어요. 어느 주일, 아버지는 그 일이 걱정스러워 건설 회사에 전화를 걸어 '다음 주일 이전에 우리 교회 예배당 좌석마다 무릎을 꿇을 수 있는 시설을 갖추어 주세요'라고 말했어요. 다음 주가 되자 좌석마다 무릎을 꿇을 수 있는 시설이 마련되었어요(그 시설은 지금도 그대로 있다). 아버지는 교회에 나온 교인들에게 '하나님의 은혜로 지난 70년 간 우리 교회는 한 번도 분쟁을 겪지 않았습니다. 앞으로도 그런 일은 결코 없을 것입니다'라고 말한 뒤에 모든 교인에게 무릎을 꿇고 기도하자고 제안했어요."

하나님은 크리스웰 목사의 교회에 싹튼 분쟁의 불씨를 말끔히 제거해 주셨다.

교회의 화합은 하나님과 그분의 이름을 영화롭게 한다. 그래서 사탄이 끊임없이 교회 분열을 책동하려 드는 것이다. 참으로 감사하게도 그동안 그레이스 커뮤니티 교회가 분열을 경험한 적은 한 번도 없다. 물론 사소한 몇 가지 일이 자신들이 원하는 방식대로 이루어지지 않았다는 이유로 교회를 떠난 교인들은 더러 있었다. 물론 그들이 옳았을 수도 있다. 하지만 우리 교회는 많은 교인의 겸손과 사랑 덕분에 분열의 위기를 모면할 수 있었다.

완전한 사람은 아무도 없다. 그 때문에 사람들은 늘 사소한 문제로 서로 의견이 엇갈린다. 하지만 우리는 늘 함께 무릎을 꿇고 평안의 매는 줄로 성령의 하나 되게 하신 것을 힘써 지켜 나가기 위해 노력해야 한다엡 4:3 참조. 교회의 화합은 신약성경을 기록한 모든 저자의 바람이었다. 바울이 특히 더 그러하여, 그는 간절한 어투로 고린도 그리스도인들을 향해 말했다. "형제들아 내가 우리 주 예수 그리스도의 이름으로 너희를 권하노니 다 같은 말을 하고 너희 가운데 분쟁이 없이 같은 마음과 같은 뜻으로 온전히 합하라 내 형제들아 글로에의 집 편으로서 너희에게 대한 말이 내게 들리니 곧 너희 가운데 분쟁이 있다는 것이라"고전 1:10-11.

그는 빌립보 그리스도인들에게 다음과 같이 권했다. "일심으로 서서 한 뜻으로 복음의 신앙을 위하여 협력하라"빌 1:27.

그의 말은 오늘날에도 적용이 가능하다. 우리는 바울이 언급한 성숙한 태도를 갖추었는가? 과연 복종의 삶을 살고 있는가? 말씀을 듣고 삶에 적용함으로써 성품을 더욱 거룩하고 성숙하게 발전시키고 있는가? 나이가 들수록 더욱 헌신적인 신앙생활을 하고 있는가? 겸손한가? 겸손한 마음에서 우러나오는 사랑의 행위로 다른 사람들의 필요를 채워 주고 있는가? 화평을 추구하며 성령의 하나 되게 하신 것을 힘써 지키고 있는가?

우리 삶에서 이 모든 것을 추구하는 것이 하나님의 뜻이다.

섬김

우리 교회는 크기 때문에 섬김의 사역을 행할 수 있는 기회가 매우 다양하다. 그런데도 사람들은 흔히 규모가 큰 교회에서는 자신이 할 일이 별로 없다고 생각하는 경향이 있다. 그들은 다른 사람들이 사역을 행하는 동안 한쪽으로 물러서서 편안히 신앙생활을 즐기려고 한다. 하지만 그런 태도는 매우 위험하다.

"사람이 마땅히 우리를 그리스도의 일꾼이요 하나님의 비밀을 맡은 자로 여길지어다"고전 4:1. 바울의 이 말은 '나의 동료들과 나를 판단할 때가 이르면 우리가 그리스도의 종 가운데서 가장 첫째라는 말을 들을 수 있어야 한다'는 뜻이다.

헬라어에는 종을 뜻하는 용어가 몇 가지 있다. 바울은 그 가운데서 천한 종의 개념을 가장 잘 전달하는 용어를 선택했다. 그것은 '배 밑에서 노를 젓는 자'라는 뜻의 '후페레테스 hupēretēs'라는 용어다. 고대 사회 노예들은 배 밑에서 사슬에 묶인 채로 삼 층짜리 대형 목조함선인 '트리레메스 triremes'의 노를 저었다. 바울과 그의 동료들은 높임을 받기를 바라지 않았다. 그들은 목조함선 밑바닥에서 노를 젓는 노예처럼 복음 사역의 노를 젓는 존재로 알려지기를 원했다.

사람들이 우러러보는 사람이 되고 싶어 하는 사람이 많다. 하지만 하나님은 우리가 복종하는 종이 되기를 원하신다. 바울은 "맡은 자들에게 구할 것은 충성이니라"고전 4:2고 말했다. 하나님은 노를 젓는 기발한 방법이 있다면서 다른 사람들의 노를 잘라 버리는 사람을 기뻐하지 않으신다. 그분은 종의 태도로 충실히 사역의 노를 젓는 사람을 원하신다.

다른 사람을 섬기는 일은 교회가 계획한 프로그램과 반드시 연관을 맺을 필요는 없다. 바울은 인간의 몸을 비유로 들어 종의 기능을 아래와 같이 설명했다.

"우리가 한 몸에 많은 지체를 가졌으나 모든 지체가 같은 직분을 가진 것이 아니니 이와 같이 우리 많은 사람이 그리스도 안에서 한 몸이 되어 서로 지체가 되었느니라 우리에게 주신 은혜대로 받은 은사가 각각 다르니 혹 예언이면 믿음의 분수대로, 혹 섬기는 일이면 섬기는 일로, 혹 가르치는 자면 가르치는 일로, 혹 권위하는 자면 권위하는 일로, 구제하는 자는 성실함으로, 다스리는 자는 부지런함으로, 긍휼을 베푸는 자는 즐거움으로 할 것이니라" 롬 12:4-8.

'하나님이 주신 능력을 다른 사람들을 섬기는 일에 사용하라'는 뜻이다. 이것이 성령께서 그리스도인 안에 거하시면서 능력을 베푸시는 이유다. 하나님이 우리에게 허락하신 능력이 계획된 프로그램이나 개인적인 접촉을 통해 우리의 삶에서 물 흐르듯 흘러나올 수 있게 해야 한다. 섬기지 않으면 신앙생활이 제자리에 머물러 있을 가능성이 높다. '교회에 교인들이 너무 많아요. 내가 섬길 수 있는 곳이 어딘지 알 수 없어요'라고 말하지 말라. 성령으로 충만하기만 하면 하나님이 교회에 필요한 사역을 행할 수 있도록 이끌어 주실 것이다.

바울은 로마서 12장 6-8절에서 예언(설교), 섬김, 가르침, 권고, 구제, 리더십, 긍휼과 같은 다양한 사역을 언급했다 고전 12:4-11 참조. 이들 사역은 제각기 그 범위가 매우 넓다. 개개의 사역은 다양한 방법을 통해 이루어질 수 있다. 예를 들면 긍휼을 베푸는 방법도 매우 다양하고, 설교나 가르침을 베푸는 방법도 제각기 서로 다를 수 있다. 주님은 우리에게 필요한 은사들을 필요한 만큼 허락하시어 원하시는 방식대로 사역을 행하게 하신다. 나의 삶을 돌아보면 하나님은 나에게 설교, 가르침, 리더십, 권고, 지식 등과 같은 은사를 허락하셨다. 그분은 그런 은사들을 다양한 방법으로 혼합해 제각기 다른 방식으로 복음 사역에 기여하게 하신다. 서로 똑같은 그리스도인은 아무도 없다. 이것이 각자가 은사를 받은 대로 섬겨야 할 이유다. 하나님은 우리가 관망자가 되는 것을 원하지 않으신다.

1970년대에 월간 무디*Moody*는 그레이스 커뮤니티 교회에 관한 기사를 게재했다. 당시 우리 교회 건물은 지금보다 좀 작았기 때문에 교인들을 다 수용하는 데 좀 어려움을 겪었다. 월간 무디는 기사 제목을 "9백 명의 사역자가 일하는 교회"라고 명명했다. 당시 교인 수가 9백 명을 약간 넘었고, 모두 제각기 활동적으로 사역에 임하고 있었기 때문이다. 공식 프로그램이 많지 않았지만, 교인들은 제각기 은사를 받은 대로 사역에 임했다.

교인들은 늘 교회에 전화를 걸어 병문안을 가야 할 일이 있는지, 유아실에서 일손이 더 필요한지, 화장실과 창문을 청소해 줄 사람이나 전도 봉사자, 또는 주일학교 교사가 필요한지 물었다. 모두가 언제든지 사역에 임할 준비를 하고 있었다. 또한 당시 교인들은 사역을 행하면서 경험했던 하나님의 축복을 서로 나누며 그분께 모든 영광을 돌렸다. 이것이 바로 참된 교회의 모습이다. 우리가 참여할 수 있는 사역은 얼마든지 있다. 우리 모두 하나님이 주신 은사를 계발해 성령의 감동에 따라 열심히 사역에 임해야 한다.

바울은 "그리스도 예수의 종인 너희에게서 온 에바브라"골 4:12라고 말했다. 그는 '신학교를 졸업한 에바브라'나 '박사 학위를 소지한 파이 베타 카파 클럽 회원 에바브라'라고 말하지 않았다. 단지 '그리스도 예수의 종 에바브라'라고 말했다. 예수 그리스도의 종은 참으로 고귀한 소명이다.

바울은 빌립보서 2장에서 종의 마음을 지닌 한 사람을 소개했다. "에바브로디도를 너희에게 보내는 것이 필요한 줄로 생각하노니 그는 나의 형제요 함께 수고하고 함께 군사된 자요 너희 사자로 나의 쓸 것을 돕는 자라"25절.

복음을 수호하는 싸움에 뛰어든 상황에서 진실한 협력자의 가치는 이루 설명할 수 없을 정도로 귀하다. 많은 사람이 그러한 도움을 필요로 한다. 장차 하늘나라에 가면 에바브로디도와 같이 보기 드문 사람들을 만날 수 있을 것이다. "이와 같은 자들을 존귀히 여기라"빌 2:29. 바울이 빌립보 교인들에게 왜 이렇게 말했을까? 그것은 그가 참된 협력자이자 동료였기 때문이다.

뒤로 물러앉아 '그 일을 해야 할지 잘 모르겠어요. 내게 다른 사람들과 함께 일할 마음이 있는지 확신이 서질 않아요'라고 말할 사람이 있을지도 모르겠다. 하지만 복종하는 종은 언제라도 주저 없이 사역에 뛰어들 준비가 되어 있다. 그들은 기꺼이 사역에 동참해 섬김을 실천한다.

기쁨

기쁨이란 겉으로 드러나는 충만한 감정이자 마음과 영혼과 생각 속에서 이루어지는 예수 그리스도와의 관계에 대한 반응이다. 그레이스 커뮤니티 교회 지도자들이 교인들 사이에서 힘써 계발하고자 하는 것 가운데 하나가 바로 기쁨이다.

우리는 성경 말씀과 만유의 주재이시며 무한히 거룩하시고 지혜로우신 하나님 앞에서 언제나 진지해야 한다. 삶과 죽음이라는 큰 문제와 인간의 불완전함에서 비롯하는 모든 고통과 씨름하기 위해서는 진지해야 한다. 하지만 그와 동시에 우리는 기쁨으로 충만해야 한다. 우리는 하나님의 백성이므로 행복한 결말과 영광스런 승리를 맞이할 것이기 때문이다.

하나님의 말씀을 연구하고 그분께 복종할 때 기쁨을 누릴 수 있다. 요한 사도는 "우리가 이것을 씀은 우리의 기쁨이 충만케 하려 함이로다"요일 1:4라고 말했고, 바울은 "하나님의 나라는 …… 오직 성령 안에서 의와 평강과 희락이라"롬 14:17고 말했다. 예수님은 요한복음 17장 13절에서 우리에게 기쁨을 주시기 위해 오셨다고 말씀하셨다. 바울은 다른 곳에서도 "주 안에서 항상 기뻐하라 내가 다시 말하노니 기뻐하라"빌 4:4고 권고했다.

자원해서 섬기며 하나님이 주신 은사를 활용하면 우리 안에는 기쁨이 넘칠 것이다. 지나치게 내향적인 사람은 늘 자신의 필요만 충족시키고 자신의 문제를 해결하기에만 급급하다. 그런 사람은 지나친 자의식과 자기중심적 태도로 인해 늘 우울하게 살아갈 가능성이 높다.

누구든 기쁨을 외면한 채 살아갈 수 있다. 얼마든지 푸른 풀밭 위에서 오직 거름 무더기만을 바라보며 눈살을 찌푸릴 수 있다. 하지만 우리는 하나님이 행하시는 일을 기뻐하며 힘 있게 살아가는 삶을 선택해야 한다. 성령께서 우리에게 주시는 능력으로 아무도 우리의 기쁨을 빼앗아 가지 못하게 해야 한다. 명심하라. 성경이 항상 기뻐하라고 명령하셨다빌 4:4 참조. 늘 되뇌어라. '그토록 많은 죄를 저질렀는데도 우리를 구원하시고 사랑하시는 하나님 안에서 기뻐하자. 언젠가는 하늘나라에 가게 될 것을 기뻐하자.' 우리 가운데 문제가 없는 사람은 없다. 하지만 언젠가는 참그리스도인 모두가 하늘나라에서 완전해질 날이 올 것이다.

평화

평화는 참으로 아름다운 표현이다. 예수님은 "평안을 너희에게 끼치노니 곧 나의 평안을 너희에게 주노라 내가 너희에게 주는 것은 세상이 주는 것 같지 아니하니라 너희는 마음에 근심도 말고 두려워하지도 말라"요 14:27라는 말씀처럼 우리에게 평안을 허락하신다.

바울은 "하나님은 화평 중에서 너희를 부르셨느니라"고전 7:15고 말했다. 그 밖에도 그는 "하나님의 평강이 …… 너희 마음과 생각을 지키시리라"빌 4:7, "평안할지어다"고후 13:11, "너희끼리 화목하라"살전 5:13는 말로 평화의 중요성을 강조했다.

기쁨이 겉으로 드러난 충만한 감정이라면 평화는 걱정할 문제가 아무것도 없다는 생각에서 비롯하는 내적 만족을 의미한다. 죄를 지었다면 평화를 누릴 수 없다. 그러나 죄 사함을 받고 성령 안에서 행하면 평화를 누릴 수 있다. 누구에게도 우리의 평화를 빼앗겨서는 안 된다.

그레이스 커뮤니티 교회는 교인들의 마음에 하나님께 대한 신뢰와 안식과 평화를 심어 주기 위해 노력한다. 걱정해야 할 이유가 없기 때문이다. 바울은 "아무것도 염려하지 말고…… 너희 구할 것을 감사함으로 하나님께 아뢰라 그리하면…… 하나님의 평강이…… 너희 마음과 생각을 지키시리라"빌 4:6-7고 말했다. 사람은 누구나 걱정을 가져다주는 시련을 경험한다. 완전한 평화를 누리는 사람은 아무도 없다. 하지만 어떤 상황에서든지 마음의 평화를 유지하기 위해 노력해야 한다.

예수님은 "화평케 하는 자는 복이 있나니 저희가 하나님의 아들이라 일컬음을 받을 것임이요"마 5:9라고 말씀하셨다. 그리스도인이 하나님 나라와 예수 그리스도의 교회를 위해 기여할 수 있는 최선의 방법은 화평케 하는 자가 되는 것이다.

인간은 본성상 갈등과 다툼을 좋아한다. 욥은 "인생은 고난을 위하여 났나니 불티가 위로 날음 같으니라"욥 5:7고 말했다. 사람들 사이에는 서로 다른 기질 때문에 충돌이 종종 일어난다. 하지만 우리는 화평케 하는 자가 되라는 부르심을 받았다. 그러므로 갈등을 일으키기보다 갈등을 해결하는 데 앞장서야 한다. 어떤 경우에는 사소한 문제가 크게 불거져 예상하지 않았던 폐해를 일으키기도 한다.

사람들은 평화보다 갈등을 부추기는 성향이 있다. 우리 모두 스스로에게 다짐을 두자. "나는 평화롭다. 하나님이 만사를 주관하신다. 나는 화평케 하는 사람이 될 것이다."

서로 갈등하는 사람들을 볼 때마다 화해의 포옹을 나눌 수 있도록 도움을 아끼지 말자. 편을 가르지 말고 서로의 약점보다는 장점에 초점을 맞추자. 먼저 각자의 가정에서부터 친밀한 관계를 맺기 위해 노력하자. 할 말이 있더라도 그것이 누군가를 불쾌하게 만들 소지가 있다면 입 밖에 내지 말자. 우리는 옳고 다른 사람은 그른 듯 보이는 문제가 있더라도 그다지 중요하지 않다면 더 이상 우리가 옳다고 주장하지 말고 평화를 지키는 편이 더 낫다.

그렇다고 우리의 신념까지 타협할 필요는 없다. 단지 우리의 권리를 불필요하게 옹호하려는 좁은 생각을 버리자는 것뿐이다. 우리의 생각을 고집하는 것보다 평화가 더 중요하다. 물론 누군가가 하나님의 진리를 부정한다면 그때는 옳은 것을 위해 힘써 싸워야 한다. 하지만 교회에서는 그리스도인들끼리 서로 화평케 하는 자가 되기 위해 노력해야 한다. 우리 모두가 항상 화평케 하는 자가 된다면 참으로 큰 평화를 누릴 것이다.

감사

"더 좋은 직업을 가졌더라면 좋았을걸." "더 나은 사람과 결혼했더라면 좋았을걸." "이런 문제에 시달리지 않았다면 좋았을걸."

많은 사람들이 이렇게 말하며 아쉬워한다. 하지만 "범사에 감사하라 이는 그리스도 예수 안에서 너희를 향하신 하나님의 뜻이니라"살전 5:18는 말씀대로 우리는 항상 감사해야 한다.

감사는 강력한 능력을 발휘한다. 감사하는 마음만 있으면 많은 문제를 해결할 수 있을 뿐 아니라 걱정근심에서 자유로울 수 있다. 시편 저자들의 경우가 대표적인 사례다. 그들은 문제가 발생할 때면 절망 속에서 하나님께 부르짖었다. 어떤 시편 저자는 하나님께 악인이 번영하는 이유를 여쭈었다시 94:3 참조. 다윗 왕도 왕위 찬탈을 노리는 아들 압살롬을 피해 도망치면서 하나님을 향해 슬픈 심정을 토로했다. 하지만 그는 하나님이 자신을 위해 행하신 일들을 곰곰이 생각하기 시작했고, 결국 압살롬을 피해 달아나는 와중에서도 하나님께 감사하며 더 이상 절망하지 않았다삼하 16:10-14 참조.

하나님께 감사해야 할 일은 많다.

"그 거룩한 이름에 감사할지어다"시 30:4.

"여호와께 감사하라 그는 선하시며 그 인자하심이 영원함이로다"시 106:1.

다니엘은 지혜와 능력을 허락하신 하나님께 감사했다단 2:23 참조.

바울은 그리스도인들이 굳센 믿음을 보여 준 것을 감사했다롬 1:8 참조.

바울은 믿지 않던 사람들이 죄를 뉘우치고 돌아온 것을 감사했다 롬 6:17 참조.

바울은 그리스도께서 내주하는 죄에서 자신을 구원해 주신 것을 감사했다 롬 7:23-25 참조.

바울은 하나님이 그리스도인들에게 은혜를 베푸신 것을 감사했다 고전 1:4 참조.

바울은 하나님이 죽음에 대한 승리를 허락하신 것을 감사했다 고전 15:57 참조.

바울은 복음의 승리를 감사했다 고후 2:14 참조.

바울은 그리스도인들이 그리스도를 위한 열정으로 살아가는 것을 감사했다 고후 8:16 참조.

바울은 그리스도인들이 하나님의 말씀을 받아들여 삶에 적용하는 것을 감사했다 살전 2:13 참조.

그리스도인들이 하나님 나라를 위해 열심히 일하며 서로에게 사랑을 베푸는 것을 볼 때 감사해야 한다 살전 1:3.

그리스도의 능력과 장차 임할 그리스도의 왕국을 위해 감사해야 한다 계 11:17 참조.

상황이 좀 어렵더라도 불평하지 말고 감사하는 마음을 갖도록 노력하라. 우리가 감사하지 않는 이유는 지금 상황보다 더 나은 상황에서 살아갈 자격이 있다고 생각하기 때문이다. 하지만 자격을 논하자면 우리는 지금 지옥에 가 있어야 마땅하다. 따라서 편안한 삶을 누릴 자격이 있다고 생각해서는 곤란하다. 오히려 하나님이 우리에게 무엇을 허락하시든지 감사함으로 받아들여야 한다. 감사하면 어떤 상황에서도 기뻐할 수 있다.

절제

하나님의 거룩한 계명에 순종하는 것은 참으로 중요하다. 그리스도인이라면 이 점을 명확히 깨달아야 한다. 절제는 죄를 멀리하고 옳은 일만 행하는 것이다. 절제의 미덕을 실천하는 사람은 하나님의 율법을 명심하고 율법이 정한 한계를 넘어서지 않는다.

바울은 고린도전서 9장 24-27절에서 달리기 비유에 빗대어 절제의 의미를 설명했다. "운동장에서 달음질하는 자들이 다 달아날지라도 오직 상 얻는 자는 하나인 줄을 너희가 알지 못하느냐 너희도 얻도록 이와 같이 달음질하라"24절

사람들이 경쟁하는 이유는 경주에서 승리하기 위해서다. 그리스도인은 영적 경주에 참여해 승리를 향해 달리라는 부르심을 받았다갈 5:7, 빌 2:16, 히 12:1-2 참조. 그러면 승리의 조건은 무엇일까? 그 대답은 "이기기를 다투는 자마다 모든 일에 절제하나니"고전 9:25라는 말씀에 있다. 이는 승리를 원하는 사람은 절제해야 한다는 뜻이다.

운동선수가 경기에서 승리하기 위해 훈련에 쏟아 붓는 시간은 참으로 엄청나다. 국제 대회에 출전하는 선수는 5년 내지 10년 동안 매일 많은 시간을 연습에 할애한다. 그는 고통이나 호흡 곤란을 느끼지 않는 지경까지 체력을 끌어올려야 한다. 고통의 한계점을 초월했을 때 느낄 수 있는 황홀감은 오직 운동선수만이 경험할 수 있다. 나도 한때 운동을 열심히 할 때는 그런 기분을 경험할 수 있었다. 그런 순간에는 표현하기 어려운 자유와 활력이 느껴진다. 그런 경험은 오직 고통의 한계점을 극복했을 때만 가능하다.

바울은 계속해서 "내가 달음질하기를 향방 없는 것같이 아니하고"고

전 9:26라고 말했다. 또한 그는 디모데후서 2장 5절에서 면류관을 목표로 하는 운동선수는 "법대로" 경기해야 한다고 강조했다. 운동선수는 규칙을 위반해서는 안 된다. 승리를 원한다면 경기 규칙을 준수해야 한다.

마지막으로 바울은 다음과 같이 결론지었다. "내가 내 몸을 쳐 복종하게 함은 내가 남에게 전파한 후에 자기가 도리어 버림이 될까 두려워함이로라"고전 9:27.

운동선수가 실격 처리되기를 원치 않는 것처럼 바울 또한 죄를 지어 영적 승리의 기회를 잃는 잘못을 범하지 않기 위해 노력했다.

절제와 영적 전투

일전에 경기를 앞둔 미식 축구 선수들에게 성경 공부를 가르친 일이 있다. 성경 공부 본문은 에베소서 6장이었다. 경기 출전을 앞두고 벌써부터 발과 발목에 테이프를 감은 선수들이 더러 눈에 띄었다. 나는 지금의 체력을 기르기 위해 그동안 수많은 시간을 훈련에 할애했다는 점을 상기시키면서 이제 곧 보호 장비와 헬멧을 갖춰 입고 '썩지 않을 면류관'고전 9:25 참조을 위한 싸움을 시작하게 될 것이라고 말했다. 나는 그 싸움이 축구 경기보다 더 중요하다고 강조했다.

썩지 않을 면류관은 곧 '썩지 않는'벧전 1:4 참조 영원한 기업을 뜻한다. 영적 싸움을 위해 갖춰야 할 장비는 어깨 패드, 가슴 패드, 엉덩이 패드, 헬멧과 같은 장비보다 훨씬 더 중요하다. 영적 전투에서 승리를 거두기 위해서는 그런 장비와는 다른 유형의 장비를 갖춰 입어야 한다.

선수들에게 "마귀의 궤계를 능히 대적하기 위하여 하나님의 전신갑

주를 입으라"엡 6:11고 말한 다음, "영혼의 원수들과의 싸움에 아무 준비 없이 임하는 것은 짧은 반바지 차림으로 상대 선수들과 경기하는 것이나 다름없다"고 덧붙였다. 그러고는 "우리의 씨름은 혈과 육에 대한 것이 아니요 정사와 권세와 이 어두움의 세상 주관자들과 하늘에 있는 악의 영들에게 대함이라"엡 6:12는 말씀을 인용했다.

영적 전투는 사람들을 상대로 하는 전투가 아니다. 인간은 보이지 않는 사탄의 하수인에 불과하고 진정한 싸움은 사탄을 대상으로 한다.

몇 년 전 어느 저녁, 우리 교회에서 귀신 들린 소녀와 영적 싸움을 벌였던 적이 있다. 그녀는 교회 예배실 한 곳에서 발로 차고, 괴성을 지르고, 가구들을 집어던졌다. 내가 안으로 들어가자 그녀가 소리쳤다. "그를 들여보내지 마."

그것은 그녀의 목소리가 아니었다. 귀신이 나를 싫어하는 이유는 내가 하나님 편에 속한 사람이기 때문이다. 우리 몇 사람은 몇 시간 동안 영적 싸움을 벌였고, 결국 그녀는 자신의 죄를 고백하기에 이르렀다. 하나님이 그녀의 죄를 깨끗이 씻어 주셨다. 그때 이후로 나는 그리스도인의 진정한 싸움은 영적 싸움이라는 사실을 확신하게 되었다.

사탄의 세력은 그리스도와 그분께 속한 모든 사람을 상대로 영적 싸움을 벌인다. 그들을 대적하기 위해서는 하나님의 전신갑주를 입어야 한다엡 6:13 참조. 다시 말해 영적 싸움을 위한 준비가 필요하다. 에베소서 6장 14절에서 언급한 다음 두 가지 영적 장비를 특별히 강조하고 싶다.

진리의 허리띠. 바울은 에베소 그리스도인들에게 "그런즉 서서 진리로 너희 허리띠를 띠고"라고 말했다. 그는 전쟁을 준비하는 로마 군인의 모습을 떠올렸다. 군인이 허리띠를 착용하지 않고 전쟁에 나가면

육탄전을 벌일 때 느슨해진 겉옷이 펄럭거려 그의 동작을 방해할 것이고, 적군의 손에 붙들릴 가능성이 높아 결국 그를 죽음으로 몰고 갈 것이다. 로마 군인은 그런 일이 일어나지 않도록 하기 위해 겉옷을 허리띠로 단단히 고정했다. 아울러 바울은 허리띠가 절제를 위한 진지한 헌신을 의미한다고 봤다.

우리는 영적 싸움을 진지하게 준비해야 한다. 영적 싸움은 사소한 싸움이 아니다. 우리는 하나님이 우리에게 요구하시는 좁은 길을 열심히 걸어가야 한다마 7:13-14 참조. 물론 그 일은 쉽지 않다. 길을 가는 동안 우리를 좌우로 치우치게 만드는 작은 목소리가 끊임없이 들려온다. 하나님보다 쾌락을 더 사랑한다면 하나님이 정하신 절제의 길에서 벗어나 죄의 길을 걸어갈 수밖에 없다.

의의 흉배. 로마 군인은 중요한 신체 장기를 화살과 창과 칼로부터 보호하기 위해 가슴에 흉배를 착용했다. 바울은 이를 염두에 두고 "의의 흉배"라는 표현을 사용했다. 우리는 의로운 삶, 즉 하나님의 계명에 복종하는 삶을 살아야 한다. 그렇지 않으면 영적 싸움을 치르는 동안 상처를 입기 쉽다. 바울은 "사랑하는 자들아 이 약속을 가진 우리가 하나님을 두려워하는 가운데서 거룩함을 온전히 이루어 육과 영의 온갖 더러운 것에서 자신을 깨끗케 하자"고후 7:1라고 말했다.

절제가 없는 그리스도인을 볼 때마다 마음이 몹시 서글프다. 그들은 하나님께 복종해야 한다는 것을 알면서도 그 명령에 온전히 헌신하지 못한다. 바울은 빌립보서 4장 8절에서 이렇게 말했다. "무엇에든지 참되며 무엇에든지 경건하며 무엇에든지 옳으며 무엇에든지 정결하며 무엇에든지 사랑할 만하며 무엇에든지 칭찬할 만하며 무슨 덕이 있든지 무슨 기림이 있든지 이것들을 생각하라." 이처럼 절제는 생각과 밀접한 관련이 있다.

잠언 저자는 "대저 그 마음의 생각이 어떠하면 그 위인도 그러한 즉"잠 23:7이라고 말했다. 절제 있는 순결한 삶은 하나님의 말씀으로 충만한 마음에서 비롯한다. 또한 시편 저자는 "내가 주께 범죄치 아니하려 하여 주의 말씀을 내 마음에 두었나이다"시 119:11라고 말했고, 바울은 '그리스도의 말씀이 너희 속에 풍성히 거하게 하라' 골 3:16 참조고 권고했다. 하나님의 말씀은 절제의 근원이므로, 열심히 하나님의 말씀을 배워야 한다.

세상이 '이리 와라. 쾌락을 주겠노라' 고 아무리 속삭여도 절대 귀를 기울이지 말라. 경건하지 못한 생각을 품거나 죄의 길에 치우친 상태에서는 하나님이 요구하시는 완전한 헌신을 실천할 수 없다. 어떤 사람들은 그럴듯한 논리로 경건하지 못한 행위를 옹호한다. 하지만 그런 식의 자기 합리화는 우리에게 통하지 않는다. 이도 저도 아닌 양다리 작전을 용납해서는 안 된다. 바울은 빌립보서 4장 8절에서 겉으로 나쁘지 않게 보이는 것이 아니라 '참된 것'을 생각하라고 말했다.

책임감

교인들은 교인들 서로에 대해 책임의식을 가져야 한다. 우리는 교회의 카펫이나 벽지의 색깔이 어떤지보다 동료 그리스도인에게 관심을 기울여야 한다. 프로그램보다 사람이 더 중요하다. 예수님은 말씀하셨다. "어찌하여 형제의 눈 속에 있는 티는 보고 네 눈 속에 있는 들보는 깨닫지 못하느냐"마 7:3.

'네 삶에 있는 큰 문제는 외면하고 네 형제의 삶에 있는 작은 문제에 더 큰 관심을 기울이는 것이냐?'라는 의미다. 예수님은 4절에서 거듭 말씀하셨다. "보라 네 눈 속에 들보가 있는데 어찌하여 형제에게 말하기를 나로 네 눈 속에 있는 티를 빼게 하라 하겠느냐".

이 말씀처럼 우리에게는 서로의 죄를 지적해야 할 책임이 있다. 하지만 그 일을 하기에 앞서 먼저 우리 자신의 죄를 처리해야 한다 5절 참조. 서로 책임져야 할 관계에서는 다른 사람들을 돌보는 책임만 있는 것이 아니다. 그보다 먼저 우리 자신의 삶을 올바로 이끌어야 할 책임이 있다.

이 문제를 구체적인 상황에 적용해 보자. 어떤 교인이 교회 출석을 중단했다고 가정하자. 그런 경우 반드시 진심으로 조언해야 한다. 예배를 등한시해서는 안 됩니다 히 10:25 참조. 하나님의 백성과 함께 그분을 예배하는 일에 좀 더 열심을 내야 합니다.

'내가 그런 말을 해 줄 자격이 있나? 내 삶에도 문제가 있는데 말이야.' 그때 문득 이런 생각이 들 수도 있다. 그렇다면 먼저 자신의 눈에서 들보를 제거한 다음(즉 삶을 깨끗이 한 다음) 다른 사람의 잘못을 지적하는 것이 옳다. "형제들아 사람이 만일 무슨 범죄한 일이 드러나거든 신령한 너희는 온유한 심령으로 그러한 자를 바로잡고" 갈 6:1. 바울의 말처럼 하나님께 복종하며 순결하게 살아가는 사람은 그렇지 못한 사람을 도와야 할 책임이 있다.

그러면 우리의 잘못을 처리한 뒤에는 어떻게 해야 할까? 그 대답은 "네 형제가 죄를 범하거든 가서 너와 그 사람과만 상대하여 권고하라" 마 18:15는 말씀에 있다. 교회에서 한 교인이 죄를 지으면 처음에는 혼자 접근하는 것이 좋다. 예를 들어 그가 직원들을 부당하게 대우하는 부정직한 사업가라면 '형제는 지금 잘못을 저지르고 있어요'라고 사랑으로 충고해야 한다. 누군가가 배우자에게 불충실하거나 자녀를 제대로 양육하지 못하거나 부모에게 순종하지 않는 것을 보거든 찾아가서 죄를 책망해야 한다. 잘못을 저지른 경우에는 장로들도 예외가 될 수 없다. 바울은 베드로의 잘못을 공공연히 책망했다갈 2:11-14 참조. 교회 지도자를 책망해야 할 경우에는 교회 앞에서 꾸짖어 다른 교인들에게 죄를 두려워할 줄 아는 마음을 심어 주어야 한다딤전 5:20.

전에 어떤 사람이 편지를 통해 내 잘못을 지적한 일이 있다. 나는 그에게 답장을 보내 용서를 구하는 한편 고맙다는 인사도 잊지 않았다. 나는 내가 잘못하는 게 있다면 그것이 무엇인지 알기를 원한다. 하지만 말하기가 망설여져 아무도 내 잘못을 일깨워 주지 않는다면 나는 똑같은 잘못을 되풀이할 가능성이 높다.

교인들은 모두 서로에 대해 책임져야 한다. 다른 사람의 죄를 눈감아 주는 것은 옳지 않다. 우리는 사랑으로 서로의 잘못을 일깨워 주어야 한다. 특히 아내와 남편은 서로에게 각별한 책임이 있다. 그래야만 더욱 순결한 교회로 거듭날 수 있다.

죄를 지은 사람이 충고를 듣지 않으면 어떻게 해야 할까? 다음 말씀에 해답이 있다. "만일 듣지 않거든 한두 사람을 데리고 가서 두세 증인의 입으로 말마다 증참케 하라"마 18:16.

그래도 여전히 귀를 기울이지 않으면 '교회에 말하는' 순서를 밟으면 된다17절 참조. 이처럼 교인들은 죄지은 형제나 자매가 회개할 수 있도록 최선을 다해 권고해야 한다.

처음 그레이스 커뮤니티 교회에서 권징을 실시했을 때 동료 교역자두 사람이 이런 말을 했다. "아무 소용없을 겁니다. 오히려 교회가 산산조각이 나고 말 거예요. 모두가 서로의 죄를 감시하게 만들 수는 없어요."

그렇다고 그냥 있을 수 없는 일이었다. "성경은 우리가 서로를 책임져야 한다고 말씀합니다. 일단 해 보고 하나님의 역사를 기다려 봅시다."

교회를 세우는 일은 우리가 걱정해야 할 문제가 아니다. 그리스도께서 친히 교회를 돌보시겠다고 말씀하셨다마 16:18 참조. 우리는 그저 하나님께 복종하기만 하면 된다. 그러면 하나님이 다른 모든 것을 돌보신다.

권징 사역이 그레이스 커뮤니티 교회에 큰 유익이 되었다. 사례 하나를 소개하면 다음과 같다. 어느 날 한 여성이 내게 전화를 했다. "남편이 다른 여자와 함께 살겠다면서 이제 저를 버리고 집을 나갔어요."

나는 그녀에게 남편이 만난다는 그 여성의 이름을 물어보았고, 전화를 끊은 뒤 그녀의 전화번호를 알아내 그녀에게 전화를 걸었다. 마침 나에게 전화를 건 여성의 남편이 전화를 받았다. "안녕하세요. 나는 그레이스 커뮤니티 교회의 존 목사입니다. 그리스도의 이름으로 권하건대 하나님과 형제의 부인과 교회에 더 큰 죄를 짓기 전에 어서 그 여성의 집에서 나오세요."

그는 충격을 받은 듯 곧 아내에게 돌아가겠다고 대답했다. 다음 주일 그는 내게 찾아와 나를 껴안았다. "정말 감사합니다. 그곳에 있고 싶은 생각이 조금도 없었는데 그만 유혹에 빠져 저도 모르게……. 그 누구도 제 문제에 관심을 기울이지 않을 것이라고 생각했습니다."

내 책망 덕분에 그는 더 이상 멀리 가지 않았다. 그는 성도의 교제와 하나님께 대한 복종을 회복했다(권징의 사역을 좀 더 자세히 알고 싶으면 11장을 참조하라).

책망은 죄 지은 형제를 회복하는 데 반드시 필요하다. 그리스도인은 이따금 자신이 원치 않는 일을 할 때가 있다. 그를 죄의 구렁텅이에서 건져 내려면 다른 그리스도인이 기꺼이 책망해야 한다. "나의 행하는 것을 내가 알지 못하노니 곧 원하는 이것은 행하지 아니하고 도리어 미워하는 그것을 함이라" 롬 7:15. 바울이 육신과의 싸움을 하는 중에 토로한 말이다. 책망은 개인의 사생활을 침해하는 행위와는 거리가 멀다. 책망의 목적은 죄와 싸우는 사람들을 돕는 데 있다.

우리는 책임감을 진지하게 생각해야 한다. 성도의 교제가 그토록 중요한 이유가 바로 여기에 있다. 우리는 먼저 우리 삶을 올바로 하고, 그 다음에는 사랑으로 서로를 돌아보며 선행과 사랑을 격려해야 한다 히 10:24 참조. 우리는 서로 격려하고히 10:24-25 참조, 서로를 위해 기도하고약 5:16 참조, 서로를 사랑하고갈 5:13, 엡 4:2, 벧전 1:22 참조, 서로를 가르치고골 3:16 참조, 서로 덕을 세우고롬 14:19, 살전 5:11 참조, 서로 권고해야 한다롬 15:14, 골 3:16 참조. 이는 어느 교회든 반드시 갖추지 않으면 안 될 필수 요건이다.

용서

교회는 용서 없이는 존재할 수 없다. 용서가 중요한 이유는 우리가 인간이고 모두 죄를 짓기 때문이다. 죄를 지은 사람, 특히 우리에게 잘못을 저지른 사람을 용서하지 않으면 성도의 교제를 무력화시켜 결국 교회를 파괴할 수 있는 영적 질병을 앓는다.

"우리가 우리에게 죄 지은 자를 사하여 준 것같이 우리 죄를 사하여 주옵시고"마 6:12. 예수님이 우리에게 가르치신 기도다. 이와 더불어 예수님은 또 말씀하셨다. "너희가 사람의 과실을 용서하면 너희 천부께서도 너희 과실을 용서하시려니와 너희가 사람의 과실을 용서하지 아니하면 너희 아버지께서도 너희 과실을 용서하지 아니하시리라"14-15절.

다른 사람을 용서하지 않으면 하나님도 우리를 용서하지 않으신다. 물론 이때의 용서는 하나님이 우리를 구원하실 때 베푸시는 구원의 용서와는 다르다. 이 용서는 현재 짓는 죄와 관련이 있다. 하나님을 비롯해 그리스도 안에서 한 가족이 된 동료 그리스도인들과 순결하고 복된 관계를 유지하려면 용서하는 마음이 필요하다.

주님이 매일 우리 죄를 용서하시며 우리와 친밀한 교제를 나누시기를 원하신다면 다른 사람들을 용서할 줄 알아야 한다. 우리 죄를 용서받았는데 어찌 다른 사람의 죄를 용서하지 않을 수 있겠는가? 마태복음 18장 23-34절에 보면 주인에게 만 달란트(상상할 수 없는 거액의 돈)를 빚진 종에 관한 비유가 나온다. 주인은 그를 용서하고 모든 빚을 탕감해 주었다. 나중에 그는 자기에게 만 달란트에 비하면 너무 적은 백 데나리온을 빚진 사람을 용서하지 못하고 그를 감옥에 집어넣었다. 예수님의 비유는 일관되지 못한 위선적인 태도는 하나님의 큰 분노를 초래한다는 사실을 가르친다.

바울은 "서로 인자하게 하며 불쌍히 여기며 서로 용서하기를 하나님이 그리스도 안에서 너희를 용서하심과 같이 하라"엡 4:32고 말했다. 하나님이 우리를 용서하셨으니 우리도 서로 용서해야 한다. 그토록 많은 죄를 용서받고서도 다른 사람의 작은 잘못을 용서하지 못한다면 그것이 될 법한 일이겠는가? 사람들은 항상 서로에게 피해를 입히거나 문제를 일으킬 수 있는 일을 행한다. 가해자를 기꺼이 용서한다면 복수심에서 벗어날 수 있다. 또한 하나님이 우리를 용서하시면 우리는 자유를 얻어 그분의 축복을 경험할 것이다. 용서는 참으로 아름답기 그지없다.

전적 의존

의존은 부정적인 의미로 생각하면 심리적인 결함을 의미한다. 능력 있는 사람은 그런 병적 감정에 치우치지 않는다. 교회가 주의를 게을리하면 하나님을 모든 사역에서 배제한 채 사람과 프로그램에만 지나치게 의존하는 잘못을 저지를 수 있다.

전체주의 국가에서 살아가는 그리스도인들의 경우에는 똑같은 문제에 직면하더라도 그런 잘못을 쉽게 저지르지 않는다. 그들은 아무 도움도 바랄 수 없는 상황에서 늘 죽음의 위기를 생각하며 오직 하나님만을 전적으로 의지한다.

그와는 달리 하나님의 축복으로 좋은 환경에서 살아가는 그리스도인들은 쉽게 그분을 잊는 경향이 있다. 하나님이 이스라엘 백성에게 약속의 땅을 허락하셨을 때를 생각해 보라. "네가 건축하지 아니한 크고 아름다운 성읍을 얻게 하시며 네가 채우지 아니한 아름다운 물건이 가득한 집을 얻게 하시며 네가 파지 아니한 우물을 얻게 하시며 네가 심지 아니한 포도원과 감람나무를 얻게 하사 너로 배불리 먹게 하실 때에"신 6:10-11. 하나님은 이 말씀처럼 그들에게 온갖 축복을 베푸셨다. 하지만 그들은 하나님에 관한 모든 것을 잊고 말았다신 8:10-18 참조.

우리는 여러 가지 활동, 기발한 생각, 밝은 미래에 쉽게 얽매이는 경향이 있다. 그런 것에 집착하면 하나님의 뜻에 어긋나는 삶을 살아갈 수밖에 없다. 우리는 그런 잘못을 피하고 오로지 하나님만 의지해야 한다.

다윗은 "주의 종으로 고범죄를 짓지 말게 하사"시 19:13라고 기도했다. 하나님을 의지하지 않으면, 즉 그분의 생각과 뜻을 헤아리지 않으면 그런 죄를 저지르기가 아주 쉽다. 어떤 일을 결정할 때는 하나님의 뜻을 정확히 알 수 있을 때까지 인내하며 기도로 그분과 교통해야 한다. 나는 목회 사역을 행할 때 하나님이 원하지 않으시는 일을 행할까 봐 늘 두렵다. 항상 그리스도와 보조를 맞춰 걷는 것이 내 소원이다.

신학교에 다닐 때 일이다. 당시 모든 학생은 채플 시간에 최소한 두 차례 설교를 해야 했다. 학생들이 설교할 때 교수들이 강단 뒤에 앉아 설교를 듣고 잘못된 점을 지적해 주었다. 학생이 약 10분 정도 말씀을 전할 무렵이면 교수들이 설교 평가서를 젖히는 소리가 들려왔다. 지적할 내용이 그만큼 많다는 뜻이었다. 그래도 모든 학생은 제각기 최선을 다했다.

내가 해야 하는 설교 본문은 사무엘하 7장이었다. 나는 좋은 평가를 받을 생각으로 설교를 모조리 암기했다. 심지어는 설교 도중에 잠시 숨 돌릴 순간까지 기억해 놓았다. 다윗이 하나님의 언약궤를 안치할 성전을 짓고 싶은 뜻을 품었다는 내용에서부터 설교를 시작했다. 다윗은 자기는 아름다운 궁궐에 살고 있는데 하나님의 언약궤는 여전히 성막에 있는 것이 못내 죄스러웠다. 그래서 나단 선지자에게 말했다. "볼지어다 나는 백향목 궁에 거하거늘 하나님의 궤는 휘장 가운데 있도다"2절.

나단이 다윗에게 대답했다. "마음에 있는 바를 행하라"3절.

하지만 하나님은 "너는 군인이라 피를 흘렸으니 내 이름을 위하여 전을 건축하지 못하리라"대상 28:3고 말씀하셨다. 하나님의 성전을 건축할 사람은 솔로몬이었다삼하 7:12-13 참조. 하나님은 다윗에게 성전 건축을 허락하지 않으셨지만 대신 놀라운 약속을 주셨다8-16절 참조.

나는 위와 같은 말씀을 근거로 하나님의 뜻을 무시하는 죄를 설교 내용으로 삼았다. 그것은 삶의 전환을 이루는 경험이었다. 당시 설교 말씀은 오랫동안 뇌리에서 떠나지 않았다. 내가 설교를 마치자 교수 가운데 한 사람이 내게 평가서를 건네주었다. 가만히 들추어 보았더니 아무 내용도 없었다. 대신 첫 페이지에 '학생은 본문의 요점을 간과했습니다' 라는 글귀가 적혀 있었다. 하루가 완전히 망가지는 순간이었다. 하지만 나는 중요한 교훈을 얻었다.

교수는 하나님이 다윗에게 허락하신 왕국의 약속에 설교 초점을 맞춰야 한다고 생각했다. 하지만 나는 본문이 왕국의 약속만이 아니라 하나님의 뜻을 무시하는 죄와 관련이 있다고 생각했다. 나는 때로 하나님의 뜻을 헤아리지 않고 너무 성급하게 앞질러 나가는 성향이 있었기 때문에 그것이 곧 내가 귀담아 들어야 할 말씀이라고 확신했다.

기도는 하나님의 뜻에 순종하지 않는 죄를 예방하는 중요한 수단이다. 제자들이 기도하는 법을 여쭙자 예수님은 이렇게 가르치셨다. "너희는 기도할 때에 이렇게 하라 아버지여 이름이 거룩히 여김을 받으시오며 나라이 임하옵시며"눅 11:2. "이름이 거룩히 여김을 받으시오며"는 '주님의 이름이 영광과 높임을 받으소서' 라는 뜻이다. 또한 예수님은 "나라이 임하옵시며"라고 기도하라고 하셨다. 우리는 하나님의 뜻이 하늘에서와 같이 땅에서 이루어지기를 기도해야 한다. 주기도는 '하나님, 저희에게 이것을, 저것을 주시옵소서'라고 시작하지 않는다. 주기도는 하나님을 의지하며 그분의 뜻을 먼저 구하라고 강조한다.

유연한 태도

누군가가 교회 안의 너무 많은 사람들이 '전에는 그런 식으로 해본 적이 한 번도 없습니다'라는 말을 입에 달고 산다고 지적했다. 유연하지 않은 교회는 실패할 수밖에 없다. 그런데 안타깝게도 일부 그리스도인은 유연하지 못한 태도를 미덕으로 생각하기까지 한다. 그들은 완고한 고집을 자랑스런 훈장처럼 여긴다. 분별없는 고집스러움은 바로 바리새인의 특징이었다. 어느 날 바리새인들과 서기관들이 예수님께 몰려와 아우성을 쳤다. "당신의 제자들이 어찌하여 장로들의 유전을 범하나이까 떡 먹을 때에 손을 씻지 아니하나이다"마 15:2.

제자들이 음식을 먹기 전에 지켜야 할 정결의식인 손을 씻지 않았다는 의미다. 예수님은 "너희는 어찌하여 너희 유전으로 하나님의 계명을 범하느뇨"3절라고 반문하셨다. 어떤 교회는 전통에 집착한다. 그들은 성경의 명령인 줄 알면서도 망설임 없이 이렇게 말한다. "그렇게 할 수 없어요. 우리에게는 우리의 전통이 더 중요해요."

많은 사람들이 교회를 조직하는 법을 배우고 싶다면서 내게 우리 교회 조직표를 보내 달라고 요구한다. 하지만 우리 교회에서 조직표는 아무 쓸모가 없다. 왜냐하면 상황이 항상 변하기 때문이다. 그리스도인은 하나님은 도구로 사용되지만 경우에 따라 강할 때도 있고 약할 때도 있고, 헌신적일 때도 있고 미온적일 때도 있는 등 늘 일정하지 않다. 더욱이 교회에는 항상 새 그리스도인들이 있게 마련이다. 하나님은 그들을 통해서도 사역을 이루신다. 상황 변화는 여러 가지로 이점이 있다. 판에 박힌 습관에 치우쳐 하나님의 말씀이 가르치는 진리를 어둡게 만드는 잘못을 피할 수 있게 해 주기 때문이다. 하나님이 새로운 사역을 원하실 때는 더 이상 전통에 얽매여서는 안 된다.

어느 성탄절 날 우리 집을 방문한 친척이 물었다. "존, 교회에서 성탄절 전야 예배를 드린 적이 있나요?"

"아니요. 우리는 성탄 전야 예배를 드리지 않아요. 대신 집에서 가족들과 지내면서 성탄절의 의미와 주님의 탄생을 되새기는 시간을 가지라고 독려하죠."

"그거 참 유감이군요. 우리 교회에서는 항상 성탄 전야 예배를 드려요."

"그럼 그 예배에 참석하나요?"

"아니요. 대부분 가지 않아요. 그래도 우리 교회는 항상 성탄 전야 예배를 드리죠."

습관에 얽매이는 인간의 성향을 여실히 보여 주는 예가 아닐 수 없다. 감사하게도 그레이스 커뮤니티 교회는 유연한 태도를 지향하기 위해 노력한다. 그곳에서 처음 목회 사역을 시작했을 때 교인들과 나는 열심히 성경을 배우면서 하나님의 뜻에 좀 더 부합하려면 변화가 필요하다는 사실을 깨달았다. 지금도 우리 교회는 여전히 그런 마음가짐을 유지하고 있다. 때로 우리 교회는 젊은 목회자들을 다른 교회에 파송하는데, 그들이 돌아와서 한결같이 하는 말이 있다. "그 교회에서 전통의 벽을 허물기 위해 노력했어요. 하지만 그들이 과연 변화를 원하는지조차 알기 어려웠죠."

개인 생활에서도 유연한 태도가 필요하기는 마찬가지다. 바울은 갈라디아와 브루기아(현재의 터키에 있는 도시들)에서 사역을 마친 후에 남쪽으로 이동해 소아시아 일곱 교회가 위치해 있던 아시아로 향할 생각이었다. 그는 그쪽으로 발길을 옮기려고 했지만 성령께서 그의 길을 가로막으셨다 행 16:6 참조. 그러자 바울은 즉시 다른 사역 장소를 찾기 시작했다. 그는 동료들에게 '이미 동쪽 지역은 지나왔고 남쪽으로는 내려갈 수 없으니, 그러면 북쪽으로 방향을 돌려 비두니아로 갑시다' 라고 말했다. 하지만 성령께서는 그 길도 허락하지 않으셨다 7절 참조.

이제 바울 일행이 갈 수 있는 유일한 방향은 서쪽뿐이었다. 그쪽에는 바다가 가로놓여 있었다. 바울은 어떻게 해야 할지 몰라 하나님의 인도를 구했을 것이다. 그가 일행과 함께 잠을 자고 있을 때 환상을 보았다. 환상 중에 마게도냐 사람 하나가 "마게도냐로 건너와서 우리를 도우라" 9절고 말했다. 바울은 그곳으로 갔다. 그것을 계기로 복음은 중동 지역을 넘어 다른 세상으로 널리 퍼지기 시작했다. 이처럼 바울은 하나님이 어디로 인도하시든지 항상 유연하게 받아들였다.

얼마 전에 우리 교회 장로 가운데 한 사람이 유대인들에게 간절히 복음을 전하고 싶어 했다. 그는 유대인 출신 장로로, 프랑스어가 유창했기 때문에 파리에 가서 그곳에 사는 많은 유대인에게 복음을 전하고 싶어 했다. 일단 파리에서 선교 사역을 펴는 '바이블 크리스천 유니언'에 가입한 후, 그곳에서 선교 훈련을 받고 만반의 준비를 갖추었다. 하지만 그가 모든 준비를 마치자 하나님은 그를 캐나다 몬트리올에 보내셨다. 그곳에도 파리와 마찬가지로 프랑스어를 사용하는 유대인이 많았다. 하나님은 다른 선교 장소를 염두에 두셨고, 그는 그분의 뜻을 유연하게 받아들였다.

교회는 유연한 태도를 지녀야 한다. '주님이 어디로 인도하시든 따르겠습니다. 주님이 인도하시는 곳이면 어디든지 기꺼이 따라 나서겠습니다' 라는 마음 자세가 필요한 것이다.

성장 욕구

"갓난아이들같이 순전하고 신령한 젖을 사모하라 이는 이로 말미암아 너희로 구원에 이르도록 자라게 하려 함이라"벧전 2:2. 베드로가 여기에서 말하는 "신령한 젖"은 '밥'에 비유된 성경 말씀과 대조적인 의미가 아니다. 베드로의 말은 '갓난아이가 젖을 갈망하듯이 말씀을 간절히 사모하며 성장을 추구하라'는 의미다. 알다시피 갓난아이는 젖을 좋아한다. 갓난아이가 젖을 먹고 싶을 때면 팔다리를 내저으며 소리를 지른다. 그런 때 갓난아이는 오로지 젖만 생각한다. 베드로의 말은 그런 열정으로 하나님의 말씀을 사모해야 한다는 뜻이다.

하나님의 말씀을 얼마나 간절히 사모하는가? 저절로 마음이 이끌려 성경을 읽는가, 아니면 특별한 노력이 필요한가? 믿음이 날마다 성장하고 있는가? 성장 능력은 개인에 따라 차이가 있지만 성장 능력이 없는 사람은 없다. 우리는 주어진 능력을 최대한 발휘해야 한다. 비록 능력은 서로 차이가 있지만 우리 마음에서 역사하시는 성령께서 하나님의 말씀을 사랑하는 마음을 주시고 각자에게 적합한 속도로 성장할 수 있도록 도와주신다. 나를 가장 슬프게 만드는 것이 있다면 그것은 바로 그레이스 커뮤니티 교회가 성장을 멈추는 것이리라. 교인들이 '이미 신학 지식도 충분하고, 성경 강해도 많이 들어서 내가 원하는 것보다 더 많은 이해를 얻었으니 이제 떠나야 할 때가 되었다고 생각해'라고 말한다면 참으로 비통할 것이다. 나는 우리 교회 그리스도인들이 그런 태도를 취하지 않기를 바란다.

"오직 우리 주 곧 구주 예수 그리스도의 은혜와 저를 아는 지식에서 자라 가라"벧후 3:18.

성장은 지식을 배우는 것으로 끝나지 않는다. 그리스도와의 인격적인 사귐이 필요하다. 요한일서 2장은 우리가 하나님의 가족으로 거듭났을 때 그분의 자녀가 되어 그분을 알게 되었다고 말한다12-13절 참조. 우리가 성장해 영적 청년의 상태에 이르면 하나님의 말씀이 우리 안에 거하고 악한 자를 이길 수 있는 능력을 갖게 된다13절 참조. 처음에는 하나님을 단순하게 알다가 점차 교리에 정통하고, 그러다가 "태초부터 계신 이"14절를 알기에 이르면 영적 아버지가 될 수 있을 정도로 성장한다. 단지 교리를 배우는 데 그치지 않고 하나님을 아는 단계로 발전한다.

하나님을 더 많이 알수록 그분과의 관계도 더욱 돈독해진다. 우리가 만난 사람들 가운데 가장 훌륭한 사람을 생각해 보자. 그런 사람과 우정을 나누며 날마다 성숙해진다면 얼마나 멋진 일이겠는가? 거룩하시고 무한하신 하나님과 그런 관계를 맺고 끊임없는 성장을 추구하겠다는 마음을 가져야 한다.

하나님의 말씀을 사모하는가? 말씀을 묵상하는가? 날마다 영혼의 양식을 섭취하는가? 욥처럼 일용할 양식보다 하나님의 말씀을 더 사랑한다고 말할 수 있겠는가?욥 23:12 참조 나는 성경을 공부할 때마다 하나님의 성품과 속성을 더 많이 깨달아 그분을 더 잘 알려고 노력한다.

충성

아쉽게도 많은 그리스도인들이 마치 단거리 주자와 같다. 그들은 사역에 동참해 잠시 열심을 내다가 곧 은퇴자처럼 뒷전으로 물러난다. 하지만 하나님은 마라톤 주자와 같은 그리스도인, 곧 오래오래 충실하게 일할 수 있는 그리스도인을 원하신다. 바울은 "맡은 자들에게 구할 것은 충성이니라"고전 4:2고 말했다. 오랫동안 헌신하는 삶은 참으로 아름답다.

일전에 80대의 한 그리스도인이 내게 이런 말을 했다. "설교할 때 좀 천천히 해 주실 수 없을까요? 받아 적기가 좀 힘들어서요." 그의 말은 듣고 얼마나 기뻤는지 모른다. 80대나 되었으면서도 아직도 설교를 받아 적고 있다니 참으로 놀랍지 않은가? 하나님의 말씀과 그분의 사역과 교회에 관한 그의 열정은 조금도 식지 않았다. 그는 사역에 여전히 충실했고, 하나님께 대한 헌신을 중단하지 않았다. 그는 믿음의 용사로서 오랫동안 사람들을 가르치고, 섬기고, 그리스도의 제자로 양육하는 사역을 수행해 온 사람 가운데 하나였다.

"관제와 같이 벌써 내가 부음이 되고 나의 떠날 기약이 가까웠도다 내가 선한 싸움을 싸우고 나의 달려갈 길을 마치고 믿음을 지켰으니"딤후 4:6-7. 바울의 말은 '이제 죽음이 코앞에 이른 상황이다. 나는 모든 일을 마쳤다. 하나님이 내게 주신 과업을 모두 완수했다. 나는 영적 싸움을 치렀고 믿음을 지켰다'는 뜻이다.

나이 든 그리스도인이 하나님을 섬기는 일에 무관심한 모습을 보면 마음이 슬프다. 설교자나 교사, 또는 기독교 사역자들에게서도 그런 모습을 더러 볼 수 있다. 그들은 그동안의 삶을 후회하며 오로지 자신만을 생각한다. 하지만 늙어서도 충실하게 하나님을 섬기는 사람을 보면 참으로 아름답기 그지없다.

우리 교회 교인들이 모두 충실하게 예배당에 나오는 것은 아니다. 아내와 내가 장을 보러 나갈 때면 이따금 사람들이 아는 척한다. "존 맥아더 목사님이시죠. 저는 목사님 교회에 다녀요."

"그래요. 헌데 전에 본 적이 없는데요. 지난 주일에 예배에 나왔나요?"

"아뇨. 예배에 나가지 않은 지가 좀 되거든요. 하지만 저는 그레이스 커뮤니티 교회를 사랑해요."

사람들이 편리한 때만 교회에 나오는 것을 보면 슬픈 생각이 든다. 충실한 그리스도인은 항상 예배와 섬김과 기도를 삶의 최우선순위로 삼는다. 사람들이 다른 일에 관심을 기울이며 삶의 우선순위를 올바로 유지하지 못하는 것을 보면 안타깝기 그지없다.

소망

소망은 참으로 위대한 단어다. 그리스도인에게 이 말은 안전한 미래를 뜻한다. 죽음을 두려워할 필요는 없다. 삶이든 죽음이든 우리 앞에 놓인 것을 바라볼 뿐이다.

"소망 중에 즐거워하며"롬 12:12라는 바울의 표현이 참 좋다. 그리스도인의 장례식은 하나님을 기뻐하며 찬양할 수 있는 기회다. 왜냐하면 고인이 눈물과 고통과 질병과 죽음이 있는 세상에서 그런 것들로부터 자유로운 세상으로 떠났기 때문이다. 우리는 로마서 8장 23절의 성취를 기대한다. 바울은 그곳에서 우리가 장차 구원받은 영혼은 물론 구원받은 육체를 지니게 될 것이라고 말했다. 이처럼 우리는 소망 가운데서 살아간다.

소망을 유지하는 것은 중요하다. 소망을 갖는다는 것은 곧 세상일에 너무 집착하지 않는다는 뜻이다. "너희를 위하여 보물을 땅에 쌓아 두지 말라 거기는 좀과 동록이 해하며 도적이 구멍을 뚫고 도적질하느니라…… 네 보물이 있는 그곳에는 네 마음도 있느니라" 마 6:19, 21.

마음으로 영원한 것을 희망하라. 한순간에 사라지고 말 것을 위해 살지 않기를 바란다. 우리는 소망 가운데 살아야 한다. 일시적인 것이 아니라 영원한 것에 삶을 투자해야 한다는 뜻이다. 우리 앞에 영광스런 미래가 기다린다는 사실을 잊지 말라.

믿음의 길을 끝까지 걸어가자. 우리가 믿음의 길에서 벗어나지 않으려면 하나님이 많은 종들을 통해 진리를 상기시켜 주셔야 한다.

지금까지 여러 가지 믿음의 덕성을 살펴보았다. 하나님의 종들을 통해 교인들의 마음속에서 믿음의 덕성이 무럭무럭 성장하기를 바란다. 무엇보다 서로에 대한 헌신을 잊지 말자.

3 : 교회의 근육
교회 The Master's Plan for the Church

 골격은 육체의 형태를 이루고, 장기는 육체에 양분을 제공한다. 하지만 육체가 활동하고 기능하려면 근육이 필요하다. 교회의 근육은 무엇일까? 또 그것은 그리스도의 몸인 교회를 어떻게 움직일까? 다음과 같은 여러 가지 영적 활동이 근육의 범주에 속한다.

설교와 가르침

 설교와 가르침은 서로 밀접한 관련이 있다. 둘 다 성경의 진리를 선포하는 사역이기 때문이다. 말씀 선포는 교회의 가장 주된 기능에 해당한다. 안타깝게도 일부 교회 교인들은 설교다운 설교를 듣지 못한다. 강단에서 상담을 일삼거나 정치나 윤리 문제를 다루는 설교자가 적지 않다. 주일학교에서 성경을 많이 가르치지 않는 탓에 그리스도인들 스스로 성경의 가르침을 추측할 수밖에 없게 만드는 교회도 적지 않다. 하지만 교회의 가장 중요한 기능은 하나님의 말씀을 명료하고 권위 있게 선포하는 것이다.

이 문제를 바울이 디모데에게 보낸 두 통의 서신에서 발췌한 말씀을 중심으로 잠시 생각해 보기로 하자. 디모데전서는 교회에서 행해야 할 행동을 가르치는 것3:15 참조과 동시에 디모데후서와 함께 말씀 선포를 교회의 최우선 과제로 꼽는다.

"크도다 경건의 비밀이여 그렇지 않다 하는 이 없도다 그는 육신으로 나타난 바 되시고 영으로 의롭다 하심을 입으시고 천사들에게 보이시고 만국에서 전파되시고 세상에서 믿은 바 되시고 영광 가운데서 올리우셨음이니라"딤전 3:16.

이 말씀은 예수 그리스도의 성육신의 기적을 증언한다. 육신을 입고 나타나신 하나님 자체가 곧 말씀의 선포다. 교회의 핵심은 성육신이고, 성육신의 핵심은 말씀 선포다.

하나님이 우리 교회를 축복해 주신 이유가 말씀 선포를 최우선으로 삼았기 때문이라 믿는다. 우리는 성경에 관해 말하지 않고 성경을 가르친다. 그동안 우리 교회를 선택한 이유가 하나님의 말씀을 배우고 싶었기 때문이라고 말하는 사람들이 많았다. 우리 교회는 말씀 선포에 헌신하며 그것이 우리 교회가 해야 하는 일이다. 말씀 선포는 설교자인 나만이 아니라 온 교인의 임무다. 설교나 가르치는 일에 특별한 재능을 지닌 사람들이 있지만 말씀 선포는 우리 모두의 책임이다.

바울은 디모데에게 다음과 같이 말했다. "네가 이것(진리)으로 형제를 깨우치면 그리스도 예수의 선한 일꾼이 되어 믿음의 말씀과 네가 좇은 선한 교훈으로 양육을 받으리라"딤전 4:6. 또한 그는 "네가 이것들을 명하고 가르치라"11절고 덧붙였다. 즉 '권위 있게 가르치라'는 것이다.

바울은 계속해서 "내가 이를 때까지 읽은 것과 권하는 것과 가르치는 것에 착념하라"딤전 4:13고 말했다. 디모데의 임무는 성경을 읽고, 교리를 설명하고, 말씀을 적용하라고 권고하는 것이었다. 바울은 그에게 설교를 소홀히하지 말고14절 참조, 하나님의 진리를 묵상하며15절 참조, 말씀에 복종하라16절 참조고 당부했다.

디모데전서 5장 17절에서 설교와 가르침의 또 다른 차원을 엿볼 수 있다. "잘 다스리는 장로들을 배나 존경할 자로 알되 말씀과 가르침에 수고하는 이들을 더할 것이니라."

이는 교회의 리더십이 설교와 가르침에서 나온다는 것을 암시한다. 교회의 가장 중요한 기능은 말씀 선포다.

이따금 우리 교회에 이런 비판들을 내놓는다. "그레이스 커뮤니티 교회는 설교와 가르침에 너무 치우치고 있어. 그 때문에 다른 사역들을 소홀히 해."

하지만 설교와 가르침이 너무 많다는 말이 과연 타당할까? 그런 말은 모든 사람이 하나님의 계시를 모두 알고 있는 상황에서나 통할 말이다. 하지만 그런 상황은 불가능하다. 우리가 설교와 가르침에 그토록 큰 비중을 두는 이유는 그 두 가지 사역이 다른 모든 사역을 가능케하는 촉매 역할을 하기 때문이다. 성경이 무엇을 요구하는지 알아야 무슨 일이든 하지 않겠는가? 성경의 가르침을 이해하지 못하면 예배, 기도, 복음 전도, 권징, 목양, 훈련, 섬김과 같은 사역을 어떻게 행해야 할지 알 수 없다.

바울은 디모데에게 "네가 진리의 말씀을 옳게 분변하며 부끄러울 것이 없는 일꾼으로 인정된 자로 자신을 하나님 앞에 드리기를 힘쓰라"딤후 2:15라고 권고했다. 또한 그는 "너는 …… 내게 들은 바 바른 말을 본받아 지키고"딤후 1:13고 말했다. 하나님의 말씀을 전하는 사람은 다른 사람들에게 전하기에 앞서 자신이 먼저 말씀에 충실해야 한다.

성경은 사람들에게 "구원에 이르는 지혜"딤후 3:15를 제시한다. 바울은 이어서 다음과 같이 말했다. "모든 성경은 하나님의 감동으로 된 것으로 교훈과 책망과 바르게 함과 의로 교육하기에 유익하니 이는 하나님의 사람으로 온전케 하며 모든 선한 일을 행하기에 온전케 하려 함이니라"16-17절.

그는 그런 사실에 근거해 "너는 말씀을 전파하라 때를 얻든지 못 얻든지 항상 힘쓰라"딤후 4:2고 명령했다. '하나님의 말씀을 열심히 선포하라. 항상 말씀을 전하라. 네가 하는 말을 사람들이 못마땅하게 생각해도 개의치 말라'는 뜻이다.

바울은 "오래 참음과 가르침"딤후 4:2으로 사람들을 경책하라고 말했다. 설교는 사람들의 잘못을 깨우쳐 주어야 한다. 물론 그들이 말씀을 듣는 즉시 모든 것을 이해할 수 있으리라는 기대는 금물이다. 잘못을 꾸짖는 설교를 할 때는 인내심을 가지고 진리를 가르쳐야 한다. 잘못을 깨닫게 하는 것은 하나님의 말씀이다. 교회는 인내하며 성경을 가르침으로써 사람들이 하나님 앞에서 죄를 뉘우치고 그분과 올바른 관계를 맺도록 도와야 한다.

바울은 "오직 성령으로 새롭게 되어"엡 4:23, "너희는 이 세대를 본받지 말고 오직 마음을 새롭게 함으로 변화를 받아"롬 12:2라고 말했다. 말씀이 생각을 지배하면 자연스레 바른 행위를 하게 된다. 교회는 다른 어떤 사역보다 설교와 가르침의 사역을 전면에 내세워야 한다.

복음 전도와 선교

교회의 두 번째 기능은 복음 전도와 선교다. 이 두 가지 사역을 하나로 연결시킨 이유는 포괄적으로 이해하기를 바라는 마음에서다. 대개 복음 전도는 개인적 차원에서 이루어지는 사역을, 선교는 해외에서 이루어지는 사역을 가리킨다. 교회는 세상을 위해 존재한다. 우리는 하나님의 뜻에 따라 어둡고 왜곡된 세상에서 빛을 비추는 삶을 살아야 한다 빌 2:15 참조. 모든 사역의 궁극적인 목적은 그리스도를 전하는 데 있다.

복음 전도의 방법은 두 가지다. 하나는 우리 삶을 통해서고 다른 하나는 우리 말을 통해서다. 우리의 삶은 우리가 하는 증언을 신뢰하거나 불신하게 만든다. 그리스도를 높이 찬양하며 하나님의 뜻에 복종하는 교회가 된다면 사람들이 우리의 증언을 신뢰할 것이다. 이런 점에서 어떻게 사느냐는 매우 중요하다.

사람들이 그레이스 커뮤니티 교회에 와서 이렇게 말하는 소리를 듣는다면 참으로 행복할 것이다. "이 교회 사람들은 설교 말씀대로 살고 있어. 그들은 하나님의 말씀에 복종해."

그러나 안타깝게도 우리 주변에서는 이런 말이 심심찮게 들려온다. "저기에 있는 교회에 갔더니 위선자들만 많더라고. 그들은 아무에게도 관심이 없어. 목사가 교회 돈을 횡령해 달아났다지 뭐야."

사탄은 온갖 방법을 동원해 교회를 부패시키려고 노력한다. 그의 목표는 복음의 순전함을 훼손하고 그리스도인들의 증언을 불신하게 만드는 것이다.

하나님은 우리가 속한 지역 사회에서 복음에 합당한 삶을 살기를 원하신다. 예수님은 우리를 가리켜 세상의 소금이라고 하시며 "소금이 만일 그 맛을 잃으면 무엇으로 짜게 하리요"마 5:13라고 말씀하셨다. 그리스도인은 세상에서 방부제와 같은 역할을 한다. 우리는 구별된 존재다. 그것이 바로 하나님이 우리에게 순결한 삶을 요구하시는 이유다. 우리는 경건하고 고결한 삶을 살아야 한다. 그래야만 우리는 물론 불신자들까지 하나님께 영광을 돌릴 수 있다. 우리는 세상의 본보기가 되어야 한다.

예수님은 또한 우리를 가리켜 세상의 빛이라고 하셨다14절 참조. 그분은 등불은 말 아래 감추어서는 안 된다고 강조하셨다15절 참조. 여기에서 '말'은 삶을 통한 증언을 방해하는 모든 것을 의미한다.

이따금 내가 아는 사람들이 우연히 나와 마주치면 몹시 당황해하곤 한다. 나와 눈길이 마주친 상태에서 담배를 감추려고 하는 이들이 얼마나 많은지 모른다. 식당에서는 손에 술잔을 들고 있는 사람을 더러 본다. 그럴 때면 그저 미소를 지으며 손을 흔들어 아는 체할 뿐이지만 상대방은 그 순간 몹시 당황하는 기색이 역력하다. 더 이상 무슨 말이 필요하겠는가? "이같이 너희 빛을 사람 앞에 비취게 하여 저희로 너희 착한 행실을 보고 하늘에 계신 너희 아버지께 영광을 돌리게 하라"마 5:16. 예수님은 이와 같은 말씀으로 의로운 삶을 살아야 하는 그리스도인의 의무를 일깨워 주셨다. 불신자들이 우리 삶을 보고 '오직 하나님만이 저런 일을 하실 수 있어. 참으로 놀라운 삶이야!'라고 외칠 수 있게 해야 한다.

아울러 말로 복음을 전해야 한다. 베드로는 "너희 속에 있는 소망에 관한 이유를 묻는 자에게는 대답할 것을 항상 예비"벧전 3:15하라고 말했다. 일전에 어떤 사람으로부터 그리스도인은 대부분 북극의 강물과 같다는 농담을 들은 적이 있다. 입이 꽁꽁 얼어붙어 아무 말도 하지 않는다는 뜻이다. 세상 일만 열심히 말하는 데 그치지 말고, 그리스도를 전하는 일에도 열심을 내야 한다. 우리가 복음을 전하는 데 어려움을 느끼는 이유 가운데 하나는 불신자를 많이 알고 있지 못하기 때문이다. 이상하게도 그리스도인은 세월이 흐를수록 대인관계의 폭이 좁아지는 경향이 있다. 신앙생활을 오래 할수록 알고 지내는 불신자의 숫자가 더욱 줄어든다. 그런 일이 생기지 않도록 주의하라.

복음을 전할 때는 말해야 할 것을 정확히 알고 있어야 한다. 우리 교회가 복음을 명료하게 설명하는 일에 많은 시간을 할애하는 이유가 바로 여기에 있다. 우리는 모든 교인이 구원의 복음을 이해하기를 바란다. 우리는 그리스도께서 부자 청년에게 복음을 전하셨던 일마 19:16-26 참조과 군중이 산상설교에 귀를 기울였던 일마 5-7장 참조을 함께 배운다. 세상에는 스스로 구원받았다고 생각하지만 그렇지 않은 그리스도인, 즉 구원의 복음을 이해하지 못하는 그리스도인이 얼마나 많은지 모른다.

한편 선교는 세계를 상대로 한 복음 전도를 뜻한다. 선교는 하나님이 기회의 문을 열어 주시는 곳이면 세계 어느 곳이든 달려가 복음을 전하는 사역을 의미한다. 일전에 필리핀에서 활동하는 한 목회자에게서 편지를 받았다. "그레이스 커뮤니티 교회에 관한 소식을 들었습니다. 하나님이 원하시는 방법대로 저희 교회를 세우고 싶습니다. 제게 필요한 정보를 알려 줄 수 있으신지요?"

우리 교회에는 하나님이 기회를 허락하시는 대로 교회의 울타리를 넘어 먼 곳까지 복음을 전하려고 애쓰는 교인들이 있다. 예수님은 명령하셨다. "그러므로 너희는 가서 모든 족속으로 제자를 삼아 아버지와 아들과 성령의 이름으로 세례를 주고 내가 너희에게 분부한 모든 것을 가르쳐 지키게 하라"마 28:19-20.

교회는 가능한 한 어디에서나 설교, 세례, 가르침에 전력을 기울여야 한다.

예배

"하나님의 성령으로 봉사하며(예배하며) 그리스도 예수로 자랑하고 육체를 신뢰하지 않는 우리가"빌 3:3. 바울이 빌립보 그리스도인들에게 한 말이다. 아울러 예수님은 "아버지께 참으로 예배하는 자들은 신령과 진정으로 예배할 때가 오나니"요 4:23라고 말씀하셨다. 거룩한 예배를 통해 우리 몸을 산 제물로 하나님께 드려야 한다롬 12:1 참조. 베드로는 "너희도 …… 예수 그리스도로 말미암아 하나님이 기쁘게 받으실 신령한 제사를 드릴 거룩한 제사장이 될지니라"벧전 2:5고 말했다.

찬송을 깊이 생각하며 설교를 통해 듣고 배운 하나님의 일을 묵상하는가? 우리는 예배 정신이 충만히 깃든 마음 상태를 유지하기 위해 노력해야 한다. 예배는 교회에 있을 때에만 국한되지 않는다. 교회 예배는 항상 예배를 드리게 하기 위한 동기 부여에 불과하다. 나는 **예배 : 교회의 최우선 과제**(*The Ultimate Priority*, Chicago: Moody, 1983, p.13-22)에서 복종할 때 가장 훌륭한 예배를 드릴 수 있다고 말했다. 복종은 예배의 근본 요소다. 예배도 복종처럼 하나의 주일 활동이 아니라 삶 자체를 의미한다.

히브리서 저자는 "믿음으로 하나님께 나아가"히 10:22라고 말했다. 야고보는 그보다 좀 더 구체적으로 "하나님을 가까이 하라 그리하면 너희를 가까이 하시리라"약 4:8고 말했다. 차분한 마음으로 하나님을 가까이 하려고 노력해 본 적이 있는가? 찬송가를 듣거나 성경을 읽거나 기도를 하면서 마음을 하늘로 향한 적이 있는가? 깊은 묵상에 잠겨 본 적이 있는가?

참예배자는 이러한 덕목을 갖춰야 한다.

기도

기도는 가장 어려운 영적 활동 가운데 하나다. 사심을 버려야 하기 때문이다. 참된 기도는 "하늘에 계신 우리 아버지여 이름이 거룩히 여김을 받으시오며 나라이 임하옵시며 뜻이 하늘에서 이룬 것같이 땅에서도 이루어지이다"마 6:9-10라는 말씀대로 하나님 나라를 추구하며, "오늘날 우리에게 일용할 양식을 주옵시고 우리가 우리에게 죄 지은 자를 사하여 준 것같이 우리 죄를 사하여 주옵시고 우리를 시험에 들게 하지 마옵시고"마 6:11-13라는 말씀대로 하나님의 백성에게 관심을 둔다. 주기도에는 '나'라는 말이 없다.

하나님과 그분의 뜻과 그분의 백성을 위해 기도하는 일은 매우 어렵다. 몸을 다치거나 질병에 걸리거나, 잘못된 행위를 들키거나 주님께 등을 돌린 자녀 때문에 마음이 괴로울 때와 같이 우리 자신을 위해 기도하는 경우는 그리 어렵지 않다.

하지만 개인의 필요만을 구하는 기도는 그다지 훌륭한 기도가 못 된다. 오직 하나님의 영원한 나라와 구원받은 백성의 필요를 위해 쉬지 않고 기도하는 사람만이 그분께 영광을 돌릴 수 있다. 누가복음 11장 5-8절에 보면 손님을 먹이기 위해 한밤중에 친구 집 대문을 두들기는 사람에 관한 비유가 있다. 내가 굶어 죽을 지경이라면 하룻밤 내내 다른 사람의 대문을 두들기며 음식을 구하더라도 귀찮게 여겨지지 않을 것이다. 하지만 다른 사람을 먹이기 위해서도 그렇게 할 수 있을까?

몇 년 전 시카고에서 라디오 인터뷰를 하는 도중에 노년의 삶이 가져다주는 이점 가운데 하나는 젊은 그리스도인에 비해 기도 응답을 받은 횟수가 더 많다는 것이라고 말한 적이 있다. 나이 든 그리스도인은 하나님의 능력을 경험한 기회가 더 많다. 하나님의 기도 응답을 더 많이 경험할수록 기도의 능력을 믿는 믿음은 더욱 커진다. 아마도 나이 든 그리스도인이 젊은 그리스도인에 비해 기도를 더 잘하는 경우가 많은 이유는 살아오면서 하나님의 기도 응답을 더 많이 경험했기 때문인 듯하다.

기도가 어려운 또 하나의 이유는 개인적인 활동이기 때문이다. 기도는 대개 혼자서 한다. 우리가 얼마나 많이 기도하는지는 아무도 모른다. 따라서 기도는 엄격한 자기 훈련을 필요로 한다. 무엇이든 다른 사람이 지켜볼 때 훨씬 잘 하는 경향이 있다. 내가 설교 준비에 많은 시간을 할애하는 이유도 많은 사람이 내 설교를 들을 것을 의식하기 때문이다. 기도는 개인적인 활동이기 때문에 나 또한 기도를 소홀히 할 때가 많다는 사실을 인정하지 않을 수 없다.

우리 교회에는 나이 든 그리스도인들로 구성된 소그룹 기도회가 있다. 그들이 매주 월요일마다 기도 모임을 가진 지가 25년이 넘었다. 그들은 기도를 드리고, 하나님은 응답하신다. 우리 교회는 그들의 충실한 기도 사역 덕분에 많은 축복을 누린다. 하나님의 주권과 우리의 기도가 어떻게 조화를 이루는지 설명하기는 어렵지만 하나님이 우리의 기도에 응답하신다는 것만큼은 분명한 사실이다.

"의인의 간구는 역사하는 힘이 많으니라" 약 5:16.

나는 기도하는 사람이 되고 싶다. 하나님의 사역이 이루어지고, 그분이 그분에게 합당한 영광을 거두시는 모습을 보고 싶기 때문이다.

기도에 헌신하자. 바울은 "쉬지 말고 기도하라" 살전 5:17고 말했다. 삶 전체를 기도로 하나님께 드리자. 생각하고 말하고 행동할 때마다 하나님을 의식하자. 어떤 말을 하든 마음속으로 '주님, 이 일을 할 생각인데 괜찮은지요?' 라고 여쭙는 습관을 들이자. 쉬지 않고 기도한다는 것은 마치 눈을 감고 손으로 더듬는 식으로 아무 생각 없이 사는 삶이 아니라, 모든 일을 하나님의 마음과 뜻에 비춰 생각하며 사는 삶을 의미한다. 기도는 하나님을 의식하며 사는 삶이다.

제자 사역

"너희는 가서 모든 족속으로 제자를 삼아 아버지와 아들과 성령의 이름으로 세례를 주고 내가 너희에게 분부한 모든 것을 가르쳐 지키게 하라" 마 28:19-20.

제자 사역이란 사람들을 그리스도께 인도해 성숙한 제자로 육성하는 사역을 말한다.

누가는 "데오빌로여 내가 먼저 쓴 글에는 무릇 예수의 행하시며 가르치시기를 시작하심부터"행 1:1라고 말했다. 여기에서 "먼저 쓴 글"은 누가복음을 가리킨다. 누가복음은 예수님이 시작하신 사역을 기록했고, 사도행전은 그 사역이 이어지는 과정을 기록했다. 그리스도께서는 열두 제자를 훈련하셨고 그들은 다시 다른 사람들을 제자로 삼는 일을 행했다. 그로부터 2천 년이 지났지만 "내게 들은 바를 충성된 사람들에게 부탁하라 저희가 또 다른 사람들을 가르칠 수 있으리라"딤후 2:2는 말씀대로 오늘날에도 제자 사역은 우리를 통해 계속되어야 한다. 그리스도인은 모두 릴레이 경주에 참여한다. 우리는 믿음의 바통을 받아 다른 사람들에게 건네주어야 한다. 누군가가 우리에게 복음을 심어 주었듯이 우리도 다른 사람들에게 복음을 심어 주어야 한다.

복음에 관한 지식이 많지 않다고 생각할지도 모르겠다. 그런 경우에도 자기보다 지식이 더 부족한 사람을 찾아 얼마든지 복음을 가르칠 수 있고, 또 자기보다 지식이 더 많은 사람을 찾아 가르침을 받을 수도 있다. 가르치고, 또 가르침을 받아라. 나는 내가 제자로 훈련하는 사람들에게 모든 열정을 쏟아 붓고, 또한 다른 사람들에게서 가르침을 받는다. 우리 모두는 서로 그러한 관계를 맺어야 한다. 우리는 서로 연결된 사슬과 같으므로 고립된 상태로 사는 것은 옳지 않다.

고린도전서 4장에 기록된 말씀 가운데 제자 사역의 과정을 암시하는 중요한 성경 구절 몇 개가 있다. 바울은 고린도 교회를 꾸짖기 위해 편지를 썼다. 고린도 교회는 바울이 하나님의 은혜와 성령의 능력으로 세우신 교회였다. 그가 그들을 꾸짖으며 바로잡으려고 했던 이유는 그들이 신앙의 근본 진리를 저버리고 죄를 지었기 때문이다.

"내가 너희를 부끄럽게 하려고 이것을 쓰는 것이 아니라 오직 너희를 내 사랑하는 자녀같이 권하려 하는 것이라 그리스도 안에서 일만 스승(헬라어 '파이다고고스 paidagogos' : '영적 조언을 제시하는 도덕적 보호자'라는 뜻)이 있으되 아비는 많지 아니하니 그리스도 예수 안에서 복음으로써 내가 너희를 낳았음이라"고전 4:14-15. 바울이 이런 말을 꺼낸 이유는 고린도 교회 그리스도인들이 그들을 꾸짖을 수 있는 바울의 권한을 의심했기 때문이다. 그는 자신이 고린도 교회를 설립한 영적 아버지라는 사실을 그 이유로 제시했다.

바울이 고린도 교회 그리스도인들을 "내 사랑하는 자녀"라고 한 것에 주목하라. 바울처럼 우리는 사랑의 태도로 제자 사역을 감당해야 한다. '형제를 위해 나의 삶과 시간을 바칠 것입니다. 형제를 위해 기도하며 내가 깨달은 바를 모두 알려 줄 것입니다'라고 말할 수 있어야 한다. 상대방에게 특별한 관심도 없고 그를 위해 기꺼이 희생을 감수하려고도 하지 않으면서 제사 사역에 임한다는 것은 자기 기만이다.

아울러 바울은 고린도 교회 그리스도인들을 권고했다. 잘못을 바로잡는 것이 제자 사역의 하나이기 때문이다. 제자 사역은 어린아이를 양육하는 것과 같아 잘못을 저질렀을 때는 엄히 꾸짖어야 한다. 바울은 밀레도에서 에베소 교회 장로들에게 "내가 삼 년이나 밤낮 쉬지 않고 눈물로 각 사람을 훈계하던 것을 기억하라"행 20:31고 말했다. 그는 책망도 위로와 권면 못지않게 중요하다는 사실을 잘 알고 있었다.

바울은 "그러므로 내가 너희에게 권하노니 너희는 나를 본받는 자 되라"고전 4:16고 명령했다. 제자 사역에 임하는 사람은 가르침을 받는 사람의 본보기가 되어야 한다. 다시 말해 가르치는 자는 가르침을 받는 자보다 더 경건하고 신령해야 한다. 한마디로 리더십을 발휘할 수 있어야 한다. 물론 주님은 우리가 완전하기를 요구하지 않으신다. 그분은 그렇게 되기 위해 우리가 노력하는 모습을 보고 싶어 하실 뿐이다.

바울은 고린도 교회 그리스도인들에게 "내가 그리스도를 본받는 자 된 것같이 너희는 나를 본받는 자 되라"고전 11:1고 권고했다. 우리도 제자로 육성하는 사람에게 "내가 그리스도를 따르는 것처럼 형제도 나를 따르기를 원합니다"라고 말해야 한다. 물론 교만한 태도는 금물이다. 우리는 스스로의 약점을 인정하고 늘 겸손해야 한다. 오히려 불완전한 가운데서도 모범을 보여 주면 훨씬 더 큰 격려가 될 수 있다. 완전한 사람은 본받기가 거의 불가능하기 때문이다.

"이를 인하여 내가 주 안에서 내 사랑하고 신실한 아들 디모데를 너희에게 보내었노니 저가 너희로 하여금 그리스도 예수 안에서 나의 행사 곧 내가 각처 각 교회에서 가르치는 것을 생각나게 하리라"고전 4:17.

바울의 말에서 제자 사역의 또 다른 요소 하나를 발견할 수 있다. 바울은 고린도 교회 그리스도인을 가르치게 하기 위해 디모데를 보냈다. 제자 사역에는 반드시 진리를 가르치는 일이 포함되어야 한다. 그리스도인들이 진리에 근거해 행동해야 하기 때문이다.

제자 사역은 모든 그리스도인이 참여해야 하는 사역이다. 우리 모두는 사람들에게 주님의 진리를 가르치고 그들을 성숙한 그리스도인으로 양육해야 할 책임이 있다. 우리가 제자로 양육하는 사람들의 종류는 매우 다양하지만 제자 사역은 한마디로 믿음 안에서 참된 관계를 맺는 것을 의미한다. 좋아하는 스포츠와 음악, 취미가 같다거나 같은 직장에서 일한다고 해서 저절로 참된 관계가 맺어지는 것은 아니다. 참된 관계를 형성하려면 신앙과 관련된 문제를 허심탄회하게 이야기할 수 있는 열린 마음이 필요하다. 그런 마음이 있어야만 제자 사역이 가능하다.

누군가를 제자로 양육할 때는 경건한 삶을 독려하며 성경의 가르침에 복종하도록 이끌어야 한다. 성경의 진리가 체질화되어야만 영적으로 성숙한 사람이 될 수 있다. 성숙한 믿음이란 성령의 지배를 받으며 사는 삶을 의미한다. 매사에 아무 주저함이 없이 자발적으로 의로운 길을 추구하게 만드는 것이 제자 사역의 목표다.

목양

교인들은 서로를 돌보며 서로의 필요를 채워 주어야 한다. 예수님은 베드로에게 세 번이나 '네가 나를 사랑하느냐' 요 21:15-17 참조 하고 물으셨다. 베드로는 그럴 때마다 '그렇습니다. 주님, 제가 주님을 사랑하는 줄 주님께서 아십니다'라고 대답했고, 예수님은 다시 "내 양을 먹이라"고 당부하셨다. '베드로야, 너는 목자다. 내 백성을 돌보거라' 하고 말씀하신 것이다.

목양은 양떼를 먹이고 인도하는 사역이다. 베드로는 "너희 중에 있는 하나님의 양 무리를 치"벧전 5:2라고 말했다. 바울도 "너희는 자기를 위하여 또는 온 양떼를 위하여 삼가라 성령이 저들 가운데 너희로 감독자를 삼고 하나님이 자기 피로 사신 교회를 치게 하셨느니라" 행 20:28고 말했다. 우리 모두는 서로를 돌봐야 한다. 요한은 "누가 이 세상 재물을 가지고 형제의 궁핍함을 보고도 도와줄 마음을 막으면 하나님의 사랑이 어찌 그 속에 거할까 보냐" 요일 3:17라고 말했다.

다른 사람들을 돌볼 생각이 없으면서 어떻게 하나님을 사랑한다고 말할 수 있겠는가? 다른 사람들과 어울릴 때면 그들의 아픔과 문제가 무엇인지 헤아릴 수 있어야 한다. 방황하는 사람에게 필요한 충고를 알고 있거든 선뜻 나서서 그를 다시 바른 길로 인도해야 한다. 베드로는 주님을 "목자장"벧전 5:4으로 일컬었다. 우리가 주님을 지도자로 모시고 양떼를 돌보는 목자라는 뜻이다.

목양 사역이 항상 쉽지만은 않다. 어려운 처지에 놓인 교인들을 간과하는 경우가 적지 않다. "내가 아플 때 아무도 안부를 묻지 않았어요. 내게 관심을 기울이는 사람이 아무도 없었어요." 이런 말을 들을 때면 마음이 몹시 아프다.

이따금 이런 편지도 받는다. "내가 그런 일을 당했지만 목사님은 전화 한 통도 없었어요. 목사님은 내게 관심이 없어요. 교회에서 아무도 나를 도와주지 않았어요."

물론 때로는 교인들의 기대치가 너무 높을 때도 있다. 내가 동시에 모든 교인을 돌보는 일은 불가능하다. 하지만 교회가 어려운 처지에 놓인 교인들을 간과하는 이유는 대부분 그들의 어려움에 진지하게 관심을 기울이는 사람이 없기 때문이다. 예를 들어 교인 가족 가운데 누군가가 세상을 떠나면 온 교인이 즉시 달려가서 위로와 용기를 주기 위해 노력한다. 하지만 분주한 장례식이 끝나고 짙은 슬픔이 잔뜩 몰려올 때면 아무도 찾아 주는 사람이 없다. 우리는 위로가 가장 필요한 순간을 놓칠 때가 많다.

우리는 예수님과 같은 목자가 되어야 한다. "나는 양의 문이라……나는 선한 목자라"요 10:7, 11. 예수님은 목자가 양떼를 돌보는 방법을 설명하셨다. 양들이 저녁에 우리로 들어올 때면 목자는 출입구에서 지팡

이를 들고 그 아래를 지나는 양들을 한 마리씩 유심히 살폈다. 혹시라도 상처가 난 양을 발견하면 그는 기름을 발라 주었다. 다윗은 이런 목자의 모습을 시편 23편에서 아름답게 묘사했다. "주의 지팡이와 막대기가 나를 안위하시나이다 주께서 …… 기름으로 내 머리에 바르셨으니 내 잔이 넘치나이다"시 23:4-5. 이처럼 영혼을 돌보는 목자도 사람들을 극진히 보살펴야 한다.

우리 교회에는 묵묵히 신앙생활을 하는 그리스도인들이 있다. 그들은 자신의 필요를 굳이 말하지 않는다. 그래서 교회 지도자들이 그런 그리스도인들을 돌보는 일이 좀처럼 없다. 그와는 달리 어떤 그리스도인들은 자주 죄를 지으며 늘 목자들에게 도움을 청한다. 우리는 우리 자신을 양으로 생각하고, 하나님 앞에서 서로를 돌보기 위해 노력해야 한다. 목양 사역은 교회 지도자들만의 몫이라는 생각은 옳지 않다. 우리 교회는 내 교회가 아니라 모든 교인의 교회이며, 무엇보다도 그리스도의 교회다.

그레이스 커뮤니티 교회에서 목회 사역을 시작하면서 맨 처음 했던 일이 목양 사역의 방법을 발전시키는 것이었다. 나는 교인들이 서로에게 하나님의 말씀을 먹이고 서로를 인도해야 한다고 생각했다. 목자는 양떼를 먹여야 할 뿐 아니라 그리스도의 형상을 닮도록 인도해야 한다.

가정 사역

가정은 대대로 경건한 믿음을 전하기 위해 하나님이 마련하신 최소 공동체다신 6:7, 20-25 참조. 하나님은 경건한 믿음을 보존하기 위해 가정을 비롯해 여러 가지 제도를 만드셨다. 하지만 사탄은 그런 제도를 무너뜨리기 위해 노력한다.

　사탄은 선한 목적을 위해 제정된 세 가지 제도, 즉 정부와 교회와 가정을 공격 목표로 삼는다. 하나님이 정부를 세우신 이유는 악을 행하는 죄인을 징벌하고 선을 행하는 의인을 상주시기 위해서고, 교회를 세우신 이유는 그리스도를 높이고 그분의 말씀을 선포하게 하시기 위해서다. 하지만 사탄은 그러한 하나님의 목적을 방해하기 위해 최선을 다한다. 아울러 사탄은 가정을 통해서 경건한 믿음이 대대로 이어지는 것도 원치 않는다. 따라서 그는 가정을 파괴하려고 안간힘을 쓴다.

　사탄이 가정을 공격하는 수단은 부도덕하고 음란한 사회 풍토다. 사탄은 가정이 생존하기 어려운 환경을 조성했다. 따라서 가정을 보존하기 위해서는 교회의 도움이 절실히 필요하다. 우리 교회는 가정 사역에 헌신한다. 우리는 어린아이와 청소년을 가르치고 훈련한다. 우리 교회 성인들이 어린 그리스도인들과 함께 일하는 모습은 참으로 아름답다. 젊은 그리스도인들은 배운 것을 잘 간직했다가 다음 세대에게 전해 주어야 할 책임이 있다. 나는 우리 교회 어린 그리스도인들이 결혼과 가정에 관한 하나님의 계획을 이해하기를 바란다.

　성령으로 충만한 사람들은 서로에게 복종한다엡 5:21-6:9 참조. 이를 가정에 적용하면 아내는 남편에게 순종하고, 남편은 사랑하는 것이다. 부부는 서로를 소중하게 여기며 순결한 사랑을 나눠야 한다. 아울러 자녀들은 부모에게 복종하고, 부모는 그들을 노엽게 하지 말고 그리스도의 법도에 따라 양육하고 보살핌으로써 그들의 필요를 채워 주어야 하고, 교회는 각 가정이 성령의 인도를 받도록 도와야 한다. 그래야만 모두가 피차 복종함으로써 축복을 누릴 수 있다. 가족들이 서로의 권리만을 주장하며 다툴 경우에는 의미 있는 관계를 맺을 수 있는 가능성이 사라지고 만다.

교인들의 가정은 서로를 지탱하는 힘이 되어야 한다. 자녀를 양육하는 문제도 서로 돕고, 각 가정의 자녀들을 위해 함께 기도해야 한다. 무례한 아이들을 보면 어떻게 반응하는가? 그들을 위해 기도하는가? 그들의 부모가 예의 바른 행동을 가르칠 수 있도록 도와주는가? 교회는 교인들의 가정을 정성스레 돌봐야 한다.

훈련

교회는 사역을 위해 교인들을 준비시켜야 한다. "그가 혹은 사도로 혹은 선지자로 혹은 복음 전하는 자로 혹은 목사와 교사로 주셨으니 이는 성도를 온전케 하며 봉사의 일을 하게 하며 그리스도의 몸을 세우려 하심이라"엡 4:11-12.

우리 교회에도 교인들을 훈련시켜 집사와 장로로 세우는 과정은 물론, 복음 전도와 선교와 청소년 사역을 준비시키는 과정이 있다. 또한 우리 교회는 신학교와 성경학교를 마련해 목회자 양성에 힘을 쏟는다. 우리는 사람들에게 단지 지식만을 가르칠 생각이 없다. 우리는 그리스도인 개개인에게 구체적인 사역 훈련을 실시하기 위해 노력한다.

구제와 헌금

구제는 소유의 많고 적음과는 별로 상관이 없다고후 8:1-5 참조. 바울은 "적게 심는 자는 적게 거두고 많이 심는 자는 많이 거둔다"고후 9:6고 말했다. 예수님도 "주라 그리하면 너희에게 줄 것이니 곧 후히 되어 누르고 흔들어 넘치도록 하여 너희에게 안겨 주리라"눅 6:38고 말씀하셨다.

하나님은 우리에게 기꺼이 물질을 바칠 수 있는 믿음이 있는지 알고 싶어 하신다. 하나님을 위해 물질을 바치는 것은 그분이 베풀어 주신 축복에 보답하는 것이다. 하나님은 우리에게 물질을 허락하시고, '이 돈을 네게 잠시 맡겨도 괜찮겠느냐?' 하고 물으신다. 우리는 하나님이 맡기신 물질을 그분을 위해 기꺼이 바침으로써 우리가 선한 청지기라는 사실을 입증해야 한다. 우리는 하나님의 소유를 얼마나 잘 관리하고 있는가?

우리가 가진 것은 사실 우리 것이 아니다. 우리가 해야 할 일은 소유를 관리하는 것이다. 우리의 소유를 하나님께 드려야만 자유로워질 수 있다. 우리보다 다른 사람이 더 필요로 하는 것이 있으면 기꺼이 내어 주어야 한다. 이것이 "믿는 사람이 다 함께 있어 모든 물건을 서로 통용하고 또 재산과 소유를 팔아 각 사람의 필요를 따라 나눠 주고"행 2:44-45라는 말씀의 의미다.

어떤 교인들은 물질을 전혀 바치지 않고, 어떤 교인들은 바치는 척 시늉만 한다. 그들은 매주 헌금통에 약간의 돈을 집어넣는다. 사람들이 헌금을 적게 바치는 이유는 물건을 사서 소유하는 일에 대부분의 돈을 지출하기 때문이다. 그런 교인들을 보면 마음이 씁쓸하다.

사람들이 관대하게 베풀기를 원한다. 그래야만 하나님의 축복을 경험할 수 있다. 다윗 왕은 주님께 바칠 제단을 세우기 위해 다른 사람의 소유였던 타작마당을 사고 싶어 했다. 그는 "그렇지 아니하다 내가 값을 주고 네게서 사리라 값 없이는 내 하나님 여호와께 번제를 드리지 아니하리라"삼하 24:24 하고 말했다. 그는 하나님께 단지 겉치레가 아닌 희생이 담긴 제사를 드리기를 원했다.

하나님을 위해 물질을 얼마나 열심히 바치고 있는가? 일전에 어떤 그리스도인으로부터 규모는 그레이스 커뮤니티 교회의 절반밖에 안 되는데 헌금은 두 배를 바치는 교회가 있다는 소식을 들었다. 그가 물었다. "도대체 어찌된 일일까요?"

"글쎄요. 나도 모르겠군요. 그들이 그릇된 동기나 율법적으로 물질을 바친다면 그 많은 헌금이 아무 의미가 없겠지만 마음에서 우러나와 드린다면 진정 은혜로운 일이로군요."

그런 상황을 정확히 이해하기는 어렵지만 내가 아는 한 가지 분명한 사실은 우리 교회에는 매주 행해야 할 의무를 이행하지 않는 교인이 많다는 것이다. 바울은 "매주일 첫날에 너희 각 사람이 이를 얻은 대로 저축하여 두"고전 16:2라고 말했다.

구제와 헌금은 교회의 기능 가운데 하나다. 우리는 우리 교회를 위해서만이 아니라 다른 곳에서도 하나님의 나라가 잘 성장할 수 있도록 기꺼이 물질로 도와야 한다. 교회는 재산을 불려서는 안 된다. 우리는 하나님이 맡기신 물질을 관리하는 선한 청지기로서 아끼고 절약해서 물질로 복음의 확장을 도와야 한다.

교제

교제는 교회의 필수 기능이다. 어떤 점에서 교제는 지금까지 논의해 온 교회의 기능을 모두 아우른다. 교제는 함께 시간을 보내면서 서로 사랑하며 친밀한 관계를 맺는 것이다. 문제를 안고 있는 사람의 말에 귀를 기울이는 일, 필요한 것이 있는 사람과 함께 기도하는 일, 병원에 있는 사람을 찾아보는 일, 성경공부 모임에 참여하는 일, 전에 서로 안면이 없는 사람과 함께 찬양을 부르는 일도 모두 교제에 해당한다. 물론 서로 기도제목을 교환하고 함께 기도하는 일도 교제의 일부다.

다른 사람에게 개방적인가? 각자가 안고 있는 문제를 서로에게 알리고 함께 해결하려고 노력하는가? 우리 모두 성도의 교제에 관심을 기울이자.

교회의 겉모습

지금까지 몸의 비유를 통해 교회의 골격, 장기, 근육을 차례로 살펴보았다. 이제 교회의 표피에 관해 간단히 몇 마디 당부하고 싶다. 교회의 표피, 즉 겉모습은 그다지 중요하지 않다. 우리는 교회를 볼 때 겉모습을 보지만 하나님은 그 중심을 보신다 삼상 16:7 참조. 교회의 성격을 결정하는 것은 마음이다.

교회는 골격을 갖추어야 한다. 그러려면 하나님을 존중하고, 성경의 절대 권위를 인정하며, 건전한 교리를 신봉하고, 경건한 삶을 독려하며, 영적 권위에 복종해야 한다. 또한 교회는 장기, 즉 영적 태도를 갖추어야 하고, 고유한 기능에 충실해야 한다. 그런 요소만 모두 갖추었다면 교회의 겉모습이나 프로그램의 형태는 별로 중요하지 않다.

하나님의 은혜로 처음 그레이스 커뮤니티 교회에 왔을 때 이렇게 기도했다. "주님, 저희가 하나님이 원하시는 교회가 될 수 있도록 도와주셔서 목회 사역이 효율적으로 이루어지는 데 아무 문제가 없게 하옵소서."

어떤 교회든 중요한 것은 겉모습이 아니라 마음이다. 때로 어떤 목회자들은 우리 교회를 방문한 뒤 그 외양만 본받으려고 노력한다. 하지만 그래서는 아무 효과가 없다. 골격이 없이 살만 가지고는 몸을 지탱할 수 없고, 장기가 없으면 생명을 유지할 수 없기 때문이다. 교회가 일단 골격과 장기와 근육을 갖추어야만 살이 형체를 유지할 수 있다. 교회의 진정한 아름다움은 내면에서 비롯한다. 내면의 모든 것이 올바로 위치하면 겉은 저절로 형태를 갖추게 된다.

교회는 독특한 장소다. 나는 주일이면 거의 매번 접견실에서 다른 주에서 온 사람들을 만난다. 그때 오가는 대화다.

"우리는 미시건 주에서 왔습니다."

"좋은 곳이죠. 잠깐 다니러 오셨나요?"

"아뇨. 이곳에 이사 왔습니다."

그 이유를 물으면 상대방은 '이 교회에 나오기 위해서죠'라고 대답한 뒤 이렇게 묻는다. "우리가 살 집과 직업을 구할 때까지 머물 수 있는 곳을 소개해 주실 수 있나요?"

온 가족이 그레이스 커뮤니티 교회에 다니기 위해 짐을 싸 들고 남부 캘리포니아로 이사를 왔다는 뜻이다. 사람들은 왜 그렇게 할까? 내가 들은 대답 가운데 기억에 남는 말이 있다. "우리는 직업이 아니라 교회를 중심으로 하는 삶을 살아야 한다고 믿습니다."

그 말을 듣는 순간 나는 목에 메었다. 그 말이 내게 성경에 충실한 교회를 세워 하나님께 영광을 돌려야 하다는 막중한 책임이 교회 지도자에게 있다는 사실을 깨우쳐 주었기 때문이다.

4 : 교회의 머리

교회 The Master's Plan for the Church

이 부분은 교회 해부학 연구에서 가장 중요한 부분이다. 머리가 없는 육체는 존재할 수 없다. 물론 교회의 머리는 예수 그리스도이시다.

"범사에 그에게까지 자랄지라 그는 머리니 곧 그리스도라 그에게서 온 몸이 각 마디를 통하여 도움을 입음으로 연락하고 상합하여 각 지체의 분량대로 역사하여 그 몸을 자라게 하며 사랑 안에서 스스로 세우느니라" 엡 4:15-16.

우리가 최선을 다해 교회를 섬기더라도 교회를 자라게 하는 것은 그리스도의 능력이다. 우리는 실패해도 그분은 결코 실패하지 않으신다는 사실은 참으로 큰 위로가 아닐 수 없다. 그리스도는 우리의 머리이시다. 그분이 없으면 우리는 아무것도 할 수 없다 요 15:5 참조.

교회를 위한 주님의 사역을 살펴보는 데 가장 유익한 성경구절은 히브리서 마지막에 기록되어 있는 장엄한 송영이다. "양의 큰 목자이신 우리 주 예수를 영원한 언약의 피로 죽은 자 가운데서 이끌어 내신 평강의 하나님이 모든 선한 일에 너희를 온전케 하사 자기 뜻을 행하게 하시고 그 앞에 즐거운 것을 예수 그리스도로 말미암아 우리 속에 이루시기를 원하노라 영광이 그에게 세세 무궁토록 있을지어다 아멘"

히 13:20-21.

구세주이신 그리스도

위 본문에 언급된 세 가지 사실은 교회를 위한 그리스도의 구원 사역을 가리킨다.

그리스도의 이름

주의 사자가 요셉에게 말했다. "아들을 낳으리니 이름을 예수라 하라 이는 그가 자기 백성을 저희 죄에서 구원할 자이심이라" 마 1:21.

'예수'는 '여호와께서 구원하신다'는 뜻으로, '여호수아'라는 히브리어 이름을 헬라어로 표기한 것이다. '예수'는 죄인을 구원하시는 유일한 구세주의 이름이다. 다음 성경 구절을 읽어 보자.

> "오직 우리가 천사들보다 잠깐 동안 못하게 하심을 입은 자 곧 죽음의 고난 받으심을 인하여 영광과 존귀로 관 쓰신 예수를 보니 이를 행하심은 하나님의 은혜로 말미암아 모든 사람을 위하여 죽음을 맛보려 하심이라 만물이 인하고 만물이 말미암은 자에게는 많은 아들을 이끌어 영광에 들어가게 하시는 일에 저희 구원의 주를 고난으로 말미암아 온전케 하심이 합당하도다" 히 2:9-10.

예수님은 모든 사람을 위해 죽음을 받아들이셨다. 그분은 믿는 모든 자를 위한 구원의 주님(헬라어 '아르케고스archēgos' : 개척자, 또는 창시자라는 뜻)이시다. 베드로는 "다른 이로서는 구원을 얻을 수 없나니 천하 인간에 구원을 얻을 만한 다른 이름을 우리에게 주신 일이 없음이니라" 행 4:12고 말했다. 예수님의 이름 자체가 그분의 구원 능력을 입증한다.

그리스도의 보혈

유대인은 희생 제물의 피에 속죄의 효력이 있다고 믿었다. 이것은 히브리서의 주제 가운데 하나다. 히브리서 9장 18절은 "이러므로 첫 언약도 피 없이 세운 것이 아니니"라고 말한다. 레위기 17장 11절 말씀대로 옛 언약은 피로 비준되었다. 모세는 하나님의 대리자로서 피를 뿌려 옛 언약을 비준했다.

> "모세가 율법대로 모든 계명을 온 백성에게 말한 후에 송아지와 염소의 피와 및 물과 붉은 양털과 우슬초를 취하여 그 책과 온 백성에게 뿌려 이르되 이는 하나님이 너희에게 명하신 언약의 피라 하고 또한 이와 같이 피로써 장막과 섬기는 일에 쓰는 모든 그릇에 뿌렸느니라" 히 9:19-21.

율법책에도, 백성에게도, 장막에도, 장막의 그릇들에도 모두 피를 뿌렸다. 그 피는 하나님과 죄인을 화목시키기 위해 예수님이 흘리신 보혈의 상징이다. 히브리서 9장 22절은 "율법을 좇아 거의 모든 물건이 피로써 정결케 되나니 피 흘림이 없은즉 사함이 없느니라"고 말한다. 이것이 바로 예수님이 새 언약을 비준하기 위해 보혈을 흘리셔야만 했던 이유다. 예수님은 "이것은 죄 사함을 얻게 하려고 많은 사람을 위하여 흘리는 바 나의 피 곧 언약의 피니라"마 26:28고 말씀하셨다.

"영원한 언약의 피"히 13:20라는 표현에 주목하라. 모세의 율법, 즉 구약은 영원하지 못했다. 그것은 일순간의 약속이자 "장차 오는 좋은 일의 그림자"히 10:1였다. "저가 한 제물로 거룩하게 된 자들을 영원히 온전케 하셨느니라"히 10:14는 말씀대로 영원한 언약을 세우신 분은 바로 그리스도이시다. 그리스도께서는 희생을 통해 영원한 언약을 세우셨다. 히브리서 9장 12절은 "염소와 송아지의 피로 아니하고 오직 자기 피로 영원한 속죄를 이루사 단번에 성소에 들어가셨느니라"고 말한다. 이스라엘의 제사장들은 성전에서 희생 제사를 계속 반복해야 했지만, 그리스도께서는 단 한 번의 희생으로 영원한 구원을 이루셨다히 10:11-12 참조.

그리스도의 부활

우리는 그리스도의 부활을 우리의 부활을 위한 수단으로 생각하는 경향이 있다. 하지만 그리스도의 부활은 그보다 훨씬 더 큰 의미가 있다. 예수 그리스도의 부활은 성자의 구원 사역을 성부께서 인정하신다는 의미를 담고 있다. 하나님이 예수님을 죽은 자 가운데서 다시 살리신 것은 그분이 십자가를 통해 이루신 구원을 확증한다는 표시였다.

위대한 목자이신 그리스도

히브리서 13장 20절은 주님을 "양의 큰 목자"로 일컫는다. 주님은 목자들 중에서 가장 위대한 목자이시다. 시편 저자는 "주의 백성을 무리 양같이 모세와 아론의 손으로 인도하셨나이다"시 77:20라고 말했다.

모세와 아론은 목자였지만 "큰 목자"는 아니었다. 신약성경에서 예수님이 목자로 일컬어진 것은 모두 세 차례다. 그분은 "선한 목자"요 10:11, "목자장"벧전 5:4, "큰 목자"히 13:20이시다. 아울러 성경은 경건하지 못한 사람들을 목자 없는 양으로 여러 차례 일컬었다민 27:17, 왕상 22:17, 대하 18:16, 겔 34:5, 8, 슥 10:2, 마 9:36, 막 6:34 참조. 하지만 그리스도인은 거룩한 목자이신 주님과 함께 거하는 양이다.

일전에 그레이스 커뮤니티 교회 장로 모임에서 우리는 목양 사역을 더 잘 할 수 있는 방안을 모색해 보았다. 장로들은 하나같이 입을 모았다. "교회 활동에 참여하지 않는 교인들도 있고 주어진 책임을 충실히 이행하지 않는 교인들도 있습니다. 또 우리가 잘 찾아보지 않는 교인들도 있고, 오래 동안 교회에 나오지 않고 있는 교인들도 있습니다. 우리는 그런 교인들에게 관심을 기울여야 합니다."

장로 모임을 마치면서 주님께 마음속으로 기도했다. "주님, 어떻게 해야 교인들과의 관계에 좀 더 충실할 수 있을까요? 교인들을 더 잘 보살피려면 어떻게 해야 할까요?"

우리는 위대한 목자이신 주님이 그분의 양떼를 친히 돌보신다는 사실에서 위안을 찾을 수 있다. 때로 우리는 새로 구원받은 그리스도인이 양육 프로그램에 참여하지 않으면 마치 그가 구원을 상실하기라도 한 것처럼 생각하곤 한다. 이런 태도를 취하는 것이다. '성령님의 사역을 도와야 해. 그들을 주님께만 맡겨 놓을 수 없어. 그들을 어떻게든 양육 프로그램에 참가시켜야 해.'

하나님의 백성을 돕고 감독하는 것은 필요하고도 타당한 일이다. 하지만 주님이 목자장이라는 사실을 잊어서는 안 된다. 만일 우리 교회에 나오는 그리스도의 양떼를 일일이 보살펴야 할 최종 책임이 내게 있다면 나는 온전한 정신을 유지하기 어려울 것이다. 물론 나는 주님의 양떼를 돌보는 데 심혈을 기울인다. 하지만 그것은 모든 것이 나에게 달려 있다고 생각하기 때문이 아니다. 우리 교회 목사들과 장로들은 최선을 다해 주님을 섬기지만 우리의 힘과 능력이 부족하고, 또 교인들의 필요를 모두 채워 줄 수 없을 때는 주님이 큰 목자이시라는 사실을 인정하며 모든 것을 그분께 의지한다.

큰 목자이신 주님은 모든 선한 일에 우리를 온전케 하신다히 13:21 참조. 그분은 우리에게 말씀을 주시고딤후 3:16-17 참조, 은사를 허락하셔서 사역에 참여하게 하신다엡 4:11-12 참조. 또한 주님은 잠시 고난을 당하게 하신 뒤에 우리를 온전하게 하신다벧전 5:10 참조. 그분은 우리에게 시련을 주시어 말씀이 우리의 삶 속에서 역사하게 하신다. 말씀은 우리를 깨끗하게 한다요 15:2-3 참조.

주님은 우리를 온전하게 하실 뿐 아니라 우리를 위해 중보기도를 드리신다. 목자가 사나운 늑대를 물리쳐 양떼를 보호하듯이 주 예수 그리스도께서는 하나님의 보좌 앞에 나와 우리를 비난하는 사탄의 계략으로부터 우리를 보호하신다. 사탄은 욥을 비난했던 것처럼 우리를 비난한다욥 1:7-12; 2:1-5 참조. 하지만 예수님이 우리를 도와주신다. 그분은 우리의 옹호자이자 중보자요, 또한 대언자이자 지지자이시다. 그분은 우리의 대제사장이시다.

"만일 누가 죄를 범하면 아버지 앞에서 우리에게 대언자가 있으니 곧 의로우신 예수 그리스도시라"요일 2:1. 우리가 죄를 지어 하나님의 보좌 앞에서 사탄에게 고소를 당하게 될 때마다 예수님이 우리의 대언자로 나서서 '아버지, 저의 피로 이미 죗값을 치렀습니다'라고 말씀하신다. 그래서 선택받은 백성에게는 더 이상 죄에 대한 책임을 물을 수 없다롬 8:33-34 참조. 이미 우리를 의롭다고 하신 하나님이 어떻게 우리를 다시 단죄하시겠는가?

히브리서 저자는 다음과 같이 말했다. "우리에게 있는 대제사장은 우리 연약함을 체휼하지 아니하는 자가 아니요 모든 일에 우리와 한결같이 시험을 받은 자로되 죄는 없으시니라"히 4:15.

그리스도께서는 우리가 당하는 일을 정확히 알고 계시기 때문에 능히 우리를 도우실 수 있다히 2:18 참조. 그분은 항상 살아서 우리를 위해 간구하시는 대제사장이시다히 7:25 참조. 그리스도께서는 굶주림, 목마름, 피로를 친히 경험하셨다. 그분은 사람의 가정에서 성장하셨고, 사랑, 혐오, 놀람, 기쁨, 슬픔, 분노, 냉소, 비애와 같은 인간의 감정을 직접 느껴보셨다. 또한 그분은 십자가의 죽음과 같은 미래의 사건들을 미리 아시고 심한 고통을 당하셨다눅 22:40-46 참조. 그분은 철야 기도도 하시고 성경도 읽으시고 믿음으로 살려고 노력하셨으며, 고통받는 사람들을 불쌍히 여기시고마 9:35-38, 눅 13:34-35 참조, 마음이 아프실 때에는 눈물을 흘리기도 하셨다요 11:35-36 참조. 주님은 우리가 겪는 시련을 모두 겪으셨다. 아니, 그분은 우리보다 더 많은 시련을 당하셨다. 그분은 우리를 옹호하시고 보호하신다. 그리스도는 항상 우리를 위해 간구하시는 충실한 대제사장이시다.

주님은 우리의 목자로서 우리를 극진히 보살피시고 우리를 온전하게 하시어 하나님의 뜻을 행하게 하신다. 그분은 우리의 대세사장으로서 우리를 위해 간구하시며, 사탄의 송사로부터 우리를 보호하신다.

주님의 보혈은 우리를 모든 죄에서 깨끗하게 해 준다 요일 1:9 참조.

주권자이신 그리스도

히브리서 13장 20-21절을 살펴보자. 20절에 "주"라는 표현이 나온다. "주"의 의미는 다양하지만 신약성경에서는 하나님의 아들, 즉 완전한 권위를 지니고 계시는 예수 그리스도를 가리킨다. 그리스도께서는 주님, 곧 교회의 주권자이시다. "만물을 그 발 아래 복종하게 하시고 그를 만물 위에 교회의 머리로 주셨느니라 교회는 그의 몸이니 만물 안에서 만물을 충만케 하시는 자의 충만이니라" 엡 1:22-23.

골로새서 1장 18-19절에도 이와 비슷한 내용이 나온다. "그는 몸인 교회의 머리라 그가 근본이요 죽은 자들 가운데서 먼저 나신 자니 이는 친히 만물의 으뜸이 되려 하심이요 아버지께서는 모든 충만으로 예수 안에 거하게 하시고."

주님이 교회에서 주권을 행사하시는 방법은 크게 두 가지다.

주님은 교회를 다스리신다

그리스도께서는 교회의 주님으로서 교회를 다스리신다. 그레이스 커뮤니티 교회의 주인이 누구냐고 묻는다면 우리는 '예수 그리스도입니다'라고 대답해야 한다. 에베소서 5장 23절은 '그리스도께서 교회의 머리이시다'라고 말한다.

요한계시록 1장 12-15절은 교회를 상징하는 촛대 사이에 서 계시는 그리스도의 모습을 묘사한다. 그분의 발은 "빛난 주석"과 같고, 그분의 눈은 "불꽃"과 같다 계 2:18 참조. 주님은 그 눈으로 교회에서 없애야 할 죄가 있는지 세밀히 살펴보신다. "두세 사람이 내 이름으로 모인 곳에는 나도 그들 중에 있느니라"마 18:20라는 말씀의 의미가 여기에 있다. 이 말씀은 주님이 기도하러 모인 그리스도인들 가운데 거하신다는 뜻이 아니다. 문맥상으로 볼 때 이는 권징의 과정에서 죄 지은 사람의 혐의를 확증하는 두세 증인과 함께하시겠다는 뜻이다. 주님의 말씀에는 '교회에서 권징을 주저하지 말라. 증인을 불러 죄 지은 자의 혐의를 확증할 때 나도 너희와 함께 권징에 참여하겠노라'는 뜻이 담겨 있다. 한마디로 권징은 그리스도의 권위를 대신하는 사역이다.

신약성경은 그리스도께서 경건한 그리스도인이나 장로들을 통해 교회를 다스리신다고 말한다. 우리 교회에는 대략 서른다섯 명의 장로가 있다. 우리의 목표는 그리스도께서 원하시는 일을 집행하는 것이다. 우리는 성경을 통해 주님의 뜻을 대부분 알 수 있다. 성경에 확실히 언급되지 않은 문제를 다룰 때는 인내심을 가지고 깊이 기도하고 생각하며 하나님의 뜻을 분별해야 한다. 우리는 하나님이 그 뜻을 알려 주실 때까지 기다려야 한다. 우리가 어떤 문제가 있을 때 항상 만장일치를 추구하는 이유가 여기에 있다. 하나님의 뜻은 한 가지이기 때문에 우리 의견도 모두 같아야 한다.

주님은 교회를 가르치신다

주님은 성경과 인간을 도구로 삼아 자신의 뜻을 드러내신다. 하지만 최고의 교사는 주님 자신이시다. 주님은 말씀과 성령으로 교회를 가르치신다. 주님은 말씀하셨다. "내가 아버지께로서 너희에게 보낼 보혜사 곧 아버지께로서 나오시는 진리의 성령이 오실 때에 그가 나를 증거하실 것이요"요 15:26. '성령께서 그리스도에 관해 알아야 할 사실을 알려 주실 것이다' 라는 의미다. 또한 예수님은 제자들에게 이렇게 말씀하셨다.

> "내가 아직도 너희에게 이를 것이 많으나 지금은 너희가 감당치 못하리라 그러하나 진리의 성령이 오시면 그가 너희를 모든 진리 가운데로 인도하시리니 그가 자의로 말하지 않고 오직 듣는 것을 말하시며 장래 일을 너희에게 알리시리라 그가 내 영광을 나타내리니 내 것을 가지고 너희에게 알리겠음이니라" 요 16:12-14.

요한일서 2장 20절은 성령의 기름부음을 통해 진리를 알게 된다고 말한다. 우리는 하나님으로부터 기름부음을 받는다요일 227 참조. 그리스도께서는 말씀과 성령과 하나님의 은사를 받은 사람들의 삶을 통해 교회를 다스리신다. 목회자인 나는 내 개인적인 생각을 전하지 않는다. 하나님의 말씀과 아무 관련이 없는 사회 문제를 논하지 않는다. 오직 성경을 통해 교인들에게 하나님의 뜻과 구세주의 생각을 가르친다.

최고의 교사는 그리스도이시다. 나는 요리를 만드는 요리사가 아니라 단지 웨이터에 불과하다. 나의 임무는 음식을 쏟지 않고 따뜻하고 신선한 상태로 접대하는 데 있다.

교회를 거룩하게 하시는 그리스도

그리스도께서는 우리 안에서 역사하신다히 13:21 참조. 참으로 놀라운 일이다. 그분은 우리를 깨끗하게 하시고, 죄를 멀리하게 하시며, 영원한 영광을 돌리도록 우리를 이끄신다.

그리스도인이 죄를 짓는 것을 보면 깊은 관심을 기울이며 죄에서 돌이킬 수 있도록 도와야 한다. 때로 책망이 필요할 때도 있다. 그런 때는 권징의 절차를 밟아야 한다. 또한 우리 자신이 죄를 지어 비통한 마음을 금할 수 없거든 교회를 거룩하게 하시는 그리스도를 생각하라. 그러면 위로를 얻을 수 있다.

죄 지은 그리스도인을 상대로 권징을 실시하면 주님이 그의 죄를 없애 교회를 거룩하게 하신다. 어떤 경우에는 바울이 고린도전서 11:27-30절에서 말한 대로 죄 지은 그리스도인의 목숨을 거두어 가실 수도 있다요일 5:16 참조.

예수님은 말씀하셨다. "내 양은 내 음성을 들으며 나는 저희를 알며 저희는 나를 따르느니라"요 10:27.

우리는 주님께 속해 있다. 그분은 교회의 건축자이자 소유주요, 구속자이자 초석이며, 또한 모퉁이돌이시다. 예수님은 교회를 완성하시겠다고 약속하셨다. 박해, 위협, 나태, 정욕, 무관심, 배교, 자유주의, 물질주의, 포스트모더니즘 등 그 무엇도 교회를 이길 수 없다.

"그리스도께서 교회를 사랑하시고 위하여 자신을 주심같이 하라 이는 곧 물로 씻어 말씀으로 깨끗하게 하사 거룩하게 하시고"엡 5:25-26. 그리스도께서 교회를 거룩하게 하시는 이유는 "자기 앞에 영광스러운 교회로 세우사 티나 주름 잡힌 것이나 이런 것들이 없이 거룩하고 흠이 없게"27절 하시기 위해서다.

그리스도께서 교회를 세우는 일을 우리에게만 맡겨 놓지 않으셨다는 사실을 의식하면 마음에 큰 위안이 된다. 우리는 그리스도가 없으면 아무것도 할 수 없다. 오늘, 그레이스 커뮤니티 교회가 이 세상에서 사라진다고 해도 예수 그리스도의 교회는 여전히 건재할 것이다. 그리스도께서는 굳이 우리가 없어도 자신의 교회를 능히 세워 나가신다.

그러면 우리가 열심히 일하는 이유는 무엇일까? 예수 그리스도께서 영원한 영광을 위해 행하시는 일에 동참하는 것보다 더 즐겁고, 영광스럽고, 만족스럽고, 경이로운 일은 없기 때문이다.

✛ 하나님이 계획하신 교회 ✛

"내가 이 반석 위에 내 교회를 세우리니 음부의 권세가 이기지 못하리라" 마 16:18.

5장 • 초대 교회

+

6장 • 데살로니가 교회

+

7장 • 효율적인 교회의 표징

+

8장 • 교회의 소명

+

9장 • 주님의 방법에 의한 주님의 사역

+

10장 • 왜 나는 교회를 사랑하는가

역동적인 교회 2

**THE MASTER'S PLAN
FOR THE CHURCH**

5 : 초대 교회
교회 The Master's Plan for the Church

사도행전 2장 42-47절에서 묘사하는 초대 교회는 하나님이 원하시는 교회의 기본 형태를 이해할 수 있는 단초를 제공한다.

"저희가 사도의 가르침을 받아 서로 교제하며 떡을 떼며 기도하기를 전혀 힘쓰니라 사람마다 두려워하는데 사도들로 인하여 기사와 표적이 많이 나타나니 믿는 사람이 다 함께 있어 모든 물건을 서로 통용하고 또 재산과 소유를 팔아 각 사람의 필요를 따라 나눠 주고 날마다 마음을 같이 하여 성전에 모이기를 힘쓰고 집에서 떡을 떼며 기쁨과 순전한 마음으로 음식을 먹고 하나님을 찬미하며 또 온 백성에게 칭송을 받으니 주께서 구원 받는 사람을 날마다 더하게 하시니라."

예수 그리스도를 사랑하는 사람들, 곧 세상에 있는 그리스도인들은 물론 영광스런 하늘나라에 있는 그리스도인들이 그리스도의 몸인 참 교회를 구성한다. 교회를 뜻하는 헬라어 '에클레시아ekklēsia'는 '부름 받은 이들의 모임'이라는 뜻이다. 교회는 예수 그리스도를 믿는 믿음을 통해 하나님의 자녀가 되어 서로 한 몸이 된 그리스도인들의 모임이다.

세상 사람들은 참그리스도인들로 이루어진 '보이지 않는 교회'를 알 수 없다. 그들은 기독교 신앙을 고백하는 그리스도인들로 이루어진 '보이는 교회'만 알 뿐이다. 하나님이 보이는 교회를 세우신 이유는 세상을 향한 증거가 되게 하시기 위해서다.

우리는 주일에 함께 모여 그리스도께서 죽은 자 가운데서 부활하셨다는 사실을 세상에 천명한다. 어떤 그리스도인들은 교회 건물이나 조직이 필요하지 않다고 말한다. 하지만 나는 그리스도께서 그런 견해에 동의하실 것이라고 생각하지 않는다. 예수님이 하신 다음 말씀을 보자. "네 형제가 죄를 범하거든 가서 너와 그 사람과만 상대하여 권고하라 만일 들으면 네가 네 형제를 얻은 것이요 만일 듣지 않거든 한두 사람을 데리고 가서 두세 증인의 입으로 말마다 증참케 하라 만일 그들의 말도 듣지 않거든 교회에 말하고 교회의 말도 듣지 않거든 이방인과 세리와 같이 여기라" 마 18:15-17.

예수님의 말씀은 교회가 처음부터 구체적인 형태를 띠고 있었다는 사실을 암시한다. 사도행전에 보면 그리스도인들이 함께 모이기 시작하면서 교회가 더욱 구체적인 형태를 갖추기 시작했다는 것을 알 수 있다. 처음에는 보이는 교회와 보이지 않는 교회가 서로 동일했지만 거짓 그리스도인들이 교회에 들어오면서부터 상황이 달라졌다. 처음에 그리스도인들은 가정집에서 모였지만 3세기경에 이르러 그리스도인들의 숫자가 계속 불어났기 때문에 자체 건물을 소유하게 되었다.

이제 교회의 세 가지 측면, 즉 교회의 설립, 교회의 사역, 교회의 리더십을 차례로 살펴보기로 하자. 오늘날에는 의사소통 방식과 가용 수단, 당면 문제가 많이 달라졌지만, 교회의 원리는 초대 교회 당시에 비해 조금도 변하지 않았다.

교회의 설립

그리스도인들의 첫 모임이 이루어진 곳은 예루살렘이었다. 초대 교회는 주로 신분이 미천한 사람들, 예를 들면 어부와 농부를 비롯해 기타 근로 계층에 속한 사람들로 이루어졌다. 물론 개중에는 형편이 넉넉한 사람들도 있었다. 그들은 자신의 재산을 나머지 많은 사람들과 공유했다.

예루살렘 교회는 오순절 기도 모임을 통해 탄생했다. 다락방에서 기도하는 사람들에게 성령께서 임하셨다. 그 결과 모든 그리스도인이 그리스도의 사랑과 성령의 은혜를 경험했고, 교회는 급속도로 성장하기 시작했다. 단 하루 만에 새 그리스도인이 삼천 명이나 불어났다행 2:41 참조.

"저희가 사도의 가르침을 받아 서로 교제하며 떡을 떼며 기도하기를 전혀 힘쓰니라"행 2:42는 말씀은 교회 사역의 기본 원리를 포괄한다. 이 가운데 언급되지 않은 것은 예수 그리스도의 복음을 전파하는 사역뿐이다. 초대 교회 그리스도인들은 거리와 성전과 가정집을 비롯해 기회가 닿는 대로 어디서나 복음을 전했다. 그러자 "주께서 구원받는 사람을 날마다 더하게 하시"47절는 역사가 일어났다. 초대 교회는 하나님의 축복과 성령의 인도를 받는 참교회가 될 수 있는 기능을 모두 갖추었다.

현대 교회는 종종 사람들의 관심을 끌 요량으로 오락이나 눈속임을 사용한다. 이것이 바로 교회가 성경의 원리와 성령의 인도를 따르지 않는 징후다.

예루살렘 교회는 성령의 능력으로 시작해서 성령의 능력으로 일관했다. 그들은 성령의 능력을 의지하며 그리스도의 이름으로 사역 활동을 펼쳤다. 교회가 확장되어 장로들과 집사들이 임명되기 전까지는 열두 제자가 교회를 이끌었다. 초대 교회에는 모두가 새 그리스도인이였기 때문에 하나님은 열두 제자에게 최소한 칠 년 동안 예루살렘 교회를 맡기셨다.

그 후 세월이 흐르면서 사도들은 교인들 가운데 지도자의 역할을 할 수 있을 만큼 성숙한 믿음에 이른 그리스도인들을 발견했다. 그들은 그 가운데 몇 사람을 선택해 복음 전도자와 교사로 임명했다. 가장 대표적인 인물이 빌립이다. 그는 집사로 출발해서 교회를 개척하는 복음 전도자로 일생을 마쳤다.

바울 사도와 실라와 바나바를 비롯해 여러 전도자들이 이곳저곳에 독립 교회를 세웠다. 당시의 교회는 모두 성령의 인도를 받았기 때문에 그들을 체계 있게 묶어 줄 교단이나 교파가 필요하지 않았다. 그들은 성령의 매는 줄로 하나가 되었다. 바울은 "그리스도의 모든 교회가 다 너희에게 문안하느니라"롬 16:16고 말했다. 유대인과 이방인, 빈자와 부자, 교육받은 자와 교육받지 못한 자 등 모든 계층의 그리스도인이 교회를 구성했다. 각계각층에서 몰려온 그리스도인들이 서로 하나가 되어 움직였다. 성령께서 그들을 하나의 교회로 만드셨다.

교회는 오랜 세월을 거치면서 많은 변화를 경험했다. 교회는 점차 기업처럼 복잡한 구조와 형태를 지니게 되었다. 급기야 오늘날에는 교단, 위원회, 연합회, 공회, 부서, 프로그램 등을 갖춘 거대 조직으로 변신했다. 이제 교회는 몸이라기보다는 기업, 가정이라기보다는 공장, 공동체라기보다는 회사와 같은 기능을 할 때가 많다. 교회가 오락 장소로 변해 교회를 찾는 무기력하고 수동적인 방문객들에게 한갓 연기를 펼치고 있다. 교회는 사람들을 교회로 불러들이는 전략에만 모든 힘을 기울일 뿐, 교회를 찾아온 사람들에게 확고한 진리를 가르치지 못하고 있다.

교회의 사역

신약성경의 세 서신, 즉 디모데전후서와 디도서는 교회의 사역과 조직 구조를 규정한다. 디모데와 디도는 복음 전도자였다. 초대 교회 복음 전도자는 그리스도인들이 없는 지역에 가서 그리스도를 전하고 교회를 개척했던 사람을 가리킨다. 그들은 개척한 교회에서 최소한 일 년 이상 머물면서 복음의 진리를 가르쳤다. 그리스도인들 가운데 몇몇 사람이 믿음이 성숙해지면 그들은 장로를 세워 교회를 돌보고 가르치게 한 뒤 다시 다른 곳에 가서 새로운 교회를 개척하곤 했다.

교회의 기본 임무는 건전한 교리를 가르치는 것이다. 목회자의 사견을 말하거나 감동적인 이야기로 눈물을 짜내거나 헌금을 모으거나 프로그램과 오락을 제공하거나 매주 묵상용 책자를 배포하는 등의 일은 교회의 기본 임무와 거리가 멀다. 바울은 "오직 너는 바른 교훈에 합한 것을 말하라"딛 2:1고 말했다.

거짓 교리로부터 교회를 보호하는 것이 교회 지도자의 임무라면 장로들은 건전한 교리를 가르치는 일에 매진해야 마땅하다. 물론 교회를 이롭게 하는 사역은 매우 다양하다. 하지만 그 무엇도 최우선 과제가 될 수 없다. 목회자는 예수 그리스도의 종으로서 거짓 교리로부터 교회의 순결을 보호하는 일을 가장 으뜸으로 생각해야 한다. 목회자는 하나님 앞에서 책임 있는 태도로 양떼를 보호하고 양육하는 일에 충실해야 한다. 불행히도 그리스도가 원하시는 일(즉 말씀을 가르치는 일)을 도외시한 채 엉뚱한 일에만 힘을 쏟는 목회자들이 많다. 그들은 가장 중요한 설교와 가르침의 의무를 등한시하고 다른 일에만 매달린다.

말씀 사역의 중요성을 강조하는 성경 구절 몇 개를 인용하면 다음과 같다.

- "너는 그리스도 예수 안에 있는 믿음과 사랑으로써 내게 들은바 바른 말을 본받아 지키고 우리 안에 거하시는 성령으로 말미암아 네게 부탁한 아름다운 것을 지키라"딤후 1:13-14. "바른 말"로 번역한 헬라어 '후포투포시스hupotuposis'는 건전한 교리를 가르치는 것이 교회의 기본 사역이라는 의미를 담고 있다.

- "네가 많은 증인 앞에서 내게 들은 바를 충성된 사람들에게 부탁하라 저희가 또 다른 사람들을 가르칠 수 있으리라"딤후 2:2. 목회자는 교인들이 다른 사람들에게 건전한 교리를 가르칠 수 있도록 그들을 말씀으로 양육해야 한다.

- "내가 진리의 말씀을 옳게 분변하며 부끄러울 것이 없는 일꾼으로 인정된 자로 자신을 하나님 앞에 드리기를 힘쓰라"딤후 2:15. 목회자는 교

리를 부지런히 연구해서 교리를 가르치는 사역에 전념해야 한다.

- "마땅히 주의 종은 다투지 아니하고 모든 사람을 대하여 온유하며 가르치기를 잘하며 참으며 거역하는 자들을 온유함으로 징계할지니 혹 하나님이 저희에게 회개함을 주사 진리를 알게 하실까 하며" 딤후 2:24-25.

- "너는 배우고 확신한 일에 거하라 네가 뉘게서 배운 것을 알며 또 네가 어려서부터 성경을 알았나니 성경은 능히 너로 하여금 그리스도 예수 안에 있는 믿음으로 말미암아 구원에 이르는 지혜가 있게 하느니라 모든 성경은 하나님의 감동으로 된 것으로 교훈과 책망과 바르게 함과 의로 교육하기에 유익하니 이는 하나님의 사람으로 온전케 하며 모든 선한 일을 행하기에 온전케 하려 함이니라" 딤후 3:14-17. 그리스도인이 어느 정도 영적으로 성숙하면 교회 지도자는 성경 전체를 가르쳐 하나님의 의도와 계획을 모두 알게 해야 한다.

- "하나님 앞과 산 자와 죽은 자를 심판하실 그리스도 예수 앞에서 그의 나타나실 것과 그의 나라를 두고 엄히 명하노니 너는 말씀을 전파하라 때를 얻든지 못 얻든지 항상 힘쓰라 범사에 오래 참음과 가르침으로 경책하며 경계하며 권하라" 딤후 4:1-2.

교회의 사역은 단순하다. 건전한 교리를 가르치는 것이 곧 교회의 근본 사역이다. 초대 교회 복음 전도자들처럼 영적 진리를 가르치는 것만이 주님을 기쁘시게 하고 성령께 복종할 수 있는 길이다.

교회의 리더십

신약 시대 교회의 경우, 교회의 리더십은 성령의 인도 아래 감독자로 선택된 장로들에게 속했다. 그들은 혼자서 모든 책임을 짊어지지 않았다. 마땅히 그래야 한다. 목회자는 마치 기술자가 연장 상자를 챙겨 들고 망가진 곳을 수리하고 소음이 나는 곳에 기름을 칠하듯 이런저런 방법을 동원해 교회의 문제를 해결하는 해결사와는 거리가 멀다.

킹제임스 성경은 장로를 "감독"빌 1:1, 딤전 3:1-2, 딛 1:7 참조으로 번역했다. '장로'는 직함을, '감독'은 직무를 뜻하는 호칭이다. 신약성경은 기도와 말씀 사역을 장로의 두 가지 의무로 규정한다. 장로의 사역에는 종종 의사 결정, 진리 수호, 권징이라는 세 가지 기능이 포함된다.

의사 결정

교회를 다스리는 장로들은 교회나 위원회가 아니라 그리스도 앞에서 책임을 다해야 한다. "잘 다스리는 장로들을 배나 존경할 자로 알되 말씀과 가르침에 수고하는 이들을 더할 것이니라"딤전 5:17.

장로라고 해서 모두 교리를 가르치는 사역에 종사할 필요는 없다. 장로들은 성령의 인도 아래 다양한 의무를 이행한다. 하지만 기도하며 성경을 연구한 뒤에 의사를 결정짓는 일에는 모든 장로에게 책임이 있다. 장로들은 성령의 인도 아래 그리스도의 뜻을 옳게 헤아려 하나님께 영광을 돌릴 수 있는 결정을 내려야 한다. 그래야만 교회 전체를 이롭게 하는 결과가 이루어질 수 있다. 장로의 직분을 맡는다는 것은 참으로 고귀한 소명이 아닐 수 없다.

앞에서 말한 대로 그레이스 커뮤니티 교회에서는 "주의 마음을 아는"고전 2:16 장로들을 중심으로 만장일치의 의사 결정을 추구한다. 만장일치는 기도와 성경 연구는 물론 때로는 금식을 통해 장로들의 생각이 하나로 모아지는 순간에 이루어진다. 장로들은 좀 더 단합된 방식으로 교회의 문제를 해결하려고 노력해야 한다.

진리 수호

바울은 디도서 1장 9-11절에서 장로의 임무를 이렇게 설명했다. "미쁜 말씀의 가르침을 그대로 지켜야 하리니 이는 능히 바른 교훈으로 권면하고 거스려 말하는 자들을 책망하게 하려 함이라 복종치 아니하고 헛된 말을 하며 속이는 자가 많은 중 특별히 할례당 가운데 심하니 저희의 입을 막을 것이라 이런 자들이 더러운 이를 취하려고 마땅치 아니한 것을 가르쳐 집들을 온통 엎드러치는도다."

장로들은 거짓 교사들로부터 교회를 보호해야 할 의무가 있다.

권징

장로는 교리를 거스르는 그리스도인을 권징해야 한다. "그 중에 후메내오와 빌레도가 있느니라 진리에 관하여는 저희가 그릇되었도다 부활이 이미 지나갔다 하므로 어떤 사람들의 믿음을 무너뜨리느니라"

딤후 2:17-18.

교회 안에 존재하는 이단은 심각한 문제를 야기한다. 장로들은 그런 상황을 가능한 한 신속하게 처리해야 한다. 바울은 디모데전서 1장 20절에서도 후메내오와 알렉산더에 대해 이렇게 말했다. "그 가운데 후메내오와 알렉산더가 있으니 내가 사단에게 내어준 것은 저희로 징계를 받아 훼방하지 말게 하려 함이니라."

거짓 교리를 가르치는 사람이 있을 경우 장로는 그 사람과 성도의 교제를 끊고 잘못을 뉘우치도록 해야 한다. 그러면 하나님이 그를 다시 회복시켜 주실 수도 있다. 초대 교회 당시에는 각 도시에 있는 교회 교인들 가운데서 장로들을 선출했다딛1:5 참조. 교회를 강하게 만드는 비결은 교인들 중에서 교회 지도자를 선택하는 것이다. 이후 장로들이 교회를 섬길 수 있도록 능력과 은사를 주시는 이는 바로 성령이시다.

장로는 교회에서 가장 높은 권위를 가진 사람이다. 장로는 그리스도 밑에서 목자로서 교회를 다스린다벧전 5:2-4 참조. 장로는 교리를 가르치고, 행정 업무를 보고, 권징을 실시하고, 양떼를 돌보고, 양떼를 위해 기도하고, 하나님의 말씀을 연구하는 일을 담당한다. 장로는 자신의 사역에 대해 그리스도 앞에서 책임을 져야 한다.

6 : 데살로니가 교회
교회 The Master's Plan for the Church

데살로니가 교회는 주님이 원하시는 교회의 기본 요건을 모두 갖추었다. 바울 사도가 데살로니가 교회에 보낸 첫 번째 서신을 살펴보면 그리스도 중심의 교회가 되려면 어떤 요건이 필요한지 알 수 있다. 물론 바울의 서신은 교인들의 숫자, 교회의 목표와 계획, 프로그램, 설교 유형, 교회 음악, 주일학교, 예배, 고등부 수련회와 같은 것을 전혀 언급하지 않는다. 그의 서신은 교회가 갖춰야 할 영적 요건을 다루었다.

바울이 데살로니가에 처음 복음을 전한 것은 2차 선교여행을 떠났을 때다. 그는 데살로니가를 떠난 뒤에 디모데를 보내 그곳 형편을 살펴보게 했다. 디모데는 반가운 소식을 가지고 바울에게 돌아왔다. 데살로니가전서 3장 6-7절을 읽어 보자. "지금은 디모데가 너희에게로부터 와서 너희 믿음과 사랑의 기쁜 소식을 우리에게 전하고 또 너희가 항상 우리를 잘 생각하여 우리가 너희를 간절히 보고자 함과 같이 너희도 우리를 간절히 보고자 한다 하니 이러므로 형제들아 우리가 모든 궁핍과 환난 가운데서 너희 믿음으로 말미암아 너희에게 위로를 받았노라."

디모데가 전해 준 좋은 소식이 바울 사도가 데살로니가전서를 쓰는 계기로 작용했다.

이제부터 데살로니가전서에서 언급한 기본 원리 몇 가지를 살펴볼 생각이다. 아래 내용을 통해 주님이 우리에게 무엇을 원하시는지, 또 주님이 원하시는 교회가 어떤 교회인지 알 수 있는 은혜를 누리기를 희망한다.

구원받은 교회

데살로니가 교회는 구원받은 교회, 즉 거듭난 그리스도인들의 모임이었다. 이 점은 특히 중요하다. 요즘에는 구원의 의미를 모르는 교회가 많기 때문이다. 데살로니가 교회 그리스도인들이 구원의 의미를 알고 있었다는 사실은, 데살로니가전서 1장 1-4절에 기록한 바울의 말을 통해 입증이 가능하다.

"바울과 실루아노와 디모데는 하나님 아버지와 주 예수 그리스도 안에 있는 데살로니가인의 교회에 편지하노니 은혜와 평강이 너희에게 있을지어다 우리가 너희 무리를 인하여 항상 하나님께 감사하고 기도할 때에 너희를 말함은 너희의 믿음의 역사와 사랑의 수고와 우리 주 예수 그리스도에 대한 소망의 인내를 우리 하나님 아버지 앞에서 쉬지 않고 기억함이니 하나님의 사랑하심을 받은 형제들아 너희를 택하심을 아노라."

데살로니가 교회 그리스도인들을 위해 바울이 하나님께 감사했던 이유는 그들이 '그리스도 안에 있었기' 때문이다. 그들은 그리스도를 주님과 구원자로 알고 있다는 증거를 보여 주었다. 이것이 효율적인 교회로 성장할 수 있는 비결의 시작이다. 오늘날 효율적이지 못한 교회가 이토록 많은 이유는 일반 그리스도인들은 물론 지도자들 사이에도 알곡과 가라지가 섞여 있기 때문이다. 하나님이 이루고자 하시는 일에 차질이 발생하고 교회의 메시지가 혼탁해지는 이유는 거듭나지 못한 사람들이 교회의 직분을 차지하고 있기 때문이다.

사도행전 17장을 보면 데살로니가 교회가 어떻게 시작했는지 알 수 있다. 1절을 읽어 보자. "저희가 암비볼리와 아볼로니아로 다녀가 데살로니가에 이르니 거기 유대인의 회당이 있는지라."

바울은 복음을 전하기 위해 한 도시를 방문하는 경우, 대개는 먼저 회당을 찾았다. 바울 자신도 유대인이었고, 또 그곳이 복음을 전하기에 가장 좋은 기회를 제공했기 때문이다. 더욱이 그가 이방인에게 먼저 복음을 전할 경우 유대인들은 그의 말에 귀를 기울이지 않았을 것이 분명했다. 바울은 그 점을 잘 알았다. 따라서 그는 먼저 회당에서 복음을 전해 유대인들을 기독교로 개종시킨 다음, 그들의 지지를 기반으로 나머지 사람들에게 복음을 전하는 전략을 구사했다.

바울이 전한 복음의 내용은 2절과 3절에 기록되어 있다. "바울이 자기의 규례대로 저희에게로 들어가서 세 안식일에 성경을 가지고 강론하며 뜻을 풀어 그리스도가 해를 받고 죽은 자 가운데서 다시 살아야 할 것을 증명하고 이르되 내가 너희에게 전하는 이 예수가 곧 그리스도라 하니."

유대인들은 예수님을 메시아로 선뜻 받아들이지 못했다. 그분이 십자가에서 죽음을 당하셨기 때문이다. 유대인들은 대부분 시편 22편과 이사야 53장에서 예언하는 고난 받는 메시아의 개념을 이해하지 못했다. 따라서 바울은 메시아가 하나님의 계획을 이루시기 위해 고난을 받으셔야 했다는 사실을 이해시켜야 했다. "그 중에 어떤 사람 곧 경건한 헬라인의 큰 무리와 적지 않은 귀부인도 권함을 받고 바울과 실라를 좇으나"4절라는 말씀대로 바울의 전도로 많은 사람이 복음을 받아들였다.

바울이 단 세 번의 안식일에 걸쳐 복음을 전했는데도 처음부터 사람들이 크게 호응했다. 만일 성령께서 그들을 올바로 이끄시지 않으셨다면 데살로니가 그리스도인들은 상당한 어려움을 겪었을 것이다. 바울은 그들의 영적 상태가 몹시 걱정스럽던 차에 디모데를 통해 그들이 복음의 능력으로 데살로니가 지역에서 큰 영향력을 행사하고 있다는 소식을 듣고 기쁨을 감추지 못했다.

데살로니가 교회가 성공하게 된 비결은 순수한 믿음이었다. 사도행전 2장에 보면 오순절에 처음 예루살렘 교회가 탄생했을 때 복음을 믿고 세례를 받은 사람이 삼천 명에 달했다는 사실을 알 수 있다. 사도행전 2장 42절은 "저희가 사도의 가르침을 받아 서로 교제하며 떡을 떼며 기도하기를 전혀 힘쓰니라"고 말한다. 이것이 곧 거듭난 교회의 모습이다.

그들은 예루살렘을 온통 뒤집어 놓았다. 예루살렘의 종교 지도자들이 크게 놀라 "너희가 너희 교를 예루살렘에 가득하게 하니"행 5:28절라고 말할 정도로 그들의 영향력은 대단했다. 거듭난 그리스도인들이 도시 이곳저곳에서 성령의 능력으로 살아가면 놀라운 변화가 일어날 수

밖에 없다.

데살로니가 교회 그리스도인들도 마찬가지였다. "이는 우리 복음이 말로만 너희에게 이른 것이 아니라 오직 능력과 성령과 큰 확신으로 된 것이니 우리가 너희 가운데서 너희를 위하여 어떠한 사람이 된 것은 너희 아는 바와 같으니라"살전 1:5.

주님을 본받는 교회

"너희는 …… 우리와 주를 본받은 자가 되었으니"살전 1:6. 바울의 이 말은 데살로니가 교회 그리스도인들이 구원의 참된 특성을 드러냈다는 것을 의미한다. "본받는 자"로 번역한 헬라어 '미메테스 mimētēs'에서 'mimic'이라는 영어 단어가 파생했다.

데살로니가 교회 그리스도인들은 말로만 주님을 고백하지 않고 진정으로 그분을 본받으려고 노력했다. 그들은 입술로만 믿음을 말하지 않고, 바울과 그의 동료들을 본받아 삶 속에서 믿음을 실천했다.

그리스도인은 집단 차원에서만이 아니라 개인 차원에서도 세상에서 주님을 드러내기 위해 힘써야 한다. 이것이 곧 교회가 화합하는 비결이다. 우리 모두가 그리스도를 닮는다면 아무 어려움 없이 서로 하나가 될 수 있다. 토저는 피아노 백 대가 서로를 기준 삼아 음을 조율한다면 정확한 음을 맞추기가 어렵지만 하나의 소리굽쇠를 기준으로 음을 조율한다면 저절로 정확한 음을 맞출 수 있다고 말했다. 교회의 화합 역시 그리스도인들이 제각기 서로에게 맞추려고 노력할 때가 아니라, 그리스도를 닮으려고 노력할 때 비로소 이루어질 수 있다. 데살로니가 교회는 바울과 실라와 디모데의 삶을 통해 드러난 그리스도의 형상을 닮기 위해 노력했다.

고난받는 교회

아울러 바울은 같은 구절에서 "많은 환난 가운데서 성령의 기쁨으로 도를 받아"살전 1:6라고 언급했다. 데살로니가 교회가 복음의 말씀을 받아들이기까지는 많은 어려움이 뒤따랐다. 구원을 받아 그리스도를 본받는 교회는 어떤 교회든지 시련을 당하게 마련이다. 데살로니가 교회는 시작부터 박해와 시련에 직면했다. 당시 일이 다음 성경 말씀에 기록되어 있다.

"그러나 유대인들은 시기하여 저자의 어떤 괴악한 사람들을 데리고 떼를 지어 성을 소동케 하여 야손의 집에 달려들어 저희를 백성에게 끌어 내려고 찾았으나 발견치 못하매 야손과 및 형제를 끌고 읍장들 앞에 가서 소리 질러 가로되 천하를 어지럽게 하던 이 사람들이 여기도 이르매"행 17:5-6.

데살로니가전서 2장 14-16절도 데살로니가 교회가 경험했던 박해 상황을 아래와 같이 묘사한다.

"형제들아 너희가 그리스도 예수 안에서 유대에 있는 하나님의 교회들을 본받은 자 되었으니 저희가 유대인들에게 고난을 받음과 같이 너희도 너희 나라 사람들에게 동일한 것을 받았느니라 유대인은 주 예수와 선지자들을 죽이고 우리를 쫓아내고 하나님을 기쁘시게 아니하고 모든 사람에게 대적이 되어 우리가 이방인에게 말하여 구원 얻게 함을 저희가 금하여 자기 죄를 항상 채우매 노하심이 끝까지 저희에게 임하였느니라."

구원을 받아 그리스를 본받는 교회는 세상과 반목할 수밖에 없기 때문에 고난을 피하기 어렵다. 예수님은 말씀하셨다. "세상이 너희를 미워하면 너희보다 먼저 나를 미워한 줄 알라 …… 사람들이 나를 핍박하였은즉 너희도 핍박할 터이요"요 15:18, 20.

"내가 이제 너희를 위하여 받은 괴로움을 기뻐하고 그리스도의 남은 고난을 그의 몸 된 교회를 위하여 내 육체에 채우노라"골 1:24. 바울은 다른 사람들을 구원할 수만 있다면 기꺼이 고난을 감수했다. 그의 말은 세상이 전에는 예수님을 핍박했고, 이제는 그분을 따르는 그리스도인들을 핍박한다는 뜻이다. 바울은 자신을 위해 고난을 받으신 주님을 위해 기꺼이 고난을 감당하고자 했다.

그리스도를 본받는 믿음으로 세상을 새롭게 한다는 이유로 박해를 받는다면 참으로 즐거운 일이 아니겠는가? 불신자들이 교회를 드러내 놓고 핍박하지는 않더라도 교회 때문에 분노를 느낀다면 그것은 교회가 복음으로 그들의 죄를 드러내는 역할을 하기 때문이다. 세상과 맞서는 교회는 고난을 당할 수밖에 없다. 전해 오는 말에 따르면 열한 사도가 모두 순교를 당했다고 한다.

복음 전도에 열심을 내는 교회

데살로니가 교회는 두 가지 방법으로 복음을 전도했다. 첫 번째는 삶의 모범을 통한 복음 전도였다. "너희가 마게도냐와 아가야 모든 믿는 자의 본이 되었는지라"살전 1:7.

이는 다른 그리스도인들이 데살로니가 교회를 보고 '저것이 바로 우리가 가야 할 길이야'라고 말했다는 뜻이다. 데살로니가 교회가 그리스도를 본받는 삶을 구축하기까지는 불과 2주밖에 걸리지 않았다. 일단 그리스도를 본받는 삶이 이루어지자 다른 모든 것이 저절로 뒤따랐다. 교회의 복음증거에 대한 신뢰는 프로그램이나 창의성이 아니라 데살로니가 교회처럼 그리스도인 개개인이 그리스도의 형상을 본받는 데서 비롯한다.

바울은 마게도냐와 아가야 지방의 그리스도인들이 데살로니가 교회를 보고 느꼈던 감정을 설명했다. "저희가 우리에 대하여 스스로 고하기를 우리가 어떻게 너희 가운데 들어간 것과 너희가 어떻게 우상을 버리고 하나님께로 돌아와서 사시고 참되신 하나님을 섬기며"살전 1:9. 그는 데살로니가 교회의 회심을 굳이 언급할 필요조차 없었다. 왜냐하면 회심의 증거가 그들의 삶을 통해 여실히 드러났기 때문이다. 당시 그 지역에는 이런 소문이 나돌았다. "데살로니가에서 일어난 일을 알고 있나요? 많은 사람이 우상을 버리고 하나님께 돌아왔다고 하더군요."

데살로니가는 헬라 신들의 거처로 믿었던 올림포스 산에서 불과 80킬로미터밖에 떨어져 있지 않다. 데살로니가 교회 그리스도인들은 다신교를 신봉하는 풍토 속에서 성장했지만 단 세 번의 안식일에 이루어진 복음 증거를 듣고 우상 숭배에서 돌이켜 살아 계신 하나님을 섬기기에 이르렀다. 이는 뉴스거리가 되고도 남을 혁신이었다.

데살로니가 교회가 복음을 전한 두 번째 방법은 입을 통한 말씀의 증거였다. "주의 말씀이 너희에게로부터 마게도냐와 아가야에만 들릴 뿐 아니라 하나님을 향하는 너희 믿음의 소문이 각처에 퍼진 고로 우리는 아무 말도 할 것이 없노라"살전 1:8.

"들릴 뿐 아니라"로 번역한 헬라어 '엑세케타이exēchētai'에서 'echo'라는 영어 단어가 파생했다. 교회의 복음 증거는 하나님의 말씀과 동떨어져 존재하지 않는다. 교회의 복음 증거는 단지 진리의 반향이다. 반향은 누군가의 말을 반복해서 울려내는 것을 의미한다. 하나님은 성령님을 통해 우리 안에 자신의 음성을 들려주신다. 그분은 우리 스스로 말을 만들어 내지 말고 자신의 말씀을 되풀이해서 전해 주기를 원하신다.

주님의 재림을 고대하는 교회

데살로니가 교회는 우상을 버리고 하나님을 섬겼을 뿐 아니라 "또 죽은 자들 가운데서 다시 살리신 그의 아들이 하늘로부터 강림하심을 기다린다고 말하니 이는 장래 노하심에서 우리를 건지시는 예수시니라"살전 1:10는 말씀대로 주님의 재림을 고대했다. 예수님은 다시 돌아오시어 충실한 그리스도인들을 하늘나라에 한데 불러 모아 영원히 함께 사시겠다고 약속하셨다요 14:1-3 참조. 참교회는 주님의 재림을 기다린다.

오늘날 그리스도의 재림을 기다리지 않는 사람이 얼마나 많은지 모른다. 베드로는 "말세에 기롱하는 자들이 와서 자기의 정욕을 좇아 행하며 기롱하여 가로되 주의 강림하신다는 약속이 어디 있느뇨"벧후 3:3-4라고 말했다. 초대 교회 당시는 물론 오늘날에도 그리스도인임을 자처하면서도 그리스도의 재림을 바라지 않는 이들이 적지 않다. 일전에 어떤 설교자가 이런 말을 했다. "나는 그리스도의 재림을 절대로 말하지 않습니다. 너무나 혼란스런 문제이기 때문이죠"

하지만 종말론에 관한 견해가 다양하다고 해서 예수님의 재림에 관한 진리를 외면하는 것은 옳지 않다. 그리스도께서 원하시는 교회가 되려면 그분의 재림을 의식해야 한다.

그리스도인은 그리스도의 재림을 간절히 고대해야 한다. 미래를 향한 소망이 있어야만 현세에서 주님을 섬기며 경건하게 살아갈 수 있다. 예수님은 말씀하셨다. "보라 내가 속히 오리니 내가 줄 상이 내게 있어 각 사람에게 그의 일한 대로 갚아 주리라"계 22:12.

그리스도의 재림을 고대하면 복음을 전도하는 일이 얼마나 절박한지 깨달을 수 있다. 예수님은 부활하신 후에 말씀하셨다. "오직 성령이 너희에게 임하시면 너희가 권능을 받고 …… 내 증인이 되리라"행 1:8.

예수님이 승천하신 후에 두 천사가 나타나 제자들에게 말했다. "너희 가운데서 하늘로 올리우신 이 예수는 하늘로 가심을 본 그대로 오시리라"행 1:11.

바울은 "우리가 주의 두려우심을 알므로 사람을 권하노니"고후 5:11라고 말했다. 하나님의 심판이 임박했다는 것을 의식하면 사람들에게 "하나님과 화목하라"고후 5:20고 간절히 권유하지 않을 수 없다.

굳게 서는 교회

"너희가 주 안에 굳게 선즉 우리가 이제는 살리라"살전 3:8. 이 말은 '너희가 주님 안에 굳게 서 있다는 소식을 들으니 이제 우리는 정말로 살 것 같다. 그 소식을 들으니 참으로 기쁘기 그지없다'는 뜻이다.

주님 안에 굳게 선다는 것은 교리적으로 흔들리지 않는 믿음과 확고한 사랑을 지닌다는 의미다. 교리는 굳게 믿지만 신앙생활은 냉랭한 경우가 얼마든지 있을 수 있다. 그리스도인은 사랑 안에 굳게 서야 한다. 불행히도 에베소 교회는 그렇지 못했다. 주님은 그들을 향해 "너의 처음 사랑을 버렸느니라"계 2:4고 책망하셨다.

데살로니가 교회는 하나님의 말씀 위에 굳게 섰다. 바울이 한 말이다. "이는 우리 복음이 말로만 너희에게 이른 것이 아니라 오직 능력과 성령과 큰 확신으로 된 것이니 우리가 너희 가운데서 너희를 위하여 어떠한 사람이 된 것은 너희 아는 바와 같으니라 또 너희는 많은 환난 가운데서 성령의 기쁨으로 도를 받아 우리와 주를 본받은 자가 되었으니"살전 1:5-6. 또한 바울은 "너희가 우리에게 들은 바 하나님의 말씀을 받을 때에 사람의 말로 아니하고 하나님의 말씀으로 받음이니"살전 2:13라고 말한 뒤에 "우리가 모든 궁핍과 환난 가운데서 너희 믿음으로 말미암아 너희에게 위로를 받았노라"살전 3:7고 덧붙였다.

성경의 교리를 믿는 믿음이나 서로에 대한 사랑이 조금도 흔들리지 않는 그리스도인들의 모습은 아름답기 그지없다.

순종하는 교회

바울이 이렇다 할 설명이나 이유를 붙이지 않고 간단한 명령만으로 일관한 서신은 갈라디아서밖에 없다. 예를 들어 고린도 교회의 경우 바울은 명령을 하기 전에 그 이유부터 길게 설명해야 했다. 왜냐하면 고린도 교회 그리스도인들이 갈라디아 교회 그리스도인들과는 달리 순종하는 마음이 부족했기 때문이다고전 1:10-2:5, 고후 10:1-13:10 참조.

바울은 데살로니가 교회 그리스도인들을 책망하거나 설득할 필요가 전혀 없었다. 단지 명령만 하면 되었다. "또 너희에게 명한 것같이 종용하여 자기 일을 하고 너희 손으로 일하기를 힘쓰라"살전 4:11. 바울은 갈라디아서 5장에서도 아무 설명도 하지 않은 채 간단히 여러 가지 명령을 내렸다.

> "형제들아 우리가 너희에게 구하노니 너희 가운데서 수고하고 주 안에서 너희를 다스리며 권하는 자들을 너희가 알고 저의 역사로 말미암아 사랑 안에서 가장 귀히 여기며 너희끼리 화목하라 또 형제들아 너희를 권면하노니 규모 없는 자들을 권계하며 마음이 약한 자들을 안위하고 힘이 없는 자들을 붙들어 주며 모든 사람을 대하여 오래 참으라 삼가 누가 누구에게든지 악으로 악을 갚지 말게 하고 오직 피차 대하든지 모든 사람을 대하든지 항상 선을 좇으라 항상 기뻐하라 쉬지 말고 기도하라 범사에 감사하라 이는 그리스도 예수 안에서 너희를 향하신 하나님의 뜻이니라 성령을 소멸치 말며 예언을 멸시치 말고 범사에 헤아려 좋은 것을 취하고 악은 모든 모양이라도 버리라"살전 5:12-22.

갈라디아 교회는 순종하는 교회였기 때문에 바울은 자세한 설명을 덧붙이지 않고 간단히 명령을 내렸다. 그는 자신의 입장을 굳이 옹호할 필요가 없었다. 설교자가 주일 아침에 다음과 같이 말하고 설교를 끝마쳤다고 상상해 보라. "오늘 아침 설교 본문은 데살로니가 5장 16절입니다. 항상 기뻐하세요. 다같이 기도합시다. 다음 주에는 17절을 함께 생각해 보도록 하겠습니다."

아마 바울이 고린도 교회 그리스도인들에게 "쉬지 말고 기도하라"고 권고했다면 장황하게 그 이유를 설명해야 했을 것이 분명하다. 하지만 하나님의 말씀에 순종했던 데살로니가 교회에게는 그럴 필요가 없었다. 이것이 데살로니가 교회가 타의 모범이 되는 바람직한 교회가 될 수 있었던 이유다.

바울은 데살로니가 교회 그리스도인들에게 "너희는 많은 환난 가운데서 성령의 기쁨으로 도를 받아 우리와 주를 본받은 자가 되었으니"살전 1:6라고 말한 다음, "너희가 우리에게 들은 바 하나님의 말씀을 받을 때에 사람의 말로 아니하고 하나님의 말씀으로 받음이니"살전 2:13라고 덧붙였으며, "종말로 형제들아 우리가 주 예수 안에서 너희에게 구하고 권면하노니 너희가 마땅히 어떻게 행하며 하나님께 기쁘시게 할 것을 우리에게 받았으니 곧 너희 행하는 바라 더욱 많이 힘쓰라"살전 4:1고 당부했다. 이는 '너희가 이미 마음을 활짝 열어 우리의 가르침을 받았으니 그대로 계속 복종하라'는 뜻이다.

목회자의 가장 큰 역할은 교인들을 하나님의 말씀에 순종하게 하는 것이다. 성경에 근거하지 않고 목회자 개인의 의견을 설교의 주제로 삼는 경우에는 하나님의 말씀을 듣고, 이해하고, 복종하는 교회를 일구어 낼 수 없다. 그런 잘못을 저지르지 않도록 주의하라.

7 : 효율적인 교회의 표징

교회 The Master's Plan for the Church

나는 교회를 몹시 사랑한다. 우리 교회뿐만 아니라 모든 주 예수 그리스도의 교회를 사랑한다. 또한 나는 동료 목회자들은 물론 하나님의 말씀에 따라 교회를 세워야 하는 목회자의 의무를 사랑한다. "하나님이 자기 피로 사신 교회"행 20:28라는 바울 사도의 말을 떠올릴 때마다 참으로 막중한 책임감을 느낀다.

교회의 성도 수를 늘리고, 또 성도들이 영적으로 성공하도록 이끄는 데 필요한 원리는 무엇일까? 교회 성장의 원리는 모두 성경에서 비롯한다. 나는 전보다 더욱 열심히 성경 원리에 충실하기를 원한다. 이들 원리를 깨닫기 위해서는 교회의 목표와 목적이 뚜렷해야 한다. 그렇지 않으면 교회는 방향을 잃거나 목적 없이 표류하기 쉽다. 어디로 가는지 알지 못하면 언제 목적지에 도착하게 될지 알 수 없다. 방향을 잃은 교회는 그 어떤 성취감도 느낄 수 없다.

교회의 목표부터 확실히 이해해야 한다. 교회의 목표는 사람들을 그리스도께 인도해 성숙한 그리스도인으로 거듭나도록 돕는 것이다. 그러한 한 가지 목표는 다시 가정의 화합, 이혼 방지, 주님의 가르침으로 자녀를 교육하는 일과 같은 여러 가지 세부 목표로 갈라진다.

또한 성경의 목표 외에 기능적이며 실질적인 목표가 필요하다. 이런 목표는 성경의 목표를 달성하는 데 디딤돌 역할을 한다. 단순히 하나님의 말씀을 배워야 한다고 강조하는 것만으로는 충분하지 않다. 그러한 목표를 달성하기 위한 구체적이면서도 실질적인 방안이 필요하다.

경건한 지도자

경건한 리더십이라는 원리를 배제하고서는 하나님의 축복을 누리는 교회로 성장하기 어렵다. 경건한 그리스도인들이 교회에서 책임 있는 위치에 서야만 하나님이 원하시는 교회가 될 수 있다. 바울은 그리스도께서 교회의 머리시라고 거듭 강조했다.고전 11:3, 엡 1:22; 4:15; 5:23, 골 1:18 참조. 그리스도께서는 교회의 머리로서 경건한 사람들을 세워 교회를 다스리게 하신다.

대다수의 교회가 지도자를 선택하는 방법을 보면 참으로 안타깝기 그지없다. 그들은 대개 사업에서 성공을 거둔 사람이나 말을 잘하는 사람, 또는 돈이 많은 사람을 지도자로 선택한다. 일전에 어떤 목회자로부터 교회 위원들과 함께 목회 사역을 하는 데 어려운 점이 많다면서 그들 가운데 절반은 그리스도인이고 절반은 그리스도인이 아니라는 사실이 그 요인 가운데 하나라는 고백을 들은 적이 있다. 이는 매우 심각한 문제다. 그리스도와 사탄은 서로 협력할 수 없기 때문이다. 사업에서 성공했다거나 지도자의 자질을 타고났다거나 영업에 뛰어난 재능이 있다는 이유로 교회 지도자가 될 수는 없다. 오직 하나님의 사람만이 교회 지도자가 될 수 있다. 이것이 효율적인 교회의 선결 조건이다.

하나님은 항상 경건한 그리스도인을 대리자로 세워 세상을 통치하신다. 처음에는 아담이 그 역할을 맡았고, 그가 타락한 뒤에는 인간의 양심이, 홍수 심판 이후에는 정부가 그의 자리를 대신했다. 그 후 하나님은 족장, 사사, 왕, 선지자, 제사장 등을 세워 세상을 통치하시기 시작하셨고, 복음 시대에 이르러서는 그리스도를 대리자로 삼으셨으며, 이제는 교회를 통해 세상을 통치하신다. 교회 지도자는 예수 그리스도의 대리자다.

교회 지도자의 가장 중요한 조건은 경건한 성품이다. 하지만 경건한 성품을 지닌 지도자로 성장하기까지는 매우 오랜 시간이 필요하다. 하나님이 모세를 지도자로 세우시는 데 40년이 걸렸다. 또한 여호수아도 이스라엘 백성을 이끌고 가나안으로 들어가기 전에 모세 밑에서 지도자 수업을 받아야 했다. 아브라함과 다윗도 지도자가 되기까지 오랜 세월이 걸렸다. 베드로, 빌립, 바울과 같은 인물들도 마찬가지였다. 그들이 온 세상에 복음을 전하는 전도자가 되기까지는 상당한 시간이 필요했다.

디모데는 에베소 교회를 영적으로 성장시켜야 할 책임을 맡았다. 그는 혼자서 그 일을 할 수 없다는 것을 알고, 경건한 지도자들을 필요로 했다. 교회는 자원하는 사람이 아니라 경건한 사람을 지도자로 세워야 한다. 디도도 그레데에서 똑같은 문제에 직면했다. 바울은 그에게도 비슷한 조언을 베풀었다. 바울은 디모데전서 3장 1-7절과 디도서 1장 5-9

절에서 교회 지도자가 갖추어야 할 자질을 아래와 같이 설명했다.

- "책망할 것이 없으며"딤전 3:2. 지도자는 흠이 없어야 한다. 사람들로부터 지탄 받을 만한 일이 없이 깨끗해야 한다.
- "한 아내의 남편이 되며"딤전 3:2. 지도자는 한 여인의 남편이어야 한다.
- "절제하며"딤전 3:2. 지도자는 성경의 관점으로 삶을 바라보며 영적으로 안정된 상태를 유지해야 한다.
- "근신하며"딤전 3:2. 이 말을 종종 '침착한 마음'으로 번역하기도 한다. 이는 삶의 우선순위를 올바로 알고 있는 상태를 의미한다.
- "아담하며"딤전 3:2 지도자는 질서 있는 삶을 통해 사람들의 존경을 받을 수 있어야 한다.
- "나그네를 대접하며"딤전 3:2. 지도자는 낯선 사람을 잘 대해 주고, 어려운 사람들을 도와줄 수 있어야 한다.
- "가르치기를 잘하며"딤전 3:2. 이 말은 헬라어 '디닥티코스 *didaktikos*'를 번역한 것으로, 교사의 직임이나 가르치는 은사를 가리키는 의미로 사용한 적이 한 번도 없다. 따라서 이 말은 지도자가 반드시 성경을 잘 가르쳐야 한다는 뜻이 아니다. 이는 성경의 진리를 다른 사람들에게 전할 수 있고, 성경을 배우는 데 열심이 있는 사람이어야 한다는 뜻이다. 다시 말해 가르치는 일에 유능해야 한다는 뜻이라기보다 다른 사람들을 자상하게 돌보는 성품이 필요하다는 뜻이다. 지도자는 온유함으로 사람들을 가르쳐야 한다.
- "근신하며"딛 1:8. 여기에서 '근신'은 술이나 약물과 같은 것에 중독되지 않은 상태를 뜻한다. 지도자는 스스로를 통제할 줄 알아야 한다.

- "제 고집대로 하지 아니하며"딛 1:7. 지도자는 자기 중심적이어서는 안 된다. 교회는 자기 자신에게만 관심을 기울이는 사람을 지도자로 선택하지 않도록 주의해야 한다. 교회 지도자는 목양의 대상인 일반 그리스도인들에게 더 많은 관심을 기울여야 한다.
- "급히 분내지 아니하며"딛 1:7. 교회 지도자는 성격이 조급하지 않고 인내심이 강해야 한다.
- "구타하지 아니하며"딛 1:7. 거칠고 난폭한 사람은 지도자가 될 수 없다. 교회는 주먹으로 문제를 해결하려는 사람을 지도자로 세워서는 안 된다.
- "관용하며"딤전 3:3.
- "돈을 사랑치 아니하며"딤전 3:3. 교회 지도자는 돈을 사랑해서는 안 된다. 돈에서 완전히 자유로워야 한다는 뜻은 아니니 오해 없기 바란다.
- "자기 집을 잘 다스려"딤전 3:4. 교회 지도자는 자녀들을 권위 있게 잘 다스릴 줄 알아야 한다. 자녀들을 통제하는 사람은 많지만 권위 있게 다스리는 사람은 그리 많지 않다.
- "외인에게서도 선한 증거를 얻은 자라야 할지니"딤전 3:7. 교회 지도자는 불신자들 사이에서도 평판이 좋아야 한다. 교회 지도자는 사람들을 대할 때도 흠잡을 것 없이 깨끗한 삶을 유지해야 한다.
- "선을 좋아하며"딛 1:8.
- "의로우며"딛 1:8. 교회 지도자는 공평해야 하며, 교회를 공정하게 다스려야 한다.
- "거룩하며"딛 1:8. 교회 지도자는 늘 거룩한 삶을 살아야 한다.
- "새로 입교한 자도 말지니"딤전 3:6. 교회 지도자는 영적으로 성숙해야 한다.

지금까지 하나님이 교회를 맡기시는 지도자의 자격 기준을 성경에서 언급한 대로 열거했다. 성경이 언급하는 자격 기준에 미치지 못하는 사람을 지도자로 세울 경우에는 처음부터 문제가 발생하기 시작한다. 경건한 지도자는 매우 중요하다. 장로가 죄를 지었을 때는 다른 지도자들이 그를 모든 사람 앞에서 엄히 꾸짖어야 한다 딤전 5:20 참조.

제자의 직분

교회는 제자의 직분을 강조해야 한다. 한갓 관객에 지나지 않는 평신도에게 재정상의 지원을 받는 전문 설교자가 교회 지도자가 되는 것은 결코 바람직하지 않다. 모든 그리스도인이 다른 그리스도인을 세우는 일에 동참할 수 있어야 한다.

일전에 이런 질문을 받은 적이 있다. "다른 목회자들은 대개 아침에는 성경을 연구하고 오후에 심방을 실시하는데 목사님은 언제 심방을 하시나요?"

하지만 오후 시간을 온통 심방에 할애해야 한다고 말하는 성경 구절이 어디에 있느냐고 묻고 싶다. 목회 심방을 암시하는 성경 구절 가운데 하나는 야고보서 1장 27절이다. "하나님 아버지 앞에서 정결하고 더러움이 없는 경건은 곧 고아와 과부를 그 환난 중에 돌아보고."

"정결하고 더러움이 없는 경건"에 참여해야 할 사람은 누구인가? 모든 그리스도인이다. 누군가 방문해야 할 사람이 있다면 직접 행하라. 나도 누군가 방문해야 할 사람이 있으면 그렇게 할 것이다. 심방의 책임을 서로 미루지 말고 모두가 감당해야 한다. 심방은 제자직의 일환으로 모두가 져야 하는 책임이다.

제자 훈련을 실시할 때는 세 가지에 주의해야 한다. 첫째는 성경의 진리를 가르쳐야 한다. 내 경우에는 대개 제자 훈련과 관련된 주제를 가르칠 때는 책이나 테이프나 CD를 활용한다. 나는 설교 외에도 개인적인 차원에서 성경을 토대로 진리를 가르치는 데 주력한다.

둘째는 성경을 삶에 적용해야 한다. 원리만 깨우치고 실천에 옮기지 않는 사람이 많다. 나는 제자 훈련을 실시할 때 여러 가지 질문을 던져 하나님의 관점에서 자신의 상황을 바라볼 수 있도록 유도한다. 나는 제자 훈련에 참여한 사람이 자신의 삶을 영적으로 해석하도록 이끌려고 노력한다. 예를 들어 나에게 제자 훈련을 받은 사람 가운데 국제 상황을 크게 걱정하며 불안해하는 사람이 있었다. 하지만 부패한 인간의 관점이 아니라 주권자이신 하나님의 관점에서 세상을 바라보자 그의 문제가 말끔히 해결되었다. 이후 그는 늘 이렇게 말했다. "하나님이 세상에서 행하고 계시는 일을 생각하면 참으로 경이롭지 않습니까?" 성경의 진리를 가르치고, 습득한 진리가 태도와 행동을 통해 나타날 수 있는 제자 훈련이 필요하다.

셋째는 모든 문제를 성경을 중심으로 해결해야 한다. 사람들은 대개 해결해야 할 문제가 있을 때 가장 잘 배우는 경향이 있다. 예를 들어 비행기가 이륙하기 전에 승무원의 안전 지침에 귀를 기울이는 사람들의 태도를 살펴보면 그 점을 분명히 알 수 있다. 비행기를 처음 타보는 사람들을 제외하면 나머지는 대개 승무원의 말에 귀를 기울이지 않는다. 그 이유는 전에 이미 들어 알기 때문에 다시 들을 필요가 없다고 생각하기 때문이다. 하지만 비행기 밖을 내다보니 엔진에서 연기가 뿜어 나오고 있고, 바로 그 순간에 승무원이 '비상시 대피 요령 카드를 꺼내세요'라고 말한다면 너도나도 서둘러 비상시 대피 요령 카드를 집어 들 것이 틀림없다.

알아야 할 필요가 있다고 생각하는 순간 사람들의 태도는 순식간에 달라진다. 제자 훈련이 효과를 발휘하려면 삶의 문제에 대한 성경의 답변을 제시하고, 그것을 위기 상황에 적용할 수 있는 방법을 알려주어야 한다. 제자 훈련은 강의만으로 이루어져서는 곤란하다. 충분한 성경 지식을 바탕으로 실질적인 문제 해결에 도움이 될 수 있는 답변을 제시할 수 있어야 한다.

지역 사회에 깊이 파고드는 복음 사역

효율적으로 성공을 거두는 교회는 지역 사회에 깊이 파고드는 복음 사역을 실시한다.

사도행전 처음 몇 장을 읽어 보면 초대 교회가 주변 사회에 지대한 영향을 미쳤다는 사실을 알 수 있다. 오순절에 주님은 베드로의 설교를 통해 3천 명을 구원하셨다. 그것을 계기로 교회 사역은 마치 들불처럼 예루살렘 전체에 급속도로 확산되었다. 예루살렘 교회는 유대 지도자들이 "너희가 너희 교를 예루살렘에 가득하게 하니"행 5:28라고 말할 정도로 급성장했다. 복음이 온 지역 사회에 깊숙이 침투했다.

그리스도인들은 대개 자동차 유리창이나 범퍼에 물고기(헬라어로 '익스투스' : '예수 그리스도 하나님의 아들 구세주'를 뜻하는 초기 그리스도인들의 암호 – 역주) 스티커를 부착하고 다니는 것으로 지역 사회에 파고드는 복음 사역을 완수했다고 생각하는 경향이 있다. 우리는 교회에 나와 '하나님께 대한 나의 의무를 모두 마쳤다'고 말하곤 한다. 언뜻 생각하면 복음을 말하기보다 실천하며 사는 데 주력하는 듯이 보인다. 하지만 그리스도인의 삶을 보고 그리스도를 영접하는 불신자는 매우 드물다. 우리는 어떤 식으로든 그에게 복음의 말씀을 전해야 한다. 지역 사회에 파고드는 사역에는 말로 복음을 제시해 사람들을 구원의 길로 인도하는 일이 반드시 뒤따라야 한다.

초대 교회는 한쪽 구석에 물러서서 교리를 가르치지 않았다. 그들은 밖으로 나가 전심 전력을 다해 지역 사회에 복음을 전했다.

- "그 다음 안식일에는 온 성이 거의 다 하나님의 말씀을 듣고자 하여 모이니"행 13:44. 안디옥 교회 그리스도인들은 지역 주민들에게 복음을 전하는 데 온 힘을 쏟았다. 그 결과 예배와 설교 시간에 도성에 사는 모든 주민이 참석했다. 그것은 초대 교회의 전형적인 모습이었다.

- "이에 이고니온에서 두 사도가 함께 유대인의 회당에 들어가 말하니 유대와 헬라의 허다한 무리가 믿더라"행 14:1. 바울과 바나바는 유대인과 이방인 모두에게 복음을 전했다.

- 바울과 실라와 디모데는 브루기아와 갈라디아에서 교회를 개척했다. 그들 교회는 "믿음이 더 굳어지고 수가 날마다 더"행 16:5했다.

- 바울은 데살로니가의 회당에 들어가서 복음을 전했다. "(바울이)…… 뜻을 풀어 그리스도가 해를 받고 죽은 자 가운데서 다시 살아야 할 것을 증명하고 …… 그 중에 어떤 사람 곧 경건한 헬라인의 큰 무리와 적지 않은 귀부인도 권함을 받고 바울과 실라를 좇으나"행 17:3-4.

가장 효과적인 복음 전도는 우리가 사는 곳에서 일대일로 복음을 전하는 것이다.

어떤 교회는 복음 전도 프로그램에 모든 열정을 쏟아 붓는다. 몇 년 전 한 교회에서 개최한 전도 대잔치에 참석한 적이 있다. 그 교회가 그 해에 마련한 복음 전도 프로그램이었다. 축구 경기를 테마로 삼아 예배당에 골대와 점수판을 설치했다. 누군가가 그리스도를 영접하면 복음 전도 프로그램에 참여한 사람들이 축구공을 골대 안으로 차 넣었다. 심지어 교회는 그리스도인들에게 복음 전도의 동기를 부여하기 위해 불신자 가정 다섯 곳에 축구공 다섯 개를 숨겨 놓고, 그 축구공을 찾아내는 전도자에게 상을 주었다. 또한 교회는 교회 밖에 핫도그 판매점을 설치했다. 프로그램 지도자들은 사람들을 교회에 데려오는 어린이들에게 스웨터를 나눠 주었다. 그들이 사용하는 수단과 방법은 내 눈을 의심케 만들었다.

그런 프로그램은 최악의 복음 전도 방식이라고 생각한다. 순수하지 못한 동기로 복음을 전하게 만들기 때문이다. 불신자들이 교인들이 상을 받기 위해 자신을 교회에 데려왔다는 사실을 불신자들이 알면 어떻게 생각하겠는가?

교회는 그런 식으로 사역을 행해서는 안 된다. 교인들의 이기심을 부추겨 사역을 행하게 한다면 그들의 사역은 하나님을 영화롭게 하지 못한다. 그런 식의 사역은 바리새주의에 해당한다. 물론 이웃 초청의 밤이나 방문전도와 같은 프로그램을 반대하지 않는다. 하지만 교회가 지역 사회에 깊이 파고들 수 있는 최상의 방법은 개인의 삶을 통해 복음을 전할 수 있는 그리스도인을 육성하는 것이다. 일 년에 한 번씩 일주일 동안 부흥 성회를 개최하는 것과 일 년 365일 동안 늘 복음을 전할 수 있는 교인을 육성하는 것 중에서 어느 쪽이 더 낫겠는가? 우리 교회가 지금까지 한 번도 부흥성회를 개최하지 않은 이유 가운데 하나는 일 년에 한 차례만 복음 전도에 관심을 기울이는 교회로 전락하지 않기 위해서다. 복음 전도는 개인의 차원에서 늘 이루어져야 하는 사역이다.

능동적인 교인들

교역자들과 교회 직원들이 사역을 도맡아 처리하는 교회는 정상이 아니다. 교역자의 임무는 "성도를 온전케 하여 봉사의 일을 하게 하는" 엡 4:12 것이다. 교회의 사역은 모든 교인의 의무다. 우리는 각자 하나님이 주신 은사를 활용해 교회의 덕을 세워야 한다롬 12:6-8 참조.

야구 명예의 전당에 이름을 올린 투수 디지 딘에 관한 일화다. 세인트루이스 '카디널스'에서 주로 활약했던 그는 워싱턴에서 열린 1937년 올스타 게임에서 타자가 친 직선타구에 발가락이 부러지는 부상을 입고 야구 인생을 마감했다. 발가락 부상은 딘의 투구폼을 망가뜨렸다. 다시 말해 그는 투수판에서 투구 폼을 잡을 때 부상당한 발가락 때문에 발의 각도를 약간 틀어야 했고, 그 때문에 팔이 너무 앞으로 뻗어 나와 공을 제대로 던지지 못했다. 신앙생활에도 이와 비슷한 원리를 적용할 수 있다. 올바르게 기능하지 못하는 교인들은 교회 사역에 장애를 초래한다. 따라서 전교인이 사역에 참여해 하나님이 주신 은사를 활용하는 것이 바람직하다.

우리 교회 그리스도인들은 '우리 교회에도 이러이러한 프로그램이 필요합니다' 라고 말하곤 한다. 그러면 나는 '좋아요. 그런 필요성을 느낀다면 직접 한번 해 보세요'라고 말한다. 내가 수년 동안 그런 식의 반응을 보였더니 이제는 누구도 반드시 필요하다고 생각하는 경우가 아니면 새 프로그램을 제안하지 않는다.

교회는 전교인이 참여할 수 있는 사역에 초점을 맞춰야 한다. 교인들이 할 마음도 없거나 할 수 있는 재능도 없는 사역을 강요하는 것은 바람직하지 않다. 교회 지도자는 교인을 훈련시켜 성령께서 주신 은사를 활용할 수 있도록 이끌어야 한다. 교인들이 능동적이고 적극적으로 사역에 임해야만 성공하는 교회가 될 수 있다.

서로를 위한 관심

역동적인 교회는 교인들의 삶에 깊은 관심을 기울인다. 요즘에는 교인들이 와서 행사를 지켜보다 돌아가는 것으로 그만인 교회가 많다. 하지만 교회가 그렇게 수동적인 장소가 되어서는 곤란하다. 교인들이 교회에 나와 잠시 자리에 앉아 있다가 돌아가면서 '나도 교회가 하는 일에 동참했어'라고 말하는 것만으로는 결코 충분하지 않다. 하나님은 모든 그리스도인에게 서로를 섬기라는 막중한 임무를 부여하셨다. 신약성경에는 영적 은사를 활용해 서로를 돌봐야 한다고 권고하는 성경 구절이 셀 수 없이 많다.

일전에 어떤 라디오 설교자가 목소리를 한껏 높여 말씀을 전하는 것을 들은 적이 있다. "제가 어렸을 때 사람들이 교회에 나가던 모습이 생각납니다. 우리가 해야 할 일은 교회에 나가는 것입니다. 우리는 교회로 다시 돌아가야 합니다."

하지만 사람들은 이미 교회에 다니고 있다. 그들은 그런 설교를 들을 필요가 없다. 그는 오히려 사람들에게 교회에 다니는 목적을 일깨워 주어야 했다.

때로는 미국인들이 교회로 다시 돌아와야 한다고 말하는 설교자들도 있다. 하지만 사실 사람들이 교회 출석을 중단하게 된 주된 이유는 교회에 다닐 때 무엇을 해야 할지 몰랐기 때문이다. 오늘날 우리는 사람들이 다시 교회로 돌아오기를 원하면서도 여전히 그들에게 교회에 나와서 해야 할 일을 말해 주지 않는다.

왜 교회에 다니는가? "서로 돌아보아 사랑과 선행을 격려하며 모이기를 폐하는 어떤 사람들의 습관과 같이 하지 말고 오직 권하여 그날이 가까움을 볼수록 더욱 그리하자"히 10:24-25.

우리가 교회에 나오는 이유는 단지 듣기 위해서가 아니다. 우리는 주님을 위한 사역을 행하도록 서로를 격려해야 한다. 모든 그리스도인은 마치 배터리처럼 서로 연결되어 교회의 사역을 통해 큰 능력을 나타내야 한다.

신약성경에는 그리스도인들 상호간의 의무를 강조하는 구절이 많다.

우리는 서로 덕을 세우는 일에 힘써야 한다롬 14:19 참조.

우리는 서로 권고해야 한다. 이는 적절한 조언으로 다른 그리스도인의 잘못을 뉘우치게 하는 사역을 의미한다롬 15:14 참조.

우리는 서로의 짐을 짊어져야 한다갈 6:2 참조.

우리는 서로를 용서해야 한다골 3:13 참조.

우리는 서로를 위로해야 한다살전 4:18 참조.

우리는 필요한 경우에는 서로를 책망해야 한다딛 1:13 참조.

우리는 서로를 격려해야 한다히 10:25 참조.

우리는 서로를 위해 기도하며 서로에게 죄를 고백해야 한다약 5:16 참조.

'서로'라는 말은 삶을 통해 서로에게 관심을 기울여야 할 그리스도인의 책임을 강조한다. 예수 그리스도의 삶을 돌이켜보면 개개인에게 깊은 관심을 기울이셨던 그분의 모습을 발견할 수 있다. 예수님은 다른 사람들의 형편을 깊이 헤아리시며 그들에게 큰 관심과 사랑을 쏟아부으셨다. 그분은 혼인 잔치에 기쁨을 가져다주셨고, 술 취하기를 좋아하는 자라는 별명을 얻으실 정도로 술 문제로 어려움에 처한 사람들과 깊은 관계를 맺으셨으며, 연약하고 무가치한 사람들을 받아들여 영원히 고귀한 가치를 드러낼 수 있는 존재로 만드셨고, 왜곡되고 적의가 강한 사람들을 따뜻한 사랑으로 품어 주셨다.

예수님이 갈릴리 바다 근처 거라사인의 지방에 도착하셨을 때 한 정신병자가 큰소리로 부르짖었다. "지극히 높으신 하나님의 아들 예수여 나와 당신과 무슨 상관이 있나이까"막 5:7. 그는 귀신에 사로잡힌 상태였다. "그 사람은 무덤 사이에 거처하는데 이제는 아무나 쇠사슬로도 맬 수 없게 되었으니 이는 여러 번 고랑과 쇠사슬에 매였어도 쇠사슬을 끊고 고랑을 깨뜨렸음이러라 그리하여 아무도 저를 제어할 힘이 없는지라"3-4절.

사람들은 모두 그를 피했지만 예수님은 그를 보살펴 주셨다. 주님이 귀신을 쫓아 주신 후, 마을 사람들은 제정신을 차리고 옷을 입은 채 앉아 있는 그를 발견했다15절 참조. 예수님은 한 사람의 삶에 깊이 관여하시어 그의 삶을 새롭게 변화시켜 주셨다.

교회는 교인들이 서로 삶을 나누는 사랑의 공동체가 되어야 한다. 우리는 주일 오전 예배에 참석하는 것으로 의무를 다했다고 생각할 때가 많다. 주일이면 예배당에 나와 가만히 앉아 설교를 듣고 다시 자동차를 타고 각자의 용무를 보러 돌아다니는 것이 보통이다. 만일 그것이 신앙생활의 전부라고 생각한다면 하나님이 우리를 불쌍히 여기시고 새로운 깨달음을 주시기를 바란다.

가정을 위한 헌신

온 가족이 하나의 조직처럼 움직이던 시절이 있었다. 그때에는 가족 모두가 주일에 교회에 나와 같은 자리에 모여 앉아 예배를 드렸다. 20세기 중반에는 교회에서 프로그램 중심의 활동이 주로 이루어졌다. 모든 교인이 각자 한 두 가지 프로그램에 참여해 활동했다. 기술 문명이 급속히 발전하는 가운데 사람들은 정체성 상실의 위기에 맞서 각기 그룹을 형성했다. 나이 든 사람들은 노령자 그룹으로, 어린아이들은 청소년 그룹으로 각각 분류되었다. 대부분의 경우 후자가 교회의 분위기를 주도했다. 그러면서 교회는 점차 나이 든 부모 세대를 뒷전으로 몰아내기 시작했다. 하지만 가족 구성원 모두를 고려하는 균형과 조화가 절실히 필요하다.

출애굽기 20장 12절에는 "네 부모를 공경하라 그리하면 너의 하나님 나 여호와가 네게 준 땅에서 네 생명이 길리라"는 다섯 번째 계명이 기록되어 있다.

부모를 공경하지 않는 사람에게 주어지는 형벌을 생각하면 하나님이 부모 공경을 얼마나 중요하게 생각하시는지 알 수 있다. 성경에 "자기 아비나 어미를 치는 자는 반드시 죽일지니라 그 아비나 어미를 저주하는 자는 반드시 죽일지니라"출 21:15, 17고 기록되어 있다.

하나님은 가정에 부모 공경과 질서의 법칙이 확립되기를 원하신다. 하나님은 자식이 부모를 때리는 것은 물론 저주를 퍼붓는 행위를 금지하신다. 젊은 사람들이 부모에게 욕설을 퍼붓는 것을 본 적이 있는가? 그런 행위는 구약 시대에는 사형에 해당하는 죄악이었다. 우리는 젊은 사람들에게 부모 공경의 책임을 일깨워 주어야 한다.

"아비를 저주하며 어미를 축복하지 아니하는 무리가 있느니라"잠 30:11는 말씀대로 부모에게 예의를 갖추지 않는 자녀가 적지 않다. 물론 때로는 부모가 존경을 받을 자격이 없는 경우도 있다. 하지만 그렇다고 해서 부모를 공경하지 않아도 된다고 생각하면 착각이다. 12절을 읽어 보자. "스스로 깨끗한 자로 여기면서 오히려 그 더러운 것을 씻지 아니하는 무리가 있느니라."

그런 사람들은 부모의 교훈이 필요하지 않다고 생각하고, 스스로 모든 대답을 알고 있다고 믿는다. 하지만 그들은 자신이 얼마나 악한지 의식하지 못한다. 다시 13-14절을 읽어 보자. "눈이 심히 높으며 그 눈꺼풀이 높이 들린 무리가 있느니라 앞니는 장검 같고 어금니는 군도 같아서 가난한 자를 땅에서 삼키며 궁핍한 자를 사람 중에서 삼키는 무리가 있느니라."

교만한 세대가 성인이 된 후에는 다른 사람들을 이용하는 경우가 많다. 우리는 최근 몇 십 년의 미국 역사 속에서 그런 증거를 쉽게 찾아 볼 수 있다.

15절은 "거머리에게는 두 딸이 있어 다고 다고 하느니라"고 말한다.

거머리는 인간과 동물의 피를 빨아 먹는다. 교만한 세대를 거머리에 비유한 것으로, 교만한 세대는 사회의 기생충으로 살아갈 뿐 나누며 살지 않는 탓에 참된 만족을 누리지 못한다.

17절은 "아비를 조롱하며 어미 순종하기를 싫어하는 자의 눈은 골짜기의 까마귀에게 쪼이고 독수리 새끼에게 먹히리라"고 잘라 말한다. 강력하면서도 생생한 표현이다. 이러한 말씀을 읽으면 하나님이 부모 공경을 얼마나 중요하게 생각하시는지 익히 짐작할 수 있다.

오늘날 교회 사역의 가장 큰 불행 가운데 하나는 다른 일에 바쁘다는 핑계로 가족들을 돌보지 않는 목회자들 때문에 발생한다. 댈러스 신학교 하워드 헨드릭스 교수의 개인적인 일화를 잠시 소개하면 다음과 같다. 몇 년 전에 어떤 사람이 그에게 전화를 걸었다. "헨드릭스 박사님, 저희가 성경 대회를 개최할 계획하고 있는데 강사로 초청하고 싶습니다. 참석하실 수 있으신지요?"

그가 거절 의사를 밝히자 대회 주관자는 거기서 단념하지 않고 이렇게 물었다. "이것은 우리 모두를 위해 매우 중요한 일입니다. 오실 수 없는 이유가 무엇인가요? 혹시 다른 약속이 있으신가요?"

"아닙니다. 아이들과 놀아야 하기 때문입니다."

그러자 대회 주관자는 도저히 믿을 수 없다는 목소리로 말했다. "아이들과 노셔야 한다고요? 우리가 박사님의 가르침을 얼마나 절실히 필요로 하는지 모르시나요?"

그러자 헨드릭스는 이렇게 대답했다. "압니다. 하지만 아이들도 저를 필요로 합니다."

하워드 헨드릭스가 옳았다. 영향력 있는 그가 자녀들에게 존경을 받지 못한다면 그는 마음이 찢어지는 고통을 느껴야 할 뿐만 아니라 그의 사역 전체에 대한 신뢰도가 무참히 추락하고 말 것이다. 엘리 제사장과 같은 종말을 피하려면 자녀들과 깊은 관계를 맺기 위해 노력해야 한다.

엘리 제사장은 다른 사람들의 영적 문제를 돌보았을 뿐 정작 자녀들에게는 큰 관심을 기울이지 못했다. 그의 아들 홉니와 비느하스는 악인이 되고 말았다. 하나님은 그에게 말씀하셨다. "내가 제사장 제도를 제정했을 때 아론과 그의 가문에게 영원히 아론의 혈통에서 제사장을 세울 것이라고 말했노라. 하지만 네 아들들은 나의 율법을 심각하게 훼손했다. 따라서 나는 이제 네 가문에서 더 이상 제사장을 세우지 않겠노라. 홉니와 비느하스는 나의 뜻을 거역한 죄로 한날에 목숨을 잃게 될 것이다" 삼상 2:27-34 참조.

그 말씀을 듣고 엘리는 마음이 무너져 내렸다. 그는 다른 사람들을 돌보는 데 너무 바빴던 나머지 정작 자기 자신과 가족을 돌볼 시간이나 여력이 남아있지 않았다.

복음 전도 모임에 늘 많은 시간과 노력을 기울이는 사람이 있었다. 나는 그에게서 들은 이야기를 결코 잊을 수 없다. 어느 날 그는 자기 아들이 이웃아이에게 놀자고 말하는 소리가 들려왔다. 그러자 이웃집 소년이 대답했다. "우리 아빠와 놀아야 하기 때문에 너와 놀 시간이 없어. 아빠와 함께 공원에 가서 놀기로 했단 말이야."

그러자 그의 아들은 "우리 아빠는 다른 사람들의 아이들과 놀아 주느라고 너무 바빠서 나와 놀아줄 수가 없어" 그 말에 그는 큰 충격을 받았다.

그리스도인은 가족에 대한 의무에 충실해야 한다. 무엇보다 먼저 훌륭한 그리스도인의 가정을 가꾸는 일을 삶의 우선순위로 삼아야 한다. 가족과 함께하는 시간을 소홀히 한다면 큰 대가를 치를 수밖에 없다. 교회는 남편들에게는 아내 사랑엡 5:25 참조을, 아내들에게는 남편에 대한 복종22절 참조을, 자녀들에게는 부모 공경6:1 참조을, 부모에게는 자녀를 노엽게 하지 않고 사랑으로 양육하는 방법6:4 참조을 가르쳐 건전한 부부 관계와 가족에 대한 헌신의 중요성을 일깨워 주어야 한다엡 5:25 참조.

성경 공부와 설교

1944년 크리스웰 박사는 텍사스 댈러스 제일침례 교회에 부임했을 당시만 해도 위대한 하나님의 사람 조지 트루엣을 계승했다는 이유로 교인들에게 그보다 못한 사람처럼 취급받았다. 후임 목회자로 교회를 맡게 된 크리스웰은 교회 위원들에게 성경을 한 구절씩 가르칠 계획이라고 말했다. 그러자 교회 위원들이 거세게 항의했다. "그렇게 할 수 없습니다. 그러면 아무도 교회에 나오지 않을 거예요!"

하지만 그들의 예상과는 달리 그의 교회는 출석 교인 숫자가 15,000명이 넘는 교회로 성장했고, 한동안 미국에서 가장 큰 교회로 이름을 떨쳤다. 사람들이 크리스웰의 교회로 몰려들었던 이유는 그가 하나님의 말씀을 가르쳐 교인들이 자신들의 삶에서 이루어지는 성령의 역사에 따라 삶을 변화시켜 나갈 수 있도록 이끌었기 때문이다.

설교(헬라어로 '케뤼그마 *kērugma*')와 가르침(헬라어로 '디다케 *didachē*')을 통해 하나님의 진리를 선포하면 사람들의 삶이 변화된다. 이것이 역동적인 교회가 성경의 진리를 가르쳐 삶에 적용하도록 유도하는 설교를 중요하게 생각하는 이유다.

어떤 사람들은 교인들의 기분을 좋게 해 주는 설교가 필요하다고 믿는다. 불행한 삶을 살아가는 한 남자가 있다고 가정해 보자. 그는 직장에서는 공평하지 못한 사장을 위해 열심히 일하고 집에서는 공처가로 아내에게 시달리며, 그의 벌이는 자동차 할부금조차 감당하기 어렵고, 슬하에는 못된 행실만 일삼는 자녀들을 두었다. 사람들은 그런 사람을 교회에서까지 궁지로 몰아넣는 것은 옳지 않다고 생각하고 긍정적인 사고를 통해 희망을 갖게 하는 설교가 필요하다고 강조한다.

일전에 기독교 텔레비전 프로그램에서 어떤 설교자가 이런 말을 했다. "매일 예수님과 동행하니 너무 행복합니다. 여러분도 저처럼 행복한 사람이 되기를 바랍니다."

하지만 그런 말은 남편을 막 묘지에 묻고 집에 돌아온 아내나 어린 자녀가 백혈병에 걸렸다는 진단 결과를 전해들은 어머니에게는 아무 감동을 주지 못한다. 모든 날이 다 행복한 날이 될 수는 없다. 물론 그리스도 안에서 항상 기뻐하며 날마다 충만한 삶을 살아야 한다. 하지만 기독교는 경박한 삶의 태도를 조장하지 않는다. 사람들을 한 자리에 불러모아놓고 우리 모두가 행복하게 잘 살고 있다고 말한다면 그것은 거짓말이나 다름없다.

또 어떤 사람들은 사람들이 각자의 문제를 해결할 수 있도록 돕는 설교가 필요하다고 믿는다. 오늘날의 세계는 심리학과 심리 치료에 온통 관심을 기울이는 탓에 마치 심리 증상을 분석하지 않으면 아무것도 생각할 수 없다는 분위기가 팽배하다. 사람들은 분석하고 또 분석하지 않으면 객관적인 정보를 얻기가 불가능한 것처럼 생각한다. 이런 식의 사고방식은 내가 '문제 중심의 설교'라는 표현을 만들어 낼 정도로 교회에까지 깊숙이 침투했다. '문제 중심의 설교'란, 설교자가 문제를 상정하고 성경에서 문제 해결에 도움이 되는 몇 가지 방법을 찾아낸 뒤 자신의 문제를 해결했다고 말하는 몇몇 사람의 경험담을 곁들이는 설교를 의미한다.

목회자는 심리분석학자가 아니다. 또한 늙은 할아버지나 산타클로스처럼 우리 머리를 쓰다듬으며 모든 것이 잘될 것이라고 격려하는 것도 목회자의 역할과 거리가 멀기는 마찬가지다. 목회자의 임무는 하나님의 말씀으로 교인들을 양육하고, 복종을 통해 행위를 고치도록 격려하는 데 있다.

그리스도인은 많은 시간 동안 고통과 슬픔을 당해야만 비로소 행복과 기쁨을 느낄 수 있다. 다시 말해 삶의 회복을 위해서는 치유가 선행되어야 한다. 나는 죄를 책망하는 설교를 할 때마다 치유의 효과를 일으키는 말씀의 능력을 체험하곤 한다.

설교는 일상생활의 세부 사항을 결정짓도록 도와주는 수단이 아니다. 설교의 목적은 하나님의 말씀으로 교인들을 가르치고 죄를 깨달아 행동을 고치게 만드는 데 있다. 문제를 적당히 완화시킨다고 해서 행복을 느낄 수 있는 것은 아니다. 오히려 죄를 고백하고 회개하며 삶을 변화시켜야만 진정한 행복을 되찾을 수 있다.

변화 추구

전통을 신성시해서는 곤란하다. 역동적인 교회는 효과를 상실한 과거의 방법을 걸러내는 작업을 정기적으로 이행한다. 교회가 과거의 습관에 안주하면 교인들이 목표를 잃고 방황하기 마련이다.

바울 사도는 변화에 적절히 적응했다. 그는 어디서나 일주일 내내 말씀을 가르쳤다. 오늘날에도 아프리카 일부 지역에서는 그런 식의 강렬한 말씀 사역이 이루어지고 있다. 그곳 사람들은 주일 아침 새벽에 교회에 모여 해가 질 때까지 말씀을 듣고 집으로 돌아간다.

남부지방에 있는 아프리카계 미국인의 교회에서 말씀을 전한 적이 있다. 그곳 교회 그리스도인들은 설교 한 편이 끝날 때면 늘 이렇게 합창했다. "형제여, 서로에게 말씀을 전합시다!"

그러면 나는 설교 노트를 넘기고 다시 또 다른 설교를 시작했다. 그들의 태도는 12시에 집착하는 요즘 교인들의 태도와는 사뭇 대조적이었다. 요즘 교인들은 대부분 '열두 시 정각이군. 그런데도 아직 설교가 안 끝났네. 어서 끝내고 쉴 시간을 주세요'라는 식의 태도를 취한다.

어떤 사람들은 변화에 잘 적응하지 못한다. 아마도 그런 사람들은 주일 오전 예배를 드리지 않는다면 크게 당황할 것이 분명하다. '에너지 절약을 위해 주일 오전 예배를 잠시 중단하고 그 대신 목요일 저녁에 도시 근처의 편리한 장소에서 함께 예배를 드릴 계획입니다'라고 말했다고 가정해 보자. 모든 요일을 거룩하게 생각하는 그리스도인들의 경우에는 아무 문제가 없을 것이다. 물론 주님의 부활을 기념하는 날에 예배를 드리는 것이 좋다. 하지만 필요한 경우에는 요일을 바꾸어도 크게 문제될 것은 없다.

교회가 유연한 태도를 유지하려면 다음 세 가지를 명심해야 한다.

첫째, 영적 생활이 조직에 우선한다. 교회 밖에서 이루어지는 교인들의 생활이 교회 안에서 이루어지는 일보다 더 중요하다. 하나님의 성전은 교회 건물이 아니라 그리스도인들이다고전 6:19 참조. 헬라어 학자 케네스 워셋은 고린도후서 6장 16절을 이렇게 번역했다. "우리는 살아계신 하나님이 거하시는 지성소다"(확대역 신약성경 *The New Testament, An Expanded Translation*, Grand Rapids : Eerdmans, 1980, p. 426).

둘째, 성령께 마음을 활짝 열어야 한다. 성령님은 변화의 주체이시므로 그리스도인은 성령의 인도와 사역을 기꺼이 받아들여야 한다.

셋째, 필요는 절차에 우선한다. 교회가 영적 생명을 유지하려면 사람들의 필요에 맞춰야 한다. 사회가 변하면 교회도 유연하게 적응해야 한다. 그래야만 사역의 효율성을 높일 수 있다. '전에 그렇게 한 적이 한 번도 없었습니다'라는 식의 태도는 바람직하지 않다.

위대한 믿음

위대한 교회는 절박한 상황 속에서 하나님을 온전히 신뢰하는 데 익숙할 뿐 아니라 믿음의 길에 뒤따르는 어려움을 기꺼이 감수한다.

믿음은 위기와 불가분의 관계를 맺는다. 하지만 안타깝게도 그리스도인들은 대개 위험한 것을 싫어한다. 하나님은 "우리의 온갖 구하는 것이나 생각하는 것에 더 넘치도록 능히 하실 이"엡 3:20이시다. 이것이 우리가 하나님을 의지해야 할 이유다. 히브리서 11장은 믿음의 영웅들을 소개한다. 그들은 하나님을 신뢰하고 기꺼이 모험을 감수했다. 다니엘은 하나님을 믿고 사자굴에 들어갔고, 아브라함은 사라가 아이를 낳을 수 없는 나이가 되었는데도 하나님을 의지한 덕분에 약속의 아들을 허락받았다.

그리스도인은 '손안에 있는 한 마리 새가 숲에 있는 두 마리 새보다 낫다'는 식의 태도를 고집해서는 안 된다. 그리스도인은 새로운 생각을 가지고 전진하는 것을 두려워해서는 안 된다. 교회는 온갖 종류의 원대한 계획을 세울 수 있다. 하지만 인력과 재원을 공급해 주시는 하나님을 신뢰하지 않으면 단 한 가지 계획도 이룰 수 없다.

하나님이 어떤 일을 하라고 명령하시면 재정이 넉넉하지 않더라도 기꺼이 순종하라. 하나님이 지금까지 재원을 마련하지 못해 원하시는 일을 이루지 못하신 적은 단 한 번도 없다. 믿음이 놀라운 기적을 일으키는 모습을 지켜보는 것은 참으로 즐겁기 한량없다.

희생

희생정신은 위대한 믿음과 밀접하게 관련된다. 교인들의 믿음이 기꺼이 희생을 감수할 정도로 성장하면 교회 지도자가 굳이 나서서 사역에 참여하라거나 하나님을 위해 물질을 사용하라고 강조할 필요가 없다. 그런 상황에서는 사역의 동기를 부여하기 위해 인위적으로 수단과 방법을 동원하려고 애쓸 필요가 전혀 없다.

효율적이고 순종적인 교회 그리스도인들은 "힘에 지나도록 자원"했던 고후 8:3 마게도냐 교회 그리스도인들처럼 기꺼이 물질을 드린다. 바울은 자신의 필요를 채워 주었던 빌립보 교회 그리스도인들에게 칭찬을 아끼지 않았다 빌 4:10, 14-16 참조. 그들은 바울이 굳이 요구하지 않았는데도 그에게 관대하면서도 구체적인 사랑을 풍성히 베풀었다.

예배

위대한 교회가 되기 위해서는 예배를 중시해야 한다. 교회는 여러 가지 선한 사역을 추구할 수 있다. 어떤 교회는 교리에 초점을 맞춘다. 그들은 건전한 교리를 믿고 있다는 사실에서 큰 자부심을 느낀다. 어떤 경우에는 자신들이 믿는 교리를 교회의 명칭으로 채택하기도 한다. 예를 들어 '하나님의 주권과 전천년설과 환난 이전의 휴거를 신봉하고, 자유주의에 반대하고 보수주의를 지향하며, 타협을 불허하는 오크 스트리트 제일교회'라는 길고 불편한 이름을 가진 교회도 있다. 건전한 교리를 신봉하는 것은 중요하다. 하지만 교회는 단지 그것만을 추구해서는 안 된다.

하나님께 초점을 맞추고 무슨 사역을 행하든지 그분의 영광을 구하는 교회만이 세상과 타협하지 않는 순수함을 유지할 수 있다. 교회의 독특성이나 프로그램, 또는 교리적 특성을 강조하는 것은 그리 중요하지 않다. 진정으로 중요한 것은 하나님이 요구하시는 것이다.

나는 지금까지 효율적인 교회의 열한 가지 특성을 논했다. 모든 교회가 이들 특성을 사역의 토대로 삼아주기를 바라는 마음 간절하다. 그렇게만 된다면 각 교회가 선포하고 행하는 모든 사역을 통해 하나님이 큰 영광을 거두실 수 있다.

8 : 교회의 소명
교회 The Master's Plan for the Church

그레이스 커뮤니티 교회는 독특하다. 그동안 우리 교회는 목회자들과 교회 지도자들과 평신도는 물론 심지어는 각계 권위자들 사이에서 논의의 주제로 떠올랐다. 많은 잡지에 우리 교회에 관한 기사가 실렸다. 박사 과정을 밟는 학생들 중에도 우리 교회를 학위 논문 주제로 다룬 이들이 있다. 우리 교회를 분석하는 보고서도 한두 편이 아니었다. 그동안 우리 교회는 해부되고, 시험되고, 연구되고, 규정되고, 분류되고, 관찰되고, 모방되고, 칭찬받고, 비판받고, 변호되고, 무시되고, 선전되고, 기부금을 받고, 심지어는 고소를 당하기도 했다. 우리 교회가 그 많은 관심을 야기한 이유는 무엇일까?

목회자, 교회 직원, 장로, 교인, 프로그램, 사역 방법, 성장률, 규모, 교회 위치 등을 분석하는 것은 그레이스 커뮤니티 교회를 이해하는 좋은 방법이 아니다. 그런 것들은 우리 교회의 객관적인 모습에 불과할 뿐 핵심을 보여 주지 못한다. 우리 교회의 핵심은 바로 그레이스 커뮤니티 '교회'라는 이름에 있다. 세상이 그리스도인을 올바로 이해하지 못하는 이유는 교회의 본질을 이해하지 못하기 때문이다. 교회라는 명칭은 인간이 세운 각종 제도와 그리스도인을 구별하는 표지다. 우리는 하나님이 피로 값 주고 사신 주 예수 그리스도의 교회에 속한다. 세상의 제도 가운데 그런 식으로 탄생한 제도는 존재하지 않는다.

불행히도 교회라는 명칭은 그 심원한 의미를 잃고 말았다. 요즘 사람들에게 교회는 길 한쪽 모퉁이에 세워진 콘크리트 건물을 의미하거나 로마 가톨릭 교회나 예전을 중시하는 개신교 교단과 같이 종교적 신분과 질서에 입각한 성직계급 구조를 의미한다. 교회의 의미를 좀 더 정확하게 이해하기 위해서는 'church'라는 영어 단어를 파생시킨 헬라어의 의미를 살펴보아야 한다.

'church'는 헬라어 '에클레시아ekklēsia'를 번역한 것이다. '에클레시아'는 '부른다'를 뜻하는 헬라어 동사 '칼레오Kaleō'에서 파생했다. 우리 그리스도인은 "부르심을 받은 자들"이다. 바울은 로마서 8장 28절에서 그리스도인들의 모임은 "그 뜻대로 부르심을 입은 자들"이라고 정의했다. 우리는 하나님의 주권적인 목적을 위해 함께 부르심을 받은 집단이다. 교회는 인간의 조직도 아니고, 인간의 지혜나 능력에서 비롯하지 않았다. 또한 교회는 선량하고 경건한 사람들에 의해 조직되지 않았다. 오히려 하나님이 특별히 우리를 불러 교회로 세우셨다.

신약성경에는 하나님이 그리스도인들을 부르신다는 사실을 증언하는 성경구절이 많다. 그 가운데 몇 가지 예를 들면 다음과 같다.

- 바울은 로마 교회 그리스도인들에게 보낸 서신에서 다음과 같이 말했다. "너희도 그들 중에 있어 예수 그리스도의 것으로 부르심을 입은 자니라 로마에 있어 하나님의 사랑하심을 입고 성도로 부르심을 입은 모든 자에게 하나님 우리 아버지와 주 예수 그리스도로 좇아 은혜와 평강이 있기를 원하노라" 롬 1:6-7.

- "고린도에 있는 하나님의 교회 곧 그리스도 예수 안에서 거룩하여지고 성도라 부르심을 입은 자들과 또 각처에서 우리의 주 곧 저희와 우리의 주 되신 예수 그리스도의 이름을 부르는 모든 자들에게" 고전 1:2.

- 바울은 "형제들아 너희를 부르심을 보라" 고전 1:26고 말하고 나서 교회의 구성원인 그리스도인들의 특색을 논했다.

- "너희가 부르심을 입은 부름에 합당하게 행하여 …… 너희가 부르심의 한 소망 안에서 부르심을 입었느니라" 엡 4:1, 4.

- "이는 너희를 부르사 자기 나라와 영광에 이르게 하시는 하나님께 합당히 행하게 하려 함이니라" 살전 2:12.

- "하나님이 우리를 구원하사 거룩하신 부르심으로 부르심은 우리의 행위대로 하심이 아니요 오직 자기 뜻과 영원한 때 전부터 그리스도 예수 안에서 우리에게 주신 은혜대로 하심이라" 딤후 1:9.

- "모든 은혜의 하나님 곧 그리스도 안에서 너희를 부르사" 벧전 5:10.

이렇듯 하나님이 친히 사람들을 부르시어 교회를 세우셨다. 그래서 교회가 전체적으로 승리와 축복을 누리는 것이다. 또한 교회는 하나님이 선택하신 사람들의 모임이기 때문에 연약할 때도 있고 실패할 때도 있다. 교회가 성공하는 이유는 우리가 아니라 하나님 때문이고, 교회가 실패하는 이유는 하나님이 아니라 우리 때문이다. 교회의 목적은 하나님의 말씀과 성령의 인도에 복종함으로써 하나님이 직접 그분의 나라를 위해 일하시게 하는 데 있다. 에베소서 1장은 부르심을 받았다는 것이 무슨 의미인지 이해하는 데 많은 도움을 준다.

부르심을 받기 전 : 선택

"창세 전에 그리스도 안에서 우리를 택하사 우리로 사랑 안에서 그 앞에 거룩하고 흠이 없게 하시려고 그 기쁘신 뜻대로 우리를 예정하사 예수 그리스도로 말미암아 자기의 아들들이 되게 하셨으니…… 모든 일을 그 마음의 원대로 역사하시는 자의 뜻을 따라 우리가 예정을 입어 그 안에서 기업이 되었으니" 엡 1:4-5, 11.

교회는 우연히 탄생하지 않았다. 교회의 탄생은 하나님의 주권과 예정에 따른 부르심의 결과다. 바울 사도는 디모데후서 1장 9절에서도 하나님의 선택을 이렇게 설명했다. "하나님이 우리를 구원하사 거룩하신 부르심으로 부르심은 우리의 행위대로 하심이 아니요 오직 자기 뜻과 영원한 때 전부터 그리스도 예수 안에서 우리에게 주신 은혜대로 하심이라."

익명의 찬송가 작사자는 〈내적 생명〉이라는 찬송가에서 이렇게 노래했다. "나는 주님을 구했네. 그리고 나중에서야 깨달았지. 주님이 내 마음을 움직여 나를 찾으시는 그분을 구하게 하셨다는 사실을. 내가 주님을 발견한 것이 아니었네. 아니옵니다. 오, 진실하신 구세주여. 저를 발견한 것은 바로 주님이십니다."

교회는 미리 정해진 운명, 즉 시간과 공간을 초월한 소명을 이루는 중이다. 하나님께는 시간의 한계가 존재하지 않는다. 그분께는 모든 것이 영원하고 즉각적인 현재일 뿐이다. 교회는 현재는 물론 천지 창조 이전에도 하나님 안에 영원한 현실로 존재했다.

그레이스 커뮤니티 교회는 내가 1969년에 목회자로 일하기 전부터 이미 잘 알려진 큰 교회였다. 당시 교회는 나를 담임목사로 초빙하려고 생각했지만 처음에는 내가 너무 어리고 경험이 부족하다고 결론지었다. 하지만 나를 그레이스 커뮤니티 교회에 보내려는 하나님의 계획은 좌절되지 않았다. 하나님은 세상을 창조하시기 전부터 그레이스 커뮤니티 교회를 통해 영혼들을 구원하시고, 나를 그 과정에 동참하게 하시기로 작정하셨다. 나는 우리 교회를 통해 사람들이 구원받았다는 소식을 들을 때마다 하나님이 미리 정하신 계획 가운데 하나가 또 이루어졌구나 하는 생각에 가슴이 벅차오르곤 한다.

불러내심 : 구원

"우리가 그리스도 안에서 그의 은혜의 풍성함을 따라 그의 피로 말미암아 구속 곧 죄사함을 받았으니 그 안에서 너희도 진리의 말씀 곧 너희의 구원의 복음을 듣고 그 안에서 또한 믿어 약속의 성령으로 인치심을 받았으니" 엡 1:7, 13.

바울에 따르면 교회란 하나님이 은혜로 죄 사함과 구원을 베푸신 자들의 모임이다. 하나님은 "우리를 흑암의 권세에서 건져내사 그의 사랑의 아들의 나라로 옮기셨"골 1:13다. 주님은 우리를 죄와 사망과 세상에서 불러내 생명을 주셨다롬 6:8-11, 요일 2:15-17 참조. 우리는 성령으로 거듭난 구원받은 자들의 공동체다.

구원받지 못한 사람들은 비록 '교회'라는 명칭이 쓰인 깃발 아래 모여 있다고 하더라도 그리스도께서 세우시는 참교회에 속하지 않는다. 겉으로는 살아 있는 것처럼 보이지만 실상은 죽은 교회가 이 세상 도처에 존재한다계 3:1 참조. 그런 교회는 세상으로부터 부르심을 받은 참교회와는 거리가 멀다. 그런 교회는 비록 교회라는 명칭을 사용하며 종교 활동을 벌이지만 사실은 세상에 속한 거짓 교회에 불과하다.

구원받은 그리스도인들로 이루어진 참교회는 매우 중요하다. 그 때문에 나는 그레이스 커뮤니티 교회를 담임하게 된 첫 주일에 참 교회를 주제로 삼아 말씀을 전했다. 당시 설교 본문은 마태복음 7장 21-23절이었다. "나더러 주여 주여 하는 자마다 천국에 다 들어갈 것이 아니요 다만 하늘에 계신 내 아버지의 뜻대로 행하는 자라야 들어가리라 그날에 많은 사람이 나더러 이르되 주여 주여 우리가 주의 이름으로 선지자 노릇하며 주의 이름으로 귀신을 쫓아 내며 주의 이름으로 많은 권능을 행치 아니하였나이까 하리니 그때에 내가 저희에게 밝히 말하되 내가 너희를 도무지 알지 못하니 불법을 행하는 자들아 내게서 떠나가라 하리라."

물론 처음부터 그런 설교로 교인들을 압박하는 것이 지혜롭지 못하다고 생각할 수도 있다. 하지만 나는 스스로는 참그리스도인으로 생각하지만 사실은 그렇지 못한 교인들을 깊이 우려하지 않을 수 없었다. 교인들이 처음부터 교회의 본질을 올바로 이해해야만 앞으로 나아가야 할 방향을 알 수 있다. 그 설교를 하고나서 몇몇 부부 교인이 교회를 떠났고, 최소한 장로 가운데 한 사람도 그리스도인이 아니라는 사실이 밝혀졌다.

첫 설교 제목은 '참 교회로 살아가는 법'이었다. 예수님은 누가복음 6장 46절에서 "너희는 나를 불러 주여 주여 하면서도 어찌하여 나의 말하는 것을 행치 아니하느냐"라고 말씀하셨다. 독일의 뤼베크 성당에 그려진 그림은 예수님의 이 말씀을 생각나게 한다. 그림의 제목은 "감사하지 않는 세상을 슬퍼하시는 예수 그리스도"이다. 그 그림에는 다음과 같은 시구가 곁들여 있다.

> 너희는 나를 주님이라 부르면서 나에게 복종하지 않고,
> 너희는 나를 빛이라 부르면서 나를 보지 않으며,
> 너희는 나를 길이라 부르면서 나의 길을 걷지 않고,
> 너희는 나를 생명이라 부르면서 나의 생명을 살지 않으며,
> 너희는 나를 지혜롭다 일컬으면서 나를 따르지 않고,
> 너희는 나를 아름답다 일컬으면서 나를 사랑하지 않으며,
> 너희는 나를 부유하다 일컬으면서 내게 구하지 않고,
> 너희는 나를 영원하다 일컬으면서 나를 찾지 않는구나.
> 그러니 나는 너희를 단죄하지 않을 수 없다. 나를 원망하지 말라.

일전에 마지못해 목회를 그만둔 한 나이 든 목회자에 관한 일화를 읽은 적이 있다. 그가 목회를 그만두게 된 이유는 오랫동안 설교를 해 온 탓에 목소리가 변했기 때문이다. 그는 소박한 사람이었지만 한 친

구가 상류층 인사를 위한 오찬에 그를 초청했다. 오찬을 주관한 사람은 유명한 배우를 초청해 손님들을 위해 좋은 글이나 시를 낭송해 달라고 부탁했다. 배우는 그렇게 하겠다고 말하고, 특별히 낭송을 부탁할 글이 있느냐고 물었다. 그러자 나이 든 목회자는 잠시 생각에 잠기는 듯하더니 곧 말했다. "시편 23편이 어떻겠습니까?"

"흔치 않은 부탁이군요. 하지만 한번 해 보죠. 그런데 한 가지 조건이 있습니다. 제가 먼저 낭송한 뒤에 선생님이 다시 낭송해 주세요." 배우가 대답했다. 나이 든 목회자는 선뜻 내키지 않았지만 주님을 위해 그렇게 하기로 동의했다.

목회자는 배우가 자리에서 일어나 음의 고저를 곁들여 서정적인 목소리로 연극을 하듯이 시편을 낭송하기 시작했다. 그의 낭송이 끝나자 박수갈채가 이어졌다. 이번에는 나이 든 목회자가 자리에서 일어나서 목 쉰 음성으로 겸손히 시편을 낭송했다. 그의 낭송이 끝나자 모든 사람의 눈가에 이슬이 맺혀 있었다. 사람들의 숙연한 분위기를 의식한 배우는 다시 자리에서 일어나 말했다. "저를 위해서는 박수를 치셨고, 저 분을 위해서는 눈물을 흘리셨군요. 우리 두 사람의 차이가 분명히 드러났습니다. 저는 시편을 알고, 저 분은 목자를 아십니다."

교회는 목자이신 주님을 알고 있는 사람들의 모임이어야 한다. 그렇지 않으면 교회라고 부를 수 없다.

부르심의 목적 1 : 성화

"우리로 사랑 안에서 그 앞에 거룩하고 흠이 없게 하시려고" 엡 1:4.

하나님이 우리를 세상에서 불러내신 목적은 거룩하게 하시기 위해서다. "내가 거룩하니 너희도 거룩할지어다"벧전 1:16.

우리는 세상과 구별된 삶을 살기 위해 부르심을 받았다. 성령께서는 우리가 "세속에 물들지"약 1:27 않도록 인도하신다. 주님은 교회가 "티나 주름 잡힌 것이나 이런 것들이 없이 거룩하고 흠이 없게"엡 5:27 하신다. 바울은 "내가 너희를 정결한 처녀로 한 남편인 그리스도께 드리려고 중매함이로다"고후 11:2라는 말로 교회를 향한 자신의 소원을 표현했다. 하나님은 그리스도의 형상을 본받아 거룩하고 덕스러운 삶을 살게 하려고 우리를 부르셨다.

우리는 구세주이신 주님과 성부 하나님과 우리 안에 거하시는 성령님의 거룩하심을 드러내야 한다. 우리는 세상과 구별되어야 하며고후 6:17 참조, 육신의 정욕을 좇아 행하지 않아야 한다갈 5:16-25, 골 35 참조. 요한은 하나님을 대적하는 세상을 사랑하지 말라고 권고했다요일 2:15 참조. 우리는 의로운 교회로서 겸손과 죄의 고백과 권징과 예배를 중요하게 여기고 늘 하나님을 경외하며 살아가야 한다.

바울은 "평강의 하나님이 친히 너희로 온전히 거룩하게 하시고 또 너희 온 영과 혼과 몸이 우리 주 예수 그리스도 강림하실 때에 흠 없게 보전되기를 원하노라 너희를 부르시는 이는 미쁘시니 그가 또한 이루시리라"살전 5:23-24는 말로 거룩한 삶을 살라고 권했다. 거룩함을 좇으려면 하나님과 그리스도의 거룩하심을 의식하고 성부와 성자를 존중하고 경외해야 한다. 복음서의 기록에 따르면 사람들은 예수님의 거룩하신 영광이 나타날 때마다 그분을 두려워했다막 9:5-6, 눅 5:8 참조.

우리는 하나님의 뜻에 따라 부르심을 받았다. 그 목적 가운데 하나는 우리를 거룩하게 구별하는 것이다.

부르심의 목적 2 : 연합

"그리스도 안에서 우리를 택하사 우리로 사랑 안에서 그 앞에 거룩하고 흠이 없게 하시려고 그 기쁘신 뜻대로 우리를 예정하사 예수 그리스도로 말미암아 자기의 아들들이 되게 하셨으니 이는 그의 사랑하시는 자 안에서 우리에게 거저 주시는 바 그의 은혜의 영광을 찬미하게 하려는 것이라"
엡 1:4-6.

"그 안에서", "그 앞에서", "그리스도로 말미암아", "사랑하시는 자 안에서"와 같은 표현은 그리스도인이 하나님과 그리스도와 하나라는 사실을 드러낸다. 교회는 독특하다. 교회는 인위적으로 정한 규범을 준수하는 조직체나 특정한 형태의 종교적 훈련을 받은 사람들의 집합체가 아니다. 성경은 우리가 그리스도와 하나님 안에 거한다고 말씀한다.

- 예수님은 체포되시기 전에 아버지와 자신이 하나이듯이 그리스도인들도 자신과 하나가 되게 해 달라고 기도하셨다 요 17:22 참조.
- 성령께서 우리를 구원하시면 우리는 예수 그리스도를 통해 살아 계신 하나님과 인격적인 관계를 맺을 수 있다. 우리는 그리스도와 함께 장사되고 그분과 함께 다시 살아 '새 생명 가운데서 행한다' 롬 6:4-5 참조.
- 그리스도인은 하나님의 자녀로 입양되어 그분과 친밀한 관계를 맺는다. 그 덕분에 우리는 "그리스도와 함께한 후사"가 된다. 교회는 교인

명부에 이름을 올린 사람들의 집합체나 단지 가르치는 일에만 헌신하는 단체가 아니다롬 8:14-17 참조.

- "주와 합하는 자는 한 영이니라"고전 6:17.
- "내가 그리스도와 함께 십자가에 못 박혔나니 그런즉 이제는 내가 산 것이 아니요 오직 내 안에 그리스도께서 사신 것이라"갈 2:20. 바울의 말은 그리스도인과 그리스도의 영적 연합을 확실히 언급한다. 나의 삶에서도 어디에서 존 맥아더의 삶이 끝나고 어디에서 예수 그리스도의 삶이 시작되는지 알 수 없다. 물론 내가 죄를 지었을 때는 그 책임이 나에게 있다는 사실을 안다. 하나님의 능력을 의식하고, 기도 응답을 받고, 그분의 인도하심을 따르고, 그분의 위로로 새 힘을 얻고, 삶 속에서 그분의 역사를 경험하는 것은 그리스도인에게는 매우 자연스러운 일이다.
- 데살로니가전서는 "바울과 실루아노와 디모데는 하나님 아버지와 주 예수 그리스도 안에 있는 데살로니가인의 교회에 편지하노니"살전 1:1라는 말씀으로 시작한다. 교회는 하나님과 일체가 되기 위해 부르심을 받았다.
- 우리는 하나님과의 연합을 통해 놀라운 교제를 나눈다. 요한은 "우리의 사귐은 아버지와 그 아들 예수 그리스도와 함께함이라"요일 1:3라고 말했다. 우리는 삼위일체 하나님과 친밀한 교제를 나눈다.

우리가 믿는 하나님은 규칙을 어기면 우리를 짓밟아 죽이는 우주의 폭군이 아니시다. 그분은 친밀한 사랑으로 우리와 교제를 나누신다. 우리는 예수 그리스도와 친밀한 교제를 나누기 위해 부르심을 받았다.

우리는 참 하나님과 인격적인 관계를 맺는다.

부르심의 목적 3 : 복종

"우리가 그리스도 안에서 그의 은혜의 풍성함을 따라 그의 피로 말미암아 구속 곧 죄 사함을 받았으니 이는 그가 모든 지혜와 총명으로 우리에게 넘치게 하사 그 뜻의 비밀을 우리에게 알리셨으니 곧 그 기쁘심을 따라 그리스도 안에서 때가 찬 경륜을 위하여 예정하신 것이니" 엡 1:7-9.

하나님은 삶과 죽음과 하나님 자신과 인간과 영원에 관한 영적 진리를 계시하시며, 문제 해결과 같은 세상일에 관한 실천적 지혜와 통찰력을 허락하신다.

그리스도인은 하나님의 말씀에 복종하기 위해 부르심을 받았다. 우리는 우리의 길을 스스로 정하지 않는다. 우리는 계획을 세우고 기도하며 하나님을 섬길 때마다 염두에 두어야 할 것이 있다. '하나님의 말씀이 어떻게 말하고 있는가?' 하는 것이다. 무엇을 하든지 성경을 중심으로 삼아야 한다.

내가 그레이스 커뮤니티 교회에 오게 된 것은 전임 목회자가 느닷없이 세상을 떠났기 때문이다. 당시 나는 후임 목회자 후보 신분으로 로마서 7장을 본문으로 한 설교로 교회에 첫 선을 보였다. 나의 설교는 장장 1시간 35분 동안 이어졌다. 본문의 난해한 의미를 설명하는 데 온통 정신을 쏟아 붓느라고 다른 생각을 할 겨를이 없었기 때문이다.

아내가 내게 말했다. "이제 그 교회에 갈 기회는 사라졌어요. 그런 식으로 설교를 전하면 어떤 교회에서도 당신을 환영하지 않을 거예요."

그런데 그 후 교회에서 몇 사람이 나를 찾아왔다. "우리가 원하는 설교였습니다. 그런데 설교를 조금만 짧게 해 주실 수 없나요?"

나는 속으로 생각했다. '내게 다시 한 번 설교할 기회가 주어진다면 얼마든지 원하는 대로 짧게 할 수 있소이다.'

장로들 가운데 한 사람이 이런 말을 했다. "우리는 섬길 준비가 되어 있습니다. 단지 하나님이 우리에게 무엇을 원하시는지 알고 싶을 뿐입니다."

그레이스 커뮤니티 교회는 항상 그런 식으로 헌신의 태도를 유지해 왔다. 나는 교회를 맡은 처음부터 교인들이 하나님의 말씀에 복종할 준비가 되어 있다는 사실을 발견했다. 그 후로 "성도를 온전케 하며 봉사의 일을 하게 하며"엡 4:12라는 말씀이 우리 교회 모토가 되었다.

그리스도인은 성경을 배우고 삶에 적용하는 과정을 통해 성장한다. "성령의 검 곧 하나님의 말씀"엡 6:17으로 교인들을 무장시키는 것이 교회 지도자의 임무다. 단순히 성경을 소유하는 것으로는 충분하지 않다. 우리는 성경을 알고 이해해 영적 무기로 사용해야 한다.

부르심의 목적 4 : 통일

"하늘에 있는 것이나 땅에 있는 것이 다 그리스도 안에서 통일되게 하려 하심이라" 엡 1:10.

하나님의 궁극적인 목적은 구원의 역사가 마무리되는 시점에서 모든 것을 하나로 통일하는 것이다. 교회는 그러한 완성 상태를 현재에 보여 주는 상징이다. 우리는 하나님의 가족으로 하나가 되기 위해 부르심을 받았다.

나는 신앙생활을 개인의 문제로 생각하는 시대에 성장했다. 모두 혼자만의 영성을 추구했다. 개인의 신앙생활은 화제가 될 수 없었다. 그저 그리스도와 같은 온화한 미소를 머금고, 지퍼가 달린 성경책을 겨드랑이에 끼고, 주일학교에 나가면 그만이었다. 사람들은 자기의 속마음을 내비치지 않았을 뿐 아니라 다른 사람들이 자신의 문제에 개입하는 것도 용납하지 않았다. 당시 그리스도인들의 교제는 머리를 올려 묶은 나이 든 여신도가 나눠 주는 도넛과 커피를 받아들고 잠시 다과회를 즐기는 것이 고작이었다. 성도의 교제라고 일컬을 만한 깊은 친밀감은 어디에도 없었다. 하지만 우리가 부르심을 받은 목적은 성도의 연합을 통해 참된 교제를 나누기 위해서라는 사실을 잊어서는 곤란하다.

"마음을 같이하여 같은 사랑을 가지고 뜻을 합하여 한 마음을 품어" 빌 2:2. 다른 사람을 향한 사랑은 겸손에서 비롯해야 한다. 이것이 바울 사도가 "각각 자기 일을 돌아볼뿐더러 또한 각각 다른 사람들의 일을 돌아보아" 4절라고 권고한 이유다. 그리스도는 자신을 낮춰 아름다운 겸손을 보여 주셨다 5-8절 참조.

하나가 되기 위해서는 자신만이 아니라 서로를 돌봐야 한다. 내가 '너는 다 괜찮아. 긍정적으로 생각해. 너는 중요한 사람이야'를 강조하는 자기 계발의 복음을 전하지 않는 이유가 여기 있다. 그런 식의 말씀을 전하는 교회에서는 그리스도인들이 의미 있는 교제를 나누기가 힘들다. 그런 교회 그리스도인들은 사람의 유익이 아니라 자신의 유익만을 생각한다. 오직 겸손을 가르치는 교회에서만 서로 사랑을 주고받는 관계가 이루어질 수 있다.

부르심의 목적 5 : 영화

"하늘에 있는 것이나 땅에 있는 것이 다 그리스도 안에서 통일 되게 하려 하심이라 모든 일을 그 마음의 원대로 역사하시는 자의 뜻을 따라 우리가 예정을 입어 그 안에서 기업이 되었으니"엡 1:10-11.

베드로는 우리의 기업을 "썩지 않고 더럽지 않고 쇠하지 아니하는 기업"벧전 1:4이라고 묘사했다. 그리스도인의 궁극적인 운명은 영화를 누리는 것이다. 우리는 미래에 초점을 맞춘다. 그 이유는 우리가 이 세상 시민이 아니기 때문이다. 바울도 "우리의 시민권은 하늘에 있는지라"빌 3:20고 말했다. 우리는 부패하고 악한 세상에 얽매이지 않는다. 우리는 영원하고 무한한 기업을 잇는 후사다. 내가 현실 문제에만 타당성을 지니는 설교, 즉 정치나 사회에 관한 설교를 하지 않는 이유가 여기에 있다.

"그러므로 너희가 그리스도와 함께 다시 살리심을 받았으면 위엣 것을 찾으라 거기는 그리스도께서 하나님 우편에 앉아 계시느니라 위엣 것을 생각하고 땅엣 것을 생각지 말라"골 3:1-2. 우리는 예수님이 다시 오시어 그분의 나라를 온전히 세우실 날을 고대한다. 우리는 곧 사라질 세상에 우리 삶과 자산을 투자하지 않는다. 우리는 "하나님의 경영하시고 지으실 터가 있는 성"히 11:10을 바라본다.

부르심의 목적 6 : 찬양

"이는 그리스도 안에서 전부터 바라던 우리로 그의 영광의 찬송이 되게 하려 하심이라 이는 우리의 기업에 보증이 되사 그 얻으신 것을 구속하시고 그의 영광을 찬미하게 하려 하심이라 엡 1:12, 14.

우리는 하나님의 영광을 찬미하기 위해 부르심을 받았다. 세상이 우리를 보고 '저 사람들을 봐. 참으로 은혜로우신 하나님을 섬기고 있군 그래'라고 말할 수 있어야 한다. 말과 행동으로 하나님을 영화롭게 해야 한다. 하나님이 우리를 구원하신 목적은 세상은 물론, 그분과 그분의 거룩한 천사들 앞에서 그분의 영광을 밝히 드러내게 하시기 위해서다.

세상은 하나님의 영광을 이해하지 못하는 한 우리를 이해할 수 없다. 그 이유는 우리의 가장 큰 임무가 하나님의 영광을 드러내는 것이기 때문이다. 나는 다른 무엇보다도 하나님의 영광에 가장 큰 초점을 맞춘다. 물론 하나님의 영광은 성경의 가장 중요한 주제이기도 하다. 나는 늘 하나님의 영광을 염두에 두고 살아간다. 나는 이것이냐 저것이냐를 결정할 때에는 항상 속으로 묻는다. '내 결정이 하나님을 영화롭게 하는 것인가?'

"이같이 너희 빛을 사람 앞에 비취게 하여 저희로 너희 착한 행실을 보고 하늘에 계신 너희 아버지께 영광을 돌리게 하라" 마 5:16.

9 : 주님의 방법에 의한 주님의 사역
교회 The Master's Plan for the Church

어떤 성경 구절은 언뜻 보면 영적 교훈을 그다지 많이 담고 있지 않은 것처럼 보인다. 하지만 그런 성경 구절을 자세히 연구하면 종종 귀한 진리를 배울 수 있다. 고린도전서 16장이 대표적인 경우다. 특히 5-12절이 그렇다.

"내가 마게도냐를 지날 터이니 마게도냐를 지난 후에 너희에게 나아가서 혹 너희와 함께 머물며 과동할 듯도 하니 이는 너희가 나를 나의 갈 곳으로 보내어 주게 하려 함이라 이제는 지나는 길에 너희 보기를 원치 아니하노니 이는 주께서 만일 허락하시면 얼마 동안 너희와 함께 유하기를 바람이라 내가 오순절까지 에베소에 유하려 함은 내게 광대하고 공효를 이루는 문이 열리고 대적하는 자가 많음이니라 디모데가 이르거든 너희는 조심하여 저로 두려움이 없이 너희 가운데 있게 하라 이는 저도 나와 같이 주의 일을 힘쓰는 자임이니라 그러므로 누구든지 저를 멸시하지 말고 평안히 보내어 내게로 오게 하라 나는 저가 형제들과 함께 오기를 기다리노라 형제 아볼로에 대하여는 저더러 형제들과 함께 너희에게 가라고 내가 많이 권하되 지금은 갈 뜻이 일절 없으나 기회가 있으면 가리라."

언뜻 봐서는 바울의 말을 잘 알 수 없다. "내가 여기에 가리라. 아니면 저기에 가리라. 디모데가 도착하면 잘 돌봐주라. 아볼로가 오기를 바랐지만 그는 원치 않았다"는 식이다. 언뜻 보면 중요한 교훈이 담겨 있지 않은 의미 없는 말처럼 들린다.

본문의 핵심은 "주의 일"이라는 표현에 있다. 이 표현은 고린도전서 15장 58절("그러므로 내 사랑하는 형제들아 견고하며 흔들리지 말며 항상 주의 일에 더욱 힘쓰는 자들이 되라")에 처음 등장하고, 본문 10절("디모데가 이르거든 너희는 조심하여 저로 두려움이 없이 너희 가운데 있게 하라 이는 저도 나와 같이 주의 일을 힘쓰는 자임이니라")에 다시 등장한다. "주의 일"을 중심으로 그 사이에 들어 있는 말씀을 읽어 보면 바울의 의도를 파악하는 데 큰 도움이 된다. 결국 고린도전서 15장 58절의 말은 "디모데와 나처럼 주의 일에 항상 힘쓰는 사람이 되어야 한다"는 뜻이다.

바울은 주님의 일을 행하는 사람들이 항상 "견고하며 흔들리지 않아야" 한다고 말한다. 우리는 주님의 일을 넘치게 해야 한다. 누군가가 우리에게 찾아와서 '너무 많은 일을 하고 있습니다'라고 말할 정도가 되어야만 하나님의 일을 중요한 의무로 인정하고 고린도전서 15장 58절을 적용하는 삶을 살고 있다고 말할 수 있다.

그러면 무엇이 주님의 일일까? 이 질문의 답을 알고 싶으면 주님이 세상에 계실 때 무슨 일을 행하셨는지 살펴보면 된다. 주님은 크게 두 가지 일을 하셨다. 하나는 잃어버린 자들에게 복음을 전하는 일이었고, 다른 하나는 그리스도인들을 굳건하게 세우는 일이었다. 복음을 전하는 사역은 "인자의 온 것은 잃어버린 자를 찾아 구원하려 함이니라"눅 19:10라는 말씀에서, 그리스도의 제자를 굳건하게 세우는 사역은 "승천하신 날까지의 일을 기록하였노라 …… 저희에게 확실한 많은 증거로 …… 사십 일 동안 저희에게 보이시며 하나님 나라의 일을 말씀하시니라"행 1:2-3는 말씀에서 각각 확인할 수 있다.

신약성경은 "주의 일"이 쉽다고 말하지 않는다. 고린도전서 15장 58절의 "일"과 "수고"에는 힘이 다할 때까지 일한다는 개념이 담겨 있다. 주석학자 캠벨 모건은 바울이 "희생의 붉은 피가 담겨 있고 기력이 다할 때까지 일하는 수고"를 염두에 두고 말했다고 설명했다(고린도서 주석 *The Corinthian Letters of Paul*, Old Tappan, NJ : Revell, 1946, p. 207). 바울은 에바브로디도에 대해 '저가 그리스도의 일을 위하여 죽기에 이르러도 자기 목숨을 돌보지 아니했다'빌 2:30 참조고 말했다. 에바브로디도라는 젊은이는 죽을힘을 다해 주님을 섬겼다. 그는 "항상 주의 일에 더욱 힘쓰는 자"의 본보기였다.

우리가 주님의 일에 힘쓸 때 우리의 수고는 헛되이 돌아가지 않는다. 주님의 일을 위한 수고는 공허하거나 무의미하지 않고, 무익하거나 헛되지도 않으며, 오히려 많은 변화와 열매를 가져온다.

교회마다 열심히 일하는 사람이 많다. 하지만 나는 그들 모두가 항상 주님의 일, 즉 복음 전도와 교회의 덕을 세우는 일을 행한다고 생각하지 않는다.

하나님은 그분의 일을 그분의 방식으로 행하라고 우리를 부르셨다. 그러한 특권을 의식한다면 우리는 감격스런 마음으로 열심을 내지 않을 수 없다. 천지의 주재이신 전능하신 하나님이 '네가 사는 날 동안 나의 사신이 되어 나의 말을 온 세상에 전하지 않겠느냐?' 라고 부탁하신다니 참으로 황송한 일이 아니겠는가? 윌리엄 버클레이는 "인간이 사역을 영화롭게 하는 것이 아니라 사역이 인간을 영화롭게 한다. 위대한 사역을 행하는 것만큼 명예로운 일은 없다"라고 말했다(고린도서 주석 *The Letters to the Corinthians*, Philadelphia : Westminster, 1975, p. 165). 옳은 말이다.

바울은 자신과 디모데와 아볼로의 사역을 묘사하면서 하나님의 뜻대로 그분의 일을 행할 수 있는 실천 원리 일곱 가지를 언급했다.

미래의 비전

주님의 일에 헌신하며 복음 전도의 충동을 강하게 느끼는 사람이면 누구나 아직도 세상에서 해야 할 일이 많다는 사실을 늘 의식하게 마련이다. 그런 사람은 항상 그런 필요를 채워 줄 수 있는 방법을 생각한다. 그에게는 비전이 있다. 그는 이미 이루어진 일에 만족하지 않고 아직 이루어지지 않은 일을 생각한다. 이것이 그가 미래를 위해 계획을 세우는 이유다. 그는 복음으로 정복해야 할 곳을 찾는다. 그는 늘 새로운 기회를 추구하며 새로운 문이 열리기를 기다린다.

"내가 마게도냐를 지날 터이니 마게도냐를 지난 후에 너희에게 나아가서"고전 16:5. 바울이 고린도전서를 작성한 때는 3년 동안의 에베소 사역을 마칠 무렵이었다. 그는 디모데 편에 고린도전서를 전달했다.

고린도후서 1장 15-16절에 따르면 바울은 본래 디모데와 함께 고린도에 갔다가 마게도냐를 거쳐 다시 고린도에 돌아올 계획이었다. 하지만 그는 본래 계획을 수정해 먼저 마게도냐로 갔다가 고린도를 거쳐 예루살렘으로 가기로 결정했다.

바울은 고린도전서 4장 18-19절에서 "어떤 이들은 내가 너희에게 나아가지 아니할 것같이 스스로 교만하여졌으나 그러나 주께서 허락하시면 내가 너희에게 속히 나아가서"라고 말했다. 바울은 고린도 교회가 여러 가지 문제로 어려움을 겪고 있었기 때문에 그곳을 방문하고 싶은 마음이 간절했다. 고린도전서 16장 6절에 기록된 말에는 '나는 그곳에 가서 겨울을 날 생각이오. 그리고 여러분이 내게 필요한 것을 공급해 주면 그때 다른 곳으로 떠나려고 하오'라는 뜻이 담겨 있다. 이처럼 바울은 미리 계획을 세웠다. 그는 예루살렘으로 돌아가기 전에 마게도냐와 고린도에서 자신이 해야 할 일에 대해 비전을 가졌다.

로마서 15장에서도 바울이 비전을 가지고 사역에 임했다는 사실을 짐작하게 하는 성경 구절이 나온다. 그는 로마의 그리스도인들에게 "이는 지나가는 길에 너희를 보고 먼저 너희와 교제하여 …… 그러므로 내가 이 일을 마치고 이 열매를 저희에게 확증한 후에 너희에게를 지나 서바나로 가리라"24, 28절.

바울은 스페인으로 갈 비전을 세웠다. 그때까지 스페인 땅을 밟은 복음 전도자가 아무도 없었기 때문이다. 당시 스페인은 로마 제국의 속국으로 큰 번영을 누렸고, 당대의 가장 뛰어난 저술가와 웅변가들이 스페인에 살았다. 네로 황제의 스승이자 로마 제국의 재상으로 활약했던 스토아 철학자 세네카도 스페인 출신이었다. 바울은 그런 곳을 복음으로 정복하고 싶은 마음이 간절했을 것이 틀림없다.

하나님이 허락하시는 기회를 위해 준비하는 일은 매우 중요하다. 사람들은 '분명 미래에는 할 일이 많을 거야'라고 말하지만 대개 아무 준비도 하지 않는다.

느헤미야는 바사 왕 아닥사스다에게 '저는 사역을 행하고 싶습니다. 제가 저의 백성을 위해 무엇을 해야 할지 말씀해 주시지 않으시겠습니까?'라고 말하지 않았다. 그는 아주 단호했다. "저의 백성에게 문제가 생겼습니다. 성과 성벽을 재건하는 문제입니다. 저는 그 일을 하고 싶고, 이미 모든 계획을 수립했습니다. 이제 대왕의 허락만을 기다리고 있습니다." 왕은 느헤미야의 청을 허락했다 1:1-28 참조.

미래의 비전이 있다면 지금부터 계획과 준비를 갖춰 하나님이 기회의 문을 열어 주시는 즉시 비전을 실행할 수 있어야 한다. 계획도 세우지 않고 준비도 갖추지 못한 탓에 기회가 있어도 사역을 행하지 못하는 사람들이 적지 않다. 우리는 지금부터 철저히 준비해 기회가 찾아오면 즉시 행동에 돌입할 수 있어야 한다.

현대 선교의 개척자 윌리엄 캐리는 본래 영국에서 신발을 만들고 수선하는 일을 했다. 그는 가게에 세계지도를 붙여 놓고 장사하는 동안 틈틈이 지도를 바라보며 울며 기도했다. 그는 그런 식으로 수년 동안 말씀을 연구하며 선교 전략을 세웠다. 마침내 하나님은 그를 인도로 보내 복음을 전하게 하셨다. 캐리는 인도 선교를 개척했고, 그 덕분에 많은 선교사가 뒤를 이어 인도에 복음을 전할 수 있었다. 하나님은 비전을 가지고 충실히 미래를 준비했던 한 사람을 통해 놀라운 역사를 이루셨다.

무엇을 계획하고 있는가? 어떤 비전을 가지고 있는가? 세상에는 하나님을 믿지 않는 사람들이 아직도 셀 수 없이 많다. 다른 사람들에게 복음을 전하기 위해 어떤 전략을 세우고 있고, 어떤 방법으로 자신의 은사를 계발하기 위해 노력하고 있는가? 사역을 통해 자신의 잠재력을 최대한 발휘하기 위해 어떻게 준비하고 있는가? '하나님이 내게 무엇인가 할 일을 주실 때까지 기다릴 거야'라고 말하면서 아무런 목적이 없이 세월만 보낸다면 하나님은 아무 일도 맡기지 않으실 것이 분명하다. 하지만 오직 주님의 방식으로 주님의 일을 행하기 위해 준비하는 사람은 하나님이 조만간 비전을 이룰 수 있는 기회를 허락하실 것이다.

유연한 태도

미래의 일은 우리가 바라는 대로 되지 않을 수도 있다. 이것이 유연한 태도가 필요한 이유다. 어떤 그리스도인들은 이렇게들 말한다. "나는 하나님이 내게 무엇을 원하시는지 정확히 알고 있어요. 내게는 이러이러한 은사와 재능이 있기 때문에 반드시 그것에 어울리는 일을 해야 하죠. 나는 상황이 나의 기대와 정확히 일치할 때까지 아무 일도 하지 않고 기다릴 생각입니다." 하지만 그런 생각으로는 하나님의 뜻에 순종하기가 어렵다.

바울처럼 계획을 세우는 것이 바람직하다. 그는 훌륭한 계획을 세웠지만 늘 유연한 태도를 잃지 않았고, 하나님께 중도에 계획을 변경할 수 있는 권한을 온전히 내어 드렸다. 한편 고린도 교회 그리스도인들은 바울이 변덕스럽다고 불평했다. 그는 그런 그들에게 자신의 태도를 이렇게 설명했다.

"내가 이 확신을 가지고 너희로 두 번 은혜를 얻게 하기 위하여 먼저 너희에게 이르렀다가 너희를 지나 마게도냐에 갔다가 다시 마게도냐에서 너희에게 가서 너희가 보내 줌으로 유대로 가기를 경영하였으니 이렇게 경영할 때에 어찌 경홀히 하였으리요 혹 경영하기를 육체를 좇아 경영하여 예 예하고 아니 아니라 하는 일이 내게 있었겠느냐" 고후 1:15-17.

이 말은 '내 계획이 바뀌었다고 해서 내가 변덕스럽다는 것이요? 그렇지 않소. 나는 상황이 허락하는 대로 최선을 다했고, 언제나 필요하면 계획을 바꿀 준비가 되어 있소이다'라는 뜻이다.

바울은 사역 초창기부터 큰 교훈을 깨달았다. 그는 브루기아와 갈라디아에 들렀다가 에베소, 라오디게아, 버가모, 서머나, 두아디라, 사데, 빌라델비아 등 소아시아의 여러 주요 도시를 방문할 계획을 세웠다. 하지만 어떤 일이 일어났는가? 다음 성경 말씀을 읽어 보자. "성령이 아시아에서 말씀을 전하지 못하게 하시거늘 부르기아와 갈라디아 땅으로 다녀가" 행 16:6.

바울과 그의 일행은 다시 '남쪽으로 갈 수 없다면 북쪽으로 갑시다. 비두니아로 발길을 돌립시다' 하고 생각을 모았다. 하지만 "예수의 영이 허락지 아니하시는지라"7절는 말씀대로 그들은 또다시 계획을 수정해야 했다. 그들의 유일한 선택은 서쪽으로 가는 것이었다. 그들은 드로아에 도착할 때까지 여행을 계속했다. 마침내 드로아에서 다음과 같은 일이 일어났다.

"밤에 환상이 바울에게 보이니 마게도냐 사람 하나가 서서 그에게 청하여 가로되 마게도냐로 건너와서 우리를 도우라 하거늘 바울이 이 환상을 본 후에 우리가 곧 마게도냐로 떠나기를 힘쓰니 이는 하나님이 저 사람들에게 복음을 전하라고 우리를 부르신 줄로 인정함이러라" 행 16:9-10.

바울 일행의 태도는 매우 유연했다. 그들은 계획을 세웠고, 계획을 단념해야 할 때도 발길을 멈추지 않고 계속 움직였다. 잘 알다시피 멈춰 있는 자동차를 운전하기는 어렵다. 하지만 일단 움직이기 시작하면 그때부터는 조종하기가 훨씬 쉬워진다. 바울의 사역은 그러한 이치를 보여 준다.

저명한 탐험가이자 아프리카 선교사였던 데이비드 리빙스턴이 본래 중국을 목표로 생각했다는 사실을 알고 있는가? 그는 중국으로 가는 길이 막히자 몹시 실망했다. 하지만 그는 마침내 다른 곳으로 가는 것이 하나님의 뜻이라는 사실을 깨달았다. 윌리엄 캐리가 인도 선교를 개척했던 것처럼 리빙스턴은 아프리카 선교를 개척했다. 그의 사역 덕분에 훗날 많은 선교사가 아프리카에 복음을 전할 수 있었다.

철저한 사역

주님의 일은 대충 해서는 안 된다. 바울은 "혹 너희와 함께 머물며 과동할 듯도 하니" 고전 16:6라고 말했다. 바울은 고린도에서 겨울을 났을 것이 틀림없다. 그는 에베소에서 6월까지 머물면서 봄에 그곳에서 고린도전서를 써 보낸 뒤에 고린도로 건너가서 그곳에서 겨울철 석 달을 머물렀던 것으로 추정된다. 바울은 7절에서 "이제는 지나가는 길에 너희 보기를 원치 아니하노니"라고 말했다. 이는 '그냥 잠시 스쳐 지나가기를 원치 않소. 그곳에 한 동안 머물고 싶소이다' 라는 뜻이다. 바울은 사역을 철저하게 수행하고 싶어 했다.

주님은 말씀하셨다. "그러므로 너희는 가서 모든 족속으로 제자를 삼아 …… 내가 너희에게 분부한 모든 것을 가르쳐 지키게 하라"마 28:19-20.

누군가에게 하나님이 분부하신 모든 것을 가르쳐 지키게 하려면 그 사람에게 온전히 헌신해야 한다. 제자 사역은 대충할 수 있는 일이 아니다. 단지 전도지를 건네주는 것만으로는 그리스도의 제자를 육성할 수 없다.

바울은 고린도 교회를 잠시 방문할 생각이 없었다. 고린도전서의 내용으로 미루어 볼 때 당시 그곳에는 해결해야 할 문제가 많았다. 바울은 처음에 고린도에서 18개월을 머물렀다. 그는 이번에는 그곳에서 겨울철 석 달을 머물 생각이었다. 그는 에베소에서도 3년을 머물렀다. 그는 갈라디아의 경우에도 1차, 2차, 3차 전도 여행을 하는 동안 매번 그곳에 들렀다. 그곳에서도 사역을 철저하게 완수하고 싶었기 때문이다.

내가 지금 우리 교회에 목회자로 있는 이유는 이곳이 가장 철저한 사역을 이룰 수 있는 곳이라고 믿기 때문이다. 그레이스 커뮤니티 교회에 오기 전만해도 2년 반 동안 여러 곳을 다니면서 한 달에 35회 내지 40회 정도 말씀을 전했다. 나는 하루 내지 나흘을 한 교회에 머물면서 성경 말씀을 가르친 뒤 다른 교회로 발길을 옮기곤 했다. 그런 집회가 끝날 때마다 적잖이 실망을 느껴야 했다. 시간이 부족하다 보니 복음 전도 중심의 설교가 주를 이룰 수밖에 없었고, 설교 내용도 예언, 성령, 속된 삶과 같은 주제에만 국한되었기 때문이다. 한마디로 심도 깊은 사역이 불가능했다. 그러던 차에 나의 인생에 그레이스 커뮤니티 교회가 찾아왔다. 주님은 좀 더 깊이 있는 사역을 행하고 싶다는 나의 소원을 이루어 주셨다.

바울은 골로새서 1장 27-28절에서 "하나님이 그들로 하여금 이 비밀의 영광이 이방인 가운데 어떻게 풍성한 것을 알게 하려 하심이라 이 비밀은 너희 안에 계신 그리스도시니 곧 영광의 소망이니라 우리가 그를 전파하여 각 사람을 권하고 모든 지혜로 각 사람을 가르침은 각 사람을 그리스도 안에서 완전한 자로 세우려 함이니'라고 말했다. 이 말은 '우리는 항상 모든 사람에게 모든 진리를 가르쳐 그들 모두가 영적으로 장성하기를 원한다'라는 뜻이다. 한마디로 철저한 사역을 행하겠다는 의지의 표명이다.

예수님은 '아버지께서 내게 하라고 주신 일을 내가 이루었습니다'요 17:4, 8 참조라고 기도하셨다. 예수님의 사역은 철저했다. 그분은 열두 제자를 삼 년 동안 철저하게 훈련하셨다.

그리스도의 사자로 그분을 섬길 때는 철저한 헌신으로 탁월한 사역을 수행해야 한다. 다시 말해 능력의 한계점에 도달할 때까지 최선을 다하는 태도가 필요하다. 그렇게만 한다면 우리의 수고는 결코 헛되지 않을 것이다.

현재에 충실한 태도

머릿속으로 자신이 할 수 있는 일을 생각하는 그리스도인들은 많지만 자신이 해야 할 일을 실제로 행동으로 옮기는 그리스도인들은 그리 많지 않다. 하나님의 일꾼이 되고 싶다면 현재에 충실해야 한다. 신학생들은 종종 원대한 미래 사역을 꿈꾼다. 하지만 그들은 지금 무슨 일을 행하고 있을까? 현재는 미래를 위한 역량을 가늠하는 시금석이다. 일전에 나는 한 달이면 신학교를 졸업하게 될 한 신학생과 대화를 나눈 적이 있었다. "목사님, 저는 4년 동안의 신학교 생활을 끝내고 많은 정보를 얻었습니다. 교회를 맡아 일하고 싶은데 제게 무엇이 필요한지 잘 모르겠습니다."

아무 준비가 되지 않았다는 말인데 당사자도 문제지만 그가 맡게 될 교회 교인들은 도대체 어쩌란 말인가? 물론 신학교를 졸업했다고 해서 마치 하늘에서 내려온 사람처럼 완전한 능력을 갖출 수는 없다. 주어진 일에 충실하면서 조금씩 준비를 갖춰 나가야 한다.

거의 매일 많은 교회나 단체로부터 사역자를 추천해 달라는 이메일과 편지를 받는다. 그들은 항상 능력이 입증된 사람을 요구한다. 물론 그런 그들을 탓할 수는 없다. 사실 하나님도 그런 일꾼을 원하신다. 경험이 없는 사람에게 중요한 사역의 책임을 맡길 수는 없다. 경험이 없는 상태에서 미래의 원대한 사역을 꿈꾼다면 마땅히 지금부터 충실하게 준비해야 한다. 때로는 그 둘의 균형을 맞추기가 쉽지 않다. 하지만 자연스럽게 좀 더 큰 책임을 맡은 사역자로 성장하려면 성실함과 근면함으로 현재에 충실해야 한다.

바울은 미래의 비전과 현재의 사역 사이에 존재하는 긴장 관계를 이해했다. 그는 고린도 교회 그리스도인들에게 마게도냐를 거쳐 그들을 방문할 계획이라고 말했다. 하지만 그는 그전에 에베소에서 하던 일을 마무리해야 했다. "내가 오순절까지 에베소에 유하려 함은 내게 광대하고 공효를 이루는 문이 열리고 대적하는 자가 많음이니라"^{고전}

16:8-9. 다시 말해 '나는 지금 에베소에서 사역을 행하고 있기 때문에 당장 이곳을 떠나기 어렵다'는 뜻이다. 바울은 다른 교회를 개척하고 싶은 원대한 계획을 오순절까지 미뤄야 했다.

주님은 마태복음 25장에서 달란트 비유를 가르치셨다. 주인은 충성된 종을 칭찬했다. "잘하였도다 착하고 충성된 종아 네가 작은 일에 충성하였으매 내가 많은 것으로 네게 맡기리니 네 주인의 즐거움에 참예할지어다"23절. 현재 일을 충실히 수행해야만 다음번에 더 큰 책임을 맡아 일할 수 있는 기회가 찾아온다.

주님은 누가복음 12장 42절에서도 말씀하셨다. "지혜 있고 진실한 청지기가 되어 주인에게 그 집 종들을 맡아 때를 따라 양식을 나누어 줄 자가 누구냐." 집을 관리하는 임무가 집안일을 충실하게 이행하는 청지기에게 주어졌다. 하나님이 위대한 사역을 행할 기회를 허락해 주시기를 기대하기 전에 먼저 그분이 현재 요구하시는 일을 성심껏 수행해 충성심을 입증해야 한다.

바울은 안디옥 교회 앞에서 '하나님이 …… 이방인들에게 믿음의 문을 여셨다'행 14:27 참조고 보고했다. 아울러 그는 "내가 그리스도의 복음을 위하여 드로아에 이르매 주 안에서 문이 내게 열렸으되"고후 2:12라고 말했다. 그는 골로새 교회 교인들에게 부탁했다. "하나님이 전도할 문을 우리에게 열어 주사 그리스도의 비밀을 말하게 하시기를 구하라"골 4:3.

문이 열렸다는 것은 복음을 전할 기회가 찾아왔다는 뜻이다. 바울은 기회의 문이 열릴 때마다 주저하지 않고 복음을 전했다. 우리도 그래야 한다.

어떤 문을 선택해야 할지 망설이다가 하나님이 열어 주신 기회를 놓치고 마는 이들이 더러 있다. 그들은 뭔가 놀라운 일이 일어나기를 기다릴 뿐 하나님이 이미 열어 놓으시고 준비해 두신 문으로 기꺼이 나아가려 하지 않는다.

신학생들은 종종 자신이 꿈꾸는 사역을 상세히 묘사하곤 한다. 순진하게도 완전한 교회를 찾을 수 있다고 생각하는 이들이 많다. 만일 그런 교회가 있다면 그 교회는 그들을 필요로 하지 않을 것이다. 그들이 완전한 교회를 찾는 동안 온갖 문제를 안고 있는 교회들이 사역의 기회로 찾아온다. 하지만 그들은 자신의 기대에 미치지 못한다는 이유로 그 기회를 거절한다. 지금 사역의 문이 열려 있다면 가만히 앉아 더 나은 기회를 기다리기보다 진지하게 받아들이는 편이 더 낫다.

그리스도께서는 "열면 닫을 사람이 없고 닫으면 열 사람이 없는"계 3:7 주님으로서 빌라델비아 교회에게 "볼지어다 내가 네 앞에 열린 문을 두었으되 능히 닫을 사람이 없으리라"계 3:8고 말씀하셨다. 빌라델비아 교회는 죽어 있는 라오디게아 교회계 3:14-22 참조와는 사뭇 달랐다. 아마도 열린 문으로 나아가기를 거절했더라면 빌라델비아 교회 역시 라오디게아 교회처럼 되고 말았을 것이다.

적대 세력을 도전으로 받아들이는 용기

문제가 없는 곳에는 아무 사역도 필요하지 않다. "내가 오순절까지 에베소에 유하려 함은 내게 광대하고 공효를 이루는 문이 열리고 대적하는 자가 많음이니라"고전 16:8-9.

대적하는 자가 많다는 것은 에베소에서 서둘러 떠나야 할 이유처럼 보인다. 하지만 바울은 그렇게 생각하지 않았다. 캠벨 모건은 사역하는 곳에서 아무런 반대에 부딪치지 않는다면 그것은 곧 잘못된 곳에서 사역을 행하고 있다는 증거라고 말한 바 있다(고린도서 주석 *The Corinthians Letters*, p. 213).

바울의 말은 '내가 에베소에 머물러야 하는 이유는 믿음의 군대를 홀로 남겨 둘 수 없기 때문이다. 이곳에는 적대 세력이 너무 많다'는 뜻이다. 에베소는 환경이 매우 열악했다. 그곳에서는 아데미 신전을 중심으로 대규모 우상숭배가 이루어졌다. 신전 창기였던 여사제들을 비롯해 도시 전체에 성적 타락이 극심했다. 더욱이 그곳에는 귀신들을 쫓아낼 수 있다고 주장하는 유대인 퇴마사들이 있었고, 편견과 미신과 인종 차별과 방탕함과 종교적 반목과 이교도주의가 성행했다. 한 마디로 에베소에는 현대의 대도시에서 발견할 수 있는 모든 악덕이 존재했다. 대다수의 사람들은 '이보다 좀 더 환경이 좋은 곳을 찾아보겠어'라고 말했을 테지만 바울은 그런 상황을 도전으로 받아들였다.

바울은 에베소에서 2년 이상 머물면서 매일 하나님의 말씀을 가르쳤다행 19:8-9 참조. 하나님이 에베소에서 구원하신 사람들이 요한계시록 2, 3장에 기록되어 있는 소아시아 교회들을 개척했을 가능성이 매우 높다. 마술을 행하던 사람들이 대중이 보는 앞에서 마술 책을 불사르는 역사가 일어났다행 19:19 참조. 그 결과 많은 사람이 아데미를 섬기는 행위를 중단했고, 그 바람에 아데미 숭배에 사용되는 물건을 만들던 장인들이 소동을 일으켜 강력한 항의를 제기하는 사태가 발생했다23-41절 참조. 바울이 전한 복음은 에베소 전체에 그토록 놀라운 영향을 미쳤다.

바울은 나중에 에베소에서 있었던 영적 싸움을 회고하며 이렇게 말했다.

> "형제들아 우리가 아시아에서 당한 환난을 너희가 알지 못하기를 원치 아니하노니 힘에 지나도록 심한 고생을 받아 살 소망까지 끊어지고 우리 마음에 사형 선고를 받은 줄 알았으니 이는 우리로 자기를 의뢰하지 말고 오직 죽은 자를 다시 살리시는 하나님만 의뢰하게 하심이라 그가 이같이 큰 사망에서 우리를 건지셨고 또 건지시리라 또한 이후에라도 건지시기를 그를 의지하여 바라노라" 고후 1:8-10.

그런 절망적인 상황에 처하면 자신을 의지하지 말고 하나님을 바라보아야 한다. 그러면 하나님의 능력이 나타나 원수들이 하나씩 무너질 것이다.

또한 바울은 "우리가 항상 예수 죽인 것을 몸에 짊어짐은 예수의 생명도 우리 몸에 나타나게 하려 함이라"고후 4:10고 말했다. 이는 '우리는 날마다 죽음에 직면한다. 그런 혹독한 박해 앞에서 더 이상 버틸 힘이 없을 때 하나님을 바라보면 우리에게서 그리스도의 능력이 나타나기 시작한다'는 뜻이다. 우리가 열정을 가지고 사역의 모험을 감행하는 이유는 하나님이 그리스도의 능력으로 모든 적대 세력을 물리치고 승리를 거둘 수 있게 하시기 때문이다. 도전을 피하지 말고, 오히려 사역하기 어려운 장소를 찾아라.

존 패턴은 엄청난 도전을 받아들였다. 그는 런던의 한 성경학교를 다니던 무렵 식인종이 사는 뉴헤브리디스(남태평양에 위치한 군도)에 가라는 하나님의 부르심을 받았다. 아마도 우리는 이렇게 말하며 꽁무니를 뺄 것이다. "주님, 적임자를 잘못 찾으신 것 같습니다. 정말 저의 은사가 그 일에 적합하다고 생각하시나요? 더군다나 저는 신학교를 졸업했기 때문에 목회자로서 얼마든지 잘 할 수 있다고요. 모든 노력을 다한 뒤에 고작 식인종의 점심거리가 되어야 한다는 것은 도무지 납득하기 어렵습니다. 제가 목회자가 되기 힘든 신학교 중퇴자를 한 사람 아는데 그를 그곳에 보내는 것이 어떠실는지요? 누가 알겠어요? 식인종에게 잡아먹히면 역사에 길이 이름을 남길 영웅이 될지 말이에요."

하지만 패턴은 하나님과 입씨름을 하지 않았다. 그와 그의 아내는 곧바로 하나님의 명령에 순종해 해안에 작은 오두막집을 지었다. 하나님은 기적을 베풀어 그들의 안전을 지켜 주셨다. 나중에 부족의 추장이 그리스도를 영접한 뒤에 패턴에게 매일 밤 그의 오두막집을 둘러싸고 있는 군대가 누구냐고 물었다. 하나님의 거룩한 천사들이 그를 보호해 주었던 것이다. 그 후 얼마 지나지 않아 그의 아내는 아이를 낳다가 아이와 함께 유명을 달리하고 말았다. 패턴은 식인종이 그들의 무덤을 파헤쳐 시신을 먹는 것을 방지하기 위해 무덤가에서 잠을 자야 했다. 그는 많은 역경과 시련에도 불구하고 그곳에 머물렀다. 적대 세력이 많았지만 뉴헤브리디스는 하나님이 그가 머물기를 원하시는 장소였다.

팀 사역

바울은 팀 사역을 중시하는 지도자였다. 그는 외로운 슈퍼스타를 꿈꾸지 않고 다른 사람들에게 의지했다. 고린도전서 16장 10절을 읽어 보자. "디모데가 이르거든 너희는 조심하여 저로 두려움이 없이 너희 가운데 있게 하라."

고린도전서 4장 17절로 미루어 보아 아마도 바울은 디모데를 고린도에 보내면서 고린도전서를 전달했던 것으로 보인다. 그는 교만하고 완고한 고린도의 그리스도인들에게 디모데를 위협하지 말라고 경고하며 당부했다. "저도 나와 같이 주의 일을 힘쓰는 자임이니라 그러므로 누구든지 저를 멸시하지 말고 평안히 보내어 내게로 오게 하라 나는 저가 형제들과 함께 오기를 기다리노라"고전 16:10-11.

바울은 고린도의 그리스도인들에게 자신의 사자인 디모데를 환대해 줄 것을 부탁하고, 그가 좋은 소식을 갖고 돌아오기를 기대했다. 디모데는 바울에게 믿음의 아들이었지만 딤전 1:2 참조 그를 자신과 동등하게 여겼다. 바울은 동료 사역자를 옹호하기 위해 최선을 다했다. 바울은 지도자들을 이끌던 지도자였지만 하나님을 섬기는 일에는 모두가 동등하다고 생각했다. 한마디로 그는 팀 사역을 소중하게 여겼다.

바울은 주님의 일을 할 때마다 항상 실라, 바나바, 누가, 아리스다고, 마가, 디모데와 같은 사람과 팀을 이루었다. 주님의 방식으로 주님의 일을 행하는 사람은 다른 사람들의 덕을 이루고 그들을 격려하는 일을 자신의 임무로 받아들이는 한편, 자기도 그들 가운데 하나라는 사실을 잊지 않는다.

하나님은 어떤 그리스도인들에게는 지도자의 임무를, 어떤 그리스도인들에게는 후원 사역의 임무를 각각 맡기신다. 후원 사역을 행하는 이들은 항상 그 일만 할 수도 있고, 또 일정한 훈련 기간을 거쳐 나중에 지도자의 임무를 맡아 행할 수도 있다. 어느 경우가 되었든지 교회는 항상 팀 사역을 염두에 두어야 한다. 우리는 어떤 위치에서 사역을 행하든지 예수님의 말씀을 기억해야 한다. "새 계명을 너희에게 주노니 서로 사랑하라 내가 너희를 사랑한 것같이 너희도 서로 사랑하라 너희가 서로 사랑하면 이로써 모든 사람이 너희가 내 제자인 줄 알리라"요 13:34-35.

교회가 단합된 팀으로 일하는 모습을 세상 사람들에게 보여 주면 우리의 믿음이 확실한 진리임을 알게 될 것이다.

다른 사람들의 삶에서 이루어지는 성령의 사역을 인정하라

우리도 바울이 아볼로를 대했던 것처럼 다른 사람들의 삶에서 이루어지는 성령의 사역을 기꺼이 인정할 수 있어야 한다. "형제 아볼로에 대하여는 저더러 형제들과 함께 너희에게 가라고 내가 많이 권하되"고전 16:12.

이 말씀에서 알 수 있듯이 바울은 아볼로가 디모데와 함께 고린도에 가서 자신과 그를 둘러싸고 벌어지는 분쟁을 해결해 주기를 바랐다. 그러나 "지금은 갈 뜻이 일절 없으나 기회가 있으면 가리라"12절는 말씀대로 아볼로는 '싫습니다. 가고 싶지 않습니다. 지금은 다른 일로 매우 바쁩니다'라고 대답했다. 바울은 그런 아볼로를 "누가 이방인의 사도라는 것을 알지 못하시오? 내가 누군지 몰라서 그렇게 말하는 것이요? 나는 바울이요. 그리스도께서 다메섹 도상에서 자신을 보이신 사람이란 말이요." 라며 다그치지 않았다.

사역 팀을 지배하려고 하거나 팀 동료에게 억지로 주의 일을 강요해서는 곤란하다. 유능한 지도자가 되려면 하나님이 팀 동료에게 하시는 말씀을 기꺼이 인정해야 한다. 선한 지도자는 성령께서 팀 동료들 가운데서 자유롭게 역사하시도록 배려한다.

우리 모두가 주님의 일을 열심히 행하면 주님이 상을 주러 오실 때

칭찬을 들을 것이다. "잘했다. 착하고 충성된 종아. 내가 부탁한 일을 잘 해 냈구나."

10 : 왜 나는 교회를 사랑하는가
교회 The Master's Plan for the Church

어느 날 로마 가톨릭으로 교적을 바꿀 생각을 하던 한 그리스도인이 나에게 그 이유를 설명하는 편지를 보내왔다. "개신교 그리스도인들은 교회를 소중하게 생각하지 않는 것 같습니다. 성경은 교회를 그리스도께서 세우셨고, 또 사랑하시는 제도로 묘사합니다. 가톨릭 그리스도인들은 교회를 무엇보다 소중하게 여기지만 내가 아는 개신교 그리스도인들은 대부분 교회를 소중히 여기지 않아요."

이와 같은 맥락에서 샘퍼드 대학교의 비슨 신학교장 티모시 조지 역시 디트리히 본회퍼의 설교를 다음과 같이 인용했다. 본회퍼는 이렇게 말했다. "개신교 그리스도인들에게 교회라는 말은 마음을 설레게 하지 못하는 한없이 진부하고, 무미건조하고, 불필요한 말처럼 들릴 뿐이다. 그 말은 그들에게 종종 진부함의 대명사처럼 인식된다."[1]

정직하게 생각해 보자. 이러한 비판에는 쉽게 외면하기 힘든 진실이 담겨 있다. 복음주의 그리스도인들 가운데는 교회에 관해 무관심할 뿐 아니라 교회의 일부가 되기보다 그 주변을 맴돌면서 단지 구경꾼처럼 의미 없는 출석만 반복하는 사람들이 너무나도 많다. 많은 사람이 그리스도를 믿는다고 고백하면서도 교회에 관해서는 냉담하기가 이루 말할 수 없다. 더욱이 복음주의 사역 단체에서 전임 사역자로 일하면서도 지역 교회와 아무 관계도 맺고 있지 않은 사람들도 있다. 이는 복음주의 진영 전체의 수치가 아닐 수 없다.

물론 성경과는 거리가 먼 로마 가톨릭 교회의 왜곡된 교회론을 수용하는 것이 교회에 대한 복음주의 진영의 냉담한 반응을 치유하는 해결책이 될 수는 없다. 복음주의 개신교는 교회론도 구원론과 마찬가지로 성경의 관점에서 파악해야 한다. 안타깝게도 개신교 그리스도인들 사이에도 전통이나 미신 등 중세 가톨릭 교회의 잔재가 많이 남아 있는 교회론을 신봉하는 경우가 비일비재하다. 오직 성경만이 교회의 본질과 역할에 관한 건전한 이해를 제시할 수 있다.

나는 교회를 열렬히 사랑한다. 교회를 섬기는 일은 나에게 말로 다할 수 없는 감격을 느끼게 한다. 나도 여러 사역 단체에 속해 일하고 있지만 그 모든 사역을 다 합친다고 해도 교회를 위한 나의 사역과 맞바꿀 수 없다. 교회는 나의 사역에서 가장 중요한 위치를 차지한다. 내가 여러 사역 단체에서 행하는 사역은 모두 교회를 위한 사역에 종속되며, 그것으로부터 출발한다.

사실 나는 일평생 교회 안에서 살았다. 아버지는 목회자였고, 그 위로 삼 대째 할아버지도 목회자였다. 따라서 나의 핏줄 속에서는 교회에 대한 깊은 사랑이 흐른다. 내가 교회를 사랑하는 이유 몇 가지를 성경에서 찾아 정리하면 다음과 같다.

주님이 친히 교회를 세우신다

구약 시대에 성전이 있었다면 신약 시대에는 교회가 있다. 교회는 건물이 아니라 참 그리스도인들의 공동체를 말한다. 교회는 "신령한 집"벧전 2:5이요 "성령의 전"고전 3:16-17, 고후 6:16이자 하나님이 땅 위에서 그 영광을 환히 드러내는 곳이며, 구원받은 자들을 위한 영적 생명과 예배의 중심이자 핵이다.

하나님이 친히 교회를 설계하고 건축하셨다. 바울은 에베소서 2장 19-22절에서 이렇게 증언했다.

> "그러므로 이제부터 너희가 외인도 아니요 손도 아니요 오직 성도들과 동일한 시민이요 하나님의 권속이라 너희는 사도들과 선지자들의 터 위에 세우심을 입은 자라 그리스도 예수께서 친히 모퉁이 돌이 되셨느니라 그의 안에서 건물마다 서로 연결하여 주 안에서 성전이 되어 가고 너희도 성령 안에서 하나님의 거하실 처소가 되기 위하여 예수 안에서 함께 지어져 가느니라."

하나님의 영원한 계획 속에 포함된 교회의 중요성은 아무리 강조해도 지나치지 않다. 교회는 "하나님의 집"고전 3:9이다. 하나님은 전능하신 주권자요 변하지 않으시는 주님이시다. 그분의 말씀은 헛되지 않으며 반드시 이루어진다사 55:11 참조. 하나님은 늘 신실하시고 스스로를 부인하실 수 없다딤후 2:13 참조. 하나님의 주권적인 목적은 반드시 이루어지고, 그분은 항상 자신의 뜻을 이루신다사 46:10 참조. 하나님의 계획은 흔들리거나 실패하는 법이 없다. 그분은 말씀하신 것을 반드시 이루신다 11절 참조. 하나님은 가장 확실하고 승리에 찬 어조로 교회를 세우시겠다고 말씀하셨다.

예를 들어 예수님은 "내 교회를 세우리니 음부의 권세가 이기지 못하리라"마 16:18고 말씀하셨다. 양들의 이름을 아시는 분요 10:3 참조, 곧 창세 전에 그들이 이름을 생명책에 기록하신 분계 13:8 참조이 친히 음부의 권세가 교회를 이기지 못할 것이라고 보장하셨다.

"음부의 권세"는 죽음을 뜻하는 히브리식 표현이다. 음부는 죽은 자들의 거처고, 그 문은 그곳으로 들어가는 입구, 곧 죽음 자체를 가리킨다. 음부는 사탄의 영역이기도 하다. 히브리서 2장 14절에서는 사탄을 "사망의 세력을 잡은 자"로 언급한다. 아울러 15절은 그가 사람들을 공포에 질리게 하고 일생 동안 속박할 수 있는 능력이 있다고 증언한다. 하지만 그리스도께서는 사탄의 권세를 깨뜨리시고 그의 통치 영역에서 선택 받은 백성을 구원하셨다. 한마디로 그분은 음부의 권세를 무너뜨리셨다.

이제는 사탄의 가장 강력한 무기인 죽음의 권세조차도 그리스도께서 세우시는 교회의 궁극적인 승리를 가로막을 수 없다. 이외에도 "음부의 권세"에는 또 하나의 중요한 의미가 있다. 문은 성벽으로 둘러싸인 요새의 가장 중요한 방위 수단이다. 그리스도의 말씀은 교회를 지옥의 문을 향해 폭풍우처럼 몰아닥쳐 죽음의 권세로부터 사람들을 구원하는 전투 세력으로 묘사한다. 그리스도께서는 교회를 통한 복음 사역의 승리를 보장하신다. 그 무엇도 교회를 세우시는 그리스도의 사역을 방해할 수 없다.

물론 그리스도의 약속을 잘못 이해해서는 안 된다. 그분의 약속은 각 지역의 교회가 하나도 실패하지 않고 건재할 것이라는 뜻과는 거리가 멀다. 그리스도께서는 교회 지도자가 아무도 잘못을 저지르지 않을 것이라거나 개개의 교회가 모두 변절하지 않고 끝까지 신앙을 지킬 것이라고 가르치지 않으셨다. 그분은 모든 교회가 성공과 번영을 누리리라고 약속하지 않으셨다. 하지만 그리스도께서는 교회(그리스도를 머리로 하는 그리스도인들의 범우주적 공동체), 곧 그분의 신부이자 몸이며 "만물 안에서 만물을 충만케 하시는 자의 충만"엡 1:23인 교회가 세상이 지속되는 한, 가시적 형태로 세상에서 항상 복음을 증언할 것이라고 약속하셨다. 진리의 원수들이 일치단결하더라도 교회를 이기거나 파괴할 수 없다.

아울러 교회는 점진적이다. 교회는 계속 지어지고 있다엡 2:21 참조. 교회는 지금도 건설 중이다22절 참조. 건축자이신 하나님이 교회의 불완전함과 결점을 하나씩 제거하고 계신다엡 5:25-27 참조.

교회의 완성을 위한 계획이 하나님이 영원 전에 설계하신 청사진에 따라 목하 이루어지고 있다.

교회는 영원한 계획의 완성이다

"이 영생은 거짓이 없으신 하나님이 영원한 때 전부터 약속하신 것인데"딛 1:2. 바울은 이 문맥 안에서 자신의 사역, 곧 "택하신 자들의 믿음"1절을 위한 복음 전도와 구원의 사역을 묘사하고 있다.

바울은 자신의 사역을 묘사하면서 선택"하나님의 택하신 자들"-1절, 구원"진리의 지식"-1절, 성화"경건함에 속한"-1절, 마지막 영광"영생의 소망"-2절이라는 하나님의 구원 계획을 차례로 열거했다. 이 모든 것이 하나님의 사역, 곧 그분이 "창세 전에 약속하신 것"이다롬 8:29-30 참조.

다시 말해 영원 전, 곧 세상과 시간이 창조되기 전에 하나님은 구원 계획을 세우시고 완성하실 뜻을 품으셨다. 그분은 백성을 선택하셨고, 믿음과 경건과 영광으로 인도하실 사람들의 이름을 기록하셨다. 하나님은 영원 전에 이 일을 약속하셨다.

이 약속은 시간이 시작되기 전, 곧 세상이 창조되기 전에 이미 주셨다. 창세 전에는 사람도 짐승도 아무것도 존재하지 않았다. 그러면 하나님은 이 약속을 누구에게 하셨을까?

우리는 이에 대한 대답을 다음 성경 구절에서 찾을 수 있다. "하나님이 우리를 구원하사 거룩하신 부르심으로 부르심은 우리의 행위대로 하심이 아니요 오직 자기 뜻과 영원한 때 전부터 그리스도 예수 안에서 우리에게 주신 은혜대로 하심이라"딤후 1:9. 이 구절 역시 디도서 1장 2절처럼 "영원한 때 전부터"라는 문구를 사용한다. 바울 사도는 디모데에게 하나님의 영원한 계획, 곧 창세 전에 존재했던 그분의 약속이 '그리스도 예수 안에서 우리에게 주어졌다'고 가르쳤다.

이는 진정 경이롭기 짝이 없는 현실이다. 우리는 삼위일체의 신비 안에서 성삼위 하나님 안에 참으로 거룩하고 영원한 사랑이 존재한다는 사실을 깨닫게 된다. 예수님은 "아버지여 내게 주신 자도 나 있는 곳에 나와 함께 있어 아버지께서 창세 전부터 나를 사랑하시므로 내게 주신 나의 영광을 저희로 보게 하시기를 원하옵나이다"요 17:24라는 말로 대제사장의 기도를 드리셨다.

그러한 사랑은 당연히 표현할 방법을 찾게 마련이다. 참사랑은 항상 사랑을 베풀 수 있는 방법을 찾는다. 성부께서는 성자에 대한 완전한 사랑을 표현하시기 위해 구원받은 백성(곧 칭의와 성화와 영화를 거쳐 온전하게 될 그리스도인들)을 주시겠다고 약속하셨다. 다시 말해 하나님은 구원받은 백성을 영화롭게 하시어 성부와 성자께서 창세 전부터 거하시는 처소에 함께 살게 하시겠다고 약속하셨다. 이렇게 부르심을 받은 사람들, 곧 "각 족속과 백성과 방언과 나라"계 13:7로부터 불러 내신 "자기 이름을 위한 백성"행 15:14이 성령의 전엡 2:21-22, 곧 하나님이 거하시는 처소를 이루게 하는 것이 그분의 계획이었다.

이것이 성부께서 성자에게 하신 영원한 약속이다. 그러면 성부께서는 왜 그런 약속을 하셨을까? 그 이유는 자신의 사랑을 표현하시기 위해서였다. 구원 받은 백성은 성부께서 성자에게 주시는 선물이다.

이 점을 염두에 두고 요한복음 6장 37절에 기록된 예수님의 말씀을 생각해 보자. "아버지께서 내게 주시는 자는 다 내게로 올 것이요 내게 오는 자는 내가 결코 내어 쫓지 아니하리라."

이 말씀은 궁극적으로 교회가 승리한다고 확언한다. 구원받은 백성, 곧 하나님 앞에서 은혜로 믿음과 죄 사함과 의롭다 함의 은총을 받은 사람들은 성부께서 성자에게 주시는 선물이다. 주님은 구원받은 백성 가운데 단 한 사람도 잃어버리거나 내쫓지 않으신다. 그리스도께서 어찌 성부께서 주신 선물을 버리시겠는가?

이런 사실은 선택 교리의 중요성을 크게 부각시킨다. 우리가 그리스도인이 된 것은 비그리스도인보다 더 똑똑해서가 아니다. 우리가 믿게 된 것은 우리의 지혜 때문이 아니다. 그 이유는 하나님이 우리를 그리스도께 인도하셨기 때문이다요 6:44, 65 참조. 구원 신앙에 이른 그리스도인은 누구나 성부께서 성자에게 주신 사랑의 선물 가운데 일부다. 성부께서는 성자에게 창세 전에 구원 받은 백성, 곧 교회를 주시겠다고 약속하셨다.

요한계시록을 살펴보면 하나님의 영원한 계획에 담겨 있는 의미가 더욱 선명하게 드러난다. 요한계시록의 증언은 천국의 현실을 어렴풋이 들여다볼 수 있게 해 준다. 그러면 승리한 교회는 장차 천국에서 무슨 일을 할까? 영화롭게 된 성도는 영원히 어떤 일을 행할까? 그들은 어린 양을 찬양하고 예배하고 섬기는 일을 행한다. 요한 사도는 구원 받은 그리스도인 전체를 세마포를 입은 지극히 순결하고 순수한 그리스도의 신부로 묘사한다계 19:7-8 참조. 성도는 어둠도 눈물도 슬픔도 고통도 없는 곳에서 영원히 그리스도와 함께 살아간다계 21:4 참조. 그들은 영원히 어린 양을 섬기며 그분에게 영광을 돌린다. 이것이 바로 하나님이 세우신 계획의 완성이자 성자에게 교회를 선물로 주신 이유다.

영원한 약속에는 성자께서 성부에게 하신 약속이 아울러 포함된다. 구원은 성부 혼자만의 사역이 아니다. 성부의 계획을 이루기 위해서는 성자께서 인간이 되어 죄의 값을 치르셔야 했다. 성자께서는 성부에게 온전히 복종하셨다. 이것이 "내가 하늘로서 내려온 것은 내 뜻을 행하려 함이 아니요 나를 보내신 이의 뜻을 행하려 함이니라 나를 보내신 이의 뜻은 내게 주신 자 중에 내가 하나도 잃어버리지 아니하고 마지막 날에 다시 살리시는 그것이니라"요 6:38-39는 예수님의 말씀에 담겨 있는 의미다.

희생 제사나 그 외 다른 방법으로는 죄로부터의 구원을 이룰 수 없었기에 성자께서 친히 세상에 오시어 속죄 제물이 되셔야 했다. 십자가의 희생은 성부의 뜻에 대한 복종의 행위였다. 다음 성경 말씀은 그 사실을 분명히 한다.

> "이는 황소와 염소의 피가 능히 죄를 없이 하지 못함이라 그러므로 세상에 임하실 때에 가라사대 하나님이 제사와 예물을 원치 아니하시고 오직 나를 위하며 한 몸을 예비하셨도다 전체로 번제함과 속죄제는 기뻐하지 아니하시나니 이에 내가 말하기를 하나님이여 보시옵소서 두루마리 책에 나를 가리켜 기록한 것과 같이 하나님의 뜻을 행하러 왔나이다 하시니라 위에 말씀하시기를 제사와 예물과 전체로 번제함과 속죄제는 원치도 아니하고 기뻐하시도 아니하신다 하셨고(이는 다 율법을 따라 드리는 것이라) 그 후에 말씀하시기를 보시옵소서 내가 하나님의 뜻을 행하러 왔나이다 하셨으니" 히 10:4-9.

이처럼 성자께서는 성부에게 복종하심으로 그분에 대한 사랑을 표현하셨다. 따라서 교회를 세우는 것은 성자를 향한 성부의 사랑만이 아니라 성부에 대한 성자의 사랑을 표현하는 것이기도 하다.

이 모든 사실은 교회가 지극히 위대하고 광대하고 초월적인 실체임을 암시한다. 따라서 우리의 미천한 생각으로는 하나님의 영원한 계획 속에 담겨 있는 교회의 의미를 도무지 헤아리기 어렵다. 하나님의 목적은 단지 우리를 천국에 데려가시는 것으로 그치지 않는다. 구원의 드라마는 그보다 훨씬 더 웅대한 목적을 지닌다. 그것은 바로 성삼위 하나님 안에서 이루어지는 영원한 사랑의 표현이다. 우리는 단지 선물에 불과하다.

교회를 위한 하나님의 영원한 계획과 관련해 한 가지 더 생각할 점이 있다. 로마서 8장 29절은 성부께서 성자에게 주시기 위해 선택하신 사람들을 또한 성자의 형상을 본받게 하시기 위해 미리 정하셨다고 말한다. 하나님은 선택하신 이들을 의롭다 하시고 거룩하게 하시고 영화롭게 하시고 장차 그들을 천국에 데려가 영원히 "어린 양이 …… 찬송을 받으시기에 합당하도다"계 5:12, 4:11; 5:9-10 참조라고 소리 높여 찬양하게 하실 뿐 아니라, 그들이 아들의 형상을 본받게 하시기로 작정하셨다.

우리의 유한한 인성이 육체를 입은 신성을 본받아 예수 그리스도의 형상으로 변할 것이다. 그 이유는 "그로 많은 형제 중에서 맏아들(프로토코스*prototokos*)이 되게롬 8:29 하시기" 위해서다. '프로토코스'는 시간상으로 가장 먼저 태어난 사람뿐만 아니라 그가 속한 계층에서 으뜸이 되는 사람을 가리킨다. 이 말은 그리스도께서 자신의 형상을 닮은 모든 그리스도인들의 공동체 안에서 가장 지고한 존재가 되신다는 의미가 있다.

우리는 영화롭게 되는 순간 즉시 그리스도의 형상으로 변모한다. 요한은 "그가 나타내심이 되면 우리가 그와 같을 줄을 아는 것은 그의 계신 그대로 볼 것을 인함이니"요일 3:2라고 말했고, 바울은 "너희 속에 그리스도의 형상이 이루기까지 …… 해산하는 수고를 하노니"갈 4:19라고 말했다. 성령께서는 우리를 그리스도의 형상으로 변화시키신다. 하나님이 친히 우리의 성화를 완성하신다는 진리야말로 진정 기쁜 소식이 아닐 수 없다. 교회는 모든 시련을 극복하고 영광스럽고 순결한 모습으로 신랑이신 그리스도를 맞이하게 될 것이다.

이런 사실을 생각하면 어찌 기뻐하지 않을 수 있으며, 어찌 교회에 대해 냉담한 태도를 취할 수 있겠는가?

일전에 새 신자 한 사람이 기쁨이 가득한 얼굴로 예배 모임에서 간증을 하기 위해 일어났다. 나이 든 그리스도인들 가운데 대부분이 구원의 기쁨을 잃은 채 신앙생활을 하는 듯한 모습을 목격해 왔던 그는 이렇게 말했다. "이번 주에 성경 마지막 장을 읽었습니다. 아세요? 우리가 결국 승리하더라고요."

그의 말은 훌륭한 종말론적 관점을 드러낸다. 교회는 궁극적으로 승리를 거둔다. 아무것도 하나님의 목적을 방해할 수 없다.

우리 앞에는 참으로 영광스런 종말이 기다리고 있다. 바울은 고린도전서 15장 24-28절에서 이렇게 증언했다.

"그 후에는 나중이니 저가 모든 정사와 모든 권세와 능력을 멸하시고 나라를 아버지 하나님께 바칠 때라 저가 모든 원수를 그 발 아래 둘 때까지 불가불 왕노릇 하시리니 맨 나중에 멸망 받을 원수는 사망이니라 만물을 저의 발 아래 두셨다 하셨으니 만물을 아래 둔다 말씀하실 때에 만물을 저의 아래 두신 이가 그 가운데에 들지 아니한 것이 분명하도다 만물을 저에게 복종하게 하신 때에는 아들 자신도 그때에 만물을 자기에게 복종케 하신 이에게 복종케 되리니 이는 하나님이 만유의 주로서 만유 안에 계시려 하심이라."

그때 광경을 한번 상상해 보라. 그리스도께서 모든 원수를 멸하신다. 만물이 성자에게 복종한다. 성부께서 성자에게 가장 큰 사랑의 선물, 즉 교회를 신부로 주시어 그분에게 복종하게 하신다. 그리스도께서 보좌에 앉으신다. 만물을 성자에게 복종하게 하신 성부를 제외한 모든 것이 그분께 복종한다. 그리고 마지막에는 "아들 자신도 그때에 만물을 자기에게 복종케 하신 이에게 복종케 되리니 이는 하나님이 만유의 주로서 만유 안에 계시려 하심이라"28절는 말씀이 이루어진다.

다시 말해 성자께서는 교회를 영화롭게 하시고 성부께서는 교회를 영원한 사랑의 선물로 성자에게 주신다. 그리고 성자께서는 자신을 포함한 모든 것을 성부에게 다시 바치신다.

이것이 우리의 상상을 초월하는 종말의 광경이자 교회를 위한 하나님의 영원한 계획이다. 우리는 하나님의 영광을 위해 부르심을 받아 구원을 받고 성자의 형상으로 변화된다. 이것은 성삼위 하나님 안에서 이루어지는 사랑의 표현, 곧 지극히 경이롭고 뛰어날 뿐 아니라 진정 불가해한 사랑의 표현이다. 교회는 성삼위 하나님이 서로 주고받는 사랑의 선물이다. 우리가 그 안에 포함되었다는 사실은 참으로 깊이 감사하고 크게 기뻐할 일이 아닐 수 없다.

교회는 세상에서 가장 보배로운 현실이다

내가 교회를 사랑하는 세 번째 이유는 교회가 세상에서 가장 보배로운 현실이기 때문이다. 교회는 은이나 금, 또는 세상의 그 어떤 보물보다 더 귀하다.

그러면 교회는 얼마나 보배로울까? 이에 대한 대답은 교회를 위해 가장 값비싼 대가가 치러졌다는 사실에 있다. 성경은 교회를 "값으로 산 것이 되었으니"고전 6:20라고 말씀한다. 그러면 그 가격은 과연 어느 정도일까? 베드로 사도는 "너희 조상의 유전한 망령된 행실에서 구속된 것은 은이나 금같이 없어질 것으로 한 것이 아니요 오직 흠 없고 점 없는 어린 양 같은 그리스도의 보배로운 피로 한 것이니라"벧전 1:18-19고 말했다. 사도행전 20장 28절도 "하나님이 자기 피로 사신 교회"라고 말한다.

교회는 성자께서 십자가의 고난을 자처하고 성부에게 죽기까지 복종하셨을 정도로 귀하다. 성자의 희생 덕분에 영원한 사랑의 선물인 교회가 현실이 되었다. 바울 사도는 "우리 주 예수 그리스도의 은혜를 너희가 알거니와 부요하신 자로서 너희를 위하여 가난하게 되심은 그의 가난함을 인하여 너희로 부요케 하려 하심이니라"고후 8:9는 말씀으로 고린도의 그리스도인들에게 이 위대한 진리를 일깨워 주었다.

이 말씀은 세상의 부나 물질과는 아무 상관이 없다. 그리스도께서는 하나님처럼 영광이 부요하시다요 17:5 참조. 가난도 물질적인 가난을 뜻하지 않는다. 그리스도께서는 자신의 영광을 벗어 버리셨다. 그분은 신으로서의 주권과 초월성을 포기하고 종의 형체를 입으셨으며, 급기야 십자가에서 죽으심으로 하나님의 모든 진노를 홀로 담당하셨다골 2:6-8 참조.

이것이 교회를 위해 치러진 가격이다. 교회는 그만큼 보배롭다. 영광이 하나님처럼 부요하신 분이 하나님과의 관계가 단절된 사람처럼 가난하게 되셨다마 27:46 참조.

다시 고린도후서 8장 9절을 읽어 보면 그리스도께서 가난하게 되신 이유는 우리를 부요하게 하시기 위해서라는 사실을 알 수 있다. 그분의 죽으심으로 우리는 "하나님의 후사요 그리스도와 함께 한 후사"롬

8:17가 되었다. 다시 말해 그리스도께서 하늘의 영광을 포기하신 덕분에 교회는 그 풍성한 영광에 동참하게 되었다. 이로써 교회는 세상에서 가장 보배로운 현실이 되었다.

교회는 지상에 드러난 천국의 현실이다

내가 교회를 사랑하는 또 다른 이유는 교회가 지상에 존재하는 천국이나 다름없기 때문이다. 물론 이 말은 교회가 완전하다거나 부패한 세상을 피해 은신할 수 있는 이상향을 제시한다는 뜻과는 거리가 멀다. 이는 단지 교회가 천국에서 일어나는 모든 일을 지상에서 반영하는 장소라는 의미일 뿐이다.

"뜻이 하늘에서 이룬 것같이 땅에서도 이루어지이다"마 6:10. 예수께서 우리에게 가르치신 기도다. 하나님의 뜻이 가장 잘 이루어질 수 있는 장소는 과연 어디일까? 미국 의회일까? 아니다. 대법원일까? 그것도 아니다. 그러면 대학일까, 아니면 시청일까? 모두 아니다.

그렇다면 하나님의 뜻이 하늘에서처럼 땅에서 이루어질 수 있는 곳은 도대체 어디일까? 그곳은 바로 교회다.

천국에서는 어떤 일이 일어나고 있을까? 천국에서 이루어지는 일을 세상으로 옮겨온다면 어떤 활동이 주를 이룰까?

첫 번째는 예배다. 환상 중에 천국을 목격한 하나님의 사람들이 성경에 기록한 내용에 따르면 그곳에서 주로 이루어지는 활동은 다름 아닌 예배이다. 천국의 백성은 끊임없이 하나님께 찬양과 감사와 영광을 돌린다. 이사야 선지자는 이렇게 증언했다.

"내가 본즉 주께서 높이 들린 보좌에 앉으셨는데 그 옷자락은 성전에 가득하였고 스랍들은 모셔 섰는데 각기 여섯 날개가 있어 그 둘로는 그 얼굴을 가리었고 그 둘로는 그 발을 가리었고 그 둘로는 날며 서로 창화하여 가로되 거룩하다 거룩하다 거룩하다 만군의 여호와여 그 영광이 온 땅에 충만하도다" 사 6:1-3.

요한 사도도 요한계시록 4장 8-11절에서 아래와 같이 말했다.

"네 생물이 각각 여섯 날개가 있고 그 안과 주위에 눈이 가득하더라 그들이 밤낮 쉬지 않고 이르기를 거룩하다 거룩하다 거룩하다 주 하나님 곧 전능하신 이여 전에도 계셨고 이제도 계시고 장차 오실 자라 하고 그 생물들이 영광과 존귀와 감사를 보좌에 앉으사 세세토록 사시는 이에게 돌릴 때에 이십사 장로들이 보좌에 앉으신 이 앞에 엎드려 세세토록 사시는 이에게 경배하고 자기의 면류관을 보좌 앞에 던지며 가로되 우리 주 하나님이여 영광과 존귀와 능력을 받으시는 것이 합당하오니 주께서 만물을 지으신지라 만물이 주의 뜻대로 있었고 또 지으심을 받았나이다."

천국에 거하는 피조물은 모두 살아 계신 하나님을 끊임없이 예배한다.

예배는 교회의 주된 활동 가운데 하나다. 바울은 고린도전서 14장에서 초대 교회의 예배 모임에서 주로 이루어지던 활동을 이렇게 묘사했다. "너희가 모일 때에 각각 찬송시도 있으며 가르치는 말씀도 있으며 계시도 있으며 방언도 있으며 통역함도 있나니 모든 것을 덕을 세우기 위하여 하라"26절. 바울의 말은 하나님을 예배하고 성도의 덕을 세우기 위한 교회의 활동을 자세히 언급한다. 불신자가 그런 교회의 모임에 참석할 경우에는 다음과 같은 역사가 일어나는 것이 바람직했다. "그 마음의 숨은 일이 드러나게 되므로 엎드리어 하나님께 경배하며 하나님이 참으로 너희 가운데 계시다 전파하리라"25절.

천국에서 이루어지는 두 번째 활동은 그리스도를 높이는 것이다. 그리스도께서는 지상 사역을 마치시고 지금 영광과 높임을 받으시어 성부의 오른편에 앉아 계신다행 5:31 참조. 성부께서 친히 성자를 높이시고, "모든 이름 위에 뛰어난 이름"빌 2:9을 주셨다. 그리스도께서는 '하늘보다 높이 되셨다'히 7:26 참조. 장차 우리는 영원토록 그분의 이름을 높여 찬양할 것이다계 5:11-14 참조. 그날이 이르기 전까지 그리스도의 이름이 진정으로 높임을 받으실 수 있는 곳은 바로 교회다.

천국에서 이루어지는 세 번째 활동은 순결함과 거룩함을 유지하는 것이다. 천국은 거룩한 장소다. 요한계시록 21장 8절에 따르면 "두려워하는 자들과 믿지 아니하는 자들과 흉악한 자들과 살인자들과 행음자들과 술객들과 우상 숭배자들"은 천국에 들어갈 수 없고, 대신 유황으로 타는 못에 들어간다. 또한 요한계시록 22장 14-15절은 천국 거민들의 완전한 순결을 이렇게 증언한다. "그 두루마기를 빠는 자들은 복이 있으니 이는 저희가 생명나무에 나아가며 문들을 통하여 성에 들어갈 권세를 얻으려 함이로다 개들과 술객들과 행음자들과 살인자들과 우상 숭배자들과 및 거짓말을 좋아하며 지어내는 자마다 성 밖에 있으리라."

하나님은 거룩하지 못한 사람은 그 누구도 천국에 들어가지 못하게 하신다히 12:14 참조. 이와 마찬가지로 주님은 지상의 교회에도 순결함을 유지해야 할 책임을 부과하신다. 마태복음 18장 15-20절은 교회의 순결을 유지하기 위한 권징의 절차를 자세히 소개한다. 권징의 절차에 따르면 필요한 경우에는 교인을 출교할 수도 있다. 여기에서 권징의 절차를 상세히 설명하기는 어렵다(권징에 관해 좀 더 자세히 알고 싶거든 11장을 참조하라). 왜냐하면 이번 부록의 주제와 너무 동떨어지기 때문이다. 여기에서는 다만 "진실로 너희에게 이르노니 무엇이든지 너희가 땅에서 매면 하늘에서도 매일 것이요 무엇이든지 땅에서 풀면 하늘에서도 풀리라"18절는 그리스도의 약속을 간단히 살펴보는 것으로 만족하고자 한다.

매고 푼다는 것은 유대의 랍비들이 사람들의 죄를 다룰 때 사용하는 표현이었다. 이는 회개하지 않은 사람은 죄에 속박되어 있고, 회개한 사람은 죄에서 풀려났다는 뜻이다. 그리스도의 말씀은 지상의 교회가 올바른 권징 절차를 실시하면 그것이 곧 천국의 판결에 해당한다는 뜻을 담고 있다. 천국은 교회의 결정에 동의한다. 지상의 교회가 회개하지 않은 그리스도인을 출교할 때 교회의 장로들은 천국에서 이미 결정된 사실을 통보하는 것이나 다름없다. 교회의 권징은 세상에서 천국의 거룩함을 반영한다.

교회를 통해 반영되는 천국의 활동 가운데 또 하나는 성도의 교제이다. 지상의 교회에서 이루어지는 성도의 교제는 장차 천국에서 누리게 될 완전한 교제를 미리 맛보는 경험에 해당한다.

이처럼 교회는 지상에서 천국의 현실을 반영한다. 교회는 세상에서 천국에 가장 가까운 곳이다.

요즘 소위 '사용자 편의를 위한 교회'에 관한 말이 많이 오간다. 교회 성장 전문가들은 교회 지도자들에게 불신자들이 집처럼 편안한 기분을 느낄 수 있는 분위기를 조성하는 것이 중요하다고 조언한다. 하지만 그런 조언은 교회를 잘못 이해하고 하는 소리다. 불신자들이 교회를 방문하고 나서 문을 나설 때는 '세상에서 이러한 광경은 한 번도 본 적이 없어'라고 생각할 수 있어야 한다. '너무나도 편안해'라고 생각하며 교회 문을 나선다면 그것은 무엇인가 심각하게 잘못되었다는 증거다. 교회는 천국의 현실을 반영하는 곳이 되어야 한다.

"하나님의 집 …… 이 집은 살아 계신 하나님의 교회요 진리의 기둥과 터니라"딤전 3:15. 바울 사도의 말처럼 교회는 세상의 다른 제도와 기관과는 달리 하나님의 진리를 수호하는 곳이다. 하나님은 교회에게 진리의 횃불을 높이 쳐들라고 명령하신다. 우리는 진리를 무기로 삼아 사탄의 거짓과 사변으로 이루어진 견고한 요새를 무너뜨려야 한다고후 10:3-5 참조. 그러한 목표를 향해 매진할 때 교회는 마침내 가장 위대한 승리를 거머쥐게 될 것이다.

이것들이 내가 교회를 사랑하는 이유다. 주님이 나에게 생명을 허락하시는 한 나는 복음 사역과 참 교회의 사명을 이루는 일에 일생을 바쳐 헌신할 생각이다.

⟨Note⟩
1. What I'd Like to Tell the Pope about the Church, http://www.christianity.net/ct/8T7/8T7041.html

+ 하나님이 계획하신 교회 +

"형제들아 사람이 만일 무슨 범죄한 일이 드러나거든 신령한 너희는 온유한 심령으로 그러한 자를 바로잡고 네 자신을 돌아보아 너도 시험을 받을까 두려워하라"
갈 6:1.

11장 • 교회 권징의 요소

+

12장 • 죄 지은 형제의 회복 방법

+

13장 • 타락한 지도자가 복직해도 될까

정결한 교회 3
THE MASTER'S PLAN
FOR THE CHURCH

11 : 교회 권징의 요소

교회 The Master's Plan for the Church

사람들에게 거룩한 삶을 독려할 수 있는 방법을 모색하면서 깨달은 사실은, 설교로만 경건한 삶을 강조하고 사람들의 반응에 무관심하면 아무 소용이 없다는 것이다. 마태복음 18장, 고린도전서 5장, 데살로니가후서 3장은 경건한 삶의 기준을 확실히 설정해야 할 책임이 교회에 있다는 점을 분명히 한다.

죄는 반드시 손을 쓰지 않으면 안 된다. 행동 규범을 공포하거나 글로 적어 게시하는 것만으로는 부족하다. "내 아들아 여호와의 징계를 경히 여기지 말라 그 꾸지람을 싫어하지 말라 대저 여호와께서 그 사랑하시는 자를 징계하시기를 마치 아비가 그 기뻐하는 아들을 징계함 같이 하느니라" 잠 3:11-12.

아버지가 자식을 징계하듯이 하나님 아버지께서도 때로 자신의 자녀들을 징계하신다.

사람들은 종종 이렇게 묻는다. "미국 교회, 심지어 복음주의 교회가 왜 그렇게 거룩하지 못한 것이죠?"

그 원인은 우리가 잘못된 말씀을 전하기 때문이 아니라, 말씀을 사람들의 삶에 실제로 적용하는 일을 등한시하기 때문이다. 많은 그리스도인이 교리적으로 올바른 설교를 듣고 있는 한, 어떻게 사느냐 하는 문제에는 무관심해도 괜찮다고 생각한다. 하지만 늘 대화에만 의존하면서 자녀를 지나치게 자유롭게만 기를 수는 없다. 자녀들에게 해야 할 의무만 말하고 아무 징계를 가하지 않는다면 자녀를 올바로 양육하기가 불가능하다.

예수님은 마태복음 18장에서 죄를 범한 동료 그리스도인을 다루는 방법을 자세히 설명하셨다. 예수님이 세우신 원리(그리스도인에게 악영향을 미치는 죄를 처리하는 지침)는 오늘날 교회의 권징을 다룰 때에도 변함없이 적용된다. 마태복음 18장의 원리는 동료 그리스도인에게 죄를 범한 그리스도인을 처리하는 문제에 우선적으로 적용된다. 주님은 죄를 지은 그리스도인을 회복하는 과정에 온 교회가 참여해야 한다고 가르치셨다. 나는 죄가 교회에 영향을 미치는 경우에는 언제든지 예수님이 세우신 원리를 적용할 수 있다고 확신한다.

권징의 장소

마태복음 18장 17절에 "교회('에클레시아'; '불러낸 자들' 또는 '모임'을 의미함)"라는 용어가 두 번 등장한다. 마태복음에서 '에클레시아'는 일반적으로 오순절에 탄생한 초대 교회를 가리키지 않는다. 하지만 이 표현은 성령 세례를 통해 탄생하게 될 신약 시대의 교회행 2장 참조를 분명히 암시한다. 어느 날 예수님은 에클레시아라는 용어를 가버나움의 집에 모여 있던 제자들에게 적용하셨지만, 이 말은 제자들의 모임을 뛰어넘어 모든 교회에 적용 가능한 원리를 제시한다.

예수님은 제자들에게 구원받은 백성의 모임에서 반드시 권징이 이루어져야 한다는 점을 주지시키셨다. 교회의 권징은 교회 위에 군림하는 상위 법정이나 일반 법정에서 다룰 만한 성질의 문제가 아니다. 만일 권징을 베풀기 위해 주교회의, 추기경회의, 종교회의를 비롯해 지역 교회와 무관한 단체나 모임을 설정한다면 그것은 신약성경이 허용하는 한계를 넘어선 법정을 인위적으로 구성하는 것이나 다름없다. 예수님은 일반적인 차원에서 교회를 언급하셨기 때문에 재판관의 신분으로 앉아 판결을 내리는 계급구조는 무엇이든 허용해서는 안 된다.

바울은 그리스도인들끼리 세상 법정에 서로를 고소하는 행위를 단호히 나무랐다. 그는 "너희 중에 누가 다른 이로 더불어 일이 있는데 구태여 불의한 자들 앞에서 송사하고 성도 앞에서 하지 아니하느냐"고전 6:1라고 말했다. 이 말은 '왜 너희의 불평거리와 문제를 동료 그리스도인들 앞에서 해결하지 못하고 거듭나지 못한 사람들이 관할하는 법정에 들고 나가느냐?'라는 뜻이다. 그리스도인들이 따로 법정을 구성해야 한다는 뜻이 아니다. 교회의 권징이나 논쟁과 관련된 문제를 해결하는 최고의 법정은 교회 자체이기 때문이다. 그는 "성도가 세상을 판단할 것을 너희가 알지 못하느냐 …… 우리가 천사를 판단할 것을 너희가 알지 못하느냐 그러하거든 하물며 세상 일이랴"2-3절라는 말로 이 점을 분명히 했다.

따라서 교회의 권징은 그리스도인들의 공동체 내에서만 이루어져야 한다. 그리스도인들의 공동체는 그레이스 커뮤니티 교회처럼 규모가 클 수도 있고, 또 그보다 작은 교회들처럼 작을 수도 있다. 아울러 교회가 아직 존재하지 않는 선교 현장에서는 두세 사람의 선교사가 권징을 실시할 수 있다. 성경 공부 그룹이나 서로 교제하는 소그룹도 구원받은 그리스도인들의 모임인 한, 얼마든지 권징을 실시할 수 있다. 하나님이 요구하시는 거룩한 삶에 대해 책임은 각 교회나 그리스도인들의 모임에 있다. 따라서 교회 밖이나 그 위에 판결 조직을 구축하는 것은 잘못이다.

권징의 목적

"만일 들으면 네가 네 형제를 얻은 것이요" 마 18:15.

권징의 목적은 회복, 곧 죄 지은 그리스도인을 다시 거룩하게 만드는 것이다. 다음 성경 구절들을 통해 알 수 있듯이 하나님은 항상 회복에 관심을 기울이신다.

"지혜로운 자는 사람을 얻느니라" 잠 11:30.

"형제들아 사람이 만일 무슨 범죄한(파라프토마 paraptōma - '죄에 빠지다'라는 뜻) 일이 드러나거든 신령한 너희는 온유한 심령으로 그러한 자를 바로잡고" 갈 6:1

"내 형제들아 너희 중에 미혹하여 진리를 떠난 자를 누가 돌아서게 하면 너희가 알 것은 죄인을 미혹한 길에서 돌아서게 하는 자가 그 영혼을 사망에서 구원하며 허다한 죄를 덮을 것이니라" 약 5:19-20.

권징의 목적은 사람을 내쫓거나 당황하게 만들거나 자기 의를 주장하거나 하나님을 조롱하거나 성경에 어긋나는 방식으로 권위와 권력을 행사하기 위해서가 아니다. 권징의 목적은 죄 지은 사람을 회복시켜 하나님과 다른 사람들과 올바른 관계를 맺게 하는 데 있다.

마태복음 18장 15절에서 사용한 "얻은 것이요"라는 표현에 주목하라. 헬라어 '케르다이노kerdaino'를 번역한 이 말에는 돈이나 상품과 같은 부를 축적한다는 의미가 있다. 이는 죄 지은 형제를 귀한 보물을 잃은 것에 빗댄 표현이다. 그것이 곧 하나님의 마음이다. 하나님께 사람의 영혼은 귀한 보물과 같다. 교회도 그런 마음으로 사람들을 대해야 한다. '그 사람이 어디에 있는지 모를 뿐 아니라 간섭할 생각도 없어'라는 태도를 취해서는 곤란하다. 우리는 죄 지은 그리스도인의 회복을 위해 노력해야 한다. 그 이유는 그 사람의 영혼이 하나님은 물론 우리에게도 매우 소중하기 때문이다.

"신령한 너희는 온유한 심령으로 그러한 자를 바로잡고(카타르티조 katartizō)갈 6:1. 카타르티조라는 말은 망가진 것을 수리해서 본래 기능을 회복시킨다는 의미다. 부러진 뼈를 치료하거나 탈골된 뼈를 다시 맞추거나 그물을 수선하는 데 이 말을 쓸 수 있다. 우리에게는 다른 사람을 영적으로 치유해야 할 책임이 있다. 하지만 교회는 대개 그런 고귀한 임무를 등한시한다.

우리는 권징의 선한 목적을 망각한 채 권징 자체를 두려워하는 경향이 있다. 사람들의 그릇된 생각이나 태도 몇 가지를 지적하면 다음과 같다.

사생활 침해. 어떤 사람들의 눈에는 교회의 권징이 모든 사람의 죄를 일일이 감시하는 것처럼 비친다. 이를 테면 사람들은 '그레이스 커뮤니티 중앙정보국이나 비밀 감찰본부를 두자는 말이요 뭐요?'라는 식으로 생각한다. 하지만 교회의 권징은 그런 의도와는 전혀 무관하다. 권징은 교회가 거룩하기를 바라는 하나님의 뜻을 성취하고 싶은 간절한 바람과 하나님께 속한 영혼들을 높이 존중하는 마음에서 비롯한다. 교회의 권징은 죄 지은 사람을 방치하는 것으로 만족하기보다 적절한 관심을 기울이는 것이 바람직하다는 의도에서 비롯한다.

그릇된 관용. "어떤 사람들이 잘못을 저지른 것은 사실이요. 하지만 내가 무슨 권리로 이래라 저래라 말을 할 수 있단 말이요? 그들은 스스로 선택했을 뿐이요. 나는 그들의 삶을 간섭하고 싶지 않소이다." 이렇게 생각하는 사람들이 꽤 있다.

교만. 어떤 사람들은 다른 사람들의 실패를 은근히 즐긴다. 왜냐하면 영적으로 우월감을 느낄 수 있기 때문이다. 하지만 그런 태도는 교만에 해당한다. 다른 그리스도인의 죄에 무관심한 채 스스로 더 낫다고 생각하는 사람은 목자이신 주님의 마음을 본받는 사람이라고 말하기 어렵다. 사실 그런 사람은 죄 지은 사람과 똑같이 죄를 짓는 것이다.

박해. 일전에 어떤 사람이 자신의 경험담을 토대로 다음과 같이 매우 의미심장한 말을 내게 들려주었다. "내가 혹시 죄를 짓는다면 자기 의에 사로잡혀 비난과 비판을 좋아하는 그리스도인들의 놀림감이 되지 않게 해 달라고 기도해야겠다는 생각을 종종 해 보았습니다. 그리스도인들보다는 차라리 술집 주인이나 매춘부, 또는 마약 판매상들에게 시달리는 편을 선택하겠어요. 그리스도인들은 조소 어린 표정으로 오랫동안 험담을 일삼으며 나를 갈기갈기 찢어 놓을 것이 분명할 테니

말입니다."

나는 그가 어느 교회에 다니는지 모른다. 하지만 그런 경험에 익숙한 사람들이 많은 것은 틀림없다.

우리는 권징의 책임을 이행하지 못하는 이유를 둘러대기보다 마땅히 잃은 양을 찾는 목자의 심정으로 복종하는 태도를 취해야 한다.

권징의 주체

"네 형제가 죄를 범하거든 가서 너와 그 사람과만 상대하여 권고하라 만일 들으면 네가 네 형제를 얻은 것이요" 마 18:15.

권징의 주체는 누구인가? 권징 위원회가 아니라 바로 그리스도인 개개인이다. 권징의 주체는 교회를 이끄는 지도자만이 아니라 모든 그리스도인이다. 바울은 갈라디아서 6장 1절 전반부에서 권징의 주체를 정확히 밝혔다. "형제들아 사람이 만일 무슨 범죄한 일이 드러나거든 신령한 너희는 온유한 심령으로 그러한 자를 바로잡고."

성령 안에서 행하며 말씀에 복종하고 성도의 교제를 나누는 이들이 죄 지은 그리스도인을 회복해야 한다. 그러면 권징은 어떻게 이루어져야 할까? 그 대답은 갈라디아서 6장 1절 후반부 말씀에 있다. "네 자신을 돌아보아 너도 시험을 받을까 두려워하라."

교회의 순결은 그리스도인 모두가 관심을 기울여야 할 사안이다. 교회의 순결이 더럽혀지는 일을 보거든 우리 모두 겸손과 사랑으로 대처해야 한다. '그 형제가 다시 빛을 보게 해 달라고 기도하고 있습니다' 라는 말만으로는 충분하지 않다. 우리가 스스로 빛이 되어 그의 앞을 환히 비춰야 한다.

권징의 때

권징은 형제가 죄를 범했을 때 실시한다. 신약성경은 죄를 뜻하는 용어로 '하마르타노hamartano'를 주로 사용한다. 그러면 무슨 죄를 바로잡아야 할까? 대답은 모든 죄다. 그 이유는 무엇이든지 죄는 하나님의 거룩하심을 거스르기 때문이다. 죄는 성도의 교제에 악영향을 미친다. 교회는 그리스도인이 하나님의 말씀을 어길 때마다 권징을 실시해야 한다.

그리스도인의 죄는 두 가지 차원에서 동료 그리스도인들에게 영향을 미친다.

첫째는 직접적인 차원에서다. 누군가가 화가 나서 주먹으로 우리의 얼굴을 때리거나 우리의 것을 도적질하거나, 또 우리를 속이고, 거짓말을 하고, 학대하고, 중상하거나 부도덕한 범죄를 저지른다면 그것은 모두 우리에게 대한 직접적인 범죄에 해당한다. 마태복음 18장은 동료 그리스도인이 우리를 상대로 범죄를 저질렀을 경우에는 그가 행한 일이 죄라는 사실을 일깨워 주는 한편, 죄를 고백하고 뉘우치라고 권유해야 한다. 다른 사람에게 직접적으로 피해를 입은 경우에는 대개 앙심을 품는 것이 보통이다. 따라서 은혜로운 태도로 부드럽게 타이르면 맞대응을 기대하는 상대방을 감화시킬 수 있다.

혹시 과거의 원한 때문에 대화조차 피하고 싶은 동료 그리스도인들이 있는가? 그렇다면 "서로 인자하게 하며 불쌍히 여기며 서로 용서하기를 하나님이 그리스도 안에서 너희를 용서하심과 같이 하라"엡 4:32는 말씀을 기억하기 바란다. 하나님이 우리에게 그토록 큰 사랑을 베푸셨는데 우리가 누구이기에 원한을 버리지 못하는 것인가?

둘째는 간접적인 차원에서다. 우리를 상대로 한 죄가 모두 직접적인 것은 아니다. 하나님의 교회를 훼손하는 죄는 우리 모두에게 간접적으로 영향을 미친다. 형제나 자매가 죄를 지었을 때는 성도의 교제가 깨어지고, 결국 그로 인한 손실이 우리 모두에게 피해를 안겨 준다. 더욱이 어떤 형제나 자매가 불순종하는 삶을 사는 경우에는 그리스도의 영광이 실추된다. 우리는 그리스도와 영욕을 함께하는 그분의 사자이기 때문에 어떤 죄든 우리에게 간접적으로 영향을 미치게 마련이다.

한편 동료 그리스도인을 상대로 지은 죄만 권징 대상으로 삼고, 불신자를 상대로 지은 죄에 대해서는 권징을 실시하지 않는 것은 잘못이다. 죄는 직접적이든 간접적이든, 또 누구를 대상으로 했든 상관없이 성도의 교제를 훼손하기는 마찬가지다.

"적은 누룩이 온 덩이에 퍼지느니라"갈 5:9. 바울 사도의 말처럼 동료 그리스도인의 삶에서 죄를 발견하거든 그에게 가서 사랑으로 타일러야 한다.

권징 절차

마태복음 18장 15-17절은 권징을 네 가지 단계로 나눠 자세히 설명한다.

첫 번째 단계 : 죄 지은 사람에게 혼자 찾아가서 말하라

"네 형제가 죄를 범하거든 가서 너와 그 사람과만 상대하여 권고하라"15절. 헬라어 원문에 현재 명령형으로 표기된 첫 번째 동사 '후파고 *hupago*'는 지체하지 말고 죄 지은 형제를 찾아가야 한다는 뜻이다. 한편 과거 명령형으로 사용된 두 번째 동사 '엘렝코*elergchō*'는 '빛으로 드러내다'라는 뜻으로, 정확히 핵심을 지적하라는 개념을 담고 있다. 구체적으로 말해 '교회에서 보지 못해 궁금했습니다. 도대체 어디를 돌아다니고 있는 것인가요?'라는 말만으로는 충분하지 않다. 단도직입적으로 상대방의 잘못을 지적해 죄를 깨닫게 만드는 한편, 죄로 인한 결과를 피할 수 없다는 사실을 일깨워 주어야 한다. 이것은 매우 어려운 문제다. 따라서 마음속으로 기도하며 적절한 시간과 노력을 기울여야 한다.

잘 아는 사람에게 권징을 실시하기는 매우 어렵다. 왜냐하면 우리가 잘못을 지적하면 상대방도 곧 우리의 잘못을 지적하고 나서는 것이 보통이기 때문이다. 잘 모르는 사람에게 권징을 실시할 때도 어렵기는 마찬가지다. 그런 경우에는 '내가 누구이기에 그의 일에 간섭한단 말인가?' 하는 생각이 들게 마련이기 때문이다. 결국 우리가 잘 아는 사람들은 우리를 위협할 것이고, 우리가 잘 모르는 사람의 경우에는 자칫 무관심해지기 쉽다. 하지만 권징은 예수님이 요구하시는 의무다.

갈라디아서 6장 1절은 교회 권징에 관해 깊이 있는 통찰력을 제공한다. "형제들아 사람이 만일 무슨 범죄한 일이 드러나거든 신령한 너희는 온유한 심령으로 그러한 자를 바로잡고 네 자신을 돌아보아 너도 시험을 받을까 두려워하라"는 말씀은 죄 지은 그리스도인을 대할 때 취해야 할 올바른 태도를 알려 준다. 죄 지은 그리스도인을 대할 때는 우리도 얼마든지 유혹에 빠질 수 있다는 점을 의식하고 겸손한 태도를 취해야 한다.

갈라디아서 6장 2절은 "너희가 짐을 서로 지라 그리하여 그리스도의 법을 성취하라"고 말한다. 무엇이 그리스도의 법일까? 그것은 곧 왕의 법약 2:8 참조이자 자유의 법약 1:25 참조이요 사랑의 법요 15:12 참조이다. 따라서 온유한 마음과 사랑으로 형제나 자매에게 다가가서 짐을 잘 짊어질 수 있도록 도와야 한다. 거만한 태도로 경건함을 뽐내며 자신은 선하고 상대방은 악하다는 식으로 의로운 척해서는 안 된다. 죄 지은 그리스도인을 회복하고자 할 때는 사랑과 겸손으로 나아가야 한다.

처음에는 혼자 찾아가 둘이서만 대화해야 한다. 권징의 첫 번째 단계는 '너와 그 사람과만 상대하여 권하는 것'이다. 하지만 우리는 '혹시 들었나요? 글쎄 그 형제가 그런 짓을 저질렀대요. 참으로 안타까운 일이에요. 하지만 우리 그 형제를 위해 기도해요'라는 식으로 말할 때가 많다. 그런 말은 삽시간에 퍼져 나간다. 하지만 성경은 누군가의 죄를 발견했을 때는 먼저 혼자 죄 지은 사람에게 찾아가라고 말씀한다. 그 사람의 잘못을 다른 사람에게 섣불리 발설해서는 곤란하다.

다른 사람들에게 발설하지 않고 사랑과 겸손에서 우러나오는 충고로 상대방이 죄를 뉘우치게 만든다면 그 무엇도 깨뜨릴 수 없는 돈독한 관계를 형성할 수 있다. 주님은 '산 위에서 외치라'고 말씀하지 않으신다. 그분은 "가서 너와 그 사람과만 상대하여 권고하라"고 말씀하셨다. 우리는 주님의 말씀에 복종해야 한다.

신약성경에 이런 식의 권징을 실시한 사례가 있는가? 물론이다. 갈라디아서 2장 11절을 보라. 베드로가 율법주의자들에게 동조함으로써 하나님의 교회에 그릇된 영향을 미쳤을 때 바울은 그를 단호히 꾸짖었다. "게바가 안디옥에 이르렀을 때에 책망할 것이 있기로 내가 저를 면책하였노라."

그러면 베드로는 바울의 꾸짖음을 기꺼이 받아들였을까? 그랬다. 그는 나중에 베드로후서를 쓰면서 "우리 사랑하는 형제 바울"벧후 3:15이라고 표현했다. 바울은 사랑으로 베드로의 죄를 책망했다. 바울의 그런 태도가 그들 사이에 친밀한 유대감을 형성하는 계기로 작용했다. 둘만 있는 자리에서 동료 그리스도인의 잘못을 깨우쳐 주면 종종 서로 더욱 친밀해지는 결과가 나타나곤 한다.

두 번째 단계 : 증인들을 대동하라

"만일 듣지 않거든 한두 사람을 데리고 가서 두세 증인의 입으로 말마다 증참케 하라"마 18:16. 하나님은 확증되지 않은 사실을 근거로 함부로 험담을 일삼는 행위를 금지하셨다신 19:15 참조.

권징의 두 번째 단계는 한두 사람의 증인을 대동하는 것이다. 두 번째 단계부터는 압박이 가해지기 시작한다. 죄 지은 형제나 자매를 바로잡아야 한다는 데 뜻을 같이하는 증인을 두어 명 대동하는 이유는 죄를 확실히 지적해 진정으로 죄를 고백하며 뉘우치게 하기 위해서다.

"두세 증인의 입으로 말마다 증참케 하라"마 18:16. 여기에서 말하는 증인은 죄 짓는 것을 보았거나 본래부터 그 사실을 아는 사람이 아니라 죄를 꾸짖는 현장을 지켜본 뒤 다시 돌아와서 그곳에서 이루어진 말을 뒷받침해 줄 사람을 뜻한다. 증인을 참석시키라 하는 것은 죄를 꾸짖는 사람과 꾸짖음을 받는 사람 모두를 보호하기 위한 조처다. 편견에 찬 사람은 말을 잘못 전할 가능성이 높다. "그의 잘못을 깨우쳐 주려고 노력했습니다. 하지만 그는 회개할 생각이 조금도 없습니다."

혼자서, 특히 피해를 입은 사람이 그런 식의 결론을 내리는 것은 온

당하지 못하다. 회개할 마음이 있는지, 또는 무관심이나 배타심이 존재하는지 여부를 정확히 판단할 수 있는 증인이 필요한 이유가 여기에 있다. 어느 한 사람이 보고하는 것보다 두세 명의 증인이 좀 더 객관적인 보고를 제시하면 후속 조처를 결정하기가 훨씬 쉽다.

하나님은 두세 증인의 입으로 죄 지은 사람이 회개할 마음이 있는지 아닌지 확증하기를 원하신다. 권징을 실시하기 전에 죄 지은 사람의 태도와 행동을 정확히 분석하는 것이 하나님의 뜻이다. 하나님은 거짓 정보나 부정확한 보고가 이루어지는 것을 원치 않으신다. 혼자서 죄 지은 형제나 자매가 회개했다, 회개하지 않았다고 판정하는 것은 객관성이 없다.

죄 지은 사람은 이 두 번째 단계에서 죄를 뉘우치는 것이 바람직하다. 바울은 고린도후서 13장 1-2절에서 이렇게 말했다.

"내가 이제 세 번째 너희에게 갈 터이니 두세 증인의 입으로 말마다 확정하리라 내가 이미 말하였거니와 지금 떠나 있으나 두 번째 대면하였을 때와 같이 전에 죄 지은 자들과 그 남은 모든 사람에게 미리 말하노니 내가 다시 가면 용서하지 아니하리라."

바울의 말에는 '너희 죄를 꾸짖었고 증인들의 입을 통해 그 사실을 확증했다. 이제 내가 다시 갈 때까지 너희가 여전히 죄를 뉘우치지 않은 상태이면 그때에는 확실히 징계하겠다'는 의미가 담겨 있다.

그러면 증인들이 죄의 사실을 확증했는데도 죄 지은 사람이 죄를 뉘우치지 않을 경우에는 어떻게 해야 할까?

세 번째 단계 : 교회에 말하라

"만일 그들의 말도 듣지 않거든 교회에 말하고"마 18:17. 죄 지은 그리스도인이 증인들의 권유도 듣지 않는다면 그때는 교회에 보고해야 한다. 우리 교회의 경우에는 공식 발표를 할 때도 있고 그렇지 않을 때도 있다. 예를 들어 어떤 경우에는 그 사람을 알고 있는 지도자들이 친교 모임이나 성경 공부 시간에 죄의 사실을 전해 주기도 하고, 또 어떤 경우에는 매월 거행되는 성찬식에서 그 사실을 공표하기도 한다.

거듭 강조하지만 권징의 목적은 회복이다. 교회에 보고하는 목적도 죄 지은 그리스도인을 바로잡기 위해서다. 혼자서 권유해도 효과가 없고, 두세 증인의 말도 소용이 없을 때도 우리는 여전히 죄 지은 그리스도인을 바로잡기 위한 노력을 포기해서는 안 된다.

권징은 한 사람의 책임이 아니다. 요한 사도는 이렇게 말했다.

> "내가 두어 자를 교회에게 썼으나 저희 중에 으뜸 되기를 좋아하는 디오드레베가 우리를 접대하지 아니하니 이러므로 내가 가면 그 행한 일을 잊지 아니하리라 저가 악한 말로 우리를 망령되이 폄론하고도 유위부족하여 형제들을 접대치도 아니하고 접대하고자 하는 자를 금하여 교회에서 내어 쫓는도다" 요삼 1:9-10.

사람들을 교회에서 내쫓는 디오드레베라는 독단적인 인물이 있었다. 하지만 그 일은 혼자서 결정할 일이 아니다. 누군가를 교회에서 내쫓는 것은 한 사람의 권유는 물론 두세 증인의 말이나 심지어는 교회의 말까지 모두 거부하는 경우에만 가능하다. 개인이 모든 일을 주관할 수는 없다. 온 교회가 죄 지은 형제나 자매를 회복하기 위해 노력해야 한다. 하지만 그런 노력에도 불구하고 죄 지은 사람이 끝까지 죄를 뉘우치지 않을 때는 마지막 단계로 출교를 결정해야 한다.

바울의 말을 들어 보자.

"근심하게 한 자가 있었을지라도 나를 근심하게 한 것이 아니요 어느 정도 너희 무리를 근심하게 한 것이니 어느 정도라 함은 내가 너무 심하게 하지 아니하려 함이라 이러한 사람이 많은 사람에게서 벌 받은 것이 족하도다 그런즉 너희는 차라리 저를 용서하고 위로할 것이니 저가 너무 많은 근심에 잠길까 두려워하노라 그러므로 너희를 권하노니 사랑을 저희에게 나타내라" 고후 2:5-8.

온 교회가 죄 지은 그리스도인을 알기에 이르자 그는 그제야 비로소 죄를 뉘우쳤다. 바울의 말에는 '이제 그가 죄를 뉘우쳤으니 그를 멀리하거나 위협하지 말고 사랑으로 용서하고 포용하라'는 의미가 담겨 있다.

그러면 교회는 얼마나 오랫동안 회개를 권유하며 기다려야 할까? 그 사람의 마음이 더욱 강퍅해져 계속 죄를 지을 때는 더 이상 기다릴 필요가 없다. 하나님의 성령께서 그 시기를 판단할 수 있는 지혜를 주실 것이다. 내가 생각하기에 대개 그 기간은 우리가 생각하는 것보다 더 짧다. 하나님은 계속해서 죄를 짓는 것을 그렇게 오랫동안 용납하지 않으신다.

네 번째 단계 : 이방인처럼 여기라

"교회의 말도 듣지 않거든 이방인과 세리와 같이 여기라" 마 18:17 하반부. 예수님 당시에 세리는 로마 정부의 앞잡이 노릇을 하며 동족에게 세금을 징수했던 유대인을 가리킨다.

예수님의 말씀은 그런 사람을 경멸해야 한다는 뜻과는 거리가 멀다. 복음서의 기록에 따르면 예수님은 이방인과 세리를 진정으로 사랑하셨다. 예수님의 말씀은 죄 지은 사람이 회개를 끝까지 거부하거든 불신자를 대하듯 하라는 뜻, 곧 성도의 교제를 단절하고 교회가 누리는 축복과 혜택에 참여할 기회도 주지 말라는 뜻이다. 그러한 예가 바울 서신에서 두 곳 나온다.

"형제들아 내가 너희를 권하노니 너희 교훈을 거스려 분쟁을 일으키고 거치게 하는 자들을 살피고 저희에게서 떠나라 이 같은 자들은 우리 주 그리스도를 섬기지 아니하고 다만 자기의 배만 섬기나니 공교하고 아첨하는 말로 순전한 자들의 마음을 미혹하느니라" 롬 16:17-18.

"그 일을 행한 자를 너희 중에서 물리치지 아니하였느냐 …… 주 예수의 이름으로 너희가 내 영과 함께 모여서 우리 주 예수의 능력으로 이런 자를 사단에게 내어 주었으니 이는 육신은 멸하고 영은 주 예수의 날에 구원 얻게 하려 함이라" 고전 5:2, 4-5.

회개를 거부하는 그리스도인은 교회에서 내쫓아 사탄이 지배하는 세상으로 몰아내 죄를 좋아하는 육신의 욕망을 버리게끔 만들어야 한다. 바울은 고린도 교회에 보내는 서신에서 아버지의 아내와 근친상간을 범하고서도 회개를 거부했던 사람을 언급했다. 그런 사람은 죄의 밑바닥까지 내려가야만 비로소 정신을 차릴 수도 있다. "적은 누룩이 온 덩어리에 퍼지는 것을 알지 못하느냐 너희는 누룩 없는 자인데 새 덩어리가 되기 위하여 묵은 누룩을 내어 버리라"6-7절.

이 말씀대로 그런 사람에 대해서는 무엇인가 조처를 취하지 않으면 안 된다. 다시 말해 회개하지 않은 그리스도인은 출교시켜야 한다.

바울은 고린도 교회 그리스도인들에게 이렇게 말했다.

"내가 너희에게 쓴 것에 음행하는 자들을 사귀지 말라 하였거니와 이 말은 이 세상의 음행하는 자들이나 탐하는 자들과 토색하는 자들이나 우상숭배하는 자들을 도무지 사귀지 말라 하는 것이 아니니 만일 그리 하려면 세상 밖으로 나가야 할 것이라 이제 내가 너희에게 쓴 것은 만일 어떤 형제라 일컫는 자가 음행하거나 탐람하거나 우상숭배를 하거나 후욕하거나 술 취하거나 토색하거든 사귀지도 말고 그런 자와는 함께 먹지도 말라 함이라"9-11절.

음식을 함께 나누는 것은 관대하고 진정 어린 교제를 상징하기 때문에 교회는 어떤 상황에서든 회개하지 않은 사람과 식사를 같이하는 것을 허락해서는 안 된다. 어떤 사람을 출교시켰을 경우에는 그와 음식을 나눠 먹어서는 안 된다. 그런 사람은 형제나 자매가 아니라 추방된 자로 대해야 한다.

바울은 데살로니가 교회에도 이와 비슷한 지침을 제시했다. 그는

"형제들아 우리 주 예수 그리스도의 이름으로 너희를 명하노니 규모 없이 행하고 우리에게 받은 유전대로 행하지 아니하는 모든 형제에게서 떠나라"살후 3:6고 말했다. "떠나라"로 번역한 헬라어 '스텔로stello'는 '위험이나 불쾌한 것을 피하다'라는 뜻이다.

지금 우리가 논하는 대상은 주님을 알지 못하는 사람들이 아니라 죄 지은 형제 또는 자매다. "누가 이 편지에 한 우리 말을 순종치 아니하거든 그 사람을 지목하여 사귀지 말고 저로 하여금 부끄럽게 하라"14절는 말씀은 이러한 원리를 좀 더 확실히 한다. 그런 사람은 수치나 죄 가운데 그대로 버려 두어야 한다. 그가 진정으로 하나님의 백성이면 그분이 그를 비참한 상황까지 끌어 내리시더라도 결국에는 구원하실 것이다.

"그 가운데 후메내오와 알렉산더가 있으니 내가 사단에게 내어 준 것은 저희로 징계를 받아 훼방하지 말게 하려 함이니라"딤전 1:20. 바울은 권징의 과정에 사탄을 연루시킨다. 이는 일종의 치유를 위한 훈련이다. 다시 말해 사람들은 죄의 결과를 직접 맛봄으로써 깨달음을 얻곤 한다. 출교를 당한 사람은 하나님의 교회 안에 존재하는 성화의 은혜를 맛볼 수 없다. 그런 경우 그는 성도의 교제가 얼마나 소중한지 비로소 깨달을 수 있다.

하지만 하나님의 교회가 죄 지은 사람은 물론 그가 저지른 죄까지 용납한다면 이는 계속해서 죄를 지어도 좋다는 뜻밖에 안 된다. 우리는 마귀와 세상을 선택할 것인가 아니면 하나님과 그분의 백성을 선택할 것인가를 결정할 수 있는 자유가 개인에게 달려 있다는 사실을 알려 주어야 한다. 그 둘을 동시에 선택하는 것은 불가능하다.

데살로니가후서 3장 15절은 "그러나 원수와 같이 생각지 말고 형제

같이 권하라"고 말한다. 회개하지 않은 그리스도인과 성도의 교제를 단절한다고 해서 그를 완전히 포기했다고 생각하는 것은 금물이다. 우리는 그의 회복을 간절히 염원해야 한다. 사람들은 이따금 나에게 이렇게 묻는다. "제 형제가 그리스도인인데 아내와 이혼하고 간음을 저지르고 있어요. 그런 그를 만나도 괜찮은가요?"

"죄를 뉘우치고 올바른 삶을 살라고 권유한다면 그를 만나도 아무 상관이 없습니다."

교회의 순결을 지키기 위해 그런 사람을 내쫓았다고 하더라도 그가 죄를 뉘우치고 돌아올 수 있도록 끝까지 노력해야 한다.

권징의 능력

예수님은 말씀하셨다. "진실로 너희에게 이르노니 무엇이든지 너희가 땅에서 매면 하늘에서도 매일 것이요 무엇이든지 땅에서 풀면 하늘에서도 풀리리라" 마 18:18. 무한하시고 거룩하신 하나님처럼 무엇이든 매고 풀 수 있는 권한이 우리에게 존재한다는 사실은 상상조차 어려운 일이다. 예수님의 말씀은 랍비들이 사용하는 표현을 적용한 것으로 당시 유대인 청중에게 익숙한 말이었다. 여기에서 매고 푼다는 표현은 죄의 속박 아래 있다는 의미, 또는 죄의 속박에서 해방되었다는 의미다.

우리 자신이 교회에서 죄를 지었다고 가정해 보자. 누군가가 찾아와 우리 죄를 지적한다. 하지만 우리는 회개를 거부한다. 두세 증인이 함께 와서 권한다. 그런데도 여전히 죄를 뉘우치지 않는다. 온 교회가 죄를 꾸짖는다. 그래도 끝까지 회개를 거부한다. 그런 경우 우리는 죄에게 속박된 상태다. 하나님은 이미 하늘에서 그렇게 결정을 내리셨다. 한편, 우리가 죄를 지었지만 결국 상한 심령으로 죄를 뉘우쳤다면 그때는 죄의 속박에서 벗어났다고 말할 수 있다. 그런 경우 우리는 즉시 성도의 교제를 회복한다. 하나님이 이미 하늘에서 결정하신 일을 우리가 다시 땅에서 행하고 있는 셈이다.

주님이 가르치신 기도에 보면, "뜻이 하늘에서 이룬 것같이 땅에서도 이루어지이다"라는 말이 있다. 하나님의 뜻이 하늘에서처럼 땅에서 이루어지기를 진정으로 원하는가? 그렇다면 권징을 실시하라. 권징은 하늘에서 이루어진 것을 땅에서 되풀이하는 것이다.

권징의 과정에 하나님이 동참하신다는 사실을 아는 것은 큰 위로가 된다. 왜냐하면 다른 그리스도인의 죄를 꾸짖는 것은 곧 사랑이 없는 증거라고 생각하는 그리스도인들이 많기 때문이다. 하지만 권징은 하늘의 편에 서서 하나님의 싸움에 동참하는 것이다.

예수님은 마태복음 18장 19절에서 다음과 같이 말씀하셨다. "진실로 다시 너희에게 이르노니 너희 중에 두 사람이 땅에서 합심하여 무엇이든지 구하면 하늘에 계신 내 아버지께서 저희를 위하여 이루게 하시리라". "합심하여"로 번역한 헬라어 '숨포네오 sumphoneō'는 '함께 소리를 낸다'는 뜻이다. 이 말에서 'symphomy'라는 영어 단어가 유래했다.

우리 모두가 일치해 죄 지은 사람을 바로잡기 위해 노력하면 하나님도 우리와 뜻을 같이하신다. 이 구절은 마치 백지수표를 쥐어 주듯 무슨 기도든 다 들어주신다는 뜻과는 거리가 멀다. 때로 이 구절의 문맥을 고려하지 않고 그런 식으로 잘못 적용하는 경우가 많다. 두 사람이 합심해서 기도하면 하나님이 무엇이든 다 들어주신다는 의미로 이 구절을 이해해서는 안 된다. 여기에서 말하는 두 사람은 권징의 과정에 동참한 두 증인을 가리킨다. 그들은 하나님의 뜻이 이루어지기를 간절히 바란다. 그들은 성경의 원리를 충실히 지킨 후에 하나님이 그분의 뜻을 반드시 이루실 것이라고 확신한다.

아울러 예수님은 "두세 사람이 내 이름으로 모인 곳에는 나도 그들 중에 있느니라"20절고 덧붙이셨다. 이 구절을 지금까지 기도 모임에 주로 적용했는데, 이 또한 잘못이다. 여기에서 "두세"는 권징의 과정에 동참한 증인들을 가리킨다.

성부께서 하늘에서 우리와 뜻을 같이하실 뿐 아니라19절 참조 성자께서 땅에서 우리와 함께하신다20절 참조. 교회의 순결을 유지하기 위한 노력은 성부의 뜻과 성자의 사역을 이루는 최선의 방법이다. 우리는 거룩함을 추구하는 사역자로서 권징의 과정에 동참해야 한다.

거듭 말하지만 교회 권징의 목적은 죄 지은 형제나 자매를 회복하는 것이다. 나치 독일의 공포를 직접 경험했던 독일 신학자 디트리히 본회퍼는 눈앞에 죽음을 앞두고 **성도의 공동생활**(Life Together, Harper & Row, 1954)이라는 소책자를 집필했다. 거기 뛰어난 통찰력을 지닌 몇 가지 내용이 수록되어 있다. 본회퍼가 다른 곳에서 가르친 사상은 대부분 우리의 신앙노선과 궤를 달리하지만 아래 내용은 충분히 공감이 간다.

> 죄를 지은 사람은 살면서 점점 고립되게 마련이다. 죄는 사람을 공동체로부터 멀어지게 만든다. 공동체로부터 멀어지면 멀어질수록 그를 속박하는 죄의 권세는 더욱 파괴적으로 변하고, 죄에 더욱 깊숙이 연루될수록 그의 소외감은 더욱 심화된다. 죄는 발각되지 않은 채 숨어 있기를 원한다. 죄는 빛을 피한다. 죄는 어둠 속에서 자신을 드러내지 않고 사람의 전

인격을 오염시킨다. 심지어 경건한 그리스도인들의 공동체 내에서조차 이런 일이 얼마든지 일어날 수 있다.

죄를 고백하면 복음의 빛이 마음의 어둡고 후미진 곳을 비추기 시작한다. 죄는 빛으로 드러나야 한다. 숨어 있는 죄는 마땅히 공개되고 인정되어야 한다. 은밀하게 감추어진 모든 것이 명백히 모습을 드러내야 한다. 죄를 공개적으로 인정하기까지는 모진 투쟁이 필요하다. 하지만 하나님은 놋문을 깨뜨리시며 쇠 빗장을 꺾으신다시 107:16 참조.

죄의 고백은 동료 그리스도인 앞에서 이루어지기 때문에 자기 의라는 최후의 보루를 무너뜨릴 수밖에 없다. 죄인은 무릎을 꿇고 자신의 악을 모두 포기해야 한다. 그는 마음을 하나님께 드리고, 모든 죄를 용서받고, 예수 그리스도와 그분의 형제들과 교제를 회복해야 한다. 고백하고 인정한 죄는 모든 힘을 상실한다. 죄로 드러나 심판을 받았기 때문이다. 고백한 죄는 더 이상 성도의 교제를 깨뜨리지 못한다.

모든 성도가 죄 지은 형제의 죄를 함께 감당한다. 죄를 고백하고 하나님께 내어 드린 이상 그는 더 이상 혼자서 자신의 죄를 상대할 필요가 없다. 죄는 온전히 그에게서 제거되었다. 이제 그는 하나님의 은혜와 예수 그리스도의 십자가를 의지하며 살아가는 죄인들의 공동체 안에 들어온 상태다. …… 은폐된 죄는 성도의 교제를 단절시키고 위선적인 관계를 맺도록 만들지만, 고백한 죄는 예수 그리스도 안에서 다른 형제들과 진정한 교제를 나눌 수 있도록 도와준다(p. 112-13).

교회 권징은 교회의 순결을 지키는 열쇠고, 순결한 교회는 우리가 온 세상에 복음을 전할 수 있도록 능력을 준다.

12 : 죄 지은 형제의 회복 방법
교회 The Master's Plan for the Church

죄 지은 형제나 자매를 온전히 용서하기로 결정한 다음에는 어떤 조치가 필요할까? 바로 회복의 사역이다.

바울은 갈라디아서 6장에서 회복 사역을 위한 세 가지 지침을 제시했다.

죄 지은 그리스도인을 찾아내라

"형제들아 사람이 만일 무슨 범죄한 일이 드러나거든 신령한 너희는 온유한 심령으로 그러한 자를 바로잡고 네 자신을 돌아보아 너도 시험을 받을까 두려워하라"1절. "형제들아"라는 말은 이 말씀이 범죄한 일이 드러난 그리스도인을 처리하는 과정에 온 교회가 동참할 것을 암시한다.

어떤 사람들은 "범죄"로 번역한 헬라어 '파라프토마*paraptōma*(실책,

큰 실수, 실족)'를 죄라고 하기에는 조금 덜한 잘못을 가리킨다고 생각한다. 하지만 나는 이 말이 죄를 가리킨다고 확신한다. 바울의 문맥은 전체적으로 성령 안에서 행하는 삶을 언급한다갈 5:16, 25 참조. 더욱이 실족의 개념은 죄에 대한 신학적 정의보다는 신앙생활을 길을 걷는 것에 빗댄 바울의 비유와 일맥상통한다.

"드러나거든"이라는 용어를 눈여겨보라. 이 말은 영적 삶을 살아가다가 죄에 사로잡힌다는 의미와는 거리가 멀다. 오히려 이 말에는 죄를 지은 그리스도인이 다른 그리스도인에게 발각된다는 의미가 담겨 있다. "드러나거든"으로 번역한 헬라어 '프로람바노prolambano'는 '방심한 상태에서 붙잡다'라는 뜻이다. 성령 안에서 행하는 한 우리에게는 죄를 의식할 수 있는 능력이 존재한다. 따라서 방심한 채 죄에 사로잡히는 법은 없다. 그리스도인의 경우 '의도하지 않은' 죄는 성립이 불가능하다.

물론 누군가가 죄를 짓는 것을 발견한다는 것은 마치 구 소련의 비밀경찰처럼 사람들의 사생활을 조사하고 다닌다는 의미가 아니다. 이 말은 단지 성령 안에서 행하고 있다가 죄를 지어 도움이 필요한 형제나 자매를 우연히 발견하게 된다는 뜻이다.

바울은 "신령한 너희가" 죄 지은 동료 그리스도인의 회복을 위해 노력해야 한다고 말했다. 그러면 "신령한"은 무슨 의미일까? 고린도전서 2장 15-16절은 그 의미를 다음과 같이 정의했다. "신령한 자는 모든 것을 판단하나 자기는 아무에게도 판단을 받지 아니하느니라 누가 주의 마음을 알아서 주를 가르치겠느냐 그러나 우리가 그리스도의 마음을 가졌느니라."

또한 에베소서 5장 18절은 "오직 성령의 충만을 받으라"는 말씀으로, 골로새서 3장 16절은 "그리스도의 말씀이 너희 속에 풍성히 거하며"라는 말씀으로 이를 각각 다른 각도에서 설명한다. 잘 알다시피 이두 가지는 동일한 결과를 가져온다. "성령 충만"과 "풍성히 거하는" 말씀은 서로 동일한 의미를 가지고 있다. 신령한 사람은 성경에 계시된 말씀과 성령의 능력에 힘입어 하나님의 뜻에 복종하며 살아가는 사람을 의미한다.

갈라디아서 6장 1절에서 "바로잡고"로 번역한 헬라어 '카타르티조 *katartizō*'는 망가진 것을 수선해 본래 상태로 복원한다는 의미다. 서로 대립하는 파당을 화해시키고, 부러진 뼈를 맞추고, 어긋난 뼈를 제자리로 되돌리고, 찢어진 그물을 수선하는 일을 묘사할 때 이 말을 사용한다.

아울러 "온유한 심령으로"는 연약한 그리스도인을 일으켜 세울 때는 겸손한 태도를 견지해야 한다는 뜻을 담고 있다. 특히 "네 자신을 돌아보아 너도 시험을 받을까 두려워하라"는 말씀에 주목하라. 교회에서 동료 그리스도인을 회복할 때는 우리도 경우에 따라서는 같은 처지에 처할 수도 있을 것이라는 점을 항상 염두에 두어야 한다. 다른 사람들보다 스스로를 더 낫게 여기는 사람은 영적 교만과 위선에 치우치기 쉽다. 그런 일이 있어서는 안 된다. 우리 자신도 넘어질 수 있다는 점을 깨닫고 온유한 태도를 취해야 한다.

고린도전서 10장을 읽어 보면 하나님이 축복하시는 이들도 여전히 죄를 지을 수 있다는 사실을 알 수 있다. "구름 아래 있고 바다 가운데로 지나며"[1절]라는 말씀대로 하나님은 놀라운 기적을 통해 이스라엘 백성을 애굽에서 인도해 내셨다. 광야생활을 하는 동안 하나님의 영광의 구름이 그들을 인도했고, 그들은 마침내 약속의 땅에 들어갔다. 하지만 하나님이 베푸신 모든 축복과 배려에도 불구하고 그들 가운데 2만 3천 명이 음행을 저질러 심판을 받았다 출 32:28-35 참조. 이스라엘 백성은 그토록 놀라운 특권을 누렸지만 여전히 죄를 범했다. 바울은 그리스도인에게 그러한 원리를 적용시켰다.

> "저희에게 당한 이런 일이 거울이 되고 또한 말세를 만난 우리의 경계로 기록하였느니라 그런즉 선 줄로 생각하는 자는 넘어질까 조심하라 사람이 감당할 시험밖에는 너희에게 당한 것이 없나니 오직 하나님은 미쁘사 너희가 감당치 못할 시험 당함을 허락지 아니하시고 시험 당할 즈음에 또한 피할 길을 내사 너희로 능히 감당하게 하시느니라" 고전 10:11-13.

어떤 유혹도 우리를 감히 넘어뜨릴 수 없다는 자신감은 금물이다. 동료 그리스도인을 일으켜 세우고자 할 때는 우리도 그런 도움이 필요한 존재라는 사실을 잊지 말아야 한다. 우리의 삶에도 언제든지 회복을 필요로 하는 죄가 침투할 수 있다.

죄 지은 그리스도인을 부축하라

"너희가 짐을 서로 지라 그리하여 그리스도의 법을 성취하라" 갈 6:2. 바울은 성령 안에서 행한다는 비유를 그대로 유지하면서 삶의 길을 가는 동안 무거운 짐에 짓눌려 넘어지는 형제나 자매를 발견하거든 짐을 함께 나누어 지라고 말한다.

'짐'은 그리스도인에게 죄를 짓게 만드는 영적 약점을 뜻한다. 예를 들면 사탄의 공격 목표가 될 수 있는 인격적 결함이나 기질이 이에 해당한다. 우리는 여러 번 죄를 짓고 회개하는 일을 되풀이할 수도 있다. 교회는 그때마다 용서를 베풀고 다시 우리에게 성도의 교제를 허락한다. 하지만 아무도 우리의 짐을 나눠 지려고 하지 않으면 우리는 동일한 상황에서 동일한 유혹의 무게를 감당하다가 결국 다시 죄를 지을 가능성이 높다.

일전에 어떤 젊은이가 찾아와 몹시 괴로운 표정으로 눈물을 흘리면서 말했다. "그리스도께 저의 삶을 모두 바쳤습니다. 하지만 구원 받기 전에 동성애자였던 저는 여전히 심각한 문제에 시달리고 있습니다. 죄를 뉘우치고 아무리 돌이키려고 노력해도 여전히 잘못된 관계를 맺고, 또다시 하나님의 용서를 구하는 실수를 되풀이하고 있습니다."

"앞으로 2주 동안 동성애와 같은 죄를 저지르거나 그와 관련된 불결한 생각이 떠오를 때마다 그 사실을 종이에 낱낱이 적어 내게 주세요. 2주 뒤에 다시 만나 그 사실을 토대로 대화를 나눠 봅시다." 그는 나의 제안에 몹시 놀란 듯했다. 그런데 2주 후, 그는 얼굴 가득 미소를 머금고 나를 찾아왔다.

"목사님, 적을 것이 아무것도 없었습니다. 아무 짓도 하지 않았기 때문이죠. 2주 동안 그런 일이 없기는 처음입니다."

"어떻게 그럴 수가 있었죠?"

"목사님께 그런 잘못을 고백할 일을 만들지 말아야겠다는 생각 덕분이었습니다."

동료 그리스도인의 짐을 나눠 질 수 있는 한 가지 방법은 스스로 책임지는 삶을 살도록 이끄는 일이다. 동료 그리스도인의 짐을 나누어 지는 방법은 여러 가지다. 나는 지금까지 참으로 많은 그리스도인에게 '유혹에 굴복할 것 같은 생각이 들거든 누군가에게 전화를 걸어 함께 짐을 나눠 지자고 요청하세요'라고 조언했다. "더웁게 하라 배부르게 하라"약 2:16 말하거나 시편 55편 22절또는 벧전 5:7을 인용해 "네 짐을 여호와께 맡겨 버리라 너를 붙드시고"라고 말하는 것만으로는 영적 회복을 도울 수 없다. 주님은 우리가 다른 그리스도인들을 붙드시는 도구가 되어 주기를 원하신다. 우리는 서로의 짐을 나누어 져야 한다.

갈라디아서 6장 2절은 서로의 짐을 나누어 지는 것이 "그리스도의 법"을 이루는 일이라고 말한다. 예수님은 "새 계명을 너희에게 주노니 서로 사랑하라"요 13:34고 말씀하셨다. 그리스도의 법이란 사랑의 법을 말한다. 야고보는 그것을 "최고한 법"약 2:8, "자유하게 하는 온전한 율법"약 1:25이라고 일컬었다.

지금 이 순간 어떤 이의 유혹의 짐과 약점을 나누어 지고 있는가? 누군가 떠오르는 사람이 있는가? '다른 사람의 죄를 간섭하고 싶지 않아. 그의 죄의 영향으로 내 경건한 삶까지 오염되는 건 곤란해.' 이런 생각으로 남의 문제를 외면하는 경향들이 많다. 그런 생각이 있다면 다음 말씀을 주의 깊게 보라. "만일 누가 아무것도 되지 못하고 된 줄로 생각하면 스스로 속임이니라"갈 6:3. 내가 다른 사람들보다 낫다고 생각하는 이유는 우리 자신을 잘못된 기준에 비교하기 때문이다. 사실 주위를 둘러보면 우리보다 못한 사람들이 얼마든지 존재한다. 하지만 바울은 이렇게 말했다. "우리가 어떤 자기를 칭찬하는 자로 더불어 감히 짝하며 비교할 수 없노라 그러나 저희가 자기로서 자기를 헤아리고 자기로서 자기를 비교하니 지혜가 없도다"고후 10:12.

우리의 기준은 우리가 선택하는 누군가가 아니라 바로 그리스도이시다. 요한 사도는 "저 안에 거한다는 자는 그의 행하시는 대로 자기도 행할지니라"요일 2:6고 말했다. 그리스도께서 기준이시므로 우리는 그분과 우리를 비교해야 한다. 그러면 어떤 결과가 나타날까? 굳이 말하지 않더라도 대답은 불 보듯 뻔하다.

"각각 자기의 일을 살피라 그리하면 자랑할 것이 자기에게만 있고 남에게는 있지 아니하리니"갈 6:4. 주님을 위해 일한다고 주장하며 스스로 신령한 자라고 생각한다면 언젠가는 그 사실을 실제로 입증해야 할 것이다. 장차 그리스도 앞에서 진정으로 경건한 믿음을 지니고 있는지 검증받게 될 것이다. 다음 성경 구절들은 그리스도께서 심판의 보좌를 베푸시고 그리스도인들의 공로를 평가하실 날이 오리라는 사실을 보여 준다.

- 바울은 우리의 사역을 '금, 은, 보석, 나무, 풀, 짚'에 비유했다. '나무, 풀, 짚'으로 표현된 하찮고 무가치한 사역은 하나님으로부터 불 심판을 받게 될 것이다고전 3:12-13 참조.
- "이는 우리가 다 반드시 그리스도의 심판대 앞에 드러나 각각 선악간에 그 몸으로 행한 것을 따라 받으려 함이라"고후 5:10.
- "보라 내가 속히 오리니 내가 줄 상이 내게 있어 각 사람에게 그의 일한 대로 갚아 주리라"계 22:12.

바울은 "각각 자기의 짐을 질 것임이라"갈 6:5고 가르쳤다. 여기에서 말하는 짐은 2절에서 말한 짐과 다르다. 심지어는 헬라어 원어조차도 서로 다르다. 2절의 '바로스*baros*'는 '무거운 짐'을 뜻하고, 5절의 '포르티온*phortion*'은 쉽게 짊어질 수 있는 '가벼운 짐'을 뜻한다. 이 말은 신약성경에서 혼자서 감당할 수 있는 일반적인 삶의 의무를 가리킨다. 그러한 의무 가운데 하나는 무거운 짐을 지고 있는 동료 그리스도인들을 돕는 것이다. 그런 친절은 영원한 상급을 받는다.

죄 지은 그리스도인을 굳게 세워라

"가르침을 받는 자는 말씀을 가르치는 자와 모든 좋은 것을 함께하라"갈 6:6. 우리 자신을 스승으로, 우리가 회복을 위해 노력하는 사람을 학생으로 생각해 보자. 어떤 주석학자들은 '좋은 것'으로 번역한 헬라어 '아가토스*agathos*'를 재물로 해석해 교회가 말씀을 전하거나 가르치는 사람에게 사례비를 제공해야 한다고 말한다. 하지만 교회의 후원 책임을 뒷받침하는 근거는 고린도전서 9장에서 찾는 편이 훨씬 낫다.

신약성경에 사용된 예를 살펴보면 '아가토스'는 일반적으로 영적 탁월함을 가리킨다. 예를 들어 로마서 10장 15절에 보면 "아름답도다 좋은 소식을 전하는 자들의 발이여"라는 표현이 나온다. 이외에 갈라디아서 6장 6절, 히브리서 9장 11절, 10장 1절에도 같은 용어를 볼 수 있다.

회복 과정에서 가르치는 사람과 가르침을 받는 사람 모두가 서로의 관계에서 비롯하는 축복에 동참한다. 회복 과정은 서로의 건전한 덕을 세우는 상호 과정이다. 둘 다 그리스도 안에서 더욱 굳게 성장할 수 있는 영적 유익을 누린다.

죄 지은 그리스도인을 찾아내고, 부축하고, 굳게 세워야 한다. 마태복음 18장이 말하는 대로 회복의 과정은 먼저 죄를 꾸짖는 데서부터 출발한다. 죄를 꾸짖는 일은 자칫 실망스러울 수도 있다. 죄를 꾸짖어도 아무 반응이 없는 경우가 더러 있기 때문이다.

둘째, 용서해야 한다. 다만, 상대방의 태도에 아무 변화가 없을 때는 용서도 고통스러울 수 있다.

셋째, 죄 지은 동료 그리스도인을 본래대로 회복시켜 영적 안정을 되찾게 해야 한다. 이 또한 쉽지 않기는 마찬가지다. 이 일에도 무거운 짐을 짊어져야 하는 고통이 뒤따른다. 하지만 그렇다고 주님이 부탁하신 일을 외면해서는 곤란하다. 주님께 복종하는 것보다 더 큰 기쁨은 없다. 우리가 주님의 도구가 되어 교회의 순결을 위해 노력하는 동안 주님은 매순간 우리와 동행하신다.

13 : 타락한 지도자가 복직해도 될까
교회 The Master's Plan for the Church

지도자들이 예수 그리스도의 교회를 욕되게 하는 것을 볼 때마다 슬픈 마음을 가누기 어려웠다. 더욱이 어떤 지도자가 심각한 죄를 자주 저지르고서도 자신의 잘못에 대한 사람들의 관심이 수그러들자마자 곧 다시 같은 죄 짓는 것을 볼 때면 심한 충격에 사로잡히곤 했다.

얼마 전에 카세트테이프 하나를 전해 받고 무척이나 당혹스러웠다. 그것은 불륜 행위가 드러나 전국을 떠들썩하게 했던 한 목회자가 다시 목사직에 취임하는 예배 의식을 녹화한 테이프였다. 그는 약 일 년 동안 상담과 회복의 과정을 거친 후에 교회의 축복을 받으며 다시 공적 사역을 시작했다.

이런 일이 도처에서 일어난다. 회복 사역을 담당하는 팀들이 타락한 목회자를 회복하는 방법에 관한 지침서를 손에 들고 마치 고속도로 갓길에 주차되어 있는 견인 차량처럼 다음번에 타락할 지도자를 기다린다. 그동안 그레이스 커뮤니티 교회에도 타락한 목회자를 어떻게 회복해야 하는지 문의해 오는 경우가 적지 않았다. 우리 교회 정도 규모의 교회라면 타락한 지도자의 회복을 체계적으로 소개하는 프로그램이 마련되어 있을 거라고 기대하는 사람들이 많다.

교회 지도자들의 범죄는 오늘날의 기독교에 무엇인가 심각한 문제가 발생하고 있다는 증거다. 하지만 그보다 훨씬 더 심각한 문제는 타락한 지도자를 용납하기 위해 지도자의 자격 기준을 형편없이 낮추는 데 있다. 교회가 타락한 지도자를 복직시키는 일에 열심을 낼 뿐 아니라 심지어는 그런 일이 비교적 짧은 시간 내에 이루어지고 있는 현실은 오늘날의 기독교가 그 뿌리까지 썩어 들어갔다는 징후가 아닐 수 없다.

어떤 사람들은 타락을 경험한 지도자가 타락한 사람들을 더 효율적으로 보살필 수 있다고 생각한다. 하지만 이는 터무니없는 생각이다. 가증스런 죄인을 교회 지도자로 세워 통곡의 밑바닥을 긁어 내는 듯한 고약한 냄새를 풍기게 하는 것이 정말 옳은 일일까? 그들이 과연 죄인을 더 잘 이해할 수 있을까? 절대 그렇지 않다. 우리가 본받아야 할 리더십의 표상은 다름 아닌 죄 없으신 하나님의 아들이시다. 교회는 그분을 닮아야 하고, 교회 지도자는 그리스도의 형상을 지닌 본보기가 되어야 한다.

교회를 위한 리더십을 가볍게 생각해서는 안 된다. 지도자의 가장 중요한 자격 조건은 "책망할 것이 없는" 삶이다_{딤전 3:2, 10, 딛 1:7 참조}. 이는 아무나 충족시킬 수 없는 어려운 자격 조건이 아닐 수 없다.

어떤 죄는 지도자의 평판을 회복이 불가능한 지경까지 실추시켜 지도자로서의 자격을 영원히 상실하게 만든다. 심지어 하나님의 사람이었던 바울 사도도 그런 가능성을 염두에 두고 두려워했다. 그는 고린도전서 9장 27절에서 "내가 내 몸을 쳐 복종하게 함은 내가 남에게 전파한 후에 자기가 도리어 버림이 될까 두려워함이로라"고 말했다.

'몸을 쳐 복종하게 한다'는, 음행을 염두에 둔 표현이 분명하다. 그는 음행을 스스로에게 짓는 죄로 간주했다 고전 9:27 참조. 성적 범죄는 우리 자신을 더럽히는 죄다. 성적 범죄를 저지른 사람은 더 이상 교회 지도자가 될 자격이 없다. 왜냐하면 한 여자의 남자라는 흠 없는 평판을 영원히 상실했기 때문이다 잠 6:33, 딤전 3:2 참조.

일 년 동안 공직에서 물러나 상담을 받으면 한번 실추된 명예와 잃어버린 신뢰를 되찾아 순전한 인격을 회복할 수 있다는 생각은 도대체 어디에서 왔을까? 성경은 절대 아니다. 한번 잃어버린 신뢰는 그렇게 쉽게 회복되지 않는다. 도덕적 순결을 한번 잃어버린 사람은 사람들의 본보기가 되어 지도자로서 일할 수 있는 능력을 영원히 상실한다. 척 스윈돌은 일전에 이 문제와 관련해 작은 핀 하나면 큰 풍선을 단번에 터뜨릴 수 있다고 말했다.

그러면 타락한 지도자를 용서하는 문제는 어떨까? 타락한 지도자라도 마땅히 회복의 노력을 기울여야 하지 않을까? 물론이다. 하지만 다시 교제를 나누는 것은 가능해도 다시 지도자의 임무를 맡기는 것은 금물이다. 자격을 상실한 사람에게 공적 사역을 맡기는 것은 사랑의 행위가 아니라 불순종 행위에 해당한다.

우리는 마땅히 용서를 베풀어야 한다. 하지만 죄의 결과를 완전히 없애기는 불가능하다. 물론 '부상당한 동료를 아예 사장시켜야 한다'

는 뜻은 아니다. 내 말은 그를 다시 일선에 내보내서는 안 된다는 뜻이다. 다시금 그에게 다른 병사들을 지휘하는 권한을 맡겨서는 안 된다. 교회는 가용할 수 있는 수단을 모두 동원해 죄를 뉘우친 사람들을 돌봐야 한다. 하지만 지도자로서의 자격을 상실했던 이를 다시 복직시키는 일은 여기에 해당하지 않는다. 그것은 성경의 가르침에 어긋날 뿐 아니라 하나님이 설정하신 기준을 낮추는 일이다.

현대 교회는 타락한 지도자에 대해 왜 그렇게 관대하고, 또 그를 복직시키는 일에 왜 그리 열심일까? 나는 그 주된 이유가 오늘날의 교회 안에 죄와 불신앙이 만연하기 때문이라고 생각한다. 교인들이 지도자를 바라보는 기대 수준을 낮추면 훨씬 더 편안한 마음으로 죄를 지을 수 있다. 지도자의 자격 기준을 낮추면 교회는 죄에 대해서는 관대하고 거룩함에 대해서는 소극적인 태도를 취하게 마련이다. 죄인에게 관대한 교회는 하나님의 인정을 받을 수 없다. 그런 교회는 진지하고 순종하는 그리스도인을 오히려 백안시하는 현대 기독교의 불안한 현실을 고스란히 반영한다.

보수적인 그리스도인들은 지난 100년의 시간을 대부분 교리적 순수함을 지키려는 싸움에 할애했다. 바람직한 일이다. 하지만 지금 우리는 도덕적 순수함을 지키기 위한 싸움에서 거듭 패배를 경험하는 중이다. 특히 일반 그리스도인들보다 좀 더 쉽게 사람들 눈에 띄는 지도자들 사이에서 가장 처절한 패배가 발생하고 있다. 교회는 그런 지도자를 용납하기 위해 기준을 낮춰서는 안 된다. 오히려 높은 자격 기준을 굳게 유지해 교회의 순결을 되찾아야 한다. 여기에서 실패하면 아무리 정통 교리를 수호하더라도 결국에는 처참한 패배를 맛볼 수밖에 없다. 지도자의 도덕적 순결에 관한 성경의 기준을 제대로 지키지 않고서는 세상의 빛과 소금이 될 수 없다.

지도자의 도덕성이 위기에 내몰린 상황에서 우리는 과연 어떻게 해야 할까? 무엇보다 지도자들을 위해 기도하고, 그들에게 책임 있는 태도를 요구하며, 격려를 아끼지 않아야 한다. 아울러 그리스도인들이 그들의 경건한 삶을 본으로 삼는다는 사실을 일깨워 주는 한편, 그들도 완전하지 않다는 사실을 이해함과 동시에 항상 가장 높은 수준의 경건과 순결을 요구해야 한다. 교회를 인도하는 지도자는 책망할 것이 없어야 한다. 그렇지 못한 지도자는 신성 모독이다.

✢ 하나님이 계획하신 교회 ✢

"이방인의 임금들은 저희를 주관하며 그 집권자들은 은인이라 칭함을 받으나 너희는 그렇지 않을지니 너희 중에 큰 자는 젊은 자와 같고 두목은 섬기는 자와 같을지니라" 눅 22:25-26.

"너희 중에 있는 하나님의 양 무리를 치되 부득이함으로 하지 말고 오직 하나님의 뜻을 좇아 자원함으로 하며 더러운 이를 위하여 하지 말고 오직 즐거운 뜻으로 하며" 벧전 5:2.

14장 • 사역의 의무 이해하기

+

15장 • 하나님의 양떼를 목양하기

+

16장 • 유혹의 영에 대한 분별

훌륭한 종의 자질
THE MASTER'S PLAN
FOR THE CHURCH

4

14 : 사역의 의무 이해하기
리더십 The Master's Plan for the Church

바울은 디모데전서 4장 6-16절에서 예수 그리스도의 충실한 종이 되는 데 필요한 자격 조건을 열거했다. 핵심 문구는 "그리스도 예수의 선한 일꾼"6절이다. 이 문구는 디모데전서의 전체 주제라고 할 수 있다. 잘 알다시피 디모데전서는 사도 바울이 디모데에게 에베소 교회에서 사역하는 방법을 가르치려고 썼다.

"선한"으로 번역한 헬라어는 '고결한', '탄복할 만한', '탁월한'으로 번역하는 편이 더 나을 수도 있다. 디모데전서 3장 1절에서는 이 단어를 목회자의 사역을 언급하는 데 사용했고, 여기에서는 목회자의 직분을 맡게 될 사람의 자질을 묘사하는 데 사용했다.

'일꾼'은 헬라어 '디아코노스*diakonos*'를 번역한 것으로, 이 말에서 '집사'를 뜻하는 영어 'deacon'이 유래했다. 이 말은 '목회자'를 뜻할 수도 있고, 또 집사의 직분을 맡은 교인들을 가리키기도 한다. 물론 바울은 여기에서 이 말을 그런 특정한 직분을 뜻하는 전문 용어로 사용하지 않았다. 하지만 이 말에는 사역에 종사하는 사람은 누구든지 자신을 주 예수 그리스도의 일꾼으로 여겨야 한다는 의미가 담겨 있다.

'디아코노스'는 종종 '종'으로 번역하는 '둘로스 doulos'와는 다르다. 둘로스는 대개 주인의 지배를 받는 노예를 가리키는 데 비해 디아코노스는 상당한 재량권을 가지고 스스로 원해서 섬기는 일꾼을 의미한다. 이 말에는 유용성의 개념과 모든 그리스도인이 그리스도를 섬기는 가치 있는 일꾼이 되어야 한다는 의미가 담겨 있다.

바울은 고린도전서 4장 1-2절에서 "사람이 마땅히 우리를 그리스도의 일꾼이요 하나님의 비밀을 맡은 자로 여길지어다 그리고 맡은 자들에게 구할 것은 충성이니라"고 말했다. 우리는 그리스도의 영광을 위해 그분의 것을 잘 관리해야 할 일꾼이요 청지기로 부르심을 받았다. 디모데를 위한 바울의 가르침은 주님을 섬기는 모든 사람에게 똑같이 해당한다.

또한 바울은 디모데전서 4장 1-5절에서 "미혹케 하는 영"이 거짓을 말하는 위선자들을 통해 퍼뜨리는 "귀신의 가르침"에 관해 말했다. 그는 거짓 가르침이 인간이 아니라 귀신에게서 비롯한다는 점을 경고한 뒤에 어떻게 하면 선하고 충실한 사역자로서 거짓 교리에 맞설 수 있는지 가르쳤다. 특히 바울은 디모데에게 이단의 가르침에 맞서는 방법을 가르치면서 부정적인 면이 아니라 긍정적인 면에 초점을 맞추었다. 방어적인 태도로 거짓 가르침을 논박하거나 거부하는 데 그치지 말고, 공격적인 태도로 하나님의 말씀을 힘써 가르치라고 강조한 것이다 6, 11, 13, 16절 참조. 교회 지도자는 잘못을 찾아내 비판하는 데 만족하지 말고 하나님의 백성을 굳게 세우는 일에 힘을 기울여야 한다.

바울은 디모데전서 4장 6-16절에서 그리스도의 능력 있는 일꾼이 되는 데 필요한 열한 가지 덕목을 제시했다. 이들 덕목은 주님의 백성을 인도하는 직임을 맡아 일하고자 하는 사람 모두가 힘써 추구해야 할 유용하고 실질적인 목표다.

능력 있는 일꾼은 그리스도인들에게 오류를 경고한다

부정적인 측면에 사역의 초점을 맞추어서는 곤란하지만 그렇다고 해서 거짓 교리가 지니는 파괴력을 수수방관하라는 뜻은 아니다. 바울은 디모데에게 "네가 이것으로 형제를 깨우치면"6절이라는 말로 그리스도인들에게 거짓 교리에 대한 경각심을 심어 주라고 당부했다. 그러고 나서 비로소 대화 주제를 귀신의 가르침에서 예수 그리스도의 능력 있는 일꾼이 될 수 있는 방법으로 바꾸었다. 지도자는 그리스도인들에게 잘못을 깨우치고 경고하는 임무를 등한시해서는 안 된다.

"깨우치면"으로 번역한 헬라어 '후포티테미hupotithemi'는 '드러낸다'는 의미다. 이 용어를 현재 시제로 표현한 것은 거짓 교리의 실체를 그리스도인들에게 늘 상기시켜 주어야 한다는 의미를 내포한다. 아울러 이 용어는 명령하는 어투가 아니라 겸손하고 자상한 태도로 조언과 충고를 아끼지 말라는 의미도 있다. 그리스도의 일꾼은 성경에 근거한 생각을 하도록 격려함으로써 그리스도인들의 분별력을 길러줄 수 있어야 한다.

오류를 찾아내는 것이 목회자의 주된 사역은 아니다. 하지만 목회자는 그리스도인들에게 오류에 대한 경각심을 심어 주는 일을 게을리해서는 안 된다. 바울은 에베소 교회의 장로들에게 이렇게 당부했다.

"내가 떠난 후에 흉악한 이리가 너희에게 들어와서 그 양떼를 아끼지 아니하며 또한 너희 중에서도 제자들을 끌어 자기를 좇게 하려고 어그러진 말을 하는 사람들이 일어날 줄을 내가 아노니 그러므로 너희가 일깨어 내가 삼 년이나 밤낮 쉬지 않고 눈물로 각 사람을 훈계하던 것을 기억하라 지금 내가 너희를 주와 및 그 은혜의 말씀께 부탁하노니 그 말씀이 너희를 능히 든든히 세우사 거룩케 하심을 입은 모든 자 가운데 기업이 있게 하시리라" 행 20:29-32.

바울은 에베소의 그리스도인들에게 오류에 대한 경각심을 심어 주는 한편 하나님의 말씀을 통해 문제를 긍정적으로 처리해 나가라고 권고하기를 등한시하지 않았다. 성경의 진리는 오류를 적절히 처리할 수 있는 근거를 제시한다.

하나님의 말씀에 굳게 서야만 '모든 교훈의 풍조에 밀려 요동치 않을 수 있다' 엡 4:14 참조. 요한일서 2장 13-14절은 성령의 검, 곧 하나님의 말씀에 굳게 서서 사탄의 가르침을 극복하는 법을 배워야 한다고 강조한다. 그것만이 "광명의 천사"와 "의의 일꾼"으로 위장한 채 고후 11:14-15 참조 다가오는 이들과 맞서 싸워 이길 수 있는 유일한 방법이다.

오늘날 교회 안에 온갖 오류가 침투해 들어온 이유는 영적 분별력을 잃은 탓이다. 요즘 교회는 무기력하고 혼란스러울 뿐 아니라 심지어는 배교로 치우치고 있다. 무기력한 신학, 확신 없는 설교, 지나친 관용이 강력한 교리, 명확한 성경 해설, 확실한 성경 원리를 밀어냈다. 그로 인해 빚어진 결과는 참으로 비참하다. 최근 몇 십 년 만에 비성경적인 은사주의, 세속적인 심리학, 신비주의, 성공 철학, 번영 신학, 구도자 중심의 복음 전도, 포스트모더니즘의 영향으로 생겨난 '이머징 교회' 속으로 홍수처럼 밀려 들어왔다.

교회는 진리와 오류의 경계선을 명확히 설정하고, 하나님의 백성을 그분의 말씀으로 굳게 세워야 한다. 하나님은 목회자들에게 영적 위험을 경고하는 임무를 맡기셨다.

"인자야 내가 너를 이스라엘 족속의 파수꾼으로 세웠으니 너는 내 입의 말을 듣고 나를 대신하여 그들을 깨우치라 가령 내가 악인에게 말하기를 너는 꼭 죽으리라 할 때에 네가 깨우치지 아니하거나 말로 악인에게 일러서 그 악한 길을 떠나 생명을 구원케 하지 아니하면 그 악인은 그 죄악 중에서 죽으려니와 내가 그 피 값을 네 손에서 찾을 것이고" 겔 3:17-18.

영적 지도자가 오류와 이단의 위험을 경고하지 않으면 하나님 앞에서 그에 대한 책임을 져야 한다 히 13:17 참조. 오늘날 교회가 온갖 종류의 왜곡된 사상을 받아들이는 것처럼 보여도 하나님의 사람은 한편으로는 성경적인 신학에 근거한 사상을 발전시키고 다른 한편으로는 비성경적인 사상을 경고하는 일에 심혈을 기울여야 한다. 지도자는 양떼를 다독거리거나 그들의 요구에 영합하거나 방임하는 태도로 그들의 귀를 즐겁게 하는 데만 관심을 기울이지 말고 그들을 올바른 길로 인도하기 위해 최선을 다해야 한다.

능력 있는 일꾼은 성경에 능통하다

"믿음의 말씀과 네가 좇은 선한 교훈으로 양육을 받으리라" 딤전 4:6. 이 말씀처럼 능력 있는 일꾼이 되려면 성경에 능통해야 한다. 그런데 안타깝게도 요즘 목회자들 가운데는 성경 지식이 박약할 뿐 아니라 성경 연구에 게으른 이들이 적지 않다. 교회사를 돌아보면 성경과 신학에 능통한 사람들이 목회자로 일했던 시절이 있다. 청교도 목회자들은 단지 언변에 능하기보다 하나님의 말씀에 정통했다. 그들은 탁월한 지혜와 정확성으로 하나님의 말씀을 이해하고 해석하고 적용했다.

"양육을 받으리라"로 번역한 헬라어 '엔트레포entrepho'는 하나님의 말씀으로 양육을 받는 일이 지속적으로 진행되는 과정임을 의미한다. 이는 성경의 내용을 모두 이해할 때까지 성경을 읽고, 묵상하고, 연구하며 성경과 대화를 나누는 일을 끊임없이 반복해야 한다는 뜻이다.

"믿음의 말씀"으로 양육을 받는 것은 매우 중요하다. "믿음의 말씀"은 성경에 근거를 둔 기독교의 교리 체계를 가리킨다. 물론 성경을 모두 이해하는 것은 불가능하다. 하지만 우리는 그것을 목표로 삼아 늘 매진해야 한다. 목회자는 단지 사람들의 귀를 즐겁게 하는 능변가가 아니라 하나님의 말씀에 능통한 전문가가 되어야 한다 딤후 4:3 참조. 하나님의 말씀을 수호하고 정확히 해석하는 것이 곧 목회자의 임무다.

또한 우리는 "믿음의 말씀"만이 아니라 "선한 교훈"으로 양육을 받아야 한다. "선한 교훈"으로 번역한 헬라어 '칼레 디다스칼리아kalē didaskalia'는 성경의 진리를 가르치고, 그 원리를 적용하는 활동을 의미한다. 선한 교훈이 충실히 전달되면 교회 안에 영적 성장이 이루어진다.

- 우리는 "성령의 검 곧 하나님의 말씀"엡 6:17을 정확히 사용해야 한다.
- 우리는 그리스도의 말씀이 우리 안에 풍성히 거하게 해야 한다골 3:16 참조. 바울은 "네가 진리의 말씀을 옳게 분변하며 부끄러울 것이 없는 일꾼으로 인정된 자로 자신을 하나님 앞에 드리기를 힘쓰라"딤후 2:15고 말했다. 우리는 다른 무엇보다도 하나님의 말씀에 능통한 사역자가 되라는 부르심을 받았다.
- 바울은 "성경은 …… 교훈과 책망과 바르게 함과 의로 교육하기에 유익하니 이는 하나님의 사람으로 온전케 하며 모든 선한 일을 행하기에 온전케 하려 함이니라"딤후 3:16-17고 말했다. 따라서 다른 사람들을 영적으로 준비시키려면 지도자가 먼저 성경에 정통해야 한다.
- 우리는 성경을 배우고 연구함으로써 영적으로 성장한다벧전 2:2 참조.

목회자의 생각과 말이 성경과 일치하려면 성경 공부에 많은 시간을 할애하지 않으면 안 된다. 성경은 일생을 다 바쳐 부지런히 연구해도 그 풍성한 진리를 겨우 깨닫기 시작했다고 할 정도로 끝이 없는 진리의 보고다. 하지만 안타깝게도 오늘날은 가만히 앉아서 생각하기를 싫어하는 세대다. 이 세대는 재미있는 오락만을 추구한다. 그럼에도 불구하고 목회자는 하나님의 말씀을 연구하고 이해하고 분명하게 전달하는 데 심혈을 기울여야 한다.

불행히도 성경 연구를 기쁘게 생각하지 않는 사역자들이 많다. 그들은 가끔씩 고작 한두 시간 정도만 성경 공부에 할애하거나 아예 성경 공부를 하지 않는다. 그들은 수월한 활동만 좋아할 뿐 그런 활동의 리듬을 깨뜨리는 힘든 성경 공부를 달가워하지 않는다. 그들은 가능한

한 자주 강사로 초청받기를 좋아하는 탓에 굳이 성경 연구에 매달릴 필요성을 느끼지 않는다. 또한 그들은 다양한 행정 업무나 집회를 주관하기를 좋아한다. 성경 연구를 등한시하는 그들의 설교는 무력할 수밖에 없어 청중의 마음과 생각 속에 깊이 파고들기 어렵다.

1525년에 신약성경을 영어로 번역했던 윌리엄 틴데일은 감옥에 갇혀 순교를 기다리는 운명에 처했다. 그는 당국자에게 편지를 보내 몇 가지 물건을 보내 달라고 요청했다. 그가 부탁한 물건은 따뜻한 모자와 외투와 바지에 덧댈 천 한 조각이었다. 그런 다음 그는 이렇게 덧붙였다. "귀하의 관용을 바라고 무엇보다 간절히 부탁하고 구하고 싶은 것이 있습니다. 성경을 연구하며 시간을 보낼 수 있도록 물자 보급관에게 서둘러 연락을 취해 내게 히브리어 성경과 히브리어 문법책과 히브리어 사전을 보내 주시면 그 친절을 잊지 않겠습니다"(윌리엄 틴데일, William Tyndale, J.F. 모즐리, New York : MacMIllan, 1937 p. 334).

히브리어를 배우느라 힘들어하는 신학생의 경우에는 절대로 그런 요청을 하지 않을 것이 틀림없다. 하지만 나중에 하나님의 말씀을 좀 더 깊이 연구하다 보면 인생에서 가장 소중히 여겨야 할 것이 바로 하나님의 말씀을 가장 잘 이해할 수 있게 도와줄 수 있는 수단이라고 말할 수 있게 될 것이다.

능력 있는 일꾼은 거짓 가르침에 현혹되지 않는다

"망령되고 허탄한 신화를 버리고"딤전 4:7. "신화"로 번역한 헬라어는 '무토스muthos'다. 이를 영어로 음역해 'myth'가 탄생했다. 디모데후서 4장 4절은 "또 그 귀를 진리에서 돌이켜 허탄한 이야기를 좇으리라"

고 말한다. 바울에 따르면 진리와 허탄한 신화는 서로 정반대다. 그리스도인은 진리로부터 영적 양식을 얻고, 그와 반대되는 것은 멀리해야 한다.

"망령되고"딤전 4:7는 '늙은 여인들에게나 어울리는'으로 번역할 수도 있다. 이는 당시의 문화적 상황을 반영하는 표현이다. 당시 철학자들은 특정한 견해를 논박하고자 할 때 냉소의 의미로 이 문구를 사용했다. 나이 든 여인들이 어린아이에게 동화 들려주는 모습을 묘사하는 이 문구는 주로 신빙성이 없는 말을 언급할 때 사용했다.

생각은 참으로 귀하다. 하나님은 영적 지도자로 일하는 사람들이 성경의 진리로 충만한 순결한 생각을 유지하기를 바라신다. 영적 지도자는 허탄한 신화나 진리와 상반되는 거짓을 용납해서는 안 된다. 하지만 오늘날의 사회는 성경의 진리보다 헛된 이야기를 좇는 경향이 많다.

일부 신학계에서도 성경을 얼마나 잘 알고 있느냐보다 학술적이고 세속적인 이론에 얼마나 능통한가를 학문 능력을 판단하는 기준으로 삼는다.

신학박사 학위를 취득하려고 계획할 때 일이다. 당시 대학원 과정을 담당하고 있던 책임자는 내가 학부 과정에서 성경과 신학이론에만 너무 치중했다고 결론짓고, 대학원 과정에 입학하기 전에 사전 준비 단계로 읽어야 할 책들을 소개해 주었다. 추천도서 목록에는 모두 200권의 책이 실려 있었다. 나는 그 책들을 잘 아는 사람과 함께 추천 도서를 한 권씩 차례로 살펴보았다. 그랬더니 한결같이 자유주의 신학과 인본주의 철학에 관한 내용을 담고 있는 책들이었다. 모두 학위를 취득하기 위한 허탄한 신화들이었던 셈이다.

대학원 담당자는 심지어 내게 '예수와 시네마'라는 과정을 이수하라고 요구했다. 그것은 여러 편의 현대 영화를 보고 그 내용이 예수님의 윤리와 일치하는지, 또는 상반되는지 판단하는 수업이었다. 그것은 하나님이신 예수님을 한갓 애매한 윤리를 가르치는 교사로 축소시키는 것이나 다름없었다. 나는 대학원 담당자를 만나 단호하게 말했다. "내가 지금까지 진리를 배우기 위해 노력해 왔다는 사실을 알아주셨으면 합니다. 거짓을 배우기 위해 앞으로 2년을 허비할 생각은 추호도 없습니다."

그러고는 입학에 필요한 자료를 그의 책상에 던져 놓고 돌아서서 방을 나왔다.

처음 목회자 훈련을 받을 때부터 지금까지 내 생각을 진리로 채울 수 있게 도와주신 하나님께 감사한다. 내 생각은 "믿음 안에 있는 하나님의 경륜을 이룸보다 도리어 변론을 내는"딤전 1:4 것들을 둘러싸고 참과 거짓이 우유부단한 대결을 펼치는 싸움터가 아니다. 나의 생각에는 모호한 것이 존재하지 않기 때문에 나는 자신 있게 말할 수 있다. 그동안 나는 성경의 진리와 상반되는 이론을 펼치는 많은 지성인과 학자들의 말에 귀를 기울이지 않으려고 노력했다.

하지만 내 친구 하나는 진리를 확신하는 데 많은 어려움을 느끼는 듯이 보였다. 그는 목회자가 될 생각으로 자유주의 신학교에 입학했지만 결국에는 바텐더라는 직업을 택했다. 복잡하고 애매한 자유주의 신학이 하나님을 섬기려던 그의 생각을 파괴해 버렸기 때문이다. 생각은 귀한 보배나 다름없다. 우리의 생각이 사탄의 거짓에 물들지 않도록 조심해야 한다. 능력 있는 사역자는 하나님의 말씀을 연구하는 데 몰두함으로써 항상 명료한 생각과 진리의 확신을 유지해야 한다.

능력 있는 일꾼은 경건한 삶을 유지하기 위해 노력한다

오스왈드 샌더스는 영적 리더십Spiritual Leadership에서 "신령한 목적은 신령한 방법을 활용하는 신령한 사람에 의해서만 성취될 수 있다"고 말했다(Chicago: Moody, 1980, p. 40). 사역의 핵심은 경건이다. 아무리 머리가 명석하고, 의사전달 능력이 아무리 출중하더라도 하나님의 말씀에 무지하고 경건한 삶을 살지 못하면 사역은 실패할 수밖에 없다. 사역의 성패는 진리의 지식과 경건한 삶에 달려 있다.

바울은 "오직 경건에 이르기를 연습하라"딤전 4:7고 권고했다. 체육관을 뜻하는 영어 단어 'gymnasium'은 '연습하라'로 번역한 헬라어 '굼나조gumnazō'에서 파생했다. 이는 훈련에 힘쓰는 운동선수를 묘사하는 말로 희생을 각오하고 엄격한 훈련에 임한다는 의미가 담겨 있다. 헬라 시대에 훈련장은 16세에서 18세 사이 젊은이들이 신체를 단련하는 곳이었다. 당시에는 신체 능력을 높이 평가했기 때문에 도시마다 훈련장이 마련되어 있었다. 종교적 차원에서도 신체를 중시했기 때문에 당시 사람들은 신체 단련과 체육 경기에 큰 관심을 기울였다. 오늘날에도 그와 비슷한 현상이 전개되고 있다.

바울은 당시의 문화 상황에 빗대어 디모데에게 경건에 이르기를 연습하라고 권고했다. '훈련에 임할 때는 내면의 경건함을 닦는 데 집중하라'는 뜻이다. "경건"으로 번역한 헬라어 '유세베이아eusebeia'는 '공손한 태도, 깊은 신앙심, 참된 영적 덕성'을 의미한다. 따라서 "경건에 이르기를 연습하라"는 번역은 바울의 권고를 매우 정확하게 표현하고 있다고 하겠다.

"내가 내 몸을 쳐 복종하게 함은 내가 남에게 전파한 후에 도리어 버림이 될까 두려워함이로라"고전 9:27. 이 말씀에서 알 수 있듯이 바울은 사역 훈련의 중요성을 철저히 이해했다. 그는 디모데에게 이렇게 권고했다.

"네가 그리스도 예수의 좋은 군사로 나와 함께 고난을 받을지니 군사로 다니는 자는 자기 생활에 얽매이는 자가 하나도 없나니 이는 군사로 모집한 자를 기쁘게 하려 함이라 경기하는 자가 법대로 경기하지 아니하면 면류관을 얻지 못할 것이며"딤후 2:3-5.

군인은 자신을 모집한 사람을 기쁘게 하기 위해 세상의 즐거움을 멀리하고 온갖 시련을 견디며 희생을 마다하지 않는다. 또 운동선수는 부지런히 체력을 기른 뒤에 규칙에 따라 서로의 기량을 겨룬다. 그와 마찬가지로 하나님의 종도 희생을 각오하고 영적 훈련에 임하는 것은 물론, 하나님이 정하신 규범에 따라 행동해야 한다.

육체를 단련하는 것은 약간의 유익이 있다딤전 4:8 참조. 첫째는 정신이 아니라 육체만을 유익하게 하고, 둘째는 그 효과가 일시적이기 때문이다. 오랜 세월 운동으로 체력을 단련했더라도 운동을 중단하면 그동안 열심히 노력해서 얻은 멋진 몸매가 이내 다시 망가져 버린다.

이와는 달리 "경건은 범사에 유익하니 금생과 내생에 약속이 있"8절다. 경건을 연습하면 육체만이 아니라 영혼에게도 유익하다. 새해를 맞이해 새로 결심을 다질 때 매일 성경을 공부하고 경건을 연습하는 데 시간을 할애할 생각은 하지 않고, 단지 일주일에 세 번 헬스장에 가서 육체를 단련하겠다고 결심하는 것은 바람직하지 않다. 경건 훈련이 가져다주는 유익은 하나님의 축복 속에서 유익하고, 충만하고, 결실이 풍성한 삶을 사는 것이다. 영적 훈련과 경건에 힘을 기울인다면 그로 인한 축복은 영원히 지속될 것이다.

"미쁘다 이 말이여 모든 사람들이 받을 만하도다"9절라는 말씀은 바울이 목회서신에서 네 차례나 사용한 바 있다딤전 1:15; 3:1-2, 딤후 2:11, 딛 3:8 참조. "받을 만하도다"라는 표현은 그의 확신을 더욱 강조한다. 자명한 이치나 믿을 만한 진술을 강조할 때 사용하는 표현인 것이다. 영적 훈련이 유익한 결과를 가져온다는 것은 한 치도 틀림이 없는 명백한 진리다.

육체에만 집착하는 것은 우리가 영적으로 미성숙했다는 증거다. 육체를 단련하는 데만 몰두하는 것은 영원한 영적 현실에 무지하다는 사실을 드러낸다. 모든 그리스도인은 하나님의 뜻에 순응하기 위해 영적 훈련에 몰두해야 한다는 것을 교회 모토로 확고하게 정해야 한다. 그리스도인은 체력 단련이나 육체 숭배를 우선시해서는 안 된다.

경건은 능력 있는 사역자가 가장 힘써 추구해야 할 목표다. 그는 기도, 성경 공부, 성찬, 죄의 고백, 능동적인 사역, 철저한 상호 책임의식, 금식 등 가용한 은혜의 수단을 모두 동원해 경건의 훈련에 임한다.

바울은 경건이 진리의 핵심이라고 지적했다딤전 6:3 참조. 경건은 그리스도를 통해 오지만벧후 1:3 참조, 그럼에도 불구하고 경건을 추구하는 것은 우리 몫이다딤전 6:11 참조. 경건은 때로 핍박을 불러오기도 하지만딤후 3:12 참조 항상 영원한 축복으로 귀결된다. 이에 비해 일순간의 번영은 반드시 좋은 결과를 낳는다는 보장이 없다딤전 6:5-8 참조.

능력 있는 일꾼은 힘든 사역에 헌신한다

바울은 경건을 권하면서 사역의 현실을 일깨워 주었다. 사역은 하늘의 것을 추구하는 일이지만 사역이 이루어지는 장소는 바로 세상이다. "우리가 수고하고 진력하는 것은"딤전 4:10이라는 표현대로 사역은 매우 힘들다.

"그런즉 우리는 거하든지 떠나든지 주를 기쁘시게 하는 자 되기를 힘쓰노라"고후 5:9. 바울은 이렇게 말한 뒤에 열심히 사역에 임해야 하는 이유 두 가지를 덧붙였다. 먼저 10절에서 "이는 우리가 다 반드시 그리스도의 심판대 앞에 드러나"라고 말한다. 우리는 장차 그리스도 앞에 서게 될 것이고, 그분은 우리에게 영원한 상급을 베푸실 것이다. 상급의 정도는 주님께 드린 사역의 질과 양에 의해 결정될 것이다고전 3:11-15 참조.

11절에서는 "우리가 주의 두려우심을 알므로 사람을 권하노니"고후 5:11라고 덧붙였다. 바울은 여기에서 거듭나지 못한 사람들을 염두에 두고 있다. 회개하지 않으면 장차 상급은커녕 도리어 심판을 받게 된다. 그리스도인은 그런 사실을 알고 있기 때문에 사람들이 구원받은 백성이 되어 심판을 모면하기를 바라는 마음으로 부지런히 복음의 진리로 그들을 설득해야 한다.

바울이 열심히 일했던 이유는 자신의 노력이 영원한 결과를 가져올 것을 알았기 때문이다. 다시 말해 그는 복음 사역이 자신에게는 상급을, 자신의 말을 듣는 비그리스도인들에게는 영원한 운명의 변화를 가져다 줄 것을 알았다. 하나님의 일꾼이 열심을 낼 수 있는 근거이자 이유는 바로 영원한 천국과 영원한 지옥이 존재한다는 사실이다.

디모데전서 4장 10절에서 "수고"로 번역한 헬라어 '코피아오*kopiaō*'는 '기진맥진할 때까지 일하다'라는 의미이며, "진력"으로 번역한 헬라어 '아고니조마이*agōnizomai*'는 '악전고투하다'라는 뜻이다. 우리가 종종 고통을 당하는 와중에서도 기진맥진할 때까지 일하는 이유는 영원한 목표를 의식하기 때문이다.

오스왈드 샌더스는 "영적 지도자가 피곤을 감수하지 않으면 평범한 수준을 벗어날 수 없다"(영적 리더십, p. 175)라고 말한 뒤에 또 이렇게 덧붙였다. "참된 리더십은 항상 자신을 다 바치는 희생과 노력을 요구한다. 효율적인 리더십이 이루어질수록 그에 대한 대가도 더욱 커진다"(p. 169).

사역의 긴급성을 의식한다면 어떤 대가라도 치를 각오가 되어 있어야 한다. 탁월한 사역자가 되려면 피로, 외로움, 투쟁, 이른 기상, 늦은 취침, 즐거움의 포기 등을 감수하지 않으면 안 된다.

"내가 …… 자랑할 것이 없음은 내가 부득불 할 일임이라 만일 복음을 전하지 아니하면 내게 화가 있을 것임이로라 …… 내가 달음질하기를 향방 없는 것같이 아니하고 싸우기를 허공을 치는 것같이 아니하여 내가 내 몸을 쳐 복종하게 함은 …… 도리어 버림이 될까 두려워함이로라" 고전 9:16, 26-27.

이 말은 바울이 영원한 결과를 가져올 사역에 엄청난 심혈을 기울였다는 사실을 보여 준다. 바울은 고린도후서 11장 24-27절에서 태장과 채찍에 얻어맞고, 종종 피로와 고통과 고난과 고뇌와 파선의 위기를 겪었다고 고백했다. 그는 목전의 사역에 충실하기 위해 그 모든 위험을 견뎌 냈다. 그 이유는 무엇일까? 그것은 늘 영원을 염두에 두었기 때문이다. 그는 언제나 영혼들의 운명이 경각에 달려 있다는 사실을 잊지 않았다.

바울이 사역에 온전히 헌신할 수 있었던 이유는 "소망을 살아 계신 하나님께"딤전 4:10 두었기 때문이다. 오랫동안 예수 그리스도의 복음을 전해 온 선교사들이 세상의 즐거움을 포기하는 이유는 살아 계신 하나님께 소망을 두기 때문이다. 그들은 하나님이 현세를 뛰어넘는 영원한 삶을 예비하고 계신다는 사실을 굳게 확신한다. 우리 가운데 세상에 재물을 쌓아놓고 인생의 쾌락을 즐기려는 사람이 있어서는 곤란하다. 우리의 희망은 미래에 있다.

바울은 하나님을 "믿는 자들의 구주"10절로 일컫는다. 하나님이 "믿는 자들의 구주"시라는 것은 과연 무슨 의미일까? 어떻게 그분이 모든 사람 특히 믿는 자들의 구주가 되실 수 있을까? 지금까지 주석학자들은 여러 가지 해석을 내놓았다. 이 구절을 올바로 해석하려면 무엇보다도 문맥에 충실해야 한다.

바울이 아레오바고에서 아덴의 학자들에게 복음을 전할 때 "또 무엇이 부족한 것처럼 사람의 손으로 섬김을 받으시는 것이 아니니 이는 만민에게 생명과 호흡과 만물을 친히 주시는 자이심이라 …… 우리가 그를 힘입어 살며 기동하며 있느니라 …… 우리가 그의 소생이라"행 17:25, 28고 말한 바 있다. 하나님은 만민에게 생명을 주시고, 그들의 삶을 유지하신다.

바울은 바다에서 폭풍우를 만났을 때 선원들에게 "음식 먹으라 권하노니 이것이 너희 구원을 위하는 것이요"행 27:34라고 말했다. 여기에서 "구원"으로 번역한 헬라어 '소테리아soteria'는 '보존'으로 번역할 수 있다. 바울의 말은 영혼의 구원이 아니라 육체의 안녕과 건강을 가리킨다.

야고보는 "믿음의 기도는 병든 자를 구원하리니"약 5:15라고 말했다. 오늘날 성경 번역자들은 대개 "구원하다(sozo)"로 번역한 용어를 육체의 건강을 뜻하는 용어로 고쳐 번역하는데 이 경우가 그에 해당한다. 따라서 "구원" 또는 "구원하다"로 번역한 용어를 영혼의 구원을 뜻하는 의미로만 받아들여서는 곤란하다. 구원은 이따금 질병이나 환난으로부터의 구원, 또는 건강의 유지를 의미한다.

이것이 바울이 디모데전서 4장 10절에서 하나님을 "구주"로 언급했을 때의 의미다. 바울 사도에 따르면 하나님은 세상 만민의 생명과 삶을 보존하고 유지하시는 분이시다. 하나님은 만민에게 일시적인 축복을 베푸신다. 하지만 그런 축복은 그리스도인들에게는 특별히 더 영광스럽다. 그 이유는 단지 일시적으로 끝나지 않고 영원히 지속될 것이기 때문이다.

바울의 주장은 "우리가 수고하고 진력하는 이유는 사역의 결과가 영원하기 때문이다"라는 한마디로 요약할 수 있다. 우리는 살아 계신 하나님께 소망을 둘 뿐 아니라 세상에서 우리의 생명을 유지하시는 하나님의 사역이 이루어지고 있다는 사실을 알고 있기에 그리스도인들의 영혼을 반드시 구원하실 것이라고 굳게 확신한다. 이것이 우리가 사역에 열심을 내는 이유다.

일전에 토머스 코크레인이 선교 사역에 관해 인터뷰를 나눈 기사를 읽어 본 적이 있다. 인터뷰를 청한 사람이 물었다. "선교 사역 가운데 특히 어떤 분야에 소명을 받았다고 느끼십니까?"

그러자 그는 이렇게 대답했다. "그저 늘 가장 힘든 일이 내게 주어지기만을 바랄 뿐입니다."

주님의 사역은 편안함과 안락함을 추구하는 이들에게 어울리지 않는다. 하지만 영원에 희망을 둔 사람들의 경우 주님의 사역은 영원한 상급을 약속한다.

리처드 백스터는 목회 사역에 관해 이렇게 말했다.

> 목회 사역은 부지런히 열심을 다해야 할 일이다. 우리 자신과 다른 사람들에게 참으로 막대한 영향을 미치기 때문이다. 우리는 세상을 떠받치고, 그것을 하나님의 저주로부터 구원하며, 창조를 완전하게 하고, 그리스도의 구원 목적을 이루며, 우리 자신과 다른 사람을 심판으로부터 구원하고, 마귀를 물리치며, 그의 왕국을 파쇄하고, 그리스도의 왕국을 세우며, 다른 사람들이 영광의 나라에 이르도록 돕는 일에 헌신해야 한다. 부주의한 생각과 게으른 손으로 어찌 이런 일을 감당할 수 있겠는가? 이런 일은 전심전력을 기울이지 않으면 안 된다. 진리의 우물을 깊고 우리의 두뇌는 천박하기 때문에 열심히 공부하지 않으면 안 된다(참 목자상 *The Reformed paster*, London : James Nisbet and Co., 1860 reprint, p. 164-165).

사역은 일이다. 단 그것은 인간의 일이 아니다. 바울은 "각 사람을 그리스도 안에서 완전한 자로 세우"골 1:28는 것을 사역의 목표로 설정한 뒤 "이를 위하여 나도 내 속에서 능력으로 역사하시는 이의 역사를 따라 힘을 다하여 수고하노라kopiaō"29절고 덧붙였다. 육신의 능력으로는 주님의 일을 효과적으로 이룰 수 없다. 주님은 사역을 행하는 이들에게 성령으로 능력을 주신다.

능력 있는 일꾼은 권위 있게 가르친다

바울은 디모데에게 "네가 이것들을 명하고 가르치라"딤전 4:s11고 말했다. "가르치라"로 번역한 헬라어는 정보를 전달한다는 뜻인데, 이 경우에는 교리나 가르침을 전한다는 의미를 지닌다. 우리는 명령이나 가르침의 형태로 사람들에게 진리를 전해야 한다.

요즘에는 오락의 성격을 띠는 설교가 유행이다. 그런 설교는 삶을 변화시킬 능력이 없다. 과연 무기력하기 짝이 없는 설교가 하나님이 원하시는 것일까? 사도행전 17장 30절은 "이제는 어디든지 사람을 다 명하사 회개하라 하셨으니"라고 말한다. 우리가 언제부터 이러한 명령을 단순한 제안으로 받아들이기로 결정했는지 참으로 궁금하다.

마태복음 7장 28-29절은 이렇게 말한다. "예수께서 이 말씀을 마치시매 무리들이 그 가르치심에 놀래니 이는 그 가르치시는 것이 권세 있는 자와 같고 저희 서기관들과 같지 아니함일러라."

바울은 디모데에게 여러 차례 권위 있는 가르침을 당부했다. 그는 "어떤 사람들을 명하여 다른 교훈을 가르치지 말며"딤전 1:3, "네가 또한 이것을 명하여"딤전 5:7와 같은 권고를 잊지 않았다. 특히 그는 필요한 경우에는 죄를 지은 사람들을 공개적으로 책망하라고 말했으며딤전 5:20 참조, 교회에서 부유한 자들을 가르치라고 명령했다딤전 6:17 참조. 또한 그는 디도서에서도 "너는 이것을 말하고 권면하며 모든 권위로 책망하여 누구에게든지 업신여김을 받지 말라"딛 2:15고 말했다. 물론 바울의 권고는 다른 사람에게 불친절하거나 권위를 남용해도 좋다는 뜻이 아니다. 하지만 하나님의 말씀에 불순종할 때는 단호하게 죄를 꾸짖는 것이 필요하다.

충실한 일꾼은 담대해서 죄와 정면대결을 펼친다. 그는 불신앙과 불순종과 나태를 과감히 꾸짖는다. 하나님은 예수님을 "내 사랑하는 아들이요 내 기뻐하는 자"라고 일컬으시며 "너희는 저의 말을 들으라"고 명령하셨다마 17:5. 능력 있는 일꾼은 그러한 명령을 받들어 모든 사람에게 회개하고 예수 그리스도께 복종하라고 명령한다.

권위 있는 일꾼이 되려면 몇 가지 기본 조건이 필요하다.

첫째, 성경의 권위를 확신해야 한다. 성경이 하나님의 말씀이라는 확신이 없으면 권위 있게 가르칠 수 없다.

둘째, 성경 내용을 잘 알아야 한다. 성경 말씀의 의미를 알지 못하면 확실하고 권위 있는 가르침을 전할 수 없다.

셋째, 성경 말씀을 적절히 전달할 수 있는 의사소통 능력이 필요하다. 그래야만 하나님의 말씀이 굳건히 서고 사람들로부터 존중받을 수 있다.

넷째, 사람들이 하나님의 말씀에 복종하며 올바른 태도를 취할 수 있도록 이끌어야 한다.

우리의 가르침은 감상적인 호소가 아니라 단호한 명령으로 이루어져야 한다. 하나님의 진리로 사람들을 적당히 구슬리려하지 말고 당당히 말씀을 선포한 뒤 말씀의 강력한 역사가 일어나기를 기대해야 한다.

능력 있는 일꾼은 사람들 앞에 모범이 되어야 한다

바울은 디모데에게 "누구든지 네 연소함을 업신여기지 못하게 하고 오직 말과 행실과 사랑과 믿음과 정절에 대하여 믿는 자에게 본이 되"_{딤전 4:12}라고 권고했다. "본"으로 번역한 헬라어는 '투포스 *tupos*'로, '본보기, 귀감, 견본'을 뜻한다. 영어 단어 'type'이 이에서 유래했다.

양재사는 옷을 만들 때 옷감 위에 견본을 대고 그 모양대로 잘라내고, 화가는 모델을 선정한 뒤 자신의 화풍에 따라 그림을 그린다. 지도자는 다른 사람들이 본받아 따를 수 있는 모범이 되어야 한다. 일전에 누군가가 '그대가 말하는 소리보다 그대의 삶 자체가 더 큰소리로 다가온다'고 말했다. 삶은 우리의 가장 강력한 메시지다.

몇 년 전, 친구 하나가 모교를 방문했다. 그의 모교는 미국에서 꽤 알려진 신학교인데, 그가 보기에는 졸업생들 다수가 참경건을 이해하지 못하고 있는 듯했다. 그래서 그는 학교 당국에 개인의 경건을 다루는 강좌를 신설하는 것이 좋겠다고 제안했다. 그러자 교수 가운데 한 사람이 대답했다. "그런 강좌는 학문 능력을 길러 줄 수 없습니다."

하지만 사역의 관건은 학문적 능력에 의존하지 않는다. 모두가 본받을 수 있는 경건의 표상이 되는 것이 무엇보다도 중요하다. 머리에 지식만 가득할 뿐 경건한 삶이 뒤따르지 않는 사람은 다른 사람의 귀감이 될 수 없다. 그런 사람이 지도자가 되면 혼란만 가중될 뿐이다. 다시 말해 사람들은 그에게서 올바른 교리는 배울 수 있겠지만 올바른 행동은 배울 수 없다. 이런 식의 이율배반은 참으로 무섭고 위험하다.

신약성경은 경건한 삶의 본이 되라고 명령한다. 그 가운데 바울 사도가 남긴 명령 몇 가지를 열거하면 다음과 같다.

- "내가 너희에게 권하노니 너희는 나를 본받는 자 되라"고전 4:16. 혹시 바울이 이기적인 사람이었다는 생각이 들지도 모르겠지만 그것은 사실과 전혀 다르다. 그는 타의 모범이 될 수 있는 경건한 성품을 보여 주고자 했다. 바울은 자신이 완전하지 않다는 사실을 잘 알고 있었다. 그는 다만 양떼가 보고 배울 수 있는 경건하고 탁월한 성품을 갖추는 것을 목표로 삼고 최선을 다했을 뿐이다. 그런 목표를 염두에 두지 않고 사역을 행하는 사람이 한 사람도 있어서는 안 된다. "본받는 자"로 번역한 헬라어 '미메테스mimētēs'에서 영어 단어 'mimic'이 파생했다.
- "무엇을 하든지 다 하나님의 영광을 위하여 하라 …… 나와 같이 모든 일에 모든 사람을 기쁘게 하여 나의 유익을 구치 아니하고 많은 사람의 유익을 구하여 저희로 구원을 얻게 하라 내가 그리스도를 본받는 자 된 것같이 너희는 나를 본받는 자 되라"고전 10:31, 33; 11:1.
- "형제들아 너희는 함께 나를 본받으라 또 우리로 본을 삼은 것같이 그대로 행하는 자들을 보이라"빌 3:17.
- "너희는 내게 배우고 받고 듣고 본 바를 행하라"빌 4:9.
- "이는 우리 복음이 말로만 너희에게 이른 것이 아니라 오직 능력과 성령과 큰 확신으로 된 것이니 우리가 너희 가운데서 너희를 위하여 어떠한 사람이 된 것은 너희 아는 바와 같으니라 또 너희는 …… 우리와 주를 본받은 자가 되었으니"살전 1:5-6
- "어떻게 우리를 본받아야 할 것을 너희가 스스로 아나니 우리가 너희 가운데서 규모 없이 행하지 아니하며 …… 오직 스스로 너희에게 본을 주어 우리를 본받게 하려 함이니라"살후 3:7, 9.
- "내게 들은 바 바른 말을 본받아 지키고"딤후 1:13.

"너희를 인도하던 자들을 생각하며 저희 행실의 종말을 주의하여 보고 저희 믿음을 본받으라"히 13:7. 히브리서 저자의 권고다. 교회 지도자는 다른 사람들이 본받을 만한 삶을 살아야 한다. 야고보도 이렇게 말했다. "너희는 선생 된 우리가 더 큰 심판 받을 줄을 알고 많이 선생이 되지 말라"약 3:1. 그만큼 교회 지도자의 임무는 막중하다. 그릇된 것을 가르치거나 위선을 일삼는 것은 심각한 범죄이다. 말과 행동이 일치되어야 한다. 불행히도 오늘날 이 원리에 충실하지 못한 지도자가 너무나도 많다.

디모데는 마흔이 채 되지 않은 젊은 사역자였기 때문에 나이 든 그리스도인들에게 우습게 보일 가능성이 높았다. 따라서 바울은 그에게 다른 사람들의 귀감이 되어 존경을 이끌어낼 수 있는 사람이 되라고 특별히 당부했다. 그러면 디모데가 그런 사람이 되려면 어떻게 해야 했을까? 그 방법은 바로 "오직 말과 행실과 사랑과 믿음과 정절에 대하여 믿는 자에게 본이 되는"딤전 4:12 데 있었다.

말

지도자의 말은 타의 모범이 되어야 한다. 예수님은 말씀하셨다. "너희는 악하니 어떻게 선한 말을 할 수 있느냐 이는 마음에 가득한 것을 입으로 말함이라"마 12:34.

입에서 나오는 말이 사람의 속마음을 드러낸다. 그래서 예수님이 "네 말로 의롭다 함을 받고 네 말로 정죄함을 받으리라"37절고 말씀하셨던 것이다.

에베소서 4장은 우리가 어떤 말을 해야 할지 가르쳐 준다. 25절 전반부에 보면 "거짓을 버리라"는 말씀이 있다. 주님의 일꾼은 절대로 거짓을 말해서는 안 된다. 이 사람에게는 이렇게 말하고 저 사람에게는 저렇게 말하는 등, 한 입으로 두 가지를 말하는 것은 큰 잘못이다. 아울러 25절 하반부는 "각각 그 이웃으로 더불어 참된 것을 말하라"고 권고한다. 우리는 모두에게 진실을 말해야 한다. 지도자의 말이 거짓으로 판명될 경우에는 신뢰성에 큰 타격을 미친다.

바울은 26절에서 "분을 내어도 죄를 짓지 말며"라고 말했다. 물론 거룩한 분노나 의로운 분노를 터뜨리지 않으면 안 될 상황이 있다. 하지만 죄를 짓는 분노는 타당치 않다. 특히 그 다음 날은 물론이고 오랫동안 분노를 불태워서는 곤란하다. 능력 있는 일꾼은 분노를 이기지 못하고 악담이나 욕설을 퍼붓지 않는다. 그는 항상 말을 "은혜 가운데서 소금으로 고루게 함같이 한다"골 4:6.

이외에도 에베소서 4장 29절 전반부에 보면 "더러운 말은 너희 입 밖에도 내지 말고"라는 말씀이 보인다. 그리스도인의 말은 순결해야 한다. 추잡한 말을 내뱉으면서 예수 그리스도를 섬긴다고 주장하면 듣는 사람이 당혹스럽다. 그런 말은 부패한 마음을 드러낸다. 그리스도인은 그런 말을 용납해서는 안 된다.

"덕을 세우는 데 소용되는 대로 선한 말을 하여 듣는 자들에게 은혜를 끼치게"29절 하는 것이 하나님을 영화롭게 하는 말이다. 물론 "마음의 즐거움은 양약이라도"잠 17:22라는 말씀대로 즐거운 대화는 얼마든지 가능하다. 하지만 거짓말이나 분노에 찬 욕설, 또는 사악한 대화는 결코 용인할 수 없다.

행실

지도자는 의로운 삶의 본보기가 되어야 한다. 다시 말해 성경의 원리에 입각한 확신을 행동으로 드러내야 한다. 강단이나 다른 공개석상에서 지도자가 하는 설교나 말이 행동과 모순을 일으켜서는 곤란하다.

시간과 물질과 힘을 어디에 사용하고 있는가? 요즘 사회의 생활양식은 성경의 실천 원리와 양립할 수 없다. 오늘날 많은 가정이 무너지는 이유는 더 큰 집과 더 좋은 자동차를 구입하기 위해 부모가 모두 직업을 가지려고 하기 때문이다. 더구나 사람들은 일하고 남은 얼마 안 되는 시간조차 영혼과 가정과 자녀를 돌보는 데 사용하기보다 외모를 가꾸는 데 사용한다. 심지어 교회조차도 올바른 대안을 제시하기보다 세상의 관점을 모방하는 데 급급하다.

사랑

반갑게 악수를 나누고 등을 다독거려주는 일을 열심히 하는 것만으로 사랑의 사역이 이루어지는 것은 아니다. 바울 사도와 그의 동역자 에바브로디도는 그리스도인들에게 최선을 다하는 사역을 통해 사랑을 보여 주었다 빌 2:27-30, 살전 2:7-12 참조. 이따금 이런 생각이 든다. '그레이스 커뮤니티 교회에 머물러 있어야 할까, 아니면 사역 장소를 다른 곳으로 옮겨야 할까?'

하지만 그때마다 나는 우리 교회 성도들을 일평생 섬기는 것이 하나님이 내게 주신 소명이라는 사실을 다시금 떠올린다. 이것이 내가 교인들을 사랑하려고 애쓰는 이유다. 우리 모두는 희생을 각오하고 다른 사람들을 섬기기 위해 노력해야 한다.

믿음

"믿음"으로 번역한 헬라어 '피스티스pistis'는 '충실함, 진실함, 일관성'으로 번역할 수도 있다. 디모데는 사역을 행하면서 항상 충실하고, 진실하고, 일관된 태도를 유지해야 했다. 사람들은 대개 그런 지도자를 환영하며 기꺼이 따르고자 한다. 바울은 고린도전서 4장 2절에서 "맡은 자들에게 구할 것은 충성이니라"고 말했다. 충실한 성품은 사역의 실패와 성공을 가름하는 잣대다.

바울은 충실한 사역자라는 평판을 받았다. 그의 동역자들도 마찬가지였다. 에바브라골 1:7 참조와 두기고골 4:7 참조는 바울과 함께 사역했던 그리스도의 충실한 일꾼들 가운데 이름이 알려진 두 사람에 불과할 따름이다.

정절

"정절"로 번역한 헬라어 '하그네이아hagneia'는 성적 순결은 물론 마음의 순수함을 의미한다. 마음이 순결하면 자연스레 순수한 행실이 뒤따르기 마련이다.

지도자가 성적으로 부도덕하면 사역은 끝장이 나고 만다. 과거의 역사는 지도자가 경계심을 늦추는 순간 성적 유혹에 치우칠 가능성이 매우 높다는 사실을 보여 준다. 목회자와 교회 지도자는 반드시 도덕적으로 순결해야 한다.

능력 있는 일꾼은 철저히 성경에 입각한 사역을 행한다

"내가 이를 때까지 읽는 것과 권하는 것과 가르치는 것에 착념하라"딤전 4:13. 바울이 디모데에게 한 말이다.

"착념하라"로 번역한 헬라어는 '프로세코prosechō'로, 명령이 계속 영향력을 발휘하고 있음을 의미한다. 바울의 명령은 디모데가 읽은 것과 권하는 것과 가르치는 것에 계속 관심을 기울여야 한다는 뜻을 담고 있다. 한마디로 그러한 일을 삶의 습관으로 삼으라는 말이다. 주석학자 도널드 구드리는 이 동사가 '개인적으로 미리 준비에 임하라'는 의미가 있다고 설명했다(목회 서신, *The Pastoral Episties*, Grand Rapids : Eerdmans, 1978, p. 97). 항상 제단의 일을 받들어야 했던 제사장들의 임무를 언급할 때도 같은 동사를 사용했다히 7:13 참조. 디모데는 읽는 것과 권하는 것과 가르치는 것에 사역의 중점을 두어야 했다.

읽는 것

헬라어 본문에는 "읽는 것(아나그노시스anagnosis)" 앞에 정관사를 사용했다. 이를 근거로 오늘날의 번역 성경은 "읽는 것"을 "공적인 성경 낭독"으로 번역했다. 하지만 원어 성경에는 '공적인'이라는 말이 없다. 디모데는 청중 앞에서 성경을 읽는 일에 관심을 기울여야 했다. 초대 교회는 예배 시간에 성경을 낭독하는 시간을 따로 마련했다. 장로 가운데 한 사람이 성경을 읽고 본문을 해설했다.

그러한 주해 설교의 전통은 느헤미야 8장 8절("하나님의 율법책을 낭독하고 그 뜻을 해석하여 백성으로 그 낭독하는 것을 다 깨닫게 하매")에서 비롯했다. 모든 사람들이 이해할 수 있도록 성경을 쉽게 풀어야 한다. 성경 원문과의 거리가 문화적, 지리적, 언어학적, 철학적, 역사적으로 더욱 멀어질수록 우리는 더 열심히 성경을 탐구해야 한다. 이것이 성경 교사가 짊어져야 할 의무이다. 성경 교사는 무엇보다도 성경 연구에 가장 큰 노력을 기울여야 한다.

권하는 것

방금 말한 대로 성경 낭독과 해설은 성경의 의미를 가르치는 사역이다. 그러면 권하는 것은 어떤 사역을 말할까? 그것은 바로 성경의 가르침을 삶에 적용하라는 요청이다. 권하는 것은 장차 다가 올 심판을 기억하고 성경에 복종하라는 당부다. 지도자는 사람들이 성경의 가르침에 올바로 반응하도록 권고하며 그들의 행동이 가져다줄 축복이나 결과를 주지시키기 위해 노력해야 한다. 사람들의 양심을 움직여야만 행동의 변화가 일어날 수 있다.

가르치는 것

"가르치는 것(디다스칼리아 didaskalia)"을 때로 '교리'로 번역하기도 한다. 이 말은 개인이나 단체에게 하나님의 말씀을 체계적으로 가르치는 사역을 의미한다. '디다스칼리아'는 목회 서신에 모두 열다섯 차례나 사용되었다. 그런 빈도수 자체가 가르치는 사역이 교회의 삶에 얼마나 중요한지를 일깨워 준다. 목회자와 장로는 가르치기를 잘해야 한다딤전 3:2. 교회의 사역은 하나님의 말씀을 가르치는 사역을 중심으로 이루어진다. 따라서 가르치는 일을 잘하지 못하면서 교회 지도자가 되기를 꿈꾼다는 것은 있을 수 없는 일이다.

"잘 다스리는 장로들을 배나 존경할 자로 알되 말씀과 가르침에 수고하는 이들을 더할 것이니라"딤전 5:17. 하나님의 말씀을 열심히 가르치는 사람일수록 더 큰 존경을 받는다. 오늘날 최우선 순위를 적용해야 할 사역을 등한시하고 사람들의 인기에만 집착하는 사역자들이 적지 않다. 참으로 안타까운 일이다.

교회 지도자는 엄격하고 지칠 줄 모르는 태도로 성경을 가르쳐야 한다. 청교도 존 플라벨은 이렇게 말했다. "우리는 다른 일에 종사하는 사람들과는 다르다. 다른 일을 하는 사람들은 일을 끝내고 다시 시작할 때면 전에 하고 남았던 일에서부터 시작하면 되지만 우리는 그렇지 않다."

캐비닛 제작자를 생각해 보자. 일을 다 끝내지 못한 채 일과를 마감하더라도 다음날 아침 작업장에 나와 어제 일한 데서부터 다시 시작하면 그만이다. 플라벨은 다음과 같이 덧붙였다. "죄와 사탄은 우리가 행하는 거의 모든 일을 백지상태로 돌려 버린다. 한편의 설교가 사람들의 영혼에 남긴 인상은 다음 설교를 듣기도 전에 증기처럼 증발해 버린다"(존 플라벨 전집 *The Works of John Flavi* 제6권, London : Banner of Truth, 1968, p. 569).

지도자는 모든 사역을 무효로 돌리려는 사탄의 책동에 맞서 싸워야 한다. 내가 한 번 가르친 것을 대부분 다시 되풀이하는 이유가 여기에 있다. 유능한 목회자나 교사는 배운 것을 쉽게 잊어버리는 사람들의 습성을 잘 알고 있기 때문에 늘 반복해서 가르치기 위해 노력한다. 하지만 그와 동시에 지도자는 사람들이 가르치는 것에 식상해지는 경향이 있다는 사실 또한 간과하지 않는다. 사람들은 배웠던 것을 다시 배우게 되면 이미 알고 있는 것이라고 생각하고 곧 지루함을 느끼기 시작한다. 따라서 성경 교사는 사람들에게 이미 가르친 것을 되풀이하더라도 창의적인 방법을 동원해 새로운 것을 배운다는 느낌을 줄 수 있어야 한다.

예를 들어 나의 경우, 설교 노트를 싸 들고 길에 나가 설교 말씀을 몇 차례나 반복하는 일은 그리 어렵지 않을 것이다. 하지만 늘 같은 장소에서 같은 말을 반복하면서도 사람들에게 내가 새로운 것을 가르친다는 인상을 심어 주는 일은 절대로 녹록지 않다. 이것이 설교자의 과제다.

성경을 연구해 보면 성령께서도 설교자와 같은 일을 행하신다는 사실을 알 수 있다. 다시 말해 성령께서는 다양한 상황과 서로 다른 이야기를 통해 성경의 원리를 거듭 되풀이하시지만 늘 새로운 방법을 동원하신다.

능력 있는 일꾼은 자신의 소명을 완수한다

바울은 디모데전서 4장 14절에서 "네 속에 있는 은사 곧 장로의 회에서 안수 받을 때에 예언으로 말미암아 받은 것을 조심 없이 말며"라고 말했다. 무심코 사역에 뛰어들었다가 중간에서 포기하는 이들이 있다. 그 이유는 그들이 먼저 소명을 받지 않았기 때문이다. 하지만 때로 어떤 사람들은 소명을 받았는데도 사역을 포기한다. 그런 경우는 하나님의 의도를 무시하는 나태에 해당한다.

"네 속에 있는 은사를 조심 없이 말며"라는 말은 디모데가 지도자의 사역, 또는 이미 시작한 사역을 소홀히하는 잘못을 범하기 직전에 도달한 상황을 언급하는지도 모른다. 어쩌면 그는 안팎의 압력을 더 이상 견디지 못한 채 사역을 중단하고 싶은 심정을 느꼈을 수도 있다.

"조심 없이 말며"로 번역한 헬라어 '아멜레오*ameleo*'는 현재 능동태 명령형이다. 이 말은 현재 진행 중인 행동을 주의하라는 뜻을 담고 있다. 한편 "은사"로 번역한 헬라어는 '카리스마charisma'로 하나님이 주시는 영적 선물을 가리킨다.

성령께서는 개개의 그리스도인에게 은사를 나눠주시어 다른 사람들을 섬길 수 있는 수단으로 삼게 하신다. 신령한 은사를 나열한 목록이 로마서 12장과 고린도전서 12장에서 발견된다. 그 밖에 에베소서 4장과 베드로전서 4장에서도 몇 가지 은사를 언급했다.

신령한 은사는 사역을 위한 하나님의 능력이다. 성령께서는 주권적인 계획에 따라 개개인에게 은사를 나눠 주신다. 교회는 다양한 사람들로 구성된다. 교회는 마치 몸처럼 기능하고, 모든 사람이 몸의 지체로 활동한다. 우리가 받은 신령한 은사는 서로 조화를 이루어 몸이 올바로 기능하게 만든다. 디모데는 복음 전도, 설교, 가르침, 리더십을 위한 은사를 받았다. 그 모든 은사가 서로 조화를 이루어 그만의 독특한 가르침의 은사를 형성했다. 이런 이유로 바울은 그에게 가르치고, 경책하고, 경계하고, 권고하라고 당부했다딤후 4:2 참조. 또한 그는 자신의 사역을 이루면서 복음 전도자의 일을 해야 했다5절 참조.

저마다 성령으로부터 받은 여러 가지 은사가 조화를 이루어 하나의 고유한 은사를 형성한다. 화가가 몇 가지 색채를 혼합해 수많은 색채를 만들어 내듯이 하나님의 성령께서도 이런 저런 은사를 조금씩 섞어 개개인에게 가장 적절한 은사를 만들어 내신다. 그 결과 개인은 그리스도의 몸 안에서 다른 사람은 할 수 없는 사역의 능력을 갖춰 자기만의 고유한 기능을 행사한다.

바울은 디모데전서 4장 14절에서 디모데가 "예언으로 말미암아" 은사를 받았다고 했다. 그것은 디모데가 사역자의 소명을 받았다는 사실을 확증하는 증거였다. 나는 디모데가 예언의 말을 통해 간접적으로 자신의 은사를 발견했다고 생각하지 않는다. 오히려 나는 하나님의 직접적인 계시가 그의 은사를 확증했다고 생각한다.

물론 디모데의 경험은 오늘날에 적용되는 규범이 될 수 없다. 내가 목회자로 일하는 이유는 하나님이 나에게 계시를 주셨기 때문이 아니다. 사도 시대에는 교회가 디모데의 은사를 확증했다. 오늘날에는 직접적인 계시가 아니라 섭리를 소명을 확증하는 객관적인 증거로 삼아야 할 듯하다. 하나님은 상황과 기회를 섭리하신다. 하나님은 우리가 만나는 사람들을 지시하고 인도하시어 우리의 소명을 깨닫도록 도와주신다. 이따금 젊은이들이 이렇게 물어 온다. "제가 신학교에 가야 할까요?"

어느 날은 한 청년이 이렇게 말했다. "설교자가 되어야 한다는 강한 확신이 듭니다. 하지만 신학교에 가야 할지 잘 모르겠습니다."

"신학교에 갈 수 있는 기회가 주어졌나요?" 그는 그렇다고 대답하기에 다시 이렇게 물었다. "좋은 신학교에 갈 수 있는 여건이 조성되었나요?" 그는 역시 그렇다고 대답했다. 그래서 "여러 모로 보건대 주님께서 상황을 섭리하고 계신 듯 보이는군요"라고 말했다. 그러자 그도 내 말이 맞는 것 같다며 동의했다.

은사를 활용해야 한다는 강한 확신이 들고, 또 기회가 주어졌다면 그것은 곧 우리의 은사를 확증하는 하나님의 섭리일 가능성이 매우 높다.

"장로의 회에서 안수 받을 때"라는 말은 교회 전체가 디모데의 소명을 확증했다는 의미다. 나는 당시의 일이 사도행전 16장 1-5절에 언급한 기간에 이루어졌다고 믿는다.

성령께서는 한 선지자를 통해 디모데의 소명을 확증하셨다. 또한 말씀을 전하고 가르치고 싶어 했던 디모데의 마음도 그의 은사를 확증했다. 하나님은 그런 방법을 통해 지금도 사람들을 사역자로 부르신다. 사람이 먼저 사역자가 되고 싶은 마음을 갖게 되고, 그 다음에 섭리를 통해 하나님의 확증이 주어지며, 마지막으로 영적 지도자들이 그의 자격을 인정한다는 뜻으로 그에게 안수한다. 바울은 디모데에게 교회가 이미 확증한 은사를 무시하지 말고 하나님의 소명을 이루라고 권고했다.

잠시 사역에 임했다가 곧 포기하고 물러서는 사역자들이 많다. 그들은 마치 별똥별이나 심지가 얼마 남지 않은 촛불과도 같다. 하지만 그와는 달리 하나님의 말씀을 전하는 일을 마지막 숨을 거둘 때까지 충실히 지속하는 사역자들도 있다. 나는 그런 사람들을 영적 마라톤 선수라고 일컫는다. 그들은 작은 교회의 목회자이거나 이름조차 알려지지 않은 무명인일 수 있지만 주어진 소명을 충실히 이루고 있다. 그들은 영적 차원에서 끝까지 싸우다가 목숨을 잃는 군인과도 같다.

증거가 모두 드러나기 전에는 누구도 존 맥아더의 사역을 함부로 예단할 수 없다. 능력 있는 일꾼의 참된 표징은 주어진 소명을 끝까지 충실히 이행하는 것이다. 마음속에서 사역의 열정이 솟아나고, 하나님이 기회의 문을 열어 주시며, 경건한 사람들의 확증이 소명의 외적 증거로 작용한다. 경건한 사람들이 무릎을 꿇은 나의 머리에 손을 올려놓던 기억이 여전히 새롭다. 나의 집무실에는 내가 일생동안 주님의 일을 해야 한다는 것을 확증해 준 사람들의 이름이 적힌 목회자 증명서가 걸려 있다. 소명을 이루는 것은 하나님이 원하시는 일꾼이 되는 데 없어서는 안 될 필수 요건이다.

능력 있는 일꾼은 주어진 사역에 전심전력한다

바울은 디모데에게 "이 모든 일에 전심전력"하라㈜딤전 4:15㈜고 말했다. 능력 있는 일꾼은 두 마음을 품고 모든 일에 정함이 없이 행동하지 않는다㈜약 1:8 참조㈜. 그는 오로지 일편단심으로 주님의 사역에 임한다. "전심전력하여"로 번역한 헬라어 '멜레타오 meletaō'는 미리 생각하고 계획과 전략을 세운다는 의미를 담고 있다. 사역자는 활동을 하지 않을 때에도 머릿속으로 사역의 계획을 세우는 습관을 길러야 한다.

헬라어 원문의 의미를 그대로 받아들이면 "전심전력하라"는 말은 '일 속에 푹 잠겨라' 라는 뜻이다. 사역자는 사역에 푹 빠져들어야 한다. NASB 성경은 이를 "사역에 전적으로 몰두하라"로 번역했다. 주님의 사역은 우리의 일부가 아니라 전부를 요구한다. 능력 있는 일꾼은 주어진 사역에 온전히 헌신한다.

목회자는 두 가지 생각을 품어서는 안 된다. 사역자도 되고 프로 테니스 선수도 되고, 또 목회도 하고 투자나 사업도 하겠다는 식으로 생각이 분산되어서는 곤란하다. 그런 덫에 걸려 넘어지는 사람은 할 일이 너무 많아 정신이 산만하고 에너지가 고갈될 수밖에 없기 때문에 사역의 잠재력을 온전히 발휘할 수 없다. 그리스도의 선한 일꾼은 죽음의 직전에 이르기까지 사역에 충실했던 에바브로디도처럼㈜빌 2:25-27 참조㈜ 죽음을 각오하고 사역에 임해야 한다.

바울은 디모데에게 "너는 말씀을 전파하라 …… 항상 힘쓰라"㈜딤후 4:2

고 말했다. 헬라어 전문가 프리츠 리네커는 "항상 힘쓰라"로 번역한 헬라어 '에피스테미ephistēmi'가 군사 용어라고 지적했다. 이는 정해진 위치를 떠나지 말고 항상 의무에 충실해야 한다는 의미를 담고 있다(신약성경 헬라어 원어 풀이 *A Linguistic Key to the Greek New Testament*, Grand Rapids : Zondervan, 1980, p. 647). 하나님의 종에게 쉬는 날은 없다. 하나님의 종은 항상 자신의 위치를 지켜야 한다. 나의 아버지는 설교자는 항상 설교와 기도에 힘쓰다가 하나님이 부르시면 즉시 세상을 떠날 준비를 갖추어야 한다고 말하곤 했다.

바울은 디모데에게 의무에 충실하라고 하면서 "때를 얻든지 못 얻든지"라고 강조했다. 그리스도의 일꾼은 상황이 편리하든지 그렇지 않든지 항상 의무에 충실해야 한다. 어느 주일 저녁 지친 몸을 이끌고 집으로 돌아갔다. 시원한 음료수를 한 잔 마시고 의자에 앉아 휴식을 취하고 싶은 마음뿐이었다. 그런데 막 의자에 앉으려는 순간에 전화벨이 울렸다. 한 교인의 가정에 문제가 생긴 것이었다. 40분 동안이나 전화로 대화를 나누었다. 그러는 사이 딸아이가 준비해 준 음식이 다 식어 버렸다. 전화를 끊자마자 다시 전화벨이 울렸다. 이번에는 더 큰 문제였다. 지금 생각하니 항상 사역에 임할 태세를 갖추어야 한다는 점을 깨우쳐주시려는 주님의 배려였던 것 같다. 이것이 바로 사역에 전념하는 것이다. 주님의 종은 항상 준비를 갖추고 사역에 몰두해야 한다.

능력 있는 일꾼은 영적 성장을 지속한다

"너의 진보를 모든 사람에게 나타나게 하라" 딤전 4:15. 이 말에는 디모데의 영적 성장이 모두에게 환히 드러나기를 바라는 심정이 담겨 있다. 디모데는 아직 영적으로 온전히 성숙하지 못한 상태였다. 지도자는 사람들에게 완전하다는 인상을 심어 줄 필요는 없지만 늘 영적으로 성장하는 모습을 보여 주어야 한다. 그리스도의 일꾼에게 적용되는 기준은 매우 높다. 그 기준을 온전히 충족시킬 수 있는 사람은 아무도 없다. 심지어 바울조차도 "내가 이미 얻었다 함도 아니요 …… 푯대를 향하여 …… 좇아가노라"빌 3:12, 14고 말했다.

바울에게도 결함이 있었다. 그는 완전하지 않았다행 23:1-5 참조. 지도자는 사람들에게 순전하고 겸손한 성품을 드러내는 것으로 족하다. 나도 완전하지 않다. 하지만 늘 성장하기를 바란다.

옛 사람들은 "진보"로 번역한 헬라어 '프로코페prokopē'를 진격을 뜻하는 군사 용어로 사용하곤 했다. 또 스토아학파는 이 말을 지식의 발전을 뜻하는 용어로 사용했다신약성경 헬라어 원어 풀이 p. 628. 그 밖에도 이 말은 개척자가 모진 고생을 감수하며 새로운 길을 개척하는 의미로 사용되기도 했다. 그리스도인은 그리스도의 형상을 닮기 위해 매진해야 하며 그러한 성장의 징후를 다른 사람들 앞에 드러내야 한다.

사람들은 때로 테이프나 CD에 녹음된 나의 설교가 나중에 한 설교와 맞지 않는다는 점을 지적한다. 그런 말을 들을 때면 나는 내가 아직도 성장하는 중이라고 대답한다. 그때는 물론 지금도 모든 것을 알지 못하기는 마찬가지다.

인간의 차원에서 생각하면 사역자의 임무를 온전히 감당할 수 있는 사람은 아무도 없다. 주님은 그 사실을 잘 알고 계신다. 주님은 우리에게 높은 기준을 적용하셨지만 우리의 힘으로는 절대로 그 기준을 충족시킬 수 없다는 것을 아신다. 우리의 힘으로 이룰 수 없는 일을 앞에 두고 성령을 의지하면 그분의 능력이 우리를 통해 역사하기 시작한다.

바울은 "네가 네 자신과 가르침을 삼가 이 일을 계속하라"26절는 말로 디모데전서 4장을 마무리했다. 디모데는 두 가지 일, 곧 행위와 가르침에 초점을 맞추어야 했다. 이 두 가지가 사역의 핵심을 구성한다. 지금까지 우리가 살펴본 열한 가지 자질은 이 두 가지로 모두 요약이 가능하다.

성경에 따르면 참 구원을 받은 사람들은 끝까지 믿음을 지킨다. 바울은 디모데가 경건한 행위와 올바른 가르침에 충실하면 틀림없이 영광스런 구원에 이르게 될 것이라는 의미에서 "이것을 행함으로 네 자신과 네게 듣는 자를 구원하리라"26절고 말했다. 디모데가 참 믿음을 소유했다는 사실을 입증하는 증거는 인내였다.

경건한 삶과 진리를 끝까지 추구하면 다른 사람들에게 선한 영향을 미칠 수 있다. 그들에게 구원의 복음을 전할 수 있다는 말이다. 물론 우리는 다른 사람들을 구원할 수 없다. 하지만 우리가 경건한 삶과 복음 전파에 충실하면 하나님이 우리를 구원의 도구로 사용하신다.

능력 있는 일꾼을 위한 자격 기준은 모두 영혼의 구원으로 귀결된다. 이것이 우리가 구원을 받은 이후에도 계속해서 세상에 머물며 삶을 영위하는 목적이자 이유다.

우리가 드리는 예배가 하나님이 원하시는 전부라면, 아마 구원을 베푸시는 순간에 우리를 즉시 하늘나라로 데려가셨을 것이다. 하지만 하나님은 우리가 타락한 영혼들에게 구원의 복음을 전해 주기를 원하신다. 복음 전파는 지극히 거룩하고 고귀하고 영광스런 소명이다.

15 : 하나님의 양떼를 목양하기

리더십 The Master's Plan for the Church

"너희 중 장로들에게 권하노니 나는 함께 장로 된 자요 그리스도의 고난의 증인이요 나타날 영광에 참예할 자로라 너희 중에 있는 하나님의 양 무리를 치되 부득이함으로 하지 말고 오직 하나님의 뜻을 좇아 자원함으로 하며 더러운 이를 위하여 하지 말고 오직 즐거운 뜻으로 하며 맡기운 자들에게 주장하는 자세를 하지 말고 오직 양 무리의 본이 되라 그리하면 목자장이 나타나실 때에 시들지 아니하는 영광의 면류관을 얻으리라" 벧전 5:1-4.

베드로는 양들과 양치기에 익숙한 문화권에서 사는 그리스도인들에게 위와 같은 편지를 띄웠다. 안타깝게도 오늘날에는 양을 기르는 풍경에 익숙하지 않은 탓에 위의 비유에 담겨 있는 풍성한 의미가 많이 훼손되었다. 목자의 역할과 양의 습성을 주의 깊게 관찰하면 목회 사역에 적용할 수 있는 유익한 원리 몇 가지를 발견할 수 있다.

내가 양떼를 처음 본 것은 고등학교 시절 여름방학 아르바이트로 양치기를 할 때였다. 당시 경험으로 양에 관해 더 많이 알고 싶어졌다. 그래서 그 후 목회자로 일하면서 목양의 원리를 줄곧 연구해 왔다. 그러다 1988년 오스트레일리아와 뉴질랜드를 방문하면서 양에 대해 제대로 알게 되었다. 나는 일생 동안 목자로 일해 온 몇몇 사람과 함께 시간을 보내면서 뉴질랜드에서 가장 뛰어난 목자 가운데 한 사람에 관한 글을 연구했다. 그것을 통해 나는 몇 가지 귀중한 원리를 깨달았다.

목자는 구조자다

양은 사랑스럽고 유순하고 겸손할 뿐 아니라 일반적인 속설과 반대로 매우 똑똑한 동물이다. 하지만 양은 다른 동물들과는 달리 방향 감각이나 귀소본능이 없다. 그 때문에 양은 집에서 불과 얼마 떨어지지 않은 곳에서도 쉽게 길을 잃는다. 길을 잃은 양은 대개 혼란과 공포에 사로잡힌 채 계속 한 장소만 빙빙 돈다.

물론 풍경이 익숙한 곳에서는 아무 문제가 발생하지 않는다. 양은 풀을 뜯는 풀밭과 갓 태어나 어미 젖을 빨던 장소를 알고 있다. 양은 매일 같은 그늘에 앉아 휴식을 취하고 같은 우리에서 잠을 잔다. 양은 풀을 먹는 동물 가운데서 집 근처에 머물기를 가장 좋아한다. 하지만 일단 익숙한 환경에서 멀어지면 그 순간부터 양에게는 큰 문제가 발생하기 시작한다.

예수님은 영적 차원에서 방향을 잃고 혼란에 빠진 사람들을 보시고 그들을 목자 없는 양에 비유하셨다마 9:36 참조. 이사야 선지자는 길을 잃은 사람을 양처럼 잘못된 길에 들어서서 그릇된 죄에 치우친 사람으로 묘사했다사 53:6 참조. 죄인도 길을 잃은 양처럼 안전한 우리로 인도해 줄 구조자를 필요로 한다.

목자는 지도자다

양은 추종 본능이 강한 탓에 쉽게 미혹된다. 뉴질랜드에서는 해마다 4천만 마리의 양이 도축된다. 현지 사람들은 양을 도축할 때 '가룟 유다 양'으로 일컫는 거세한 수양 한 마리를 특별히 선정해 다른 양들을 도축장으로 인도하게 한다. 양들은 아무 눈치도 채지 못한 채 가룟 유다 양의 뒤를 따라 죽음의 장소로 향한다.

이와 마찬가지로 충실하지 못한 목자나 거짓 목자가 양떼를 그릇된 길로 인도할 수 있다. 하나님은 유다의 불의한 통치자들을 불충실한 목자에 비유하시며 다음과 같이 심판을 선언하셨다. "내 목장의 양 무리를 멸하며 흩는 목자에게 화 있으리라 …… 너희가 내 양 무리를 흩으며 그것을 몰아내고 돌아보지 아니하였도다 보라 내가 너희의 악행을 인하여 너희에게 보응하리라"렘 23:1-2.

목자는 관리자다

목자는 양들의 먹이를 관장하는 관리자다. 양들은 일생의 대부분을 먹고 마시는 일에 할애한다. 그런데 문제는 아무것이나 마구 섭취한다는 점이다. 그들은 독이 있는 식물과 독이 없는 식물을 구별하지 못한다. 따라서 목자는 양들이 유익한 식물을 먹도록 보호해야 한다.

더욱이 양들은 한 곳에서 풀을 다 먹은 후에는 스스로의 힘으로 다른 풀밭을 찾아가지 못한다. 양들을 새로운 풀밭으로 인도하지 않으면

흙 외에는 아무것도 남지 않을 때까지 조금 남아 있는 풀뿌리까지 계속 뜯어 댄다. 결국 그마저도 동이 나면 양들은 그 자리에서 굶어죽는다.

물을 마시는 일도 양들에게는 큰 문제다. 양들은 고여 있거나 질병에 오염된 물을 마셔서는 안 된다. 또 너무 차가운 물이나 너무 뜨거운 물이나 너무 빨리 흐르는 물도 곤란할 뿐 아니라 장소 또한 쉽게 다가갈 수 있는 곳이어야 한다. 시편 저자의 말대로 양들은 목자에 의해 잔잔한 시냇가로 인도되어야 한다시 23:2 참조.

동물들은 대부분 멀리서도 물 냄새를 맡을 수 있다. 하지만 양은 그렇지 못하다. 풀밭에서 멀어진 양은 물이 근처에 있어도 냄새를 맡지 못한다.

목자는 양들의 깨끗함을 유지하는 보호자다. 어린 양은 깨끗하고 하얗고 부드러워 껴안고 싶은 충동을 느끼게 한다. 녀석들을 품에 안고 젖병을 빨리는 일은 참으로 재미있다. 하지만 양이 자라기 시작하면 상황은 곧 바뀌고 만다. 다 자란 양은 색깔이 하얗지 않고 몸도 청결하지 못하다. 녀석들의 털은 다량의 나놀린을 함유하고 있기 때문에 기름기가 많고 지저분하다. 기름기 때문에 흙이나 잡초나 씨앗 등, 양들이 서식하는 곳에 날아다니는 온갖 이물질이 녀석들의 몸에 쉽게 달라붙는다. 양들은 스스로의 몸을 청결하게 유지하는 능력이 없기 때문에 목자가 관리해 주지 않으면 더러운 상태 그대로 지낼 수밖에 없다.

또한 양들이 젖은 풀을 뜯어먹는 경우에는 심각한 설사병에 걸릴 수 있다. 녀석들의 묽은 배설물은 기름기 많은 털과 섞이면 딱딱하게 굳는다. 그러다보면 배설 작용이 정상적으로 잘 이루어지지 않거나 파리의 알에서 구더기가 생겨나 자칫 목숨을 잃을 수도 있다. 목자는 양의 몸을 씻어 청결을 유지해 주어야 한다. 때로 목자는 얽힌 털을 풀어 주거나 배설물을 떼어 내기 위해 양의 궁둥이 털을 깎아주어야 한다.

젖은 땅도 양에게는 위험하다. 땅은 비옥해야 하지만 물기가 많아서는 안 된다. 양이 젖은 땅에 너무 오랫동안 머물러 있으면 부제증(腐蹄症)에 걸리거나 발굽 밑에 위험한 종양이 생길 수 있다.

양의 질병은 대개 전염성이 매우 높다. 기생충이나 해충을 비롯해 양의 질병은 급속도로 퍼지기 때문에 목자는 항상 주의를 기울여 양들의 상태를 점검해야 하고, 전염병이 양떼 전체에 확산되기 전에 감염된 양을 치료해야 한다.

목자는 보호자다

양들은 스스로를 방어할 능력이 없다. 양들은 발로 차거나 할퀴거나 물거나 뛰거나 달릴 수 없다. 양들은 자신의 생명을 보호해 줄 목자가 필요하다. 맹수가 공격해 오면 양들은 달아나기는커녕 오히려 한데 뭉친다. 그러다보니 먹이가 되기가 더 쉽다.

털이 무성하게 자란 양은 벌렁 넘어지면 혼자 힘으로 다시 일어서기 어렵다. 목자가 제때 일으켜 세워 주지 않으면 대개 한참 버둥대다가 죽고 만다.

양이 오랫동안 뒤로 누워 있으면 혈액 순환이 중단되며, 혈액 순환이 재개되기도 전에 너무 성급히 양을 일으켜 세우면 곧바로 다시 넘어진다. 따라서 목자는 양이 스스로 걸을 수 있을 때까지 한두 시간을 안고 다녀야 할 때도 있다.

목자는 위로자다

양들은 자기 보존 능력이 매우 부족하다. 양들은 지극히 겸손하고 온유하기 때문에 함부로 대하면 금방 의지를 잃고 모든 것을 포기한 채 죽음을 선택한다. 목자는 양의 기질을 일일이 파악하고 극도의 스트레스에 시달리지 않도록 주의해야 한다.

목자와 양들의 하루

양은 여러 모로 취약하기 때문에 지혜롭고, 세심하고, 헌신적인 태도로 그들을 보호해 줄 목자가 필요하다. 보웬이 쓴 아래 글에는 그런 목자의 모습이 아름답게 그려져 있다.

먼동이 트자 그는 하늘을 한번 바라보고 힘찬 발걸음으로 곧장 양들의 우리를 향해 걸어갔다. 그는 우리의 문을 열자마자 기상 신호를 보낸 뒤 양들의 이름을 부르면서 아침 인사를 나누었다. 양들은 모두 몸을 일으켰다. 녀석들은 얼굴과 눈에 기대감을 잔뜩 머금고 문을 향해 몰려들었다. 사랑하는 목자가 자기들을 신선한 풀밭과 시원한 물가로 인도해 줄 또 하루가 밝았다는 사실을 알고 있다는 눈치였다.

녀석들은 한 마리씩 문을 통과해 밖으로 나갔다. 새끼 양들과 갓 한 살이 된 어린 양들은 즐거운 듯 껑충껑충 뛰면서 장난기를 발산했고, 나이 든 양들은 하루의 일과를 소화하기 위해 힘을 비축해 두기라도 하듯이 침착하고 위엄 있는 걸음걸이를 유지했다.

산 위로 빼꼼이 모습을 드러낸 태양은 나무와 풀과 덤불에 내린 이슬을 보석처럼 빛나게 했다. 대기는 맑고 상쾌했다. 바람 한 점 불지 않는 평화로운 날씨였다. 열을 지어 걸어가는 양들은 모두 활달하고 즐겁고 단란해 보였다.

목자는 여러 달 동안 방목을 한 적이 없는 새로운 장소에 가기 위해 평소와는 다른 길로 양들을 인도했고, 양들은 모두 그의 뒤를 따랐다. 선두에 선 양들은 처음에는 불안한 듯한 기색을 보였다. 녀석들은 그동안 잘 다져진 옛 길로 가고 싶은 눈치였다. 하지만 녀석들은 마지못해 하면서도 목자의 뒤를 따라 신선하고 깨끗한 풀밭을 향해 나아갔다.

새로운 장소에 도착하자 양들은 일제히 행동에 돌입했다. 양떼 모두 건강하게 살아 있다는 증거였다. 양들은 달콤한 야생화, 잘 익은 종자 이삭, 토끼풀, 덩굴 등 가장 맛있는 먹이를 한 입 뜯기 위해 앞을 다퉈 나아갔다. 양들이 움직일 때마다 부드러운 풀이 한 입씩 뜯겨 나갔다. 녀석들은 성큼성큼 발길을 옮겨 풀을 베어 물었다. 배고픈 양들이 신선한 풀을 뜯는 모습을 보는 것은 참으로 즐거운 일이 아닐 수 없다.

처음 풀을 뜯는 시간은 그리 길지 않았다. 밤새 주린 배는 곧 채워졌고, 양들은 우두머리 양들의 뒤에 가지런히 도열했다. 어린 양들은 즐거운 아침 식사, 즉 어미의 젖을 먹을 준비를 갖추었다. 어미 양은 쌍둥이 새끼에게 자신의 모든 것을 내어 주었다. 새끼들은 날로 더 크고 토실해지는데 어미는 점차 야위어갔다. 새끼들이 달콤한 젖을 빨기 위해 어미의 배 밑으로 부딪치며 달려드는 통에 녀석의 몸이 땅에서 공중으로 껑충 튀어오를 듯했다. 어미는 아무리 먹어도 부족하다는 듯이 사정없이 젖을 빨아 대는 새끼들의 욕구를 충족시키려다 보니 종종 피로한 기색을 드러내며 힘에 부치는 듯한 표정을 지었다.

우두머리 양들은 혼자 지내거나 한 마리 양을 돌보는 데 그친다. 우두머리 양은 새끼를 낳지 못하는 암양이나 거세한 양, 또는 수양으로 아무것에도 구속될 것이 없는 양들이다. 녀석들은 종종 많은 희생을 감당해야 하는 다른 양들에 비해 좀 더 이기적이다. 녀석들은 가장 맛있는 풀을 뜯기 위해 급히 서두를 뿐 아니라 다른 양들을 밀쳐내고 좋은 자리를 차지하려고 애쓴다.

목자는 녀석들의 습성을 잘 알 뿐 아니라 항상 그 점을 의식한다. 목자는 녀석들을 앞으로 내몰아 황량한 바위언덕 위로 몰아붙인 뒤에 나머지 양들과 낙오된 양들을 풀이 무성한 계곡 쪽으로 몰아넣는다. 그런 다음 목자는 탐욕스런 양들과 양떼의 선두에 서서 그들을 그릇된 길로 인도하고 있는 양들에게 다가간다. 그러고는 다른 양들이 충분히 풀을 뜯어 먹었다 싶으면 녀석들을 다시 이끌어 무리에 가담시킨다.

날이 점차 더워지고 태양이 맑은 하늘 위로 높이 솟아오르면 양들은 나무나 덤불, 혹은 바위가 만들어 내는 그늘을 찾기 시작한다. 양들은 모두 입술을 핥거나 귀를 축 늘어뜨린 채 갈증을 호소한다.

목자는 그곳 지리를 잘 안다. 그는 양들이 태어나기 오래전부터 양떼를 몰고 그곳을 지나 다녔다. 목자는 신선한 풀밭은 물론 맑은 물이 흐르는 곳을 알고 있다. 하지만 그곳으로 양들을 몰고 가는 일이 늘 쉬운 것은 아니다.

때로 양들을 가파른 바위 길로 몰고 내려가려면 억지로 몰아붙이거나 잘 달래는 노력이 필요하다. 양들을 몰고 가는 일은 대개 힘이 많이 든다. 양들은 내려가기보다 올라가기를 더 좋아한다. 그것은 양들의 타고난 본성이다. 바위 길은 좁고 위험할 뿐 아니라 양들의 여린 발굽을 아프게 한다. 도중에 양들이 서로 뒤엉킬 때도 있고, 또 흙먼지와 한낮의 열기도 그리 만만한 상대가 아니다.

마침내 목자는 양들을 이끌고 낮은 평지에 도착한다. 산 밑의 평평한 곳에서는 샘물이 솟구쳐 졸졸 흐르며 수정처럼 맑은 연못을 형성한다. 우두머리 양들은 다른 양들에게 물을 발견했다는 신호를 보낸다. 순식간에 양떼 전체가 갈증을 해소하고 만족스런 표정을 짓는다.

물을 마시는 양들의 모습은 참으로 놀랍다. 양들은 한 마리씩 차례로 물을 마시며, 또 물을 벌컥벌컥 들이키지 않고 조금씩 홀짝거린다. 서로 먼저 마시겠다고 억지로 밀치며 파고들거나 황급히 달려들지 않는다. 모두 얌전하게 자기 차례를 기다린다. 매끈한 주둥이를 물에 적시고 고개를 휘휘 내젓기도 하면서 조금도 서두르지 않고 느긋하게 천천히 물을 마신다.

그런 다음에는 낮잠을 즐기는 시간이다. 양들은 바위와 덤불과 나무가 만들어 내는 서늘한 그늘에 자리를 잡고 두세 시간 낮잠을 즐긴다.

그 사이 목자는 양떼를 한눈에 지켜볼 수 있는 높고 그늘진 장소에 자리를 정한다. 마침내 수양과 거세한 양과 나이 든 양들도 쉴 곳을 찾아 휴식을 취한다. 어린 양들도 조용히 자리에 누워 어미 양이 방해받지 않고 혼자서 쉴 수 있는 시간을 준다. 조용하고 고요한 휴식 시간이자 새김질을 하며 깊은 생각에 잠기는 시간이다. 소음도, 포식자도, 위험도 없는 안전한 시간이자 풀과 물을 충분히 먹고 서늘한 곳에서 휴식을 취하는 가장 평화로운 시간이다. 그 시간은 양들과 목자 모두에게 참으로 신성하다. 목자는 방심하지 않고 양들을 지켜본다.

시간이 오후 중반에 이르면 목자가 가장 먼저 몸을 움직인다. 그늘이 점차 길어지기 시작한다. 한낮의 열기가 수그러든다. 이제는 다시 우리가 있는 집으로 돌아갈 시간이다. 양들은 천천히 낮잠에서 깨어난다. 만일 목자가 원한다면 그 자리에 남아 땅거미가 질 때까지 머물러 있을 수도 있다. 하지만 이제는 일어나 집으로 돌아가야 할 시간이 되었다.

우두머리 양들이 앞장서서 앞서 내려왔던 가파른 길을 걸어올라 집으로 향한다. 나머지 양들은 천천히 그 뒤를 따른다. 산마루 위에 오르는 순간 저녁 바람이 불어 온다. 처음에는 미풍이던 것이 점차 강한 돌풍으로 변해 양떼를 향해 정면으로 불어닥친다. 흙먼지와 뜨거운 대기가 양들의 얼굴로 바람에 실려 몰려든다.

양들은 얼굴을 향해 불어오는 바람을 몹시 싫어한다. 녀석들은 즉시 뒤로 돌아서서 바람을 피한다. 하지만 지금은 바람을 마주하고 걸어가야 할 때다. 무엇 때문일까? 목자는 뒤로 돌아서거나 양들을 다른 길로 인도하지 않고 왜 굳이 바람을 마주하고 나가려는 것일까? 그 이유는 아무리 어렵고 힘들어도 그 길을 지나야 우리가 있는 집으로 돌아갈 수 있기 때문이다. 양들이 꾸물거리거나 빈둥거려 자칫 해질 무렵까지 집에 도착하지 못하면 양들이 흩어져 길을 잃고, 결국에는 포식자의 먹이가 되거나 강도나 도둑, 즉 악행을 일삼는 탓에 빛보다 어둠을 더 좋아하는 악인들을 만나 피해를 입기 쉽다.

하루를 무사히 마감하는 일은 결코 쉽지 않다. 많은 문제를 처리해야 하고 예상되는 많은 위험에 대비해야 하며 양들의 온갖 욕구를 해결해야 한다. 목자는 하루 종일 한시도 경계심을 늦추지 않고 깨어 있어야 한다.

길이 험할 때면 양들은 종종 불안한 기색을 드러낸다. 심지어는 집으로 돌아오는 길에서도 마찬가지다. 목자는 발을 절뚝거리며 다른 양들을 따라 걷는 가엾은 늙은 암양을 눈여겨 지켜본다. 목자가 다가가서 살펴보니 녀석의 발굽에 작고 딱딱한 나뭇가지가 박혀 있다. 목자는 녀석을 팔로 부드럽게 안아 안전하게 붙든 뒤 조심스레 나뭇가지를 제거한다. 그러고는 연고를 발라 주고 똑바로 세운 뒤 다시 집을 향해 몰고 간다.

양들의 숫자를 세어 보니 한 마리가 부족하다. 목자는 멀리까지 사방을 훑어 보며 양들이 걸어온 길을 되짚어 올라가면서 잃어버린 양을 찾는다. 높은 곳과 낮은 곳을 샅샅이 살펴보는 그의 눈에 마침내 두꺼운 가시덤불 속에 갇혀 빠져나오지 못하고 있는 어린 양의 모습이 들어온다. 그는 가만히 어린 양을 가시덤불에서 빼내 어깨에 둘러메고 800미터 정도 걸어 집으로 향하는 대열로 돌아온다.

잃어버린 양과 함께 양떼가 있는 곳에 돌아와보니 몸집이 큰 수양 두 마리가 지배권을 차지하기 위해 서로 싸움을 벌이는 광경이 눈에 띈다. 목자는 황급히 녀석들을 떼어놓고, 진정한 지배자는 목자라는 사실을 가르친다.

그 밖에도 목자가 없는 동안 암양 한 마리가 구덩이에 빠졌고, 녀석의 새끼는 대열에서 이탈해 멀리 한쪽에 홀로 떨어져 있었다. 두 녀석 모두 크게 당황하는 기색이 역력했다. 목자는 즉시 몸을 움직여 암양을 구덩이에서 건져내 안심시켰다. 녀석은 새끼 양을 부르면서 다시 대열에 합류했다.

태양은 아름다운 노을을 배경으로 서쪽 하늘로 서서히 기울고 있었다. "밤에 하늘이 붉으면 목자는 즐겁다." 왜냐하면 내일 하루도 날씨가 맑으리라는 징후이기 때문이다.

양들의 우리로 향하는 마지막 남은 1600미터의 길은 수월하다. 오랫동안 많이 다녀 잘 닦인 길이기 때문이다. 양들은 익숙한 전경이 눈에 들어오자 자신들이 거하는 농장과 우리가 멀지 않았다는 것을 의식한다. 목자는 양들 앞으로 나아가 우리의 문을 활짝 열어젖힌다. 그는 양들에게 "내게 오너라. 그러면 쉼을 얻으리라"라고 말한다. 양들은 목자의 말이 즐거운 듯 차례로 문을 지나 안전하게 휴식을 즐길 수 있는 우리 안으로 들어가 만족스런 표정을 지었다.

우리 안에는 울퉁불퉁한 바위, 포식자, 뜨거운 태양, 바짝 마른 풀, 먼지, 바람, 가시, 울부짖음, 고통 따위는 존재하지 않는다. 그 안에는 포근한 짚과 깨끗한 물과 높은 울타리와 모든 위험을 막아주는 안전함과 평화와 안식과 즐거운 사귐이 존재한다. 새 날이 밝아 목자가 다시 그들을 깨울 때까지 그런 상태가 계속된다.

목자는 자신의 양들을 잘 알고 있다. 그는 양들의 숫자를 정확히 알고 있다. 한 마리도 없어지지 않았다. 그는 모든 양을 책임진다. 양들이 모두 우리에 들어가자 그는 문을 닫는다. 아무도 우리 안에 들어갈 수 없고, 아무도 우리 밖으로 나갈 수 없다. 문을 다시 열 수 있는 권리를 가진 사람은 오직 목자뿐이다(왜 목자는 Why the Shepherd, New Zealand : W. G. Bowen, n.d., p. 79-83).

목자장이신 예수님

예수님은 사랑 많은 목자의 완전한 전형이시다. 그분은 영적 지도자의 덕성을 모두 갖추셨다. 베드로는 예수님을 "목자장"벧전 5:4으로 일컬었고, 예수님은 양들을 위에 기꺼이 목숨을 내어놓는 "선한 목자"로 자처하셨다요 10:11 참조. 예수님은 말씀하셨다. "내 양은 내 음성을 들으며 나는 저희를 알며 저희는 나를 따르느니라 내가 저희에게 영생을 주노니 영원히 멸망치 아니할 터이요 또 저희를 내 손에서 빼앗을 자가 없느니라" 요 10:27-28.

예수님은 우리의 위대한 구조자, 지도자, 관리자, 보호자, 위로자이시다.

목회자의 책무

목회자는 목자장이신 주님이 지켜보시는 가운데 양떼를 감독하는 일을 맡은 작은 목자다 행 20:28 참조. 그리스도인들은 양들처럼 연약하고, 분별력 없고, 방황하기 쉽고, 여러 모로 상처받기 쉬운 존재다. 목회자는 그런 그리스도인들을 섬기는 직분이기 때문에 늘 깨어 자신의 책무에 전념해야 한다.

작은 목자인 목회자는 하나님의 말씀으로 양떼를 먹이고 생활의 모범을 보여 그들을 인도해야 한다. 목회자는 양떼가 대열에서 이탈하거나 해로운 풀밭을 향해 가지 않도록 보호해야 한다. 그들이 가룟 유다 양을 따라 그릇된 교리에 치우쳐 영적으로 해를 당하지 않도록 보호하는 것이 목회자의 책무다. 목회자는 "규모 없는 자들을 권계하며 마음이 약한 자들을 안위하고 힘이 없는 자들을 붙들어 주며 모든 사람을 대하여 오래" 살전 5:14 참아야 한다.

하나님의 양떼를 돌보는 것은 참으로 막중한 과제다. 하지만 충실한 목회자는 목자장이신 주님이 다시 오실 때 썩지 않는 영광의 면류관을 상급으로 받을 것이다 벧전 5:4 참조.

16 : 유혹의 영에 대한 분별
리더십 The Master's Plan for the Church

바울은 디모데전서 4장 1-5절에서 배교 행위를 엄격히 경고했다. 그리고 이렇게 덧붙였다. "네가 이것으로 형제를 깨우치면 그리스도 예수의 선한 일꾼이 되어"6절.

그리스도의 훌륭한 종이 되려면 배교에 대해서도 잘 알아야 한다.

역대하 25장은 유다 왕 아마샤에 관한 일화를 기록한다. 그는 요아스의 아들이자 웃시아의 아버지였다. 웃시아는 이사야 선지자 당시에 유다를 통치했던 왕이다. 아마샤는 예루살렘에서 29년 동안 통치했다. 2절을 보자. "아마샤가 여호와 보시기에 정직히 행하기는 하였으나 온전한 마음으로 행치 아니하였더라."

그는 겉으로는 이스라엘의 전통 종교를 받아들였다. 그는 이스라엘의 종교를 이해하고 율법에 따라 행동했다. 하지만 그에게는 기꺼운 마음이 없었다. 그는 살아 계신 하나님과 인격적인 관계를 맺지 못한 채 율법 중심의 냉랭한 신앙생활을 일삼았다. 그러다 보니 그는 곧 우상숭배에 미혹되어 에돔의 우상들을 받아들여 그 앞에서 경배하며 분향했다4절 참조. 결국 그는 비참한 종말을 맞이했다. 그가 여호와 하나님을 버리자 백성이 모반을 일으켜 그를 살해한 것이다27절 참조.

그렇다고 놀랄 필요는 없다. 배교는 전혀 낯선 현상이 아니기 때문이다. 구약 시대는 물론 바울이 디모데전서를 쓸 무렵 디모데가 있던 에베소에서도 배교 행위가 있었다. 이는 오늘날에도 예외가 아니다. 믿음을 머리로만 이해하고 하나님을 기쁘시게 하는 삶을 살겠다는 마음이 없이 겉으로만 성경 말씀을 지키는 척하는 사람들은 언제나 존재한다. 히브리서 3장 12절에 따르면 사람들이 하나님을 저버리는 이유는 믿지 않는 마음 때문이다.

바울은 디모데전서 4장 1절에서 가룟 유다나 도마, 또는 요한복음 6장 66절에서 언급한 예수님의 제자들의 경우처럼 '믿음에서 떠나는' 이들이 있다고 언급했다. "떠나"로 번역한 헬라어 '아피스테미*aphistēmi*'는 '원래 서 있던 위치에서 벗어난다'라는 뜻이다. 자기도 모르는 사이 믿음을 버린다거나 의심으로 고민하는 것은 배교가 아니다(배교와 배교자에 관해 좀 더 자세히 알고 싶으면 내 책 베드로후서와 유다서 주석*Peter & Jude,* Chicago : Moody, 2005 5-7, 10-12, 14장을 참조하라).

배교란 한때 굳게 확신했던 진리를 고의로 저버리고 거짓된 가르침을 좇는 행위를 의미한다. 여기에서 '믿음'은 믿는 행위가 아니라 기독교의 교리를 가리킨다. 어떤 사람들은 "성도에게 단번에 주신 믿음의 도"유 3절를 저버린다. 기독교 교리를 머리로만 이해해 겉으로만 받아들일 뿐 하나님을 사랑하는 마음이 없는 사람은 마귀가 유혹할 때 믿음을 저버릴 가능성이 매우 높다.

배교자는 믿음의 도리를 모르는 자가 아니라 잘 알면서도 거부하는 사람을 가리킨다. 그런 사람도 다양한 종교 활동에 종사할 수 있다. 하지만 하나님을 참되이 알지 못하는 탓에 우상숭배와 거짓 종교를 믿으라고 부추기는 마귀의 유혹을 견디지 못하고 결국에는 믿음을 저버리고 만다.

거짓 종교는 유혹의 영이 전하는 교리로 사람들을 미혹한다. 사탄과 그의 사자들은 광명의 천사로 위장해 여러 가지 거짓 종교를 세상에 퍼뜨린다 고후 11:14-15.

성경은 우상에게 제사를 드리는 것은 곧 마귀를 섬기는 것이라고 말씀한다 레 17:7, 신 32:17, 시 96:5; 106:36-37 참조. 바울은 주님의 성찬에 참여하면서 동시에 이방 종교의 우상을 섬기는 사람은 주님과 귀신을 겸하여 섬기겠다는 태도라고 지적했다 고전 10:20-21 참조.

거짓 종교와 우상들은 마귀가 즐기는 중요한 유혹 수단이다. 거짓 종교를 단순히 잘못된 사상에서 비롯된 결과로만 여기는 것은 순진한 생각이다. 거짓 종교의 배후에는 타락한 천사들이 존재한다. 그들은 거짓 종교로 사람들을 미혹해 진리를 저버리고 영원한 지옥의 형벌을 향해 달려가게 유혹한다.

성경은 배교가 마귀의 유혹에 의한 결과이고, 우상 숭배는 귀신을 섬기는 것이며, 거짓 교사들은 마귀의 하수인이라고 분명히 말씀한다. 진리와 거짓, 곧 하나님과 마귀 사이에서 전쟁이 벌어진다 고후 10:3-5 참조. 하나님은 진리로 사람들을 불러 모으시고, 마귀는 거짓으로 사람들을 진리에서 멀어지게 만든다.

성경은 거짓 교리를 폭로하는 것이 교회의 임무라고 말씀한다. 오늘날 거짓에 맞서는 행위는 별로 인기가 없다. 사랑이라는 미명 아래 진리를 희생하고 관용과 화합만을 부르짖는 교회가 많다. 하지만 성경은 거짓 교리를 용납해서는 안 된다고 강조한다. 하나님은 과거에 이스라엘 백성과 초대 교회에서 사람들을 불러 모아 진리를 위해 싸우게 하셨다. 그런 하나님의 사역은 오늘날에도 계속된다. 우리도 디모데처럼 거짓 교리의 배후에 무엇이 도사리고 있는지 이해해야 한다는 성경의 경고와 교훈에 주의를 집중해야 한다.

디모데전서 4장 1-5절의 주제는 '믿음을 저버리는 사람들이 있다' 1절 참조는 것이다. 바울은 디모데와 우리에게 배교를 예상해야 한다고 경고한다. 그는 배교자를 분별해 대항할 수 있도록 하기 위해 배교자의 특징 몇 가지를 제시했다.

배교자의 출현에 관한 성경의 예언

바울은 성령의 계시 덕분에 에베소 교회 안에 배교자가 나타날 것을 알고 있었다. 그는 디모데에게 서신을 보내기 오래 전에 에베소 교회의 장로들에게 이렇게 경고했다. "내가 떠난 후에 흉악한 이리가 너희에게 들어와서 그 양떼를 아끼지 아니하며 또한 너희 중에서도 제자들을 끌어 자기를 좇게 하려고 어그러진 말을 하는 사람들이 일어날 줄을 내가 아노니"행 20:29-30.

배교에 관한 계시의 말씀은 신약성경에만 국한되지 않는다. 구약성경에도 개인 차원에서나 국가 차원에서 일어난 이스라엘의 배교 행위를 언급한 성경 구절이 많다. 겉으로는 율법을 지키며 이스라엘 백성으로 살았지만 실제로는 이스라엘의 하나님을 믿지 않았던 이들이 많았다. 그들은 이스라엘의 남은 자에게 속하지 않았다롬 2:28-29 참조. 배교 행위를 경고하는 말씀이 구속사 전반에 걸쳐 나타난다신 13:12-15; 32:15-18, 단 8:23-25 참조.

신약성경에도 마지막 때에 믿음을 저버리게 될 사람들을 언급하는 성경 구절이 여러 군데 있다. 그 가운데 몇 구절을 소개하면 다음과 같다.

주님은 "많은 사람이 내 이름으로 와서 이르되 나는 그리스도라 하여 많은 사람을 미혹케 하리라"마 24:5.
"거짓 그리스도들과 거짓 선지자들이 일어나서 이적과 기사를 행하여 할 수만 있으면 택하신 백성을 미혹케 하려 하리라"막 13:22.
바울은 그리스도의 영광스런 재림이 있기 전에 많은 사람이 믿음을 저버릴 것이라고 말했다살후 2:3 참조.
말세에 기롱하는 자들이 믿음을 버리고 자신의 정욕을 좇을 것이라고 말했다벧후 3:3, 유 18절 참조.
요한은 많은 적그리스도가 일어나 믿음을 저버림으로써 그들이 처음부터 참그리스도인이 아니었다는 사실을 드러낼 것이라고 말했다요일 2:18-19 참조.

돌밭에 뿌려진 씨앗처럼 성경의 진리를 잠시 받아들였다가 곧 저버리는 이들이 많다마 13:20-21 참조. 그런 사람들은 뿌리가 없기 때문에 즉, 살아 계신 하나님과 연합하지 못했기 때문에 곧 시들어 죽고 만다. 또한 세상의 염려와 재물에 대한 탐심 때문에 신령한 삶을 살지 못하는 이들도 있고, 잠시 진리를 믿고 살아가지만 마음을 하나님께 드리지 않은 탓에 거짓 교사를 통해 다가오는 마귀의 유혹에 굴복해 버리는 이들도 있다.

배교자 출현 시기

"종말로"딤전 4:1라는 말은 앞으로 오래 기다려야 할 미래가 아니라 교회 시대, 즉 예수님의 초림과 재림 사이의 시대를 가리킨다. 요한 사도는 "아이들아 이것이 마지막 때라"요일 2:18고 말했다. 베드로도 "그는 창세 전부터 미리 알리신 바 된 자나 이 말세에 너희를 위하여 나타내신 바 되었으니"벧전 1:20라고 말했고, 히브리서 저자도 "이 모든 날 마지막에 아들로 우리에게 말씀하셨으니"히 1:2, "이제 자기를 단번에 제사로 드려 죄를 없게 하시려고 세상 끝에 나타나셨느니라"히 9:26고 말했다.

이들 말씀은 모두 말세가 그리스도께서 처음 세상에 오셔서 메시아 시대를 여셨을 때 시작되었다고 말한다. 주님은 지금 사람들의 마음속에 하나님 나라를 건설하고 계시며, 장차 다시 오시어 영원한 새 하늘과 새 땅을 이루실 것이다. 따라서 우리는 현재 말세를 살고 있다. 바울이 언급한 배교 행위가 일어나는 때도 바로 지금이다.

배교의 근원지

앞에서 말한 대로 배교의 근원지는 사탄이다. 배교자는 "미혹케 하는 영과 귀신의 가르침을 좇"딤전 4:1는다. 바울은 귀신의 세력과 맞서는 초자연적인 싸움을 염두에 두고 "우리의 씨름은 혈과 육에 대한 것이 아니요 정사와 권세와 이 어두움의 세상 주관자들과 하늘에 있는 악의 영들에게 대함이라"엡 6:12라고 말했다.

믿지 아니하는 악심을 품은 사람들이 살아 계신 하나님을 저버리는 이유는 사탄이 미혹하기 때문이다. 그런 사람들은 겉으로는 믿음이 있는 것처럼 보이지만 결국 하나님을 배신한다. 그들은 불신앙과 강퍅한 마음에 사로잡혀 있기 때문에 성령의 설득이 통하지 않는다. 그들은 사탄이 수하들을 통해 거짓을 부추길 때 쉽게 미혹되어 버린다.

"우리 아이들은 기독교 가정에서 성장했는데 대학에 가더니 그만 무신론을 신봉하는 교수들과 사이비 종교 지도자들에게 미혹되어 믿음을 저버리고 말았어요." 종종 이렇게 말하며 한탄하는 부모들을 만난다.

엄밀히 말해 그런 학생들은 박학한 지식과 설득력 있는 논리를 구사하는 교수나 사이비 종교 지도자나 교재에 은밀하게 거짓을 섞어 놓은 교활한 저술가들에게 희생된 것이 아니다. 불경한 철학과 거짓 종교는 단지 인간이 만들어 낸 악이 아니다. 그런 것을 만들어 낸 궁극적인 원인자는 바로 사탄이다.

우리 자신이나 우리가 사랑하는 사람이 거짓 가르침에 미혹되지 않으려면 세심한 주의가 필요하다. 하나님은 모세를 통해 이스라엘 백성에게 거짓 선지자의 위험성을 아래와 같이 경고하셨다.

"네 하나님 여호와께서 네게 주어 거하게 하시는 한 성읍에 대하여 네게 소문이 들리기를 너희 중 어떤 잡류가 일어나서 그 성읍 거민을 유혹하여 이르기를 너희가 알지 못하던 다른 신들을 우리가 가서 섬기자 한다 하거든 너는 자세히 묻고 살펴보아서 이런 가증한 일이 참 사실로 너희 중에 있으면 너는 마땅히 그 성읍 거민을 칼날로 죽이고 그 성읍과 그 중에 거하는 모든 것과 그 생축을 칼날로 진멸하고 또 그 속에서 빼앗아 얻은 물건을 다 거리에 모아 놓고 그 성읍과 그 탈취물 전부를 불살라 네 하나님 여호와께 드릴지니 그 성읍은 영영히 무더기가 되어 다시는 건축됨이 없을 것이니라 너는 이 진멸할 물건을 조금도 네 손에 대지 말라 그리하면 여호와께서 그 진노를 그치시고 너를 긍휼히 여기시고 자비를 더하사 너의 열조에게 맹세하심같이 네 수효를 번성케 하실 것이라" 신 13:12-17.

보다시피 하나님은 이스라엘 백성에게 성읍 거민과 가축을 모두 죽인 후에 배교 행위를 일삼은 성읍을 모조리 불태워 누구도 다시 재건하지 못하게 하라고 엄히 명령하실 정도로 거짓 가르침을 증오하신다.

신약성경에서 인용한 아래 말씀도 거짓 교사의 위험성을 강력히 경고한다.

- 요한 사도는 거짓 교사들의 위험성을 경고함과 동시에 그들을 대하는 방식을 다음과 같이 일러주었다. "미혹하는 자가 많이 세상에 나왔나니 이는 예수 그리스도께서 육체로 임하심을 부인하는 자라 이것이 미혹하는 자요 적그리스도니…… 누구든지 이 교훈을 가지지 않고 너희에게 나아가거든 그를 집에 들이지도 말고 인사도 말라 그에게 인사하는 자는 그 악한 일에 참예하는 자임이니라" 요이 1:7, 10-11.
- 유다서 23절 말씀에는 '거짓 교사의 유혹을 받는 사람을 발견하거든 그를 불 가운데서 끌어내고 네 자신도 불에 타지 않도록 주의하라' 는 뜻이 담겨 있다.

"미혹케 하는 영"딤전 4:1이라는 표현은 거짓 교리의 근원지를 암시한다. 거짓 교리의 근원지는 초자연적인 능력을 지닌 타락한 천사들, 즉 마귀와 그의 수하들이다. "미혹케 하는"으로 번역한 헬라어 '플라노스 planos'에서 '행성'을 뜻하는 영어 단어 'planet'가 파생했다. 이 말에는 방황하게 만든다는 의미가 담겨 있다. 결국 "미혹케 하는 영"이란 유혹과 속임수로 진리에서 떠나 방황하게 유도하는 사탄을 의미한다. 성령은 우리를 진리 가운데로 인도하시지만요 16:13 참조 사탄은 우리를 온갖 종류의 거짓을 받아들이도록 미혹한다. 사탄은 교회가 맞서 싸워야 할 "권세와 …… 세상 주관자들"엡 6:11-12이다.

미혹케 하는 영들의 역사는 멀리 에덴동산으로까지 거슬러 올라간다. 마귀는 하나님께서 금단의 열매를 먹지 못하게 하신 것은 최상의 축복을 허락하지 않으시려는 속셈이라고 하와를 미혹했다창 3:1-6 참조. 그는 하나님의 명령을 어기도록 부추겼다. 창세기부터 요한계시록에 이르기까지 그런 식의 속임수가 계속해서 이어진다.

거짓 교사는 "귀신의 가르침"으로 사람들을 미혹한다. 세상은 귀신의 가르침으로 가득하다. 성경과 모순되는 것은 무엇이든 귀신의 가르침에 해당한다. 거짓 가르침은 사람의 속된 생각이 아니라 귀신들의 은밀한 사역에서 비롯한다. 거짓과 이단에 치우치는 것이 우리가 생각하는 것보다 훨씬 더 위험한 이유가 여기에 있다.

하지만 귀신의 가르침은 더러 겉으로는 거짓이 아닌 것처럼 보이기도 한다. 귀신의 가르침 가운데 어떤 것은 교묘한 위장술 때문에 주의 깊게 살펴보지 않으면 쉽게 구별하기 어렵다.

배교자의 특성

사람들은 "외식함으로"딤전 4:2 귀신의 가르침을 퍼뜨린다. 유혹의 근원지는 초자연에 속하지만 그 수단은 자연, 즉 인간의 차원에 속한다. 귀신들은 교육 수준이 높고 경건해 보이는 사람들을 도구로 이용한다. 그들은 순수한 동기로 도움을 베푸는 척 사람들에게 접근한다. 하지만 그들의 경건은 귀신의 가르침을 은폐하는 가면에 불과하다. 겉과 속이 다른 교사는 하나님을 높이는 척하면서 사탄을 찬양한다. 그들은 교회나 학교에서 선생 노릇도 하거나 그리스도인을 상대로 책을 쓰기도 하면서 경건한 믿음을 가지고 있는 척하지만 사실은 속이는 자이자 거짓말쟁이다. 그들은 설득할 사람들을 찾아 그들에게 지옥의 교리를 가르친다.

어떤 주석학자들은 "자기 양심에 화인 맞아서"2절라는 표현이 노예의 이마에 낙인을 찍는 고대 관습을 암시한다고 말한다. 그렇다면 이 말씀은 위선자들이 마귀의 노예라는 의미다. 그런 대로 일리 있는 해석 이지만 단순히 그들이 사탄에게 속한 이들이라는 의미로 이해하는 것이 더 나을 듯하다. 양심은 우리의 행동을 확증하거나 단죄하는 일을 한다. 거짓 교사들은 양심이 옳고 그른 것을 구별할 수 있는 능력을 상실한 탓에 날마다 위선을 일삼는다. 그들은 진리와 순전한 인격을 지향하는 능력을 잃어버렸다.

"화인 맞아서"라고 번역한 헬라어 '카우스테리아조*kausteriazō*'에서 의학의 아버지 히포크라테스가 신체 조직이나 혈관을 불로 지지는 시술을 행할 때 사용했던 의학 용어가 파생했고, 다시 거기에서 '소작하다'라는 뜻의 영어 'cauterize'가 파생했다. 거짓 교사들은 이단 사상에 양심이 심각하게 훼손된 탓에 아무 가책 없이 위선을 일삼는다.

나는 하나님의 진리를 가르쳐야 한다는 나의 책임을 통감한다. 나는 하나님의 말씀을 가르칠 때면 언제나 오직 진리만을 가르칠 수 있게 해 달라고 기도한다. 기록된 하나님의 계시와 인간의 영혼을 생각하면 양심에서부터 오직 진리만을 가르쳐야 한다는 의무감이 생겨난다. 하지만 이와는 달리 이단 사상과 거짓 교리에 양심이 훼손된 탓에 배교자의 가르침을 정확히 따져보지 않는 사람들이 적지 않다.

배교자의 가르침

바울 당시 어떤 거짓 교사들은 여러 가지 그릇된 교리를 가르쳤다. 그 가운데 하나는 "신령한 삶을 살고 싶으면 결혼도 하지 말고 몇 가지 음식도 금해야 한다"는 것이었다 담전 4:3. 특정한 시대에 특정한 사람들에게 일시적으로 적용되던 것을 모든 사람에게 해당되는 것으로 보편화시키는 것이 사탄의 전형적인 전략이다. 물론 바울은 고린도전서 7장에서 독신생활을 권유했고, 예수님은 마태복음 6장에서 금식의 필요성을 인정하셨다. 하지만 바울이 디모데전서 4장에서 언급한 배교자들은 영적 구원과 신령한 삶에 이르려면 금욕 생활이 필요하다고 강조했다.

거짓 종교는 대개 명령과 금령을 정해 놓고 인간의 노력으로 구원을 얻을 수 있다고 가르친다. 거짓 종교가 말하는 구원은 궁극적으로 인간의 업적에 근거한다. 금욕 생활은 겉으로는 매우 신령하고 진지해 보일지라도 거룩한 삶을 이루는 수단이 될 수 없다.

일찍이 BC 166년에 유대교 종파 가운데 하나였던 에세네파는 사해 근처에서 쿰란 공동체로 불리는 고립된 공동사회를 건설했다. 그곳에서 1947년에 사해 사본이 발견되었다. 에세네파는 결혼과 특정 음식을 금하는 금욕 생활을 강조했다. 그들의 사고방식이 에베소에까지 전해졌을 가능성도 배제할 수는 없다. 하지만 그보다는 소위 영지주의로 불리는 철학사상 형성에 영향을 미친 헬라 사상이 에베소 교회에 영향을 미쳤을 가능성이 더 높다.

영지주의는 영은 선하고 물질은 악하다고 주장했다. 따라서 영지주의 철학을 신봉하는 사람들은 결혼이나 음식과 같은 육체의 합법적인 즐거움마저 포기했다. 그들은 금욕 생활만이 신들을 기쁘게 할 수 있다고 생각했다. 그런 잘못된 철학 사상이 결혼 문제와 육체 부활에 관해 고린도 교회 그리스도인들에게 영향을 미쳤던 것으로 보인다.고전 7, 15장 참조.

그런 형식주의는 거짓 종교의 전형적인 특성이다. 바울은 그 점을 밝히기 위해 디모데전서 4장 3절에서 하나님이 허락하신 선한 선물을 거부하거나 받아들이는 것이 신령한 삶과 아무 관계가 없다고 강조했다. 그는 골로새서 2장 16-18절, 21-23절에서도 이렇게 주장했다.

> "그러므로 먹고 마시는 것과 절기나 월삭이나 안식일을 인하여 누구든지 너희를 폄론하지 못하게 하라 이것들은 장래 일의 그림자이나 몸은 그리스도의 것이니라 누구든지 일부러 겸손함과 천사 숭배함을 인하여 너희 상을 빼앗지 못하게 하라 …… 곧 붙잡지도 말고 맛보지도 말고 만지지도 말라 하는 것이니 (이 모든 것은 쓰는 대로 부패에 돌아가리라) 사람의 명과 가르침을 좇느냐 이런 것들은 자의적 숭배와 겸손과 몸을 괴롭게 하는 데 지혜 있는 모양이나 오직 육체 좇는 것을 금하는 데는 유익이 조금도

없느니라."

금욕 생활로 하나님의 인정을 받을 수는 없다. 그리스도인은 이미 그리스도 안에서 충만해졌다 골 2:10 참조. 참 종교는 오직 주님만이 우리의 구원을 이루신다고 증언하고, 거짓 종교는 금욕과 인간의 공로로 구원을 얻을 수 있다고 유혹한다.

배교자의 잘못

배교자는 창조의 기본 원리조차 이해하지 못한다. 바울은 식물과 혼인은 "하나님이 지으신 바니 믿는 자들과 진리를 아는 자들이 감사함으로 받을 것이니라" 딤전 4:3고 말했다. 하나님은 아담에게 아내를 허락하심으로 결혼 제도를 세우셨다 창 2:18-25 참조. 바울과 베드로는 모두 올바른 결혼 관계의 중요성을 강조했다 고전 7:1-5, 엡 5:22-33, 벧전 3:7 참조. 또한 하나님은 인간의 영양 섭취와 즐거움을 위해 다양한 음식을 제공하셨다 창 1:29; 9:3, 행 10:9-15 참조. 하나님은 세상을 창조하시고 창조된 세계를 매우 흡족히 여기셨다 창 1:31 참조. 하나님이 감사하며 즐기라고 허락하신 것들을 거부하는 것은 옳지 않다.

바울은 "하나님이 지으신 모든 것이 선하매 감사함으로 받으면 버릴 것이 없나니" 딤전 4:4라고 말했다. "선하매"로 번역한 헬라어 '칼로스 kalos'는 '본질적으로 탁월한'이라는 뜻이다. 결혼과 음식은 본질적으로 선하다. 우리는 그것들을 임의로 거부하지 말고 하나님의 선물로 감사하게 받아들여야 한다.

바울은 또한 이렇게 덧붙였다. "하나님의 말씀과 기도로 거룩하여

짐이니라"5절.

목회 서신에서 '하나님의 말씀'은 예수 그리스도의 복음을 가리킨다. 구원의 복음 덕분에 음식에 관한 율법이 모두 폐지되었다. 하나님이 음식에 관한 율법을 허락하신 이유는 이스라엘 백성의 도덕적인 분별력을 길러 주고 다른 민족들과 구별된 삶을 살게 하시기 위해서였다. 하지만 그리스도께서 세상에 오셔서 희생에 관한 율법을 온전히 성취하시고 유대인과 이방인을 하나로 아우르시자 하나님은 음식에 관한 율법을 폐지하셨다. 폐지된 율법을 복원하려는 시도는 행위와 공로에 근거한 신앙 체계를 만들겠다는 것이다. 그것은 하나님이 허락하신 음식을 악하게 여기고 그분의 구원이 불충분하다는 뜻이므로 결국 그분을 욕되게 하는 결과를 가져온다.

복음이 우리를 음식에 관한 율법에서 해방했다는 사실을 이해하고 하나님께 감사 기도를 드린다면 그분이 허락하신 선한 선물을 자유롭게 누릴 수 있다. 독신과 금욕을 요구하는 것은 마귀의 가르침이다. 그런 가르침을 하나님이 창조하신 세계가 선하다는 사실을 부인하며 그분께 마땅히 드려야 할 감사와 찬양을 가로막는다.

형식상의 금욕은 거짓 종교에서 흔히 발견되는 심각한 잘못이다. 배교의 가장 큰 잘못은 바리새주의의 관습을 따르고 가르치는 것이 하나님을 기쁘시게 할 수 있다는 생각이다. 하지만 그런 관습은 오히려 하나님의 분노를 자극하고 마귀의 거짓에 치우치는 것이다. 유다 왕 아마샤는 겉으로는 옳게 행하는 것처럼 보였지만 하나님께 마음을 드리지 않았다. 이것이 바로 배교의 정신이다.

+ 하나님이 계획하신 교회 +

"너희는 자기를 위하여 또는 온 양떼를 위하여 삼가라 성령이 저들 가운데 감독자로 삼고 하나님이 자기 피로 사신 교회를 치게 하셨느니라" 행 20:28.

17장 • 교회의 직분

＋

18장 • 성경이 말하는 장로란 무엇인가

＋

19장 • 성경이 말하는 집사란 무엇인가

＋

20장 • 영적 리더십의 자격 조건

교회 리더십 5
THE MASTER'S PLAN
FOR THE CHURCH

17 : 교회의 직분
리더십 The Master's Plan for the Church

교회는 예수 그리스도를 통해 구원받은 사람들로 구성된 유기적인 공동체다. 교회 지도자만큼 세상 사람들의 눈에 쉽게 띄는 사람은 없다. 세상 사람들은 교회 지도자를 교회를 나타내는 대표자로 생각한다. 최근 몇 십 년간 자격을 갖추지 못한 일부 교회 지도자가 전체 교회의 명예를 실추시킨 불행한 사건들이 있었다. 그들 가운데는 도무지 그리스도인이라고 말할 수 없는 이들도 더러 있다. 사탄은 좋은 씨앗(참그리스도인)들 사이에 가라지(거짓 그리스도인)를 뿌려 놓는다 마 13:36-43 참조. 따라서 어떤 사람을 교회 지도자로 선출할 때는 그의 삶을 주의 깊게 살펴보아야 한다.

장로

사도행전 14장 21-23절을 보면 초대 교회 당시에 어떻게 장로를 임명했는지 알 수 있다.

> "복음을 그 성에서 전하여 많은 사람을 제자로 삼고 루스드라와 이고니온과 안디옥으로 돌아가서 제자들의 마음을 굳게 하여 이 믿음에 거하라 권하고 또 우리가 하나님 나라에 들어가려면 많은 환난을 겪어야 할 것이라 하고 각 교회에서 장로들을 택하여 금식 기도하며 저희를 그 믿은 바 주께 부탁하고."

장로 임명 절차에는 기도와 금식이 반드시 필요하다. 하지만 무엇보다도 장로를 임명할 때는 성경이 명확하게 규정하는 자격 기준을 원칙으로 삼아야 한다. 사업 수완이 뛰어나다거나 사회적 지위가 높다거나 많은 재산을 소유했다거나 심지어는 지도자가 될 수 있는 소양을 타고났다고 해도 단순히 그런 이유만으로 장로를 선택해서는 곤란하다. 그보다는 하나님이 교회 지도자의 소명을 주시고 그 일을 위해 필요한 준비를 갖추게 하신 사람을 장로로 선택해야 한다. 하나님이 선택하신 사람은 성경에 명시된 자격 기준에 부합해야 한다.

디모데전서 3장에 보면 장로의 자격 기준이 길게 열거되어 있다. "미쁘다 이 말이여 사람이 감독의 직분을 얻으려 하면 선한 일을 사모한다 함이로다 그러므로 감독은 책망할 것이 없으며"1-2절.

"책망할 것이 없"다는 말은 나머지 자격 기준을 한마디로 요약한다. 그러면 "책망할 것이 없"다는 말은 무슨 의미일까? 완전해야 한다는 의미가 아니다. 다른 사람들의 비난을 살 만큼 큰 잘못이나 실수가 없어야 한다는 뜻이다. 바울은 책망할 것이 없는 삶의 의미를 밝히기 위해 아래와 같이 말했다.

"한 아내의 남편이 되며 절제하며 근신하며 아담하며 나그네를 대접하며 가르치기를 잘하며 술을 즐기지 아니하며 구타하지 아니하며 오직 관용하며 다투지 아니하며 돈을 사랑치 아니하며 자기 집을 잘 다스려 자녀들로 모든 단정함으로 복종케 하는 자라야 할지며(사람이 자기 집을 다스릴 줄 알지 못하면 어찌 하나님의 교회를 돌아보리요) 새로 입교한 자도 말지니 교만하여져서 마귀를 정죄하는 그 정죄에 빠질까 함이요 또한 외인에게서도 선한 증거를 얻은 자라야 할지니 비방과 마귀의 올무에 빠질까 염려하라" 딤전 3:2-7절.

바울은 디도에게 보낸 서신에서도 장로의 자격 기준을 설명했다. "내가 너를 그레데에 떨어뜨려 둔 이유는 부족한 일을 바로잡고 나의 명한 대로 각 성에 장로들을 세우게 하려 함이니" 딛 1:5.

디도서 1장 6-9절은 디모데전서 3장에 적힌 자격 기준과 매우 흡사하다. 무엇보다 장로는 책망할 것이 없고, "한 아내의 남편이며 방탕하다 하는 비방이나 불순종하는 일이 없는 믿는 자녀를 둔 자" 6절이어야 한다. 장로는 온 가족에게 자신의 믿음을 전할 수 있는 사람이어야 한다. 물론 어린 자녀들을 거룩한 성인으로 만들어야 한다는 뜻은 아니다. 하지만 최소한 자녀들이 아버지의 경건한 믿음을 본받을 수 있어야 한다.

디도서 1장 7절은 장로는 "하나님의 청지기로서 책망할 것이 없"어야 한다고 말한다. 또한 장로는 '나는 하나님의 것을 그리스도의 몸을 위해 맡아 관리하는 청지기에 불과하다'는 사실을 알 뿐 아니라 "제 고집대로 하지 아니하며 급히 분내지 아니하며 술을 즐기지 아니하"7절는 사람이어야 한다.

신약 시대에는 깨끗한 물을 구하기가 어려웠기 때문에 사람들이 마실 수 있는 유일한 음료는 포도주였다. "즐기는"으로 번역한 헬라어 '파로이노스 paroinos'는 술로 인해 문제가 일어날 정도로 술을 지나치게 좋아하는 상태를 가리킨다. 이외에도 장로는 "구타하지 아니하며 더러운 이를 탐하지"7절 않아야 한다. 장로는 돈을 가장 중요한 목적으로 삼아서도 안 되고, 다른 사람과 주먹다툼을 벌여서도 안 된다.

디도서 1장 8절은 장로의 긍정적인 자격 기준을 열거한다. 그 가운데 하나는 "나그네를 대접하는" 일이다. 장로는 낯선 사람을 기꺼이 환대해야 한다. 디모데전서 3장 4-5절에 따르면 장로는 가정을 잘 다스림으로써 교회를 잘 다스릴 수 있다는 증거를 보여 주어야 한다딤전 3:4-5 참조. 가정을 잘 다스리는 장로는 낯선 사람에게 믿음의 본보기가 될 뿐 아니라 따뜻한 환대를 받는다는 느낌을 갖게 해 준다. 장로는 그리스도인다운 삶을 보여 줄 수 있는 모범적인 가정을 꾸려야 한다. 또한 장로는 "선을 좋아하며 근신하며 의로우며 거룩하며 절제하며 미쁜 말씀의 가르침을 그대로 지켜야"딛 1:8-9한다. 장로는 삶의 우선순위를 알고, 절제하며, 하나님의 말씀대로 살아야 한다. 하나님은 교회를 다스리고 가르치게 하시기 위해 디모데전서와 디도서에서 언급한 자격 기준에 부응하는 사람들을 장로로 세우신다. 이런 점에서 장로는 영예와 존경의 대상이 되기에 합당하다.

사도행전 20장에 보면 에베소 교회 장로들이 나온다. "너희는 자기를 위하여 또는 온 양떼를 위하여 삼가라 성령이 저들 가운데 너희로 감독자를 삼고"28절.

바울의 말처럼 교회를 다스리는 장로는 자신의 삶을 잘 관리하는 것은 물론 교인들의 영적 필요를 채워 줄 수 있어야 한다. 교회 지도자는 하나님이 허락하신 양떼 하나하나에게 깊은 관심을 기울여 개개인의 문제와 필요를 위해 구체적으로 기도할 수 있어야 한다.

아울러 바울은 에베소 교회 장로들에게 "하나님이 자기 피로 사신 교회를 치"라고 말했다. 교회는 무엇을 먹고 살까? 그것은 곧 하나님의 말씀이다. 베드로는 "너희 중 장로들에게 권하노니 나는 함께 장로 된 자요 그리스도의 고난의 증인이요 나타날 영광에 참예할 자로다 너희 중에 하나님의 양 무리를 치되"벧전 5:1-2라고 말했다. 그는 양떼를 칠 때는 "부득이함으로 하지 말고 …… 자원함으로 하며 더러운 이를 위하여 하지 말고 오직 즐거운 뜻으로 하"벧전 5:2라고 당부했다.

장로의 직분은 큰 특권이기 때문에 맡은 임무를 수행할 때는 억지로 하지 말고 즐거운 마음으로 해야 한다. 또한 장로는 부유한 사람들만이 아니라 모든 사람을 위해 열심히 일해야 한다. 이외에도 베드로는 "맡기운 자들에게 주장하는 자세를 하지 말고 오직 양 무리의 본이 되라"3절고 말했다.

교회를 다스리는 최선의 길은 독재자가 아니라 본보기가 되는 것이다. 교인들 앞에서 모범을 보여 기꺼이 따라오게 하지 못하는 교회 지도자는 결국에는 큰 저항에 부딪치고 만다. 모범적인 리더십에는 "그리하면 목자장이 나타나실 때에 시들지 아니하는 영광의 면류관을 얻으리라"4절는 말씀대로 그에 상응하는 보상이 뒤따른다. 면류관을 얻는 장로들만이 장차 예수 그리스도의 발 앞에 그것을 내려놓으며 그분을 찬양할 수 있다(계 4:10 참조, 18장에서 장로에 관해 좀 더 자세히 이야기한다).

집사

사도행전 6장에 보면 흔히 교회의 첫 집사들이라고 간주하는 이들이 나온다. 물론 성경에서 그들을 집사로 부르지는 않지만 그들은 여러 면에서 집사의 전형이 되기에 매우 적절하다. 교회가 그러한 직분을 집사로 호칭하게 된 것은 그로부터 어느 정도 시간이 지난 뒤였을 것이 틀림없다.

예루살렘 교회에서 처음에는 사도들이 모든 것을 관장했다. 하지만 어느 정도 시간이 흐르자 그들은 성숙한 믿음을 지닌 사람들에게 권한과 책임을 이양해야 했고, 그 덕분에 기도와 말씀 전파에 전념할 수 있었다행 6:4 참조.

"그때에 제자가 더 많아졌는데 헬라파 유대인들이 자기의 과부들이 그 매일 구제에 빠지므로 히브리파 사람을 원망한대"행 6:1. 초대 교회는 과부들을 돌보는 일도 했다. 헬라파 그리스도인들은 매일의 구제가 유대파 과부에게만 치중한다고 불평했다. 그 문제로 열두 사도는 그리스도인들을 소집해, "우리가 하나님의 말씀을 제쳐놓고 공궤를 일삼는 것이 마땅치 아니하니"2절라고 말했다. '우리는 하나님의 말씀을 연구하고 전하는 일에만 집중하겠소. 상황이 지금처럼 계속된다면 우리가 이곳저곳을 뛰어다니면서 양식을 나눠 줘야 하오. 그러다 보면 말씀을 읽고 연구하는 일에 소홀할 수밖에 없소이다' 라는 뜻이다. 사도들은 자신들의 최우선 과제를 정확히 알고 있었다.

사도들의 제안이 이어졌다. "형제들아 너희 가운데서 성령과 지혜가 충만하여 칭찬 듣는 사람 일곱을 택하라 우리가 이 일을 저희에게 맡기고"3절. 이는 일곱 사람을 선출해 궁핍한 그리스도인들에게 여러 가지 생필품을 나눠 주는 일을 맡기겠다는 뜻이다.

사도행전 6장 3절에서 그런 일을 행할 수 있는 사람의 자격 요건을 논한다. 그들은 "성령과 지혜가 충만하여 칭찬 듣는 사람"이어야 한다. 이는 "집사들도 단정하고 일구 이언을 하지 아니하고 술에 인박이지 아니하고 더러운 이를 탐하지 아니하고 깨끗한 양심에 믿음의 비밀을 가진 자라야 할지니"딤전 3:8-9라는 자격 기준과 일맥상통한다. "믿음의 비밀"이란 신성과 인성이 예수 그리스도 안에서 하나가 되었다는 사실을 가리킨다딤전 3:16 참조. 따라서 "깨끗한 양심에 믿음의 비밀을 가진 자"라는 말은 그리스도를 본받는 삶을 살아가는 사람을 의미한다.

더욱이 바울은 "이에 이 사람들을 먼저 시험하여 보고 그 후에 책망할 것이 없으면 집사의 직분을 하게 할 것이요 …… 집사들은 한 아내의 남편이 되어 자녀와 자기 집을 잘 다스리는 자일지니 집사의 직분을 잘한 자들은 아름다운 지위와 그리스도 예수 안에 있는 믿음에 큰 담력을 얻느니라"딤전 3:10, 12-13 고 말했다(19장에서 집사에 관해 더 자세히 이야기한다).

일반 성도

교회 지도자의 기본 임무는 교인들에게 건전한 교리와 그 적용 방법을 가르치는 일이다. 반면 일반 성도의 기본 임무는 배운 교리를 삶에 적용해 성령 충만한 삶을 사는 것이다. 그러다 보면 일반 성도도 언젠가는 집사와 장로와 복음 전도자와 목사와 교사가 될 수 있다.

출발점은 모두 똑같지만 도달하는 지점은 제각기 다르다. 작은 일에 충성한 사람들은 좀 더 중요한 일을 맡게 된다. 빌립을 생각해 보자. 그는 예루살렘 교회에서 집사로 선택되었지만 복음 전도자로 일생을 마쳤다행 6:5;8:26-40 참조. 스데반의 경우도 마찬가지다. 그도 일곱 집사 가운데 한 사람으로 시작했지만 나중에는 신앙의 수호자가 되어 기독교의 첫 순교자가 되었다행 6:5;8-7:60 참조. 하나님은 누구라도 자격만 갖춘다면 지도자로 사용하신다. 심지어 예수 그리스도를 믿는 믿음 때문에 순교를 당할 수도 있다.

"봉사의 일"엡 4:12을 행하는 것이 일반 그리스도인의 의무다. 또한 "너희를 인도하는 자들에게 순종하고 복종하라"히 13:17는 말씀은 일반 성도의 또 다른 의무를 명시한다. 교회 지도자가 성령의 인도를 충실히 따르는 한 일반 성도는 그에게 복종해야 한다. 왜냐하면 그가 그리스도를 대신해 양떼를 치는 목자이기 때문이다. 일반 성도는 때로 장로들이 하는 일이 마음에 들지 않거나 심지어 아무것도 이해하지 못하더라도 그들이 행하는 영적 사역에 기꺼이 협력해야 한다.

일반 성도의 복종은 세상을 향한 살아 있는 증언이다. 교회에 상처를 입히고 복음 사역을 훼손하는 일들이 많다. 그 가운데 가장 치명적인 문제는 무기력한 지도자나 거짓 교사다. 그런 사람들은 교회를 하나님의 말씀 위에 굳건히 세울 수 없다. 교회를 약화시키는 또 다른 문제는 지도자를 따르지 않는 그리스도인들이다. 그런 경우에는 교회가 분열하거나 보기 흉한 교회의 몰골을 만천하에 드러내는 결과가 나타나기 쉽다. 일반 그리스도인은 성령의 뜻에 따르며 충성되고 순종적인 태도를 취해야 한다.

남성 성도

남성 성도가 교회에서 감당해야 할 책임은 무엇일까? 바울은 그 가운데 몇 가지를 디모데에게 일러주었다.

먼저 남성 성도는 가족을 잘 부양해야 한다. "누구든지 자기 친족 특히 자기 가족을 돌아보지 아니하면 믿음을 배반한 자요 불신자보다 더 악한 자니라"딤전 5:8.

세상 사람들 앞에서 기본 의무조차 감당하지 못하는 모습을 보여 준다면 기독교 사랑의 근간을 부인하는 것이나 다름없다. 물론 살다 보면 남자가 일손을 놓아야 할 때도 있다. 하지만 그것은 단지 일시적인 상황에 불과하다. 하나님은 남자가 가족을 부양하기 위해 열심히 일해 주기를 바라신다. 사지가 멀쩡한 이상 사회보장제도에 기대려고 해서는 안 된다. 그런 가정이 있을 때는 자녀를 둔 부녀자가 직업 전선에 뛰어들어 생계를 유지하게 하기보다 차라리 교회가 도움을 베푸는 편이 더 낫다.

아울러 남성 성도는 고용주에게 책임을 다해야 한다. "무릇 멍에 아래 있는 종들(피고용인)은 자기 상전(고용인)들을 범사에 마땅히 공경할 자로 알지니 이는 하나님의 이름과 교훈으로 훼방을 받지 않게 하려 함이라"딤전 6:1.

그리스도인이 직장에서 맡은 일을 충실히 행하지 않으면 기독교의 명예가 실추된다. 세상 사람들 앞에 기독교의 선함을 드러내기 위해서는 고용주가 자격이 있든 없든 상사로서 존중해 주어야 한다. 계속해서 2절을 읽어 보자. "믿는 상전이 있는 자들은 그 상전을 형제라고 경히 여기지 말고 더 잘 섬기게 하라."

직장 상사가 그리스도인인 경우에는 같이 교회에 다닌다는 이유를 내세워 일을 적당히 설렁설렁 하기 쉽다. 하지만 그래서는 안 된다. 오히려 "유익을 받는 자들이 믿는 자요 사랑을 받는 자임이니라 너는 이 것들을 가르치고 권하라"딤전 6:2는 말씀대로 상사의 친절을 이용하기보다 오히려 더욱 부지런히 일해야 한다.

"종들로는 자기 상전들에게 범사에 순종하여 기쁘게 하고 거스려 말하지 말며 떼어 먹지 말고 오직 선한 충성을 다하게 하라 이는 범사에 우리 구주 하나님의 교훈을 빛나게 하려 함이라"딛 2:9-10. 고용주에게 경건하게 살아가는 모습을 보여 주면 하나님의 영광이 환히 드러날 뿐 아니라 기독교 신앙에 호감을 느끼게 만들 수 있다.

또한 바울은 늙은 남성 성도들을 위해 "절제하며 경건하며 근신하며 믿음과 사랑과 인내함에 온전케 하"딛 2:2라고 말했다. 나이 든 그리스도인은 젊은 그리스도인을 가르쳐야 할 책임이 있다. 나이 든 그리스도인은 진지하면서도 품위가 있어야 하고, 삶의 우선순위를 알며, 스스로를 통제할 줄 알아야 한다. 또한 그는 하나님과 다른 사람들과 인생의 시련 앞에서 강한 믿음과 사랑과 인내를 보여 줄 수 있어야 한다.

바울은 디도에게 젊은 남자 성도들에게 해야 할 일을 조언했다. 그는 "너는 이와 같이 젊은 남자들을 권면하여 근신하게 하되 범사에 네 자신으로 선한 일의 본을 보여 교훈의 부패치 아니함과 경건함과 책망할 것이 없는 바른 말을 하게 하라"딛 2:6-8고 말했다. 젊은 사람은 부적절한 말을 쉽게 내뱉는 경향이 있다. 젊은 사람은 무슨 말이든 입을 열기 전에 한 번 더 생각하는 습관이 필요하다.

마지막으로 바울은 디모데전서 2장 8절에서 "각처에서 남자들이 분노와 다툼이 없이 거룩한 손을 들어 기도하기를 원하노라"고 말했다. 남성 성도들은 덜 중요한 일에 정신을 파는 경향이 있기 때문에 항상 기도에 힘쓰려고 노력해야 한다.

여성 성도

바울은 "아담한 옷을 입으며"라는 말로 여성 성도를 위한 조언을 시작했다. 디모데전서 2장 9절은 여성 성도의 옷차림과 외모에 관한 기준을 설명한다. 이는 바울 사도가 처음 언급했을 때만큼이나 오늘날에도 여전히 매우 적절하고 필요한 기준이다. 그는 "이와 같이 여자들도 아담한 옷을 입으며 염치와 정절로 자기를 단장하고"라고 말했다. 물론 옷차림에 관한 성경의 기준은 모든 그리스도인에게 적용된다. 기준의 핵심은 단정함이다. 성경은 치마를 얼마나 길게 해야 하고, 가슴을 어느 정도 드러내야 하는지 구체적으로 규정하지 않는다. 성경은 단지 단정하지 못한 옷차림을 피하라고 말씀할 뿐이다.

그리스도인은 옷차림이 단정해야 한다. 물론 그렇다고 해서 어떤 교인이 옷차림이 단정하지 못한 불신자 친구를 교회에 데려왔을 때 예배 안내인이 '죄송합니다만 옷차림이 단정하지 못한 관계로 예배가 다 끝날 때까지 기다리셔야 하겠군요' 라고 말해야 한다는 뜻은 아니다. 디모데전서가 말하는 옷차림의 기준은 그리스도인들을 위한 것이다.

"염치"9절는 과도한 것을 피한다는 의미를 담고 있다. 교회는 옷차림새를 자랑하는 장소가 아니다. 지나친 옷차림새는 성령께서 우리의 삶에서 이루시고자 하는 목적에 위배된다.

바울은 9절 마지막 부분에서 "땋은 머리와 금이나 진주나 값진 옷으로 하지 말고"라고 말했다. 바울 당시 여성들은 머리를 땋아 올린 뒤에 진주와 금붙이로 치장했다. 어떤 남자가 다른 그리스도인들과 함께 예배를 드릴 때 머리에 화려한 보석을 잔뜩 치장한 여인이 그의 앞에 앉아 예배를 드린다고 상상해 보자. 아마도 그는 그녀의 뒷모습을 바라보며 '저 진주의 가격은 89드라크마쯤 될 거야. 거 참 크기도 해라'라고 생각할 것이다. 어쩌면 그는 자신이 교회에 나온 목적조차 잊고 말지도 모른다.

물론 오늘날의 여성 성도가 오직 값싼 진주와 귀걸이만 착용해야 한다는 뜻은 아니다. 여기에서 요점은 하나님을 예배하는 사람들 앞에서 옷차림새를 과시해서는 안 된다는 뜻이다. 여성 성도는 물론 남성 성도도 성령과 말씀으로 자신의 뜻을 전하시는 하나님을 예배하는 사람들을 방해하지 않도록 옷차림을 단정하게 해야 한다.

아울러 경건한 여성은 "선행"10절을 드러내야 한다. 경건한 여성은 자신을 돋보이게 하려고 애쓰지 않고 선행을 베푸는 일에 열심을 낸다.

이외에도 바울은 순종하는 태도로 배우는 것을 여성 성도의 책임으로 강조했다. 11절을 읽어 보자. "여자는 일절 순종함으로 종용히 배우라." 여성은 교회에서 설교할 수 없다. 여성은 단지 다른 여성들을 가르칠 수 있을 뿐이다. 바울은 "여자의 가르치는 것과 남자를 주관하는 것을 허락지 아니하노니 오직 종용할지니라"12절라고 말했다.

의로운 행실도 여성 성도의 책임이다. 바울은 나이 든 여성 그리스도인들에게 "행실이 거룩하며 참소치 말"딛 2:3아야 한다고 말했다. "참소"로 번역한 헬라어는 본래 '험담을 일삼는 행위'를 뜻한다. 나이 든 사람들은 대개 주변 일을 화제로 삼으며 시간을 보낸다. 특히 휴대폰이나 이메일과 같은 문명의 이기가 발달한 후로는 그런 경향이 더욱 두드러진다. 그 덕분에 요즘에는 뜬소문에 불과한 것이 큰 문제로 부각되는 경우가 심심치 않게 일어난다.

나이 든 여성 성도들은 다음 말씀을 따라야 한다. "선한 것을 가르치는 자들이 되고 저들로 젊은 여자들을 교훈하되 그 남편과 자녀를 사랑하며 근신하며 순전하며 집안 일을 하며 선하며 자기 남편에게 복종하게 하라 이는 하나님의 말씀이 훼방을 받지 않게 하려 함이니라" 딛 2:3-5.

목회자 혼자 이리저리 뛰어다니면서 모든 사람에게 모든 것을 가르칠 필요는 없다. 목회자는 사역의 책임을 교인들과 나눠져야 한다. 하나님은 일반 성도를 통해 다른 사람들을 섬기게 하신다. 요즘 젊은 여성들 가운데 자녀 교육을 비롯해 여러 가지 문제로 고민하는 이들이 많다. 하지만 가장 큰 원인은 그들이 집에서 자녀들과 함께 시간을 보내면서 삶에 적용할 수 있는 성경의 진리를 가르치지 않기 때문이다. 경건한 여성은 삶의 우선순위를 올바로 하고, 교회에서 가르침을 받은 대로 자신의 자녀들을 가르친다.

18 리더십 The Master's Plan for the Church
: 성경이 말하는 장로란 무엇인가

    그동안 그레이스 커뮤니티 교회에서 진행해 온 사역의 특징 가운데 하나는 장로들의 리더십 육성에 중점을 두었다는 것이다. 주님은 그레이스 커뮤니티 교회에 헌신적인 지도자들을 허락하시는 특별한 축복을 베푸셨다. 그들은 하나님의 뜻에 철저히 복종함으로써 단합된 리더십을 교회에 제공해 왔다. 성경의 원리에 근거한 지도자들의 리더십은 우리 교회가 많은 축복을 경험하며 큰 영향력을 발휘할 수 있는 교회로 성장하는 원동력으로 작용했다.

    21세기 미국의 복음주의는 민주주의의 가치와 회중교회 체제에 뿌리를 둔 관계로 장로 정치를 회의적으로 바라보는 경향이 있다. 심지어 어떤 사람들은 장로 정치를 교회의 생명을 위협하는 도발적인 개념으로 규정한다. 우리 교회에서 해마다 개최하는 '목회자 모임'에서도 장로에 관한 문제를 다루는 세미나에 참석자들이 가장 큰 관심을 보인다. 목회자들은 장로 정치가 교회를 더욱 공고히 하는 기틀을 제공한다면 자신들도 기꺼이 장로 정치를 배워 교회에 적용해 보겠다는 의지를 내비친다.

물론 성경의 원리에 바탕을 둔 장로 정치는 교회를 공고히 세우는 역할을 한다. 성경이 규정하는 교회의 리더십은 하나님이 세우신 여러 명의 장로들로 구성된다. 더욱이 장로 정치는 신약성경에 언급된 유일한 교회 정치제도에 해당한다. 성경 어디에도 교회가 다수결이나 목회자 한 사람의 지도력에 의존해야 한다는 구절은 찾아볼 수 없다.

나는 성경이 규정하는 리더십의 유형을 회복해야만 현대 교회에 활력을 불어넣을 수 있다고 확신한다. 하나님이 세상에 세우신 여러 가지 제도와 마찬가지로 교회 역시 리더십에 의존한다. 교회의 역량과 건전성과 사역의 결실을 살펴보면 그 교회가 얼마만큼의 리더십을 갖추고 있는지 알 수 있다.

교회를 위한 하나님의 계획에 따르면 교회의 리더십은 사랑과 겸손을 바탕으로 한 섬김을 추구해야 하는 직임이다. 하나님의 백성을 이끄는 사람들은 순결, 희생, 근면, 헌신에 모범을 보여야 한다. 하나님의 양떼를 인도하는 일에는 막중한 책임이 뒤따른다. 그로 인한 결과는 큰 축복이나 엄중한 심판 둘 가운데 하나다. 충실하지 못한 지도자는 다른 사람들보다 벌을 두 배나 더 받는다. 왜냐하면 "많이 맡은 자에게는 많이 달라 할 것이기 때문이다"눅 12:48. 야고보는 "내 형제들아 너희는 선생 된 우리가 더 큰 심판 받을 줄을 알고 많이 선생이 되지 말라"약 3:1고 말했다.

성경에 따르면 교회의 리더십은 장로들로 구성된다. 교회를 가르치고 양육하고 보호하는 책임은 장로들의 몫이다. 장로들은 교회를 대신해 하나님 앞에 책임을 져야 한다. 하지만 그동안 전국에서 온 목회자들과 장로들을 만나 본 결과 장로직의 중대함과 역할을 올바로 이해하지 못하는 이들이 많다는 사실을 확인할 수 있었다. 그들이 사역에 효율적으로 임할 수 있는 능력이 크게 낮아진 이유는 바로 교회와 장로의 관계 및 장로의 역할을 올바로 이해하지 못하기 때문이다. 이제부터 이 점을 염두에 두고 장로의 직임을 올바로 이해하는 데 도움이 되는 중요한 질문 열한 가지와 그에 대한 답변을 제시할 생각이다.

장로라는 용어의 의미는 무엇인가?

장로라는 용어는 구약성경에서 기원했다. 신명기 27장 1절에 보면 '자켄zaqen'이라는 용어가 나온다. 이 말은 '장로'를 뜻하는 히브리어로, 모세를 도와 일했던 일흔 명의 지도자를 지칭한다. 하나님은 모세를 통해 일흔 명의 사람을 지도자로 세우셨는데, 이들은 원로원과 성격이 매우 흡사하다. 신명기 1장 9-18절에 보면 백성의 송사를 담당했던 사람들이 나온다. 모세는 그들을 통해 백성과 의사를 소통했다출 19:7, 신 31:9 참조. 그들은 유월절 의식출 12:21 참조을 비롯해 각종 의식을 지도했던 것으로 보인다.

세월이 흐르면서 이스라엘의 장로들은 성읍의 일을 관장하는 직무를 맡아 일하기에 이르렀다삼상 11:3; 16:4; 30:26 참조. 그들의 역할은 지혜로운 결정을 통해 백성의 갈등을 해소하고, 나아갈 방향을 지시하고, 사회 질서를 유지하는 것이었다.

구약성경은 그들을 "이스라엘 장로들"삼상 4:3, "나라의 장로"왕상 20:7,

'유다의 장로들'왕하 23:10 참조, "본성 장로들"스 10:14, "회중 장로들"삿 21:16 로 일컫는다. 그들은 부족의 지도자나 지역 행정관과 같은 역할을 담당했다신 16:18; 19:12; 31:28 참조.

장로를 뜻하는 또 하나의 히브리어는 '사브sab'다. 이 용어는 구약성경에서 다섯 번 나오고, 모두 에스라서에서만 볼 수 있다. 이는 포로기 이후 성전 재건 임무를 맡은 유다 지도자들을 지칭하는 용어였다.

신약성경에서는 장로를 뜻하는 용어로 헬라어 '프레스부테로스presbuteros'를 사용했다. 신약성경에 약 70회 정도 나오는 이 용어는 '자켄'처럼 '나이 든, 수염이 난'이라는 뜻이다. 사브 역시 '백발이 섞인'이라는 의미다. '프레스부테로스'는 성숙한 나이를 가리킨다. 예를 들어 베드로는 사도행전 2장 17절에서 "너희의 늙은이들은 꿈을 꾸리라"는 요엘서 2장 28절을 인용했다. 요엘서는 '늙은이'를 뜻하는 용어로 '자켄'을 사용했고, 사도행전은 이를 프레스부테로스로 대체했다. 이러한 점으로 미루어 볼 때 '장로'는 공식 직함이 아니라 단순히 '나이 든 사람'을 지칭한다는 사실을 알 수 있다.

디모데전서 5장 2절에 보면 나이 든 여성을 뜻하는 프레스부테로스의 여성형 명사가 등장한다. 이 구절은 "늙은 여자를 어미에게 하듯 하며 젊은 여자를 일절 깨끗함으로 자매에게 하듯 하라"는 말로 늙은 여인과 젊은 여인을 대조한다. 이 용어 역시 문맥상으로 볼 때 교회의 직함이 아니라 단지 성숙한 나이에 이른 사람을 뜻한다.

"젊은 자들아 이와 같이 장로들에게 순복하고"벧전 5:5라는 구절에서도 비슷한 용법이 보인다. 이 구절도 디모데전서 5장 2절에서처럼 늙은 사람과 젊은 사람을 대조한다. 주석학자들도 대개 프레스부테로스가 공직 직함이 아니라 '나이 든 사람'을 지칭하는 것으로 이해한다. 이것이 헬라어 용법상에 나타나는 프레스부테로스의 주된 의미다.

그리스도 당시에는 프레스부테로스라는 단어를 흔히 사용했다. 신약성경은 공직에서 물러난 이스라엘의 종교 지도자들을 가리키는 데 이 용어를 모두 28회 사용했다. 예를 들면 "대제사장들과 장로들"마 27:3, "서기관들과 장로들"마 27:41, "성전의 군관들과 장로들"눅 22:52, "백성의 관원과 장로들"행 4:8 등이다. 이러한 예를 비롯해 그와 비슷한 용법으로 사용한 경우를 모두 종합해 보면 프레스부테로스는 제사장의 직함과 상관없이 이스라엘의 공인된 영적 지도자를 지칭하는 용어다. 아마도 그들은 예수님 당시 유대의 최고 통치기관이었던 산헤드린의 구성원이었던 듯하다.

마태복음 15장 2절과 마가복음 7장 3, 5절에 "장로들의 유전"이라는 표현이 나온다. 이 경우 프레스부테로스는 종교 의식과 관련된 규범을 후대에 전해 준 영적 조상을 의미한다. 그들은 유대교의 전통을 세운 지도자들이었다. 그런 점에서 장로는 '랍비'와 동일한 뜻이다. 이 경우는 공식 직함을 의미할 수도 있고 그렇지 않을 수도 있다.

요한계시록에서는 프레스부테로스라는 용어를 모두 24회 사용했다. 그곳에서 이 용어는 모두 하나님의 구원받은 백성을 대표하는 듯이 보이는 '이십사 장로'를 가리킨다.

교회에서는 장로라는 단어를 어떻게 사용하는가?

신약의 교회는 본래 유대인들로부터 시작했다. 따라서 장로 정치 개념은 자연스레 초대 교회에까지 이어졌다. 장로는 군주나 제사장과는 상관없이 지도자를 지칭할 때 흔히 사용했던 히브리 용어다. 이 점은 매우 중요하다. 왜냐하면 교회는 모든 그리스도인이 그리스도와 함께 왕 노릇 하기 때문이다. 또한 이스라엘 민족과는 달리 교회에는 특별히 임명된 제사장이 존재하지 않는다. 모든 그리스도인이 제사장이기 때문이다. 따라서 리더십에 관한 유대인의 개념 가운데 장로가 교회의 리더십을 지칭하는 용어로 가장 적합하다 할 수 있다.

이스라엘의 장로들은 성숙한 사람들이었다. 그들은 한 가문의 수장이요출 12:21 참조, 고결한 성품의 소유자이며, 하나님을 경외하는 진실무망한 사람이자출 18:20-21 참조, 성령이 충만한 사람이었다민 11:16-17 참조. 또한 그들은 지혜와 분별력과 경험이 충분했고, 중재하고 가르치고 의롭게 판결하는 능력을 지닌 용기 있고 정의로운 사람들이었다신 1:13-17 참조. 프레스부테로스라는 용어는 이러한 자질을 모두 아우른다. 이 용어로 교회의 장로들을 지칭했던 이유는 그들이 지닌 영적 경험의 풍부함과 도덕적 영향력과 일관된 성품을 강조하기 위해서였다.

사도행전과 서신서는 교회 지도자들을 가리키는 의미로 프레스부테로스를 약 20회 사용했다. 신약성경은 영적으로 성숙한 지도자가 교회를 책임져야 한다는 사실을 처음부터 명백히 한다. 예를 들어 '그리스도인'이라는 호칭을 처음 들은 안디옥 교회는 바나바와 사울을 통해 생활이 궁핍한 유대 그리스도인들을 돕기 위한 기부금을 예루살렘 교회 장로들에게 전달했다행 11:30 참조. 이는 당시 교회에 장로들이 존재했다는 사실과 안디옥 교회 그리스도인들이 그들의 권위를 인정했다는 사실을 보여 준다. 사실 바울 자신도 사도의 직임을 시작하기 전에 안디옥 교회에서 장로 신분으로 일했다. 사도행전 13장 1절에 보면 그를 교회 지도자의 한 사람으로 언급한다.

사도행전 15장에서 알 수 있듯이 장로는 예루살렘 공의회에서 주도적인 역할을 했다 행 15:2, 4, 6, 22-23;16:4 참조. 분명 그들은 초대 교회의 기초를 놓는 데 큰 영향력을 발휘했을 것이다.

바울과 바나바가 새로운 지역에서 복음을 전하면서 교회가 점차 확장되기 시작할 무렵에는 교회 지도자를 확실히 구별해야 했다. 신약성경에서 알 수 있듯이 교회의 성장이 이루어지면서 초대 교회는 교회 지도자를 부르는 용어로 '장로'를 선택했다.

사도행전 14장을 보면 알수 있듯이 장로들을 선별해 교회 지도자로 세우는 일은 초대 교회의 매우 중요한 활동 가운데 하나였다. "각 교회에서 장로들을 택하여 금식 기도하며 저희를 그 믿은 바 주께 부탁하고."

신약성경의 기록으로 미루어 볼 때 거의 모든 교회마다 장로들이 존재했던 것이 분명하다. 사도행전 20장 17절은 "바울이 밀레도에서 사람을 에베소로 보내어 교회 장로들을 청하니"라고 말한다. 에베소 교회에 장로들이 존재했다는 사실은 매우 의미심장하다. 왜냐하면 요한계시록 1장 11절에 열거된 소아시아의 모든 교회가 에베소 교회의 사역을 통해 설립되었기 때문이다. 다른 교회들도 에베소 교회의 리더십 형태(즉 여러 명의 장로로 구성된 지도 체제)를 본받아 교회 지도자를 세웠을 가능성이 매우 높다.

베드로는 본도, 갈라디아, 갑바도기아, 아시아, 비두니아에 흩어져 있는 그리스도인들에게 보내는 편지에서 "너희 중 장로들에게 권하노니 나는 함께 장로된 자요…… 너희 중에 있는 하나님의 양 무리를 치되"벧전 5:1-2라고 말했다. 베드로는 이런 식으로 소아시아 전역에 흩어져 있는 교회에 서신을 띄웠고, 그들 교회에는 모두 장로들이 있었다.

장로는 감독과 목사와 어떤 관계를 맺고 있는가?

감독과 목사와 장로는 서로 아무 차이가 없다. 이들 용어는 교회 지도자를 각기 다르게 일컫는 표현 방식에 불과하다. '감독'은 헬라어로 '에피스코포스 episkopos' (여기에서 '감독 교회 Episcopal Church'라는 용어가 유래했다)이고, '목사'는 '포이멘 poimēn'이다.

문헌상 증거로 볼 때 감독, 목사, 장로라는 용어는 동일한 직임을 가리킨다. 감독의 자격 기준은 디모데전서 3장 1-7절에, 장로의 자격 기준은 디도서 1장 6-9절에 각각 기록되어 있으며, 이들 자격 기준은 서로 완벽하게 일치한다. 사실 바울은 디도서에서 장로와 감독이라는 용어를 교차적으로 사용했다딛 1:5, 7 참조.

베드로전서 5장 1-3절은 이들 세 용어를 모두 사용했다. "너희 중 장로(프레스부테로스)들에게 권하노니 나는 함께 장로된 자요 그리스도의 고난의 증인이요 나타날 영광에 참예할 자로라 너희 중에 있는 하나님의 양 무리를 치되(포이마이노) 부득이함으로 하지 말고 오직 하나님의 뜻을 좇아 자원함으로 하며 더러운 이를 위하여 하지 말고 오직 즐거운 뜻으로 하며 맡기운(에피스코페오) 자들에게 주장하는 자세를 하지 말고 오직 양 무리의 본이 되라."

사도행전 20장 역시 이들 세 용어를 번갈아 사용했다. 바울은 모든 장로를 불러 모은 자리에서 작별 인사를 고했다7절 참조. "너희는 자기를 위하여 또는 온 양떼를 위하여 삼가라 성령이 저들 가운데 너희로 감독자(에피스코포스)를 삼고 하나님이 자기 피로 사신 교회를 치게(포이마이노) 하셨느니라" 28절.

나는 개인적으로 장로라는 용어를 선호한다. 왜냐하면 감독과 목사라는 호칭은 그동안의 문화적 상황을 통해 여러 가지 새로운 의미와 뉘앙스가 가미되었기 때문이다.

감독을 뜻하는 '에피스코포스'는 '감독자', 또는 '인도자'를 의미한다. 이 용어는 신약성경에 모두 다섯 차례 나온다. 베드로전서 2장 25절은 예수 그리스도를 '영혼의 감독'으로 일컫는다. 예수님은 우리를 가장 잘 이해하시고 가장 잘 감독하시는 분이다. 그분은 우리 영혼의 목자이자 감독자이시다. 이외에 나머지 에피스코포스는 모두 교회 지도자를 가리킨다.

에피스코포스는 장로라는 히브리 개념을 헬라 문화의 관점에서 이해한 것이다. 황제가 감독을 세워 새로 설립했거나 정복한 도시국가를 관장하게 했다. 감독은 황제에게 충성해야 했지만 황제는 지역 통치 책임을 감독에게 온전히 일임했다. 감독은 행정관 신분으로 새로 확보된 식민지의 행정과 통치를 담당했다. 에피스코포스는 1세기 헬라 문화권에 속한 사람들에게 '상위 권위에 대한 충성과 새로운 질서의 도입'이라는 두 가지 개념으로 다가왔다. 그리스도를 영접한 이방인들은 이들 개념을 쉽게 이해했다.

성경에서 '에피스코포스'가 쓰인 예를 추적해 보면 매우 흥미로운 사실을 알 수 있다. 이 용어는 사도행전에는 단 한 차례 나오는데 행 20:28 참조, 당시만 해도 교회에 비교적 이방인의 숫자가 적었기 때문인 듯하다. 하지만 이방인들이 구원받고 교회가 점차 유대 고유의 특성을 잃어 가기 시작하면서 에피스코포스라는 용어를 장로의 역할을 맡은 이들을 가리키는 의미로 자주 사용했다 딤전 3:1 참조.

신약성경은 가르치는 일 딤전 3:2 참조과 양떼를 먹이고 보호하고 양육하는 것 행 20:2 8 참조을 감독의 역할로 규정한다. 성경에서 감독과 장로의 역할은 아무 차이가 없다. 두 용어 모두 교회 지도자를 가리킨다. 굳이 차이를 말하자면 에피스코포스는 지도자의 기능을, 프레스부테로스는 지도자의 성품을 강조한다.

신약성경에는 '포이멘'이라는 용어가 여러 번 나온다. 하지만 킹제임스 성경에서 '목사'로 번역한 사례는 에베소서 4장 11절뿐이다. 킹제임스 성경은 나머지 '포이멘'은 모두 '목자'로 번역했다.

서신서에는 포이멘이 모두 세 차례 등장한다. 그 가운데 두 차례는 그리스도를 가리킨다. 히브리서 13장 20절은 축도의 일부다. 그곳에서 히브리서 저자는 "양의 큰 목자(포이멘)이신 우리 주 예수를 영원한 언약의 피로 죽은 자 가운데서 이끌어 내신 평강의 하나님이"라고 말했다. 아울러 베드로전서 2장 25절은 "너희가 전에는 양과 같이 길을 잃었더니 이제는 너희 영혼의 목자(포이멘)와 감독(에피스코포스) 되신 이에게 돌아왔느니라"고 말한다.

에베소서 4장 11절은 목사를 교사와 함께 언급한다. 헬라어 구조상 이들 영어는 서로 하나의 단어를 형성한다. 영어로 하면 중간에 하이픈을 넣어 '목사-교사(pastor-teacher)'라고 표기할 수 있다. 이 표현은 목사의 가르치는 사역을 강조한다.

목자라는 명칭에는 지도자의 개념이 포함되어 있지만 포이멘은 주로 양떼를 돌보고 먹이는 목양의 역할을 강조한다. 특히 신약성경의 포이멘은 목사로 일하는 남성의 태도에 초점을 맞춘다. 다시 말해 목사의 자격 기준에 부응하려면 목자처럼 자상한 마음씨가 반드시 필요하다.

이처럼 장로라는 용어는 지도자의 성품을, 감독이라는 용어는 지도자의 행동을, 목사라는 용어는 사역에 임하는 태도를 각각 강조한다. 이들 세 가지 용어는 서로 강조점만 다를 뿐 모두 똑같이 그리스도인들을 양육하고 인도하는 교회 지도자를 가리킨다.

장로의 역할은 무엇인가?

사도 시대가 끝나갈 무렵 장로의 직임이 지역 교회에서 가장 높은 직임으로 부각되었다. 장로의 책임이 그만큼 막중해졌다는 뜻이다. 교회 문제에 관한 한, 장로 회의보다 더 높은 판결 기관도 없었거니와 그보다 더 하나님의 뜻과 생각을 잘 알 수 있는 통로도 존재하지 않았다.

디모데전서 3장 1절은 "미쁘다 이 말이여 사람이 감독의 직분을 얻으려 하면 선한 일을 사모한다 함이로다"라고 말한다. 바울은 5절에서 '하나님의 교회를 돌보는 것'이 '에피스코포스'의 임무라고 지적했다. 감독의 가장 중요한 책무는 교회를 돌보는 것이다.

여기엔 여러 가지 직무가 포함된다. 그 가운데 가장 분명한 직무는 교회의 기능을 관장하는 일이다. 디모데전서 5장 17절은 "잘 다스리는 장로들을 배나 존경할 자로 알되"라고 말한다. '다스리다'로 번역한 헬라어 '프로이스테미proistēmi'는 디모데전서에 모두 네 차례 나오며, 모두 장로의 책임을 강조한다 딤전 3:4-5; 5:12, 17 참조. 이외에도 데살로니가전서 5장 12절에 한 차례("너희를 다스리며"), 로마서 12장 8절에 한 차례(다스리는 것이 영적 은사의 하나로 언급되었다) 나온다. 프로이스테미는 문자 그대로 번역하면 '선두에 서다'라는 뜻이다. 이는 장로들에게 공통으로 해당하는 감독의 의무를 강조한다.

장로들은 교회 지도자로서 교회를 관장할 때 세속 정권의 권위에 복종할 필요가 없다. 교회를 다스리는 장로의 권위는 무력이나 독재 권력이 아니라 하나님의 말씀과 모범적인 행동에서 비롯한다히 13:7 참조.

또한 장로는 다수 의견이나 다수 투표에 의존하지 않는다. 성령께서 모든 장로를 인도하시고 그들 모두가 그리스도의 마음을 지녔다면 만장일치를 통한 결정이 이루어지기 마련이다고전 1:10, 엡 4:3, 빌 1:27; 2:2 참조. 의견이 엇갈릴 때는 장로들은 의견 합일이 이루어질 때까지 성경을 연구하고 기도하며 하나님의 뜻을 구해야 한다. 교회의 화합과 일치는 여기에서부터 시작한다.

장로는 설교와 가르침의 직무를 행한다딤전 5:17 참조. 장로는 교회를 위한 교리 문제를 결정하고, 교인들에게 진리를 전해야 할 책임이 있다. 감독의 자격 기준을 열거하고 있는 디모데전서 3장 2절에서 기능과 관련된 자격 기준은 "가르치기를 잘하며" 하나뿐이다. 나머지는 모두 장로의 성품과 관계있다.

디도서 1장 7, 9절도 장로의 가르치는 직무를 강조한다. "감독은 …… 미쁜 말씀의 가르침을 그대로 지켜야 하리니 이는 능히 바른 교훈으로 권면하고 거스려 말하는 자들을 책망하게 하려 함이라."

이 구절에서 "권면하고"로 번역한 헬라어 '파라칼레오parakaleō'는 문자 그대로 번역하면 '가까이에서 부르다'라는 뜻이다. 이처럼 신약 성경에서 쓰인 예를 살펴보면 권면의 사역에 포함된 몇 가지 요소를 발견할 수 있다. 다시 말해 권면의 사역은 설득행 2:4; 14:22, 딛 1:9 참조, 호소

고후 6:17 참조, 위로살전 2:11 참조, 격려살전 4:1 참조, 인내하며 중요한 교리를 거듭 강조하는 것딤후 4:2 참조 등이 포함된다.

아울러 장로는 그리스도인들의 기도 동역자로 활동한다. 야고보는 말했다. "너희 중에 병든 자가 있느냐 저는 교회의 장로들을 청할 것이요 그들은 주의 이름으로 기름을 바르며 위하여 기도할지니라"약 5:14.

장로의 또 다른 기능은 목양이다. "너희는 자기를 위하여 또는 온 양떼를 위하여 삼가라 성령이 저들 가운데 너희로 감독자를 삼고 하나님이 자기 피로 사신 교회를 치게 하셨느니라"행 20:28.

목양 사역은 양떼를 먹이고 보호하는 사역을 포함한다. 29-30절은 교회를 보호하는 장로의 사역이 거짓 교사들의 위협을 물리치는 데 반드시 필요하다는 사실을 거듭 강조한다.

장로는 자상한 마음씨와 사랑으로 양떼를 돌봐야 한다. 하지만 성경은 교회를 '장로의 양떼'로 일컬은 적이 한 번도 없다. 성경은 항상 교회를 '하나님의 양떼'로 부른다. 장로는 단지 하나님의 소유를 맡아 관리하는 청지기일 뿐이다.

장로는 교회의 감독자로서 교회 정책을 결정하고행 15:22 참조, 교회를 다스리고행 20:28 참조, 다른 장로들을 세우고딛 1:5 참조, 다스리고 가르치고 설교하고딤전 5:17 참조, 권고하고 책망하고딛 1:9 참조, 목자로서 행동하며 만인의 모범이 되어야 한다벧전 5:1-3 참조. 이렇듯 장로는 신약 시대 교회에서 핵심 역할을 담당한다.

장로는 사역의 세부 사항, 공적 관계, 사소한 재정문제를 비롯해 교회에서 일상적으로 이루어지는 문제를 처리하는 데 모든 시간과 노력을 할애해서는 곤란하다. 오히려 장로는 기도와 말씀 전파를 가장 우선시해야 한다. 장로는 다른 사람들에게 권한을 위임해 덜 중요한 문제를 처리하게 해야 한다행 6:3-4 참조.

장로는 어떤 자격을 갖추어야 하는가?

디모데전서 3장 1-7절을 살펴보면 다음과 같다.

"미쁘다 이 말이여 사람이 감독의 직분을 얻으려 하면 선한 일을 사모한다 함이로다 그러므로 감독은 책망할 것이 없으며 한 아내의 남편이 되며 절제하며 근신하며 아담하며 나그네를 대접하며 가르치기를 잘하며 술을 즐기지 아니하며 구타하지 아니하며 오직 관용하며 다투지 아니하며 돈을 사랑치 아니하며 자기 집을 잘 다스려 자녀들로 모든 단정함으로 복종케 하는 자라야 할지며 (사람이 자기 집을 다스릴 줄 알지 못하면 어찌 하나님의 교회를 돌아보리요) 새로 입교한 자도 말지니 교만하여져서 마귀를 정죄하는 그 정죄에 빠질까 함이요 또한 외인에게서도 선한 증거를 얻은 자라야 할지니 비방과 마귀의 올무에 빠질까 염려하라."

위에서 열거한 자격 기준은 모두 '책망할 것이 없어야 한다'로 모아진다. 다시 말해 장로는 사람들의 비난을 살 만한 허물이나 잘못이 없어야 한다. 가르치는 것과 다스리는 것을 제외한 그 밖의 자격 기준은 모두 이를 확장한 것에 지나지 않는다.

장로는 결혼생활과 사회생활과 가족생활과 사업 활동과 신앙생활에서 책망할 것이 없어야 한다. "한 아내의 남편이 되며"라는 말은 단순히 한 여성을 아내로 맞이한다는 뜻이 아니다. 이는 일편단심 오직 아내에게만 온전히 헌신해야 한다는 의미다. 결혼하지 않은 경우에는 이성 관계가 깨끗한 사람이어야 한다.

"절제하며"는 균형과 절도를 갖춘 삶을 뜻하고, "근신하며"는 지혜로운 삶을 뜻하며, "아담하며"는 권위가 있고 연배가 같은 사람들 사이에서 존경을 받는 삶을 뜻한다. 이외에 "나그네를 대접하며"는 낯선 이들을 관대하게 대하는 태도를 뜻한다. 물론 이는 반드시 진수성찬으로 사람을 대접해야 한다기보다는 배타적인 태도를 취하지 않아야 한다는 뜻이다. "가르치기를 잘하며"로 번역한 헬라어 '디닥티코스 didaktikos'는 '가르치는 데 능숙한'이라는 의미다.

아울러 장로는 "술을 즐기지 아니하며"(디모데전서 5장 23절로 미루어 볼 때 디모데는 술을 전혀 마시지 않았던 것으로 보인다), "구타하지 않고"(즉 싸우기를 좋아하거나 물리적인 힘을 남용하지 않고), 오직 "관용하며, 다투지 아니하며 돈을 사랑하지 않아야 한다."

장로는 이러한 능력과 자질을 모두 갖춰야 한다. 그의 능력과 자질은 가장 먼저 그의 가정에서 입증되어야 한다. 장로는 가정을 잘 관리하고, 자녀들을 위엄 있게 가르쳐야 한다. 5절의 "자기 집"은 종과 토지와 재산과 혼인을 통한 법적 관계와 친척들을 모두 포함하는 확대 가족을 가리킨다. 1세기에는 그들 모두를 가족으로 간주했다. 따라서 가족을 잘 관리하기 위해서는 뛰어난 지도력과 고결한 성품이 필요했다. 사람이 자기 가족을 잘 다스리지 못하면 어떻게 하나님의 교회를 잘 돌볼 수 있겠는가?

장로의 자격 기준은 도덕적으로 선한 성품에 국한되지 않는다. 장로에게는 교사이자 관리자로 일할 수 있는 기량이 필요하다. 그런 기량을 갖추지 못한 사람은 장로가 될 자격이 없다. 또한 감당할 수 없는 채무에 시달리거나 자녀들이 반항적이거나 직업 활동이 건전하지 못한 사람도 장로가 될 수 없기는 마찬가지다.

새 신자가 장로가 되어서도 안 된다. 삶을 검증하고, 자격을 심사하고, 또 영적 성장이 이루어지려면 상당한 시간이 필요하다. 더욱이 새 신자가 지도자의 직임을 맡으면 교만해질 가능성이 매우 높다.

이번에는 디도서 1장 5-9절을 살펴보자.

"내가 너를 그레데에 떨어뜨려 둔 이유는 부족한 일을 바로잡고 나의 명한 대로 각 성에 장로들을 세우게 하려 함이니 책망할 것이 없고 한 아내의 남편이며 방탕하다 하는 비방이나 불순종하는 일이 없는 믿는 자녀를 둔 자라야 할지라 감독은 하나님의 청지기로서 책망할 것이 없고 제 고집대로 하지 아니하며 급히 분내지 아니하며 술을 즐기지 아니하며 구타하지 아니하며 더러운 이를 탐하지 아니하며 오직 나그네를 대접하며 선을 좋아하며 근신하며 의로우며 거룩하며 절제하며 미쁜 말씀의 가르침을 그대로 지켜야 하리니 이는 능히 바른 교훈으로 권면하고 거스려 말하는 자들을 책망하게 하려 함이라."

이들 자격 기준은 대부분 디모데전서의 자격 기준과 일치한다. 바울은 여기에서도 "한 아내의 남편이며 방탕하다 하는 비방이나 불순종하는 일이 없는 믿는 자녀를 둔 자"를 장로의 자격 기준으로 삼았다. 장로의 자녀들은 반항적이거나 경건한 가정의 가치를 거부하거나 방탕한 삶에 치우쳐서는 안 된다.

감독은 "하나님의 청지기로서 책망할 것이 없어야 한다." 이 말은 장로가 되기 이전의 사역을 통해 그 사람의 순전한 성품이 입증되어야 한다는 의미를 담고 있다. 장로는 "제 고집대로 하지 아니하며(즉 자기 일에만 관심을 기울이지 않으며) 급히 분내지 아니하며 술을 즐기지 아니하며 구타나 폭력을 좋아하지 않아야 한다." 장로는 법을 어기거나 불건전한 방법을 동원해 돈벌이를 해서도 안 되고, "나그네를 대접하며 선을 좋아하며 근신하며(분별이 있으며) 의로우며 거룩하며(하나님께 헌신하며) 절제해야 한다."

이외에도 장로는 하나님의 말씀을 가르치는 능력이 뛰어나야 한다. 그래야만 "바른 교훈으로 권면하고 거스려 말하는 자들을 책망할 수 있기" 때문이다.

인용한 두 곳의 일치점과 상이점을 서로 비교하면 다음과 같다(이들 자격 기준을 좀 더 자세히 알고 싶으면 20장을 참조하라).

디모데전서 3장	디도서 1장
* 책망할 것이 없는 자 2절	* 책망할 것이 없는 자 6절
* 한 아내의 남편인 자 2절	* 한 아내의 남편인 자 6절
* 절제하는 자절도 있는 자, 2절	* 절제하는 자 8절
* 근신하는 자신중하며, 2절	* 근신하는 자분별 있는 자, 8절
* 아담한 자 2절	* 나그네를 대접하는 자 8절
* 나그네를 대접하는 자 2절	* 바른 교훈으로 권면하고 거스려 말하는 자를 책망하는 자 9절
* 가르치기를 잘 하는 자	
* 술을 즐기지 아니하는 자 3절	* 술을 즐기지 아니하는 자 7절

* 구타하지 아니하는 자 3절
* 관용하는 자 3절
* 다투지 아니하는 자 3절
* 돈을 사랑치 아니하는 자 3절
* 자기 집을 잘 다스리는 자 4절
* 자녀들로 모든 단정함으로 복종케 하는 자 4절
* 자녀들로 모든 단정함으로 복종케 하는 자 4절
* 새로 입교한 자가 아닌 자 6절
* 외인에게서도 선한 증거를 얻은 자 7절

* 구타하지 아니하는 자 7절
* 더러운 이를 탐하지 아니하는 자 7절
* 하나님의 청지기로서 책망할 것이 없는 자 7절
* 방탕하다 하는 비방이나 불순종하는 일이 없는 믿는 자녀를 둔 자 6절
* 제 고집대로 하지 아니하는 자 7절
* 급히 분내지 아니하는 자 7절
* 선을 좋아하는 자 8절
* 의로운 자 8절
* 거룩한 자 8절

여성이 장로가 될 수 있는가?

신약성경에는 여성이 장로 신분으로 교회를 섬길 수 있다는 구절이 없다. 오히려 디모데전서 2장 11-12절에 보면, "여자는 일절 순종함으로 종용히 배우라 여자의 가르치는 것과 남자를 주관하는 것을 허락지 아니하노니 오직 종용할지니라"고 말한다. 여성은 남자를 가르치거나 주관하는 일을 할 수 없고, 장로들의 권위에 복종해야 한다.

일각에서의 주장과는 달리 여성이 남성의 권위에 복종해야 하는 이유는 문화의 차이나 바울의 편견 때문이 아니다. "아담이 먼저 지음을 받고 이와가 그 후며"13절라는 말씀대로 이는 창조 질서에 근거한다. 아울러 "아담이 꾀임을 보지 아니하고 여자가 꾀임을 보아 죄에 빠졌음이라"14절는 말씀은 그 이유를 타락의 순서에 돌린다. 영향력의 불균형은 자녀를 낳고 양육하는 여성의 책임을 통해 해소된다.

장로를 임명하는 절차와 방법

초대 교회는 장로들을 따로 구별하거나 임명했다. 신약성경에서 장로를 임명할 때는 헬라어 '카티스테미kathistēmi'를 사용했다. '임명하다'라는 뜻의 이 용어는 특별한 직임을 맡은 교회 지도자가 되었다는 사실을 공식적으로 인정하고 선포한다는 의미가 있다.

바울은 디모데전서 4장 14절에서 "네 속에 있는 은사 곧 장로의 회에서 안수 받을 때에 예언으로 말미암아 받은 것을 조심 없이 말며"라고 말했다.

안수는 구약 시대의 희생 의식에서 비롯했다. 제사장은 제물과 일체가 되었다는 표시로 그 위에 손을 얹었다. 이것이 계기가 되어 안수는 다른 사람과 일체가 되었다는 사실을 공포하는 수단으로 정착했다.

신약성경에서도 안수는 장로들과 장로로 임직되는 사람과의 유대감을 상징한다. 안수에는 '우리는 그대를 사역자로 임명합니다. 우리는 그대의 편에 함께 서서 그대를 후원하고, 그대가 이 교회에서 지도자의 역할을 수행할 권한을 지니고 있다는 사실을 확증합니다'라는 뜻이 담겨 있다.

하지만 바울은 디모데에게 이렇게 경고했다. "아무에게나 경솔히 안수하지 말고 다른 사람의 죄에 간섭지 말고 네 자신을 지켜 정결케 하라"딤전 5:22.

이 말은 장로들 간의 상호 유대가 얼마나 중요한지 강조한다. 죄를 지은 사람에게 섣불리 안수해 그를 장로로 임명한다면 그것은 곧 그의 죄에 동참하는 것이나 다를 바 없다. 죄에 동참할 마음이 없다면 장로를 임명하는 과정에서 반드시 주님의 뜻을 분별해야 한다.

교회는 일정한 시험 기간을 거쳐 지도자로서의 자격 기준을 모두 입증한 후에 장로로 임명하는 절차를 밟아야 한다. 교회는 장로 후보자를 한동안 시험할 수 있는 기간을 마련하고, 후보자는 그 기간에 제한된 범위에서 지도자의 권한을 위임받아 일함으로써 성품과 능력을 입증해야 한다. 그가 탁월한 지도력을 갖추고 있다는 점과 성경 말씀에 충실하다는 점이 입증되면 교회는 비로소 그를 공식적으로 교회 지도자로 공표할 수 있다. 이처럼 교회 지도자를 세워야 할 필요성이 있을 때는 교회 차원에서 후보자들에게 검증 절차를 거치게 해야 한다.

성경에 따르면 공인된 교회 지도자는 다른 사람에게 안수할 수 있다. 지도자는 안수를 통해 지도자가 되고자 하는 사람과 일체가 된다. 하지만 "각 교회에서 장로들을 택하여 금식 기도하며 저희를 그 믿은 바 주께 부탁하고"행 14:23라는 말씀은 지도자를 선출하는 과정에 지도자 외에 일반 그리스도인이 참여했을 수도 있다는 추측을 가능케 한다. "택하여"로 번역한 헬라어 '케이로토네오 cheirotoneō'는 '거수로 선택한다'라는 뜻이다. 아덴의 의회에서 투표를 실시하는 과정을 묘사할 때도 이와 똑같은 헬라어가 사용했다.

어떤 사람들은 케이로토네오라는 용어를 근거로 초대 교회 당시 교인들이 거수투표로 지도자를 선택했다고 생각한다. 하지만 그런 생각은 이 용어의 의미를 지나치게 확대 해석한 것이다. 사도행전 14장 23절의 주어는 앞 내용에서 확인할 수 있듯이 바울과 바나바다. 이는 그들 두 사람만 장로들을 선택하는 일에 참여했다는 사실을 보여 준다.

한편 고린도후서 8장 19절은 바울과 동행했던 한 무명의 형제가 '여러 교회의 택함을 입었다'고 말한다. 이 경우에도 케이로토네오를 사용했다. "여러 교회"라는 표현으로 보아 한 교회가 아니라 마게도냐에 있는 모든 교회가 만장일치로 그를 지도자로 선택한 것을 알 수 있다. 아마도 각 교회 대표자들이 모여 그를 선택했을 가능성이 높다.

따라서 장로를 선택하는 과정에서 교인들의 동의가 필요했을 수도 있지만 그렇다고 '케이로토네오'라는 용어를 지나치게 확대 해석해 장로를 교인들의 투표로 선택했다고 결론짓는 것은 증거가 부족하다.

"온 무리가 이 말을 기뻐하여 믿음과 성령이 충만한 사람 스데반과 또 빌립과 브로고로와 니가노르와 디몬과 바메나와 유대교에 입교한 안디옥 사람 니골라를 택하여"행 6:5 사람들은 종종 이 말씀을 교인들에 의한 선택을 지지하는 증거로 삼는다.

하지만 당시에 선택된 사람들은 장로가 아니었다. 그들은 사도들이 자유롭게 영적 리더십을 발휘할 수 있도록 옆에서 도왔던 사람들이다. 당시 그리스도인들은 그들을 사도들 앞에 세워 승인을 받았다. 그들이 사도들을 승인한 것이 아니라는 사실에 주목하라. 그리스도인들은 그들을 경건하고 자격 있는 사람들로 인정했고, 사도들은 그들에게 안수해 지도자로 세웠다.

초대 교회는 과도기를 지나는 영적 유기체였다. 1세기 교회가 점차 성장하면서 교회의 리더십은 좀 더 구체적인 형태를 갖추기에 이르렀다. 당시 교회가 지도자를 세우는 과정은 세 단계로 나뉜다. 첫째는 사도들이 장로를 선택해서 세우는 단계였다행 14:23 참조. 그 후에는 사도들의 직계 제자들이 장로를 임명하는 단계가 뒤따랐다. 예를 들어 바울은 디도에게 장로를 세우라고 부탁했다딛 1:5 참조. 마지막 세 번째는 장로들이 다른 장로를 세우는 단계였다딤전 4:14 참조. 장로를 세우는 궁극적인 책임은 항상 교회 지도자들에게 있었다.

오늘날에는 사도들이 존재하지 않는다. 하지만 성경의 원리는 그때나 지금이나 똑같다. 장로, 감독, 목사, 선교사, 복음 전도자, 교회 대표자 등 어떤 유형의 지도자이든지 간에 장로를 선택하는 책임은 교회 지도자에게 있다.

장로가 되고자 하는 사람은 장로의 직임을 사모하는 마음이 있어야 한다. "미쁘다 이 말이여 사람이 감독의 직분을 얻으려 하면 선한 일을 사모한다 함이로다" 딤전 3:1. 장로의 자질을 갖춘 사람을 식별하는 출발점은 선한 일을 추구하는 마음이다. "너희 중에 있는 하나님의 양 무리를 치되 부득이함으로 하지 말고 오직 하나님의 뜻을 좇아 자원함으로 하여" 벧전 5:2.

교회는 밖에 나가 장로로 세울 사람을 불러 모을 필요가 없다. 장로가 될 자격을 갖춘 사람은 하나님의 말씀에 온전히 복종하며 아무런 대가도 바라지 않고 오로지 그분의 양떼를 인도하는 일에 적극적으로 헌신하는 태도를 취할 것이기 때문에 자연스레 두각을 드러내기 마련이다. 아무도 그에게 그렇게 하라고 말할 필요가 없다. 그의 마음에서 우러나오는 열정을 보면 그에게 하나님의 사역과 지도자의 권한을 맡길 것인지 아닌지 분명히 판단할 수 있다.

더욱이 장로가 될 사람은 하나님의 뜻을 좇는다. 그가 장로로서 교회를 섬기는 것은 하나님의 소명이다.

어떤 사람이 선한 일을 사모하는 마음이 있고, 하나님의 소명을 확신하며, 성경이 말하는 자격 기준을 모두 갖추었더라도 그를 장로로 선택하기 전에 필요한 절차가 한 가지 더 있다. 기존 장로들이 함께 모여 하나님의 뜻을 물어 그분이 과연 그를 선택하기로 한 결정을 인정하시는지 확인하는 것이다. 사도행전 14장 23절은 사도들이 장로를 세우는 과정을 이렇게 설명한다. "각 교회에서 장로들을 택하여 금식 기도하며 저희를 그 믿은 바 주께 부탁하고."

금식하며 기도했다는 것은 장로를 세우는 일이 사도들을 세우는 일을 제외하고(사도의 직임은 신약성경 시대 이후에는 존재하지 않는다) 교회의 직임 가운데 가장 신중하게 다루어야 할 소명이라는 사실을 보여 준다.

"너희는 자기를 위하여 또는 온 양떼를 위하여 삼가라 성령이 저들 가운데 너희로 감독자를 삼고"행 20:28. 이 말씀은 성령께서 장로를 선택하는 과정에 개입하신다는 사실을 확증한다. 하나님은 장로가 될 사람에게 소명과 더불어 사역에 임하려는 마음을 심어 주시고, 기도와 금식이 이루어지는 순간 성령의 감동을 통해 그 사실을 다시 확증해 주신다.

나는 젊었을 때 목회자의 소명을 받고 그 후 몇 년 동안 열심히 기도하며 하나님의 뜻을 헤아렸다. 목회 사역을 준비하기에 앞서 과연 내가 목회자의 소명을 받은 것이 확실한지 알고 싶었기 때문이다. 장로로 부르심을 받은 사람은 각자 자신의 소명을 진지하게 생각해야 한다. 단지 자신의 은사와 재능을 교회를 돕는 일에 사용하고 싶다는 막연한 생각만으로는 장로가 될 수 없다. 장로의 소명을 확신할 때까지 하나님의 뜻을 열심히 구해야 한다.

사도행전 13장 2절에 보면 "주를 섬겨 금식할 때에" 성령께서 바울과 바나바를 따로 세우라고 지시하신 내용이 기록되어 있다. 하나님의 소명을 가볍게 여기거나 그분의 뜻을 피상적으로 판단해서는 안 된다.

하나님이 어떤 사람을 장로로 세우고자 하실 때는 교회 지도자 전체가 그분의 뜻을 의식할 수 있어야 한다. 지도자들은 하나님의 역사에 민감해야 한다. 개인이 장로의 소명을 받았다고 생각한다면 그것이 교회 차원에서 확실히 검증되어야 한다.

이렇듯 장로란 하나님의 특별한 소명을 받아 지도자로 선택된 사람, 곧 하나님의 양떼를 먹이고 인도하는 데 강한 충동을 느끼는 사람을 말한다. 장로를 선택하는 절차는 성령의 역사에서부터 시작하고, 그 다음 기도로 확증되며, 후에는 당사자가 순결한 성품을 갖추었다는 사실이 교회 앞에 드러나 온 교인의 인정을 받을 수 있어야 한다.

교회는 장로들을 재정적으로 후원해야 하는가?

심지어 초대 교회도 장로들의 수고에 물질로 보답했다. "잘 다스리는 장로들을 배나 존경할 자로 알되 말씀과 가르침에 수고하는 이들을 더할 것이니라 성경에 일렀으되 곡식을 밟아 떠는 소의 입에 망을 씌우지 말라 하였고 또 일꾼이 그 삯을 받은 것이 마땅하다 하였느니라"

딤전 5:17-18.

"존경"으로 번역한 헬라어 '티메 time'는 문맥에서 알 수 있듯이 물질적인 보수를 가리킨다.

다음 성경 말씀을 읽어 보자.

"내가 자유자가 아니냐 사도가 아니냐 예수 우리 주를 보지 못하였느냐 주 안에서 행한 나의 일이 너희가 아니냐 …… 나를 힐문하는 자들에게 발명할 것이 이것이니 우리가 먹고 마시는 권이 없겠느냐 우리가 다른 사도들과 주의 형제들과 게바와 같이 자매 된 아내를 데리고 다닐 권이 없겠느냐 어찌 나와 바나바만 일하지 아니할 권이 없겠느냐 누가 자비량하고 병정을 다니겠느냐 누가 포도를 심고 그 실과를 먹지 않겠느냐 누가 양떼를 기르고 그 양떼의 젖을 먹지 않겠느냐 내가 사람의 예대로 이것을 말하느냐 율법도 이것을 말하지 아니하느냐 모세 율법에 곡식을 밟아 떠는 소에게 망을 씌우지 말라 기록하였으니 하나님께서 어찌 소를 위하여 염려하심이냐" 고전 9:1, 3-9.

"하나님께서 어찌 소를 위하여 염려하심이냐." 사람들은 일하는 동물에게 먹이를 준다. 이 말씀은 사역을 행하는 사람을 물질로 도와야 한다는 뜻이다. 정부는 군인들에게 보수를 제공하고, 농부는 자신이 기르는 농작물에서 먹을 것을 얻으며, 목자는 양들의 젖을 마신다. 따라서 교회는 목회자를 물질로 도와야 한다. 바울은 13절에서 "성전의 일을 하는 이들은 성전에서 나는 것을 먹으며"라고 덧붙였다. 구약 시대 제사장들은 백성이 바치는 제물을 먹고 살았다. 그와 마찬가지로 새 언약 아래 사역에 임하는 장로들도 보수를 받아야 한다.

하지만 바울은 보수 받는 것을 선택 사안으로 생각했다. 그것은 장로의 특권이지만 반드시 지켜야 할 명령은 아니다. 바울은 6절에서 "어찌 나와 바나바만 일하지 아니할 권이 없겠느냐"라고 말했다. 바울과 바나바는 직업 활동을 통해 자신들의 쓸 것을 직접 마련했다. 그들은 일을 그만둘 권리를 포기했다. 그들은 권리를 주장하지 않기로 결정했지만 그래도 사역자로서 교회의 후원을 받을 자격이 충분했다. 그들에게 노동은 필연이 아니라 선택이었지만, 교회에 부담을 안겨 주지 않기 위해 직접 일하기로 결정했다_{살전 2:9 참조}.

장로의 권한은 동일하다. 하나님이 장로로 부르시고 교회가 그의 소명을 인정했다면 그는 교회의 후원을 받을 권리가 있다. 지도자가 하나님이 요구하시는 목회 사역에 좀 더 자유롭게 임할 수 있기 위해 물질 후원을 받는 것이 필요하다는 성령의 감동을 느낄 때는 교회는 지도자의 뜻을 받아들여 그를 후원해야 한다.

물론 '천막을 만드는 일' 역시 선택 사항이다. 바꾸어 말해 지도자는 직업 활동을 통해 수입을 얻기로 결정했다면 성경의 허용 범위 내에서 자유롭게 직업을 선택할 수 있다. 장로들은 바울의 경우처럼 여러 가지 이유에서 교회 밖에서 직업에 종사할 수 있다. 예를 들어 재정 후원의 짐을 교회에 떠맡기고 싶지 않아서일 수도 있고, 재정 후원을 받지 않을 때 사역의 영향력이 더 클 것이라고 생각하기 때문일 수도 있다. 또한 장로들이 많은 교회는 일부 장로는 따로 직업을 갖고, 일부 장로는 교회의 후원을 받을 수도 있다. 어떤 경우든 장로라는 신분에는 아무 영향을 미치지 않는다.

평신도 지도자와 성직자라는 용어는 성경에 나오지 않는다. 물론 그렇다고 그런 구분이 전혀 무의미하다는 말은 아니다. 어떤 상황에서는 교회의 후원을 받는 전임 사역자와 다른 직업을 통해 수입을 얻는 평신도 지도자를 구별하는 것이 유익할 때가 있다. 하지만 엄밀히 말해 성경은 그런 식의 인위적인 구분을 허용하지 않는다. 성경은 성도의 신분 계층을 구분하지 않는다. 평신도 지도자든 목회자든 직분상 차이는 없다. 장로들에게는 양떼를 감독하고 보호하고 돌보고 가르치는 임무가 주어졌을 뿐이다. 모름지기 장로는 탁월한 리더십을 발휘하는 한편 일반 그리스도인들의 모범이 되어야 한다. 장로는 모두 교회를 통해 지도자로 임명받았다. 하나님은 그들 모두를 지도자로 부르시어 목양 사역을 위해 따로 세우셨다. 성령께서는 그들에게 동일한 수준의 헌신과 직임을 요구하신다. 교회 사례비는 그들의 직위를 결정하는 기준이 될 수 없다. 장로라면 누구나 하나님의 뜻에 따라 직접 쓸 것을 벌거나 후원을 받거나 둘 중에 하나를 선택할 권리가 있다.

사실 교회의 후원을 받지 않는 것이 후원을 받는 것보다 사역을 행하는 데 훨씬 더 유리할 수도 있다. 교회의 후원을 받지 않는 지도자들은 책망할 것이 없는 증언을 통해 세상 사람들에게 좀 더 큰 영향력을 행사할 수 있는 위치에 선다. 그들은 일터에서 비그리스도인들과 함께 일하면서 삶의 다양한 영역에서 전위에 서서 복음의 일꾼으로 활약할 수 있다. 즉 그들은 교회 안에만 있다면 만날 수 없는 사람들을 상대로 선한 사역을 행할 수 있다. 또한 그들은 장로들 전체의 신망을 두텁게 하는 역할을 할 수도 있다. 장로의 물질 후원은 선택적이지만 그의 영적 자질은 그렇지 않다.

목회는 팀 사역인가?

성경의 기록을 종합하면 목회는 팀 사역이라는 사실을 알 수 있다. 신약성경은 장로를 일컬을 때 항상 '프레스부테로스*presbuteros*'라는 복수형을 사용한다. 요한 사도와 베드로 사도가 스스로를 일컬어 "장로"라고 말했을 때에만 예외다 요일, 요이, 벧전 5:1.

신약성경 시대의 교회는 '장로들'이라는 복수 지도체제를 규범으로 삼았다. 신약성경에는 목회자 한 사람이 이끄는 교회를 언급하는 내용이 발견되지 않는다. 물론 그런 교회가 하나도 없었다는 뜻은 아닐 테지만 아무튼 성경에는 그런 교회가 등장하지 않는다. 바울은 빌립보 교회 그리스도인들에게 다음과 같은 내용의 편지를 보냈다. "그리스도 예수 안에서 빌립보에 사는 모든 성도와 또는 감독들과 집사들에게 편지하노니"빌 1:1.

어떤 사람들은 요한계시록 1장이 목회자 한 사람이 이끄는 교회의 존재를 입증한다고 생각한다. 그곳에서 요한 사도는 "내 오른손에 일곱 별의 비밀"20절에 관해 말했다. "별"로 번역한 헬라어 '앙겔로이 *angeloi*'는 천사들을 의미한다. 아울러 천사*angelos*는 '사자'를 뜻할 수도 있다. 목회자 한 사람이 이끄는 교회를 주장하는 이들은 여기와 2, 3장에 언급된 사자들이 교회의 목회자를 가리킨다고 말한다. 이러한 해석에는 약간 문제가 있다. 첫째, '앙겔로스'가 목회자를 가리킨다는 사실을 확실히 입증할 방도가 없다. 신약성경 그 어디에도 장로, 감독, 목사와 천사를 번갈아 사용하는 구절이 없다. 사실 이들이 인간 사역자들을 가리킨다는 주장조차도 논란의 여지가 많다. 요한계시록에 나오는 나머지 '앙겔로스'는 모두 영적 존재를 가리킨다.

둘째, 천사들이 목회자를 가리킨다는 점을 입증하더라도 그들이 장로 그룹을 대표하는 대표자라고 단정할 수 있는 증거가 없다. 신약성경이 말하는 교회 정치는 장로들로 구성된 복수 지도체제다. 예를 들어 사도행전 14장 23절은 "각 교회에서 장로들을 택하여 금식 기도하며 저희를 그 믿은 바 주께 부탁하고"라고 말하고, 디도서 1장 5절도 "내가 너를 그레데에 떨어뜨려 둔 이유는 부족한 일을 바로잡고 나의 명한 대로 각 성에 장로들을 세우게 하려 함이니"라고 말한다. 물론 각

성의 장로들은 제각기 그리스도인들의 집단을 관리할 수도 있다. 하지만 성령께서는 교회를 하나의 몸으로 간주하셨다. 당시 교회 지도자들은 각자 따로 활동하기보다 전체 차원에서 집합적으로 결정을 내렸다.

초대 교회가 경건한 사람들로 구성된 리더십을 구사했다는 것은 여러 모로 장점이 많다. 그들의 단합된 경륜과 지혜는 개인의 이익을 추구하거나 개인의 고집대로 결정이 이루어지는 것을 예방했다잠 11:14 참조. 사실 단독 리더십은 교회가 아니라 신비종파의 특징이다.

복수 지도체제는 한 명의 특별한 지도자의 역할을 배제하는가?

장로들로 구성된 복수 지도체제는 한 사람의 특별한 지도자의 역할을 배제하지 않는다. 장로들 가운데도 각자의 고유한 은사에 따라 여러 가지 다양성이 존재한다. 행정이나 섬김에 탁월한 재능을 보이는 장로도 있고, 가르침과 권고와 관련된 일에 뛰어난 능력을 보이는 장로도 있다. 어떤 장로들은 사람들이 보는 앞에서 일하기도 하고, 어떤 장로들은 배후에서 맡은 역할에 충실하기도 한다. 모든 것이 교회를 위한 하나님의 계획 안에서 이루어진다.

열두 사도가 단합된 체제 내에 다양한 기능이 존재한다는 사실을 보여 주는 좋은 사례다. 사도들은 직임과 특권이 모두 동일했다. 장차 가룟 유다를 제외한 나머지 사도들은 똑같이 영광과 존귀를 누리며 보좌 위에서 통치권을 행사할 것이다마 19:28 참조. 하지만 열두 사도들 가운데는 여러 가지 다양성이 존재했다(열두 사도에 관한 논의를 좀 더 자세히 알고 싶거든 내가 저술한 **열두 명의 평범한 사람들**Twelve Ordinary Men, Nashville : W Publishing, 2002을 참조하라).

신약성경은 모두 네 곳에서 열두 제자를 언급한다 마 10:2-4, 막 3:16-19, 눅 6:14-16, 행 1:13 참조. 네 곳의 목록은 열두 제자를 네 명씩 짝지어 세 그룹으로 나눠 나열하고, 세 그룹으로 나눈 목록은 순서는 달라도 항상 똑같은 이름들을 언급한다. 제자들의 이름은 그리스도와 가장 친밀한 제자를 시작으로 순서대로 나열된다. 그리고 맨 마지막은 항상 가룟 유다가 차지한다.

첫 번째 그룹에는 베드로, 야고보, 요한, 안드레가 포함된다. 그들 이름이 익숙한 이유는 그들이 주님과 가장 친밀한 제자였고, 또 그들은 복음서에서 다른 제자들보다 더 자주 등장한다. 두 번째 그룹에는 빌립, 마태, 나다나엘, 도마가 포함되고, 마지막 그룹에는 야고보, 다대오, 두 사람의 유다가 포함된다.

의미심장하게도 세 그룹에 속한 이름들이 기록에 따라 순서가 다르게 언급되는 데 비해 각 그룹의 첫 번째를 차지하는 제자의 이름은 항상 똑같다. 첫 번째 그룹을 이끄는 이름은 베드로이고, 두 번째 그룹을 이끄는 이름은 빌립이며, 세 번째 이름을 이끄는 이름은 항상 야고보다. 그들은 각 그룹의 지도자로 인정받았던 것이 분명하다. 그들은 임명 절차를 거쳐 지도자가 되지 않았다. 그들이 지도자로 부상한 이유는 다른 제자들에게 미친 독특한 영향력 때문이었다. 항상 목록의 첫 자리를 차지하는 베드로는 복음서의 기록을 통해 알 수 있듯이 제자들의 대변자로 활약했다. 제자들이 예수님께 무엇인가를 여쭈고 싶을 때마다 베드로가 대변자 역할을 떠맡았다.

사도들은 직임과 영예와 특권과 책임이 모두 동일하다. 그들 모두 다른 동료와 함께 보내심을 받고 천국 복음을 전파했으며, 병자를 고쳐 주었다. 그들은 모두 예수님께 언제라도 다가갈 수 있었다. 직임이나 영적 자격에 있어서는 서로 아무 차등이 없었다. 하지만 그들 가운데는 지도자들의 지도자로 부상한 이들이 존재했다.

지도자의 직임은 영적 우월성을 내포하지 않는다. 그런 경우가 절대로 있어서는 안 된다. 베드로는 지도자였지만 다른 제자들에 비해 영적으로 월등히 뛰어난 자격을 갖춘 것 같지는 않다. 야고보와 요한이 예수님께 가장 높은 자리를 구했던 이유는 베드로가 수제자의 자격 조건을 갖추지 못했다고 생각했기 때문이다. 오히려 영적 자격을 따지자면 작은 야고보가 가장 월등했을 가능성이 높다. 그는 탁월한 재능을 지녔지만 그에 관한 기록이 많이 남아 있지 않다. 아마도 제자들의 대변자를 자처한 베드로가 모든 것을 혼자서만 주도하려고 했기 때문인 것으로 보인다. 아무튼 정확한 사실은 알 길이 없지만 제자들 가운데 한 사람이 나머지 사람들을 이끌었다고 해도 그들의 동등성은 조금도 손상되지 않는다.

사도행전에서도 동일한 현상을 발견할 수 있다. 초대 교회는 야고보를 전체를 위한 지도자이자 대변자로 간주했다행 12:17; 15:13 참조. 그는 다른 장로들을 대표할 수 있는 직임을 갖지 못했지만 최소한 예루살렘 교회에서만큼은 지도자로 인정받았다. 베드로도 있었지만 대표 지도자는 야고보였다. 그들의 역할을 서로 달랐다. 모든 것을 혼자서 관장할 수 있는 지도자는 존재하지 않는다.

사도행전 1-12장의 주인공은 베드로와 요한이다. 하지만 요한의 설교는 단 한 줄도 기록되어 있지 않다. 베드로가 말하는 역할을 도맡았다. 그렇다고 요한이 아무 말도 하지 않았을 리는 없다. 요한은 결국 자기 나름대로 복음의 메시지를 전했고, 요한복음과 세 편의 서신과 요한계시록을 남겼다. 그와는 달리 베드로는 하나님의 계획 속에서 대변자의 역할을 맡을 수 있는 독특한 재능을 지녔다. 요한은 그를 보조하는 역할을 맡았다. 그가 덜 중요한 역할을 했다기보다 서로 하는 역할이 달랐을 뿐이다.

사도행전 13장부터는 바울과 바나바가 주인공으로 등장한다. 바나바는 바울이 나타나기 전까지 말씀을 가르치고 전파하는 일을 도맡았던 인물이었다. 하지만 바울이 나타난 뒤에는 그 역할이 그에게 넘어갔다. 심지어 헬라인들은 바울이 대변자 역할을 했기 때문에 그를 '허메(제우스의 대변자. 로마의 '머큐리')'라고 일컬었다. 바나바도 분명히 말씀을 전하고 가르쳤을 테지만 그의 설교는 기록으로 남지 않았다. 바울을 도왔던 그의 역할은 사도들의 역할과는 달랐다. 그는 주로 배후에서 보이지 않게 행동했다. 하지만 그 중요성은 조금도 덜하지 않았다.

신약성경에서 발견되는 사역은 모두 팀 사역이다. 바울은 늘 자신의 동역자들을 추천했다. 그는 자신이 맡은 지도자의 독특한 역할을 포기하지 않았지만 으뜸 되기를 좋아했던 디오드레베요삼 9절와는 달리 혼자서 모든 주도권을 행사하려고 하지 않았다.

장로와 교인들은 어떤 관계인가?

하나님은 장로들을 부르시고 필요한 능력을 주시고, 교회 지도자들은 그들의 소명을 확증하며, 그들을 장로로 세워 교회를 가르치고 인도하는 역할을 맡긴다. 장로는 양떼의 모범이 되고, 교회의 나아갈 방향을 제시하고, 교인들을 가르치고, 교회를 인도하는 책임을 맡는다.

성경은 교인들이 장로의 권위 아래 복종해야 한다고 말한다.

장로는 교회에서 독특한 책무를 담당하기 때문에 존경을 받기에 합당하다. "형제들아 우리가 너희에게 구하노니 너희 가운데서 수고하고 주 안에서 너희를 다스리며 권하는 자들을 너희가 알고 저의 역사로 말미암아 사랑 안에서 가장 귀히 여기며 너희끼리 화목하라"살전 5:12-13.

"알고"로 번역한 헬라어 '오이다oida'는 '친밀하게 안다'라는 의미다. 문맥상으로 볼 때 친밀한 관계 안에는 감사와 존경과 사랑과 협력이 포함된다. 감사의 마음을 가져야 하는 가장 큰 이유는 "저의 역사" 때문이다. 우리가 장로들을 존경해야 하는 이유는 그들이 이행하는 소명, 즉 그들의 직무나 헌신적인 수고 때문이 아니라 하나님의 소명을 충실히 이행하는 것 때문이다.

"하나님의 말씀을 너희에게 이르고 너희를 인도하던 자들을 생각하며 저희 행실의 종말을 주의하여 보고 저희 믿음을 본받으라"히 13:7. 이 말씀은 생활을 통해 모범을 보여야 하는 장로의 책임과 지도자의 역할을 맡은 장로에 대한 교인들의 의무를 강조한다.

아울러 "너희를 인도하는 자들에게 순종하고 복종하라 저희는 너희 영혼을 위하여 경성하기를 자기가 회계할 자인 것같이 하느니라 저희로 하여금 즐거움으로 이것을 하게 하고 근심으로 하게 말라 그렇지 않으면 너희에게 유익이 없느니라"17절는 말씀은 또 다른 차원에서 영적 지도자에 대한 교인들의 의무를 강조하고 있다. 이 말씀대로 교인은 장로에게 영적 책임을 지고, 장로는 하나님께 영적 책임을 져야 한다. 교인들은 장로의 리더십에 복종해야 하고, 장로는 하나님 앞에서 책임 있는 태도를 취해야 한다. 교인들이 복종하며 순종하는 태도를 보이면 장로들은 기쁨으로 교회를 이끌 수 있다. 장로가 근심하며 일하면 모두에게 아무 유익이 없다.

하지만 장로가 공공연히 죄를 짓는 경우에는 그의 죄를 절대 간과해서는 안 된다. 다음 성경 구절을 읽어 보자.

> "장로에 대한 송사는 두세 증인이 없으면 받지 말 것이요 범죄한 자들을 모든 사람 앞에 꾸짖어 나머지 사람으로 두려워하게 하라 하나님과 그리스도 예수와 택하심을 받은 천사들 앞에서 내가 엄히 명하노니 너는 편견이 없이 이것들을 지켜 아무 일에도 편벽되이 하지 말며" 딤전 5:19-21.

장로에 대한 송사는 가볍게 처리하거나 간과해서는 안 된다. 장로가 죄를 지으면 죄를 지은 교인들을 다스릴 때와 똑같은 방법을 적용해야 한다. 장로라고 해서 봐주거나 특별 대우를 해서는 곤란하다.

교회의 증언은 장로들의 삶을 통해 가장 밝히 드러난다. 성경은 거룩한 삶을 명령한다. 만일 장로가 그 명령을 무시한다면 그로 인해 교회는 큰 고통을 당하게 마련이다. 그와 마찬가지로 교인들이 하나님이 세우신 장로의 리더십에 복종하지 않아도 교회의 증언이 효력을 잃고, 사역의 효율성이 크게 저하되고, 사역의 우선순위가 뒤바뀌고, 결국 세상의 소금으로서의 맛을 잃게 된다.

하나님의 교회가 악하고 부패한 세상에서 그분이 뜻하신 대로 순결하고 능력 있는 사역을 펼칠 수 있기를 바라는 마음 간절하다. 나는 교회가 하나님이 정하신 리더십에 복종한다면 우리가 구하거나 생각하는 것보다 훨씬 더 큰 축복을 경험할 것이라고 확신한다.

19 : 성경이 말하는 집사란 무엇인가
리더십 The Master's Plan for the Church

집사라는 명칭은 이 말을 사용하는 교회의 숫자만큼이나 많은 의미로 쓰인 듯하다. 집사를 교회 운영의 책임을 짊어진 교회 위원회와 동일시하는 교회들도 있고, 교회에 출석하는 그리스도인 대부분을 집사로 임명하는 교회들도 있으며, 성직자를 높여 부르는 호칭인 reverend처럼 평신도에게 수여하는 명예의 휘장으로 활용하는 교회들도 있다. 집사의 임무는 교회마다 다르기 때문에 어떤 사람이 자신을 가리켜 집사라고 말할 때는 몇 가지 질문을 던져 그가 실제로 무슨 일을 행하는지 확인해야 할 필요가 있다.

성경도 집사의 임무를 구체적으로 진술하지 않는다. 집사의 자격을 논한 내용은 많지만 정작 교회에서 집사가 행하는 임무를 설명한 내용은 거의 없다. 하지만 이런 사실 자체가 교회의 리더십을 바라보시는 하나님의 관점을 드러낸다. 다시 말해 이는 외적 행위보다 인간됨이 더 중요하다는 진리를 일깨워 준다.

안타깝게도 교회 정치에 관한 논의는 종종 이 점을 간과한다. 특정한 교회 정치 체제를 유지하는 일에 대해서만큼이나 지도자의 순전하고 정결한 인격에 관심을 기울여야만 나머지 분야에서도 성경의 가르침에 좀 더 일치하는 사역을 행할 수 있다는 것이 나의 확신이다.

신약성경은 '집사'라는 용어를 어떻게 사용하는가?

신약성경에서 집사를 가리키는 용어는 크게 세 가지, 곧 종을 뜻하는 '디아코노스diakonos'와 '섬김'이라는 의미의 '디아코니아diakonia'와 '섬기다'를 뜻하는 '디아코네오diakoneō'다. 이들 용어는 본래 식탁에서 섬기는 일, 곧 음식으로 사람들을 섬기는 사역을 의미했던 것으로 보인다.

우선 성경상의 문맥에서도 집사를 뜻하는 영어 단어 'deacon'이 유래한 헬라어 단어들이 이를 영어로 번역한 단어들과 마찬가지로 의미가 분명하지 않다는 점을 이해하는 것이 중요하다. 성경의 용례에 따르면 '디아코니아'는 'service'라는 영어 단어와 마찬가지로 모든 종류의 섬김을 의미한다. 우리는 'serve'라는 용어를 테니스 서브에서부터 범죄자가 감옥에서 수감생활을 한다는 의미에까지 두루 적용한다. 또한 우리는 노예가 주인을 섬길 때나 국왕이 백성을 섬길 때에도 그 말을 적용한다.

이처럼 디아코노스, 디아코네오, 디아코니아는 그 의미가 매우 다양하지만 대개는 다른 사람의 필요를 채워 주는 섬김의 사역을 가리킨다. 신약성경에는 이들 용어가 최소한 100회 정도 나타난다. 영어 성경은 대개 serve, 또는 minister의 명사형을 비롯해 여러 가지 형태의 품사를 이용해 이들 용어를 번역한다. 킹제임스 성경은 몇 군데에서 그와는 다른 표현을 사용하기도 했다. 예를 들어 고린도전서 12장 5절과 고린도후서 9장 12절에서는 "직임," 또는 "봉사의 직무"로, 사도행전 11장 29절에서는 "부조"로 각각 번역했다. 하지만 신약성경의 다른 곳은 물론 그런 구절들까지도 주된 의미는 섬김과 사역이다.

'집사'를 뜻하는 헬라어는 어떤 종류의 섬김을 의미하는가?

음식으로 섬기는 일

디아코네오의 가장 기본적인 의미는 음식으로 섬긴다는 것이다. 가나 혼인잔치에 관한 일화가 대표적인 예다. "그 어머니가 하인들(디아코노이diakonoi)에게 이르되 너희에게 무슨 말씀을 하시든지 그대로 하라 하니라…… 연회장은 물로 된 포도주를 맛보고 어디서 났는지 알지 못하되 물 떠 온 하인들(디아코노이)은 알더라 연회장이 신랑을 불러"요 2:5, 9.

이 말은 분명히 식탁에서 섬기는 사람들을 가리킨다. 이것이 전통적으로 전해 오는 집사(deacon)의 본래 의미다.

누가복음 4장 39절에 보면 그리스도께서 베드로의 장모를 고쳐주신 뒤 그녀가 '곧 일어나 저희에게 수종 들었다'는 말씀이 나온다. 여기에 디아코네오가 동사로 쓰였다. 베드로의 장모는 그리스도와 베드로를 섬겼다. 이는 그녀가 음식으로 그들을 섬겼다는 의미임이 분명하다. 이외에 요한복음 12장 2절, 누가복음 10장 40절, 17장 8절도 집사를 음식으로 섬기는 일과 연관 짓고 있다.

일반적인 섬김

신약성경은 이따금 섬김의 종류를 구체적으로 명시하지 않고 디아코네오와 그 관련 어휘를 사용한다. 예를 들어 그리스도께서는 이렇게 말씀하셨다. "사람이 나를 섬기려면 나를 따르라 나 있는 곳에 나를 섬기는 자도 거기 있으리니 사람이 나를 섬기면 내 아버지께서 저를 귀히 여기시리라"요 12:26. 이때의 "섬김"은 일반적인 의미로 여러 가지 형태의 섬김을 가리킬 수 있다.

성경은 디아코노스라는 용어를 그리스도인을 가리키는 데 국한하지 않는다. "관원들은 선한 일에 대하여 두려움이 되지 않고 악한 일에 대하여 되나니 네가 권세를 두려워하지 아니하려느냐 선을 행하라 그리하면 그에게 칭찬을 받으리라 그는 하나님의 사자(디아코노스)가 되어 네게 선을 이루는 자니라 그러나 네가 악을 행하거든 두려워하라 그가 공연히 칼을 가지지 아니하였으니 곧 하나님의 사자가 되어 악을 행하는 자에게 진노하심을 위하여 보응하는 자니라"롬 13:3-4. 바울의 말에서 "사자"는 디아코노스를 번역한 것이다. 이 말은 두 번 모두 경찰이나 군인을 가리킨다. 그들이 반드시 그리스도인이어야 한다는 암시는 어디에도 없다.

누가복음 22장 27절에는 이 용어의 본래 의미와 일반적 의미가 함께 나타난다. 예수님은 그곳에서 "앉아서 먹는 자가 크냐 섬기는 자가 크냐 앉아서 먹는 자가 아니냐 그러나 나는 섬기는 자로 너희 중에 있노라"고 말씀하셨다. 이 구절에서 '디아코네오'를 두 번 사용했다. 첫 번째 것은 음식으로 섬기는 일을, 두 번째 것은 일반적인 섬김을 가리킨다.

영적 섬김

이 용어를 좀 더 깊이 파헤치면 그리스도인의 역할을 종의 역할로 규정하고 있다는 사실을 짐작할 수 있다. 바울은 "내가 성도를 섬기는 일로 예루살렘에 가노니"롬 15:25라고 말했다. 그는 자신을 종(디아코노스)과 일치시켰다. 사도행전 20장 19절은 그가 '모든 겸손으로 주님을 섬기기(디아코네오)' 위해 줄곧 노력했다고 증언한다.

바울은 고린도후서 8장 3-4절에서 마게도냐 그리스도인들에 대해 다음과 같이 말했다. "내가 증거하노니 저희가 힘대로 할 뿐 아니라 힘에 지나도록 자원하여 이 은혜와 성도 섬기는 일에 참여함에 대하여 우리에게 간절히 구하니."

물질을 공급해 육체의 기본 욕구를 해결하는 일도 영적 섬김에 해당한다.

그리스도인이 복종의 행위를 통해 그리스도를 섬길 수 있는 자격을 갖추는 일도 디아코노스와 관련 어휘의 영적 의미에 포함된다. 고린도전서 12장 5절은 "직임(디아코니아)은 여러 가지나 주는 같으며"라고 말한다. 그리스도인은 각자 주어진 자리에서 섬김의 사역을 실행한다. 이 용어가 사도행전과 서신서에 사용된 용례를 유심히 살펴보면 사역의 형태와 상관없이 그리스도인이라면 누구나 그리스도의 종, 또는 집사로 부를 수 있다는 사실을 알 수 있다.

이외에 고린도후서 4장 1절, 9장 1절, 요한계시록 2장 19절에서도 집사를 영적 섬김의 의미로 사용했다. 이들 구절을 비롯해 지금까지 살펴본 구절들에서 집사가 교회의 직분을 가리키는 경우는 단 한 번도 없었다.

신약성경에 집사의 직분에 관한 이야기가 나오는가?

디아코노스와 그 관련 어휘에 담긴 의미는 매우 다양하다. 따라서 한두 가지 예외를 제외하고는 신약성경이 초기 교회의 제도 안에 집사의 직분을 구체적으로 명시한 경우를 꼭 집어 말하기는 매우 어렵다. 지금까지 살펴본 대로 디아코노스와 그 관련 어휘는 대부분 일반적 의미를 지닐 뿐, 교회의 직분과는 아무 상관이 없다. 이렇게, 혹은 저렇게 해석할 수 있는 구절들이 더러 있지만 대개는 교회의 직분을 가리킨다기보다 일반적인 의미로 이해하는 편이 좀 더 명확하고 자연스럽다.

예를 들어 어떤 사람들은 로마서 12장에서 집사의 직분을 암시하는 내용이 발견된다고 주장한다. 그것은 "우리에게 주신 은혜대로 받은 은사가 각각 다르니 …… 혹 섬기는 일이면 섬기는 일로"6-7절라는 구절이다. 하지만 과연 섬기는 은사를 집사의 직분이나 기능과 동일시할 수 있을지 의문이다. 본문에서는 그런 느낌을 도무지 받기 어렵다.

로마서 12장에 열거된 다른 은사들도 직분과 무관하기는 마찬가지다. 또한 직분과 은사가 반드시 서로 관계를 맺는 것도 아니다. 예를 들어 가르치는 은사를 받았다고 해서 꼭 목사나 교사가 될 필요는 없다. 은사는 단지 직분이 아니라 개인의 소명과 임무와 관련을 맺는다.

바울은 이렇게 말했다. "형제들아 스데바나의 집은 곧 아가야의 첫 열매요 또 성도 섬기기로(디아코니아) 작정한 줄을 너희가 아는지라"고전 16:15.

과연 바울이 스데바나의 가족이 모두 집사 직분을 맡고 있었다는 의미로 그렇게 말했을까? 문맥이나 사용된 용어로 미루어 볼 때 바울이 그런 의미로 말했다고 확신할 만한 증거는 아무 데도 없다. 단지 번역한 대로 그 의미를 이해하는 편이 훨씬 자연스럽다.

한편 에베소서 4장 12절이 집사의 직분에 관해 말한다고 주장하는 이들도 있다. 바울은 11절에서 "그가 혹은 사도로 혹은 선지자로 혹은 복음 전하는 자로 혹은 목사와 교사로 주셨으니"라고 말했다. '봉사(디아코니아)의 일'은 집사의 일이라기보다 모든 성도의 섬김을 가리킨다. 다시 말해 바울의 의도는 교회에 집사의 직분을 세우기 위해서가 아니라 영적 사역을 위해 성도를 준비하게 하는 데 있었다.

신약성경은 개인을 집사로 일컬은 적이 있는가?

바울 사도

어떤 사람들은 바울이 집사였다고 믿는다. 그들은 사도행전 20장 24절, 즉 "나의 달려갈 길과 주 예수께 받은 사명(디아코니아) 곧 하나님의 은혜의 복음 증거하는 일을 마치려 함에는 나의 생명을 조금도 귀한 것으로 여기지 아니하노라"는 말씀을 근거로 삼는다. 하지만 바울의 말은 그리스도께서 그에게 부탁하신 특별한 사역을 언급할 뿐이다. 그는 집사는 물론 교회의 직분을 가리키는 어떤 명칭도 스스로에게 부여하지 않았다. 바울은 로마서 11장 13절에서 이렇게 말했다. "내가 이방인인 너희에게 말하노라 내가 이방인의 사도인 만큼 내 직분(디아코니아)을 영광스럽게 여기노니."

NASB 성경은 이 구절에서 "직분"이라는 말 대신 "사역"을 사용했다. 킹제임스 성경의 "직분"은 자의적 해석이다. 바울이 교회의 공식 직분을 거론했을 가능성은 거의 없다. 그의 직분은 사도였다. 그는 자신의 사도직을 '나의 사명', 또는 '나의 사역'으로 일컬었다.

디모데전서 1장 12절을 읽어 보자. "나를 능하게 하신 그리스도 예수 우리 주께 내가 감사함은 나를 충성되이 여겨 내게 직분을 맡기심이니."

이 번역이 정확하다. 바울의 말은 교회가 그에게 집사의 직분을 맡겼다는 의미와는 거리가 멀다. 이외에 고린도전서 3장 5절, 고린도후서 3장 6절, 6장 4절, 에베소서 3장 7절 등도 바울을 일꾼, 또는 종으로 언급하고 있다. 이들 성경 구절에도 교회가 바울을 집사로 임명했다는 암시가 전혀 발견되지 않는다. 바울은 스스로를 하나님의 종으로 불렀다.

바울은 사도였다. 그는 고린도후서 10-12장에서 자신의 사도직을 강력히 옹호했다. 사도의 직분은 교회의 최상위 직분으로 장로와 집사를 감독하는 위치였다. 바울은 사도였기 때문에 굳이 집사라고 주장할 이유가 없었다.

두기고

바울은 에베소 그리스도인들에게 "나의 사정 곧 내가 무엇을 하는지 너희에게도 알게 하려 하노니 사랑을 받은 형제요 주 안에서 진실한 일꾼(디아코노스)인 두기고가 모든 일을 너희에게 알게 하리라"엡 6:21고 말했다. 바울은 어쩌면 두기고를 충실한 집사로 일컬었을지도 모른다.

하지만 바울은 에베소서 3장 7절에서는 디아코노스를, 4장 12절에서는 디아코니아라는 용어를 각각 사용했다. 이들 용어는 일반적 섬김을 의미한다. 따라서 에베소서 6장 21절에서만 특별히 교회의 직분을 거론했으리라고 확신하기 어렵다. 아마도 두기고가 장로가 아니었기에 그렇게 일컬은 듯하다.

에바브라

바울은 에바브라를 가리켜 "우리와 함께 종 된 에베브라 …… 그리스도의 신실한 일꾼"골 1:7이라고 말했다. 그런 다음 23절과 25절에 다음과 같이 덧붙였다. "만일 너희가 믿음에 거하고 터 위에 굳게 서서 너희 들은 바 복음의 소망에서 흔들리지 아니하면 그리하리라 이 복음은 천하 만민에게 전파된 바요 나 바울은 이 복음의 일꾼(디아코노스)이 되었노라 …… 내가 교회 일꾼 된 것은 하나님이 너희를 위하여 내게 주신 경륜을 따라 하나님의 말씀을 이루려 함이니라."

바울이 스스로를 집사로 일컫지 않은 것은 거의 확실하기 때문에 그가 에바브라를 집사로 일컬었을 가능성도 매우 희박하다. 성경 해석의 원리에 의하면 단어의 의미는 문맥 안에서 파악해야 한다. 골로새서 문맥에서 디아코노스는 집사 직분을 가리키지 않는다.

빌립보서 1장 1절에서 언급한 사람들

빌립보서 1장 1절에도 디아코노스라는 용어가 등장한다. "그리스도 예수의 종 바울과 디모데는 그리스도 예수 안에서 빌립보에 사는 모든 성도와 또는 감독들과 집사들에게 편지하노니."

지금까지 우리는 디아코노스를 집사로 번역한 구절을 한 번도 보지 못했다. 과거 성경 번역자들이 다른 곳에서는 이 말을 모두 일꾼이나 종으로 번역해 놓고 갑자기 여기에서만 교회의 직분을 뜻하는 용어로 번역한 이유는 무엇일까? 물론 이 용어가 교회의 직분을 가리킬 수도 있다. 하지만 다시금 전체 문맥을 살펴보면 그런 식의 번역이 근거가 희박하다는 사실을 곧 알 수 있다.

여기에서 "감독들"로 번역한 '에피스코포스*episkopos*'는 장로들(프레스부테로스*presbuteros*)을 가리키는 공식 용어와는 다소 거리가 멀다. 이 구절은 빌립보서가 교회 전체에 보낸 서신이라는 사실을 고려할 때 가장 자연스럽게 해석할 수 있다. 다시 말해 바울의 말은 '나는 교회 지도자들과 섬기는 자들을 비롯한 교회 전체에 편지를 보낸다'라는 의미일 수 있다. 빌립보서 1장 1절이 교회의 직분을 가리킨다는 주장이 옳을 수도 있겠지만 그것은 자의적인 해석에 지나지 않는다. 바울의 의도를 그런 식으로 결정할 수 있는 충분한 근거가 없다.

이미 앞에서 디아코노스, 디아코네오, 디아코니아와 같은 용어의 용례를 살펴보았지만 특별히 교회의 직분을 가리키는 명백한 사례는 하나도 없었다.

사도행전 6장에 집사의 직분에 관해 언급했다?

사도행전 6장이 집사의 직분이 처음 제정된 역사를 기록하고 있다고 믿는 이들이 많다. 1-2절을 읽어 보자. "그때에 제자가 더 많아졌는데 헬라파 유대인들이 자기의 과부들이 그 매일 구제에 빠지므로 히브리파 사람을 원망한대 열두 사도가 모든 제자를 불러 이르되 우리가 하나님의 말씀을 제쳐놓고 공궤를 일삼는 것이 마땅치 아니하니."

교회가 과부들에게 양식을 나눠 줄 때 헬라파 과부들이 공평한 몫을 받지 못했다. 유대인들이 자기 동족의 필요에 더 큰 관심을 기울였던 것이 분명하다.

그리스도인의 숫자가 날로 늘어나면서 어려운 사람들에게 양식을 나눠 주는 사역도 그만큼 버거워졌다. 당시 초대 교회 그리스도인들의 숫자는 2,000명이 넘었던 것으로 추정된다. 열두 사도가 도시 여기저기를 돌아다니며 수백 명에 달하는 과부들에게 음식을 나눠 주기에는 시간이 너무 부족했다. 구제 양식을 필요로 하는 사람이 많아지면서 교회는 양식 배분을 담당해 줄 사람들이 필요했다. 다시 말해 필요한 재정을 확보해 안전하게 관리하면서 양식을 구입해서 분배하는 사역이 긴급 사안으로 떠올랐다.

사안의 중대성을 인식했던 사도들은 자신들의 귀중한 시간과 가장 중요한 사역을 포기하지 않고서는 문제를 해결할 수 없다는 사실을 깨달았다. 따라서 그들은 그리스도인들에게 "우리가 하나님의 말씀을 제쳐놓고 공궤를 일삼는 것이 마땅치 아니하니"행 6:2라고 말했다.

사도들은 그리스도인들에게 "형제들아 너희 가운데서 성령과 지혜가 충만하여 칭찬 듣는 사람 일곱을 택하라 우리가 이 일을 저희에게 맡기고"3절라고 제안했다. 재정을 관리하는 일이었기 때문에 정직하다는 평판을 듣는 사람들을 선택하는 것이 중요했다. 당시에는 오늘날과는 달리 수표, 신용카드, 온라인 기부제도, 컴퓨터 처리 절차와 같은 문명화된 수단이 존재하지 않았기 때문이다. 아울러 그들은 '성령과 지혜가 충만한' 사람을 선택해야 했다. 사정과 형편이 서로 다른 사람들에게 공평하게 양식을 나눠 주는 것은 절대로 쉬운 일이 아니다. 따라서 어떤 사람의 사정이 구제 대상에 포함되는지 아닌지 결정할 수 있는 지혜가 반드시 필요했다.

교회는 일곱 명을 선택했고, 덕분에 사도들은 그들의 소명에 충실할 수 있었다. 사도들은 "우리는 기도하는 것과 말씀 전하는 것을 전무하리라"행 6:4고 말했다. 계속해서 5-6절을 읽어 보자. "온 무리가 이 말을 기뻐하여 믿음과 성령이 충만한 사람 스데반과 또 빌립과 브로고로와 니가노르와 디몬과 바메나와 유대교에 입교한 안디옥 사람 니골라를 택하여 사도들 앞에 세우니 사도들이 기도하고 그들에게 안수하니라."

그러면 사도행전 6장 5절에 등장하는 일곱 사람이 집사의 직분을 맡아 일했던 이들일까? 전통적인 해석은 사도행전 6장을 최초의 집사들에 관한 기록으로 간주한다. 1-2절을 다시 읽어 보자. "헬라파 유대인들이 자기의 과부들이 그 매일 구제(디아코네오)에 빠지므로 …… 우리가 하나님의 말씀을 제쳐놓고 공궤(디아코니아)를 일삼는 것이 마땅치 아니하니."

일각에서는 "공궤"로 번역한 헬라어의 본래 의미가 초대 교회가 일곱 사람을 선택해 집사 직분을 맡겼다는 사실을 뒷받침한다고 말한다.

이들 일곱 사람을 집사로 간주하는 또 하나의 주장은 사도 시대에 집사들이 교회의 행정 업무를 맡았다는 역사적 사실을 근거로 한다. 교회의 행정 업무에는 가난한 자들에게 양식을 나눠 주는 일이 포함되었다. 게다가 속사도 시대를 거치는 동안 로마의 교회는 오랫동안 집사의 숫자를 일곱으로 제한했다. 그 숫자는 사도행전 6장에 언급된 일곱 집사에서 유래한 듯하다.

하지만 교회가 일곱 사람을 선택해 집사 직분을 맡겼다는 주장은 몇 가지 이유에서 타당하지 못하다. 디아코니아와 디아코네오를 사용한 것만으로는 근거가 희박하다. 사도행전 6장 4절에 쓰인 디아코니아는 사도들의 임무를 가리키는 것으로 보이기 때문이다. 따라서 사도행전 6장 5절에 언급된 사람들이 집사의 직분을 맡았다고 단정할 수 있는 이유는 없다. 사실 신약성경은 5절에 언급한 사람들을 집사로 부른 적이 한 번도 없다. 그들 가운데 성경의 다른 곳에 등장하는 사람은 단 두 사람(스데반과 빌립)뿐이고, 그들마저도 집사로 불린 적이 없다.

누가가 사도행전을 교회의 초창기에 기록했다는 사실도 잊어서는 안 된다. 앞서 살펴본 대로 여러 교회에 보낸 사도들의 서신들에서도 약간의 가능성이 있는 빌립보서를 제외하고는 집사의 직분을 공식적으로 인정하는 구절은 어디에도 없다. 사도들의 서신은 사도행전 6장이 집사의 직분이 제정된 역사를 기록하고 있다고 결론지을 만한 근거를 확실하게 제시하지 않는다. 사도행전 7장 이후와 사도들의 서신은 집사가 아니라 장로를 언급할 뿐이다. 만일 사도행전 6장이 집사 직분이 제정된 역사를 기록하고 있다면 어째서 7장 이후부터 집사라는 호칭이 한 번도 등장하지 않는지 큰 의문이 아닐 수 없다.

사도행전 6장 3절 마지막에 등장하는 '일'이라는 표현에 주목하라. 이 말은 교회가 일곱 사람을 선택해 영구적인 직분을 수여했다기보다 과도기적 위기를 극복하게 했다는 인상을 준다. 다시 말해 이 말은 그들의 항구적인 사역과 양식을 나눠 주는 일시적인 사역을 구분하는 의미를 지니고 있는 듯하다. 신약성경은 그들 일곱 사람을 양식을 나눠 주는 사역과 두 번 다시 결부시키고 있지 않다.

이외에도 우리는 선택된 일곱 사람이 모두 헬라 이름을 지니고 있었다는 사실에 주목해야 한다. 만일 예루살렘 교회가 영구적인 사역을 위해 일곱 사람을 선택했다면 왜 군이 헬라인들만 선택해야 했는지 의문이다. 유대인이 아닌 사람들이 예루살렘 교회에서 영구적인 직분을 맡을 가능성은 희박했다. 결국 교회가 일곱 명의 헬라인을 선택한 이유는 일시적으로 양식 배분 사역을 맡겨 헬라파 과부들의 불만을 해소하기 위해서였다고 생각할 수 있다. 그들은 자기 동족의 사정과 형편을 잘 알고 있었다.

사도행전 6장에 나오는 사건들은 일시적인 문제를 해결하기 위해 노력했던 예루살렘 교회를 묘사할 가능성이 매우 높다. 이런 관점에서 생각하면 교회가 일곱 사람을 선택한 이유는 일시적인 사역을 맡기기 위해서였던 것이 분명하다.

사도행전 6장 5절에 등장하는 사람들이 집사가 아니라면 그들은 도대체 누구인가?

초대 교회가 집사를 교회의 공식 직분으로 제정했다면 사도행전 11장에도 집사 직분에 대한 이야기가 나왔어야 마땅하다. 사도행전 6장 이후 약 6-7년이 지나서 유대 지역에 기근이 들었다. 안디옥 교회는 어려움에 처한 예루살렘 교회의 그리스도인들을 위해 구제 양식을 보내기로 결정했다. 다음 성경 구절을 읽어 보자. "제자들이 각각 그 힘대로 유대에 사는 형제들에게 부조를 보내기로 작정하고 이를 실행하여 바나바와 사울의 손으로 장로들에게 보내니라"행 11:29-30.

사도행전 6장 1-6절과 11장 29-30절을 비교하면 예루살렘에서 양식을 나눠 주는 일을 계속해서 담당했던 사람들이 집사가 아니라 장로였다는 추측이 가능해진다. 사도행전 6장에서 집사 직분이 공식적으로 제정되어 집사들이 계속해서 양식을 나눠 주는 일을 맡았다면 안디옥 교회가 기부금을 그들에게 보냈을 것이 틀림없다.

사도행전 6장에 등장하는 사람들을 잠시 살펴보자. 스데반은 "은혜와 권능이 충만하여 큰 기사와 표적을 민간에 행했다"8절. 디모데전서 3장의 기록에 비추어 보면 이는 집사의 직분을 맡은 자가 행하는 일과는 다소 거리가 멀다. 스데반은 하나님의 말씀에 능통했으며, 기적과 표적을 행하는 능력에서 사도들 못지않았다.

아울러 사도행전 21장 8절은 빌립을 '전도자'로 일컫는다(개역 한글 성경에는 "일곱 집사 중 하나"로 번역했지만 원문은 단지 "일곱 중 하나"로 되어 있다. 개역한글 성경도 이 점을 고려해 "집사"를 작게 표기했다 - 역주). 사도행전 7장은 복음을 전하는 스데반을, 사도행전 8장은 복음을 전하는 빌립을 각각 묘사한다. 이런 사실로 미루어볼 때 사도행전 6장에 등장하는 일곱 사람은 집사라기보다 장로에 가까운 기능을 담당했던 것으로 보인다. 그들 일곱은 행정과 감독이라는 광범위한 업무를 수행했고, 그 가운데에 더러는 하나님의 말씀과 복음 전도에 능했다. 그들은 모두 성령과 믿음과 지혜가 충만했고, 심지어 몇몇은 표적과 기적을 행하기도 했다행 6:8; 8:6-7 참조.

교회가 단지 일곱 명을 선택한 사실도 주목할 만하다. 예루살렘 교회가 직면한 큰 문제를 어떻게 일곱 명이서 감당할 수 있었을까? 아마 양식 배분의 사역만 해도 일곱 명 이상의 일손이 필요했을 것이다. 그런 문제를 해결하기 위해서는 영적 지도자이자 교사로서의 자질과 높은 덕망을 갖춘 사람들이 필요했다. 그들이 양식 배분의 일을 맡아 준

덕분에 사도들은 "기도하는 것과 말씀 전하는 것"행 6:4에 전념할 수 있었다.

물론 사도행전 6장이 장로나 집사의 직분을 제정한 역사를 기록하고 있지 않다고 단정할 수는 없다. 하지만 그때나 지금이나 두 가지 사역의 분야가 반드시 필요하다는 사실만큼은 분명하다. 그 가운데 하나는 가르침과 기도의 사역이고4절 참조, 다른 하나는 그리스도인들의 필요를 해결하기 위한 감독과 행정의 사역이다1-3절 참조. 전자에는 영적 돌봄이, 후자에는 육체적 돌봄이 각각 포함된다.

사도행전 6장 5절에 언급된 일곱 사람의 사역은 그리스도인들에게 양식을 나눠 주는 일에 국한되지 않았다. 잘 알다시피 스데반과 빌립은 적극적인 복음 전도자였다. 그 둘을 제외한 나머지 사람들은 그렇지 못했다고 생각할 사람들이 혹시 있을지 모르겠다. 하지만 당시 교회가 그들 일곱을 선택한 직후에 있었던 일을 주의해서 봐야 한다. 다음 성경 말씀을 읽어 보자. "사도들 앞에 세우니 사도들이 기도하고 그들에게 안수하니라 하나님의 말씀이 점점 왕성하여 예루살렘에 있는 제자의 수가 더 심히 많아지고"행 6:6-7.

이 말씀은 그들 일곱이 교회 성장에 많은 기여를 했을 뿐 아니라 그들의 기능이 집사가 아니라 장로에 더욱 가까웠다는 사실을 암시한다.

신약성경에는 그들 일곱이 맡겨진 임무를 계속해서 수행했다고 말하는 구절이 발견되지 않는다. 스데반은 곧 순교자가 되었고, 빌립은 사마리아로 떠났다. 그 후 얼마 지나지 않아 예루살렘 교회가 박해를 당해 모든 그리스도인이 뿔뿔이 흩어졌다. 이들 일곱은 사도행전 11장 29-30절의 사건이 있을 즈음에는 성경에 더 이상 등장하지 않는다.

그 후부터는 장로들만 언급된다. 이들 일곱 가운데 누군가가 남아 있었다면 아마도 그는 집사가 아니라 장로나 속사도로 활동했을 것이 틀림없다.

집사를 교회의 공식 직분으로 언급하는 성경 구절은 없는가?

지금까지 집사 직분을 언급하는 듯하지만 꼭 그렇다고 단정할 수 없는 성경 구절을 모두 살펴보았다. 이제 신약성경에서 집사의 직분을 확실히 언급하고 있는 단 하나의 성경 구절을 살펴보기로 하자. 바로 디모데전서 3장 8절이다. "이와 같이 집사들도 단정하고 일구이언을 하지 아니하고 술에 인 박이지 아니하고 더러운 이를 탐하지 아니하고."

이 구절을 해석하는 열쇠는 "이와 같이"라는 표현에 있다. 이 표현은 1절("미쁘다 이 말이여 사람이 감독의 직분을 얻으려 하면")을 가리킨다. 이 연결부사는 집사가 장로처럼 공인된 직분이라는 사실을 암시한다.

장로들은 교회에서 주님의 일을 감독하는 기능을 행하는 복수 집단을 말하고, 집사들은 장로의 사역을 보좌하는 역할을 한다. 교회의 직분을 그 이상 정교하게 구분해야 할 필요는 없다.

바울이 디모데전서를 기록한 시기는 64년경으로 추정된다. 그는 그곳에서 영적 지도자의 자격 기준을 구체적으로 나열했지만 교회의 조직 구도에 관한 지침은 분명히 설명하지 않았다. 교회의 조직 구도는 하나님의 계획에 달려 있었기 때문이다. 지금도 교회의 조직 구도는 상당한 융통성을 지닌다. 그 이유는 하나님이 시대와 문화에 따라 상황이나 필요가 달라진다는 사실을 알고 계시기 때문이다. 성경은 조직이 아니라 지도자의 순결한 성품과 깊은 영성을 강조할 뿐이다.

집사는 어떤 자격을 갖추어야 하는가?

집사의 자격 조건은 크게 두 가지 범주로 나눈다. 하나는 인격적 자질이고 다른 하나는 영적 품성이다.

인격적 자질. 바울은 네 가지 인격적 자질을 나열했다. 첫째, 집사는 '단정해야 한다' 딤전 3:8 참조. 이는 '존경할 만한 가치가 있고 생각이 진지하다, 곧 중요한 문제를 가볍게 여기지 않는다'는 뜻이다. '단정하다'로 번역한 헬라어 '셈노스semnos'는 '존경할 만한, 명예로운, 진중한, 품위 있는, 훌륭한'을 뜻한다. 이 말은 "늙은 남자로는 절제하며 경건하며 근신하며 믿음과 사랑과 인내함에 온전케 하고"라는 디도서 2장 2절에도 똑같이 쓰였다.

둘째, 집사는 "일구이언(또는 악의 어린 험담)을 하지 않아야 한다." 이 사람에게는 이렇게 말하고 저 사람에게는 저렇게 말하는 사람은 집사가 될 자격이 없다. 집사는 말이 항상 일관되고 정의로워야 한다. 셋째, 집사는 술에 인 박이지 않아야 한다. 집사는 항상 생각을 맑게 유지하고 절제할 수 있어야 한다. 넷째, 집사는 더러운 이를 탐하지 않아야 한다. 집사는 이따금 재정 관리의 책임을 맡아야 하기 때문에 이 점은 매우 중요하다. 집사는 돈을 인생의 목표로 삼아서는 안 된다. 디모데전서 6장 9절은 물질을 탐하는 마음이 사람을 부패하게 만든다고 말한다.

영적 품성. 바울은 또한 네 가지 영적 품성을 나열했다. 첫째, 집사는 "깨끗한 양심에 믿음의 비밀을 가진 자" 딤전 3:9이어야 한다. 집사의 믿음은 성경의 참 교리에 근거해야 한다는 말이다. "깨끗한 양심"이란 자신의 믿음을 그대로 실천한다는 의미를 담고 있다. 집사는 믿음을 굳게 붙잡고, 진리를 삶 속에 실천해야 한다.

집사의 두 번째 영적 품성은 10절에 기록되어 있다. "이에 이 사람들을 먼저 시험하여 보고 그 후에 책망할 것이 없으면 집사의 직분을 하게 할 것이요." 어떤 사람을 공식적으로 집사로 임명하기 전에 주님을 섬기는 일에 충실하다는 사실을 입증해야 한다. 교회는 그동안의 사역을 통해 진실성과 신뢰성이 입증된 사람만을 집사로 임명해야 한다.

셋째, 집사는 장로와 마찬가지로 도덕적으로 흠이 없어야 한다. 10절에는 '책망할 것이 없는 사람만 집사로 일할 수 있다'라는 의미가 담겨 있다. 책망할 것이 있는 사람은 집사가 될 자격이 없다. 12절은 "집사들은 한 아내의 남편이 되어"라고 말한다. 이 말은 집사가 도덕적으로 순결해야 한다는 뜻이다. 하지만 그렇다고 이혼 경력이 없는 사람만 집사가 될 수 있다는 뜻은 아니다. 물론 그 사람 자신의 죄 때문에 이혼을 한 경우거나 이혼 상황을 야기한 유책 사유가 그 사람에게 있다면 문제가 된다.

여기에서 말하는 요점은 아내에게 온전한 사랑과 헌신을 바친 사람만이 집사가 될 수 있다는 것이다. 헬라어 원문을 그대로 번역하면 '집사는 한 사람의 여성에게 속한 남자이어야 한다'는 뜻이다. 한 사람의 여성을 아내로 삼는다고 해서 그 남자가 반드시 도덕적으로 순결하다는 의미는 아니다. 다만 일편단심 아내만을 사랑해야 한다는 뜻이다.

집사의 네 번째 영적 품성은 가족을 잘 이끄는 능력이다. 집사는 '자녀와 자기 집을 잘 다스리는 자이어야 한다' 12절 참조. 집사에게는 탁월한 관리 능력이 필요하다. 리더십의 진위 여부는 집안을 관리하는 능력에 달려 있다.

지금까지 살펴본 대로 장로나 집사 직분을 맡아서 일할 사람들은 높은 인격적 자질과 영적 품성을 갖추어야 한다. 물론 이러한 자질과 품성은 직분을 맡은 사람들만이 아니라 일반 교인들에게도 그대로 적용된다. 공식적으로 집사의 직분을 받았든지 아니면 단순히 종의 신분으로 교회를 섬기든지 그리스도인이라면 누구나 집사의 역할을 하기 위해 노력해야 한다. 디모데전서 3장의 자격 기준은 모든 그리스도인이 추구해야 할 목표이자 지침이다.

성경은 여성 집사를 언급하고 있는가?

디모데전서 3장 11절은 "여자들도 이와 같이 단정하고"라는 말로 시작한다. "이와 같이"는 여기에서도 교회의 직분을 가리킨다. 킹제임스 성경의 번역과는 달리 바울은 여기에서 집사들의 아내에 관해 말하지 않는다. 그 이유는 그들 앞에 소유형용사를 붙여 말하지 않았기 때문이다. 바울은 그들의 아내, 또는 그들의 여자로 말하지 않았다. 장로들의 아내에 대해서도 아무 말도 하지 않았는데, 집사들의 아내에 대해 특별히 언급할 이유가 어디 있겠는가?

로마서 16장 1절은 이렇게 말한다. "내가 겐그레아 교회의 일꾼(디아코노스)으로 있는 우리 자매 뵈뵈를 너희에게 천거하노니."

교회는 뵈뵈의 사역을 공인했다. 그녀는 겐그레아 교회가 임명한 여성 집사로서 일했을 가능성이 매우 높다.

디모데전서 3장 11절에서 "여자들"로 번역한 헬라어는 '구나이카스 *gunaikas*'다. 디아코노스의 여성 명사형이 없었기 때문에 바울은 특별히 이 말을 쓴 것으로 보인다. 흔히 쓰인 디아코노스는 여성이나 남성 모두에게 적용할 수 있다. 바울이 여성 사역자를 특별히 언급하고 싶은 생각이 없었다면 디아코노스 대신 굳이 다른 용어를 선택했을 리가 만무하다. 바울은 그들을 여성으로 확실하게 지칭하려는 의도가 있었던 것이 분명하다.

이처럼 디모데전서 3장에는 교회의 세 가지 직분, 곧 장로, 남성 집사, 여성 집사가 등장한다. 바울은 여성 집사의 자격 기준에 대해 "단정하고 참소하지 말며 절제하며 모든 일에 충성된 자라야 할지니라"11절고 말했다. 여성 집사들도 남성 집사들과 마찬가지로 중요한 문제를 진지하게 생각해야 하고, 입술로 험담을 일삼거나 증오심을 표출해서는 안 되며, 항상 맑은 정신을 유지해야 하고, 사생활이나 신앙생활을 할 때 모든 면에서 믿을 만해야 한다.

장로와 집사의 차이는 무엇인가?

인격적 자질과 영적 품성의 관점에서 집사와 장로는 아무 차이가 없다. 유일한 차이가 있다면 장로는 가르치기를 잘해야 하지만 집사는 반드시 그럴 필요가 없다는 것뿐이다. 오늘날 일부 교회에서는 장로라고 하기에는 집사에 가깝고 집사라고 하기에는 장로에 가까운 경우가 더러 있다. 장로와 집사 모두 가족을 잘 다스리고 교인들을 잘 이끌 수 있는 능력을 갖춘 그리스도의 일꾼이어야 한다는 점에서는 서로 조금도 다르지 않다. 장로의 가장 중요한 사역은 말씀을 가르치는 일이어야 한다. 집사들이 사역을 분담해 주어야만 장로들이 그 일에 전념할 수 있다.

집사는 행정 업무와 목양 사역에 종사해야 한다. 집사의 최우선 사역은 가르치는 일이 아니다. 하지만 집사는 영적 자격의 측면에서 장로와 아무 차이가 없고, 직분의 측면에서도 장로와 똑같이 명예롭고 존경받는 직분에 해당한다. 집사의 임무는 가르치는 일에 능한 사람들이 기도하는 일과 말씀을 전하는 일에 더 많은 시간을 할애할 수 있도록 행정 업무의 짐을 덜어 주는 데 있다.

이런 점에서 집사의 임무는 영적으로 위대한 자가 행하는 일에 해당한다고 할 수 있다. 주님은 말씀하셨다. "너희 중에는 그렇지 아니하니 너희 중에 누구든지 크고자 하는 자는 너희를 섬기는 자가 되고 너희 중에 누구든지 으뜸이 되고자 하는 자는 너희 종이 되어야 하리라 인자가 온 것은 섬김을 받으려 함이 아니라 도리어 섬기려 하고" 마 20:26-28.

주 예수님은 친히 집사의 역할을 담당하는 이들의 본보기가 되셨다. 그것은 다른 사람들을 위한 섬김과 희생과 헌신의 역할이다. 집사직의 보상은 인간의 칭찬에서 비롯하는 일순간의 영광이 아니라 하나님의 영광을 위한 영적 헌신에서 비롯하는 영원한 축복이다.

20 : 영적 리더십의 자격 조건
리더십 The Master's Plan for the Church

교회의 성격과 효율성은 리더십의 질과 직접적인 관계가 있다. 성경에서 교회 지도자로 섬길 사람을 평가하는 자격 기준을 상세히 논하는 것도 그런 이유에서다. 오늘날 교회에 많은 문제가 야기되는 것은 대부분 리더십이 자격 기준에 미달하기 때문이다.

의미심장하게도 바울 사도는 감독의 자격 기준을 논하면서 장로의 기능보다는 성품에 초점을 맞추었다. 장로의 자격 기준은 사람의 행위가 아니라 그 됨됨이에 달려 있다. 지도자가 죄를 지어 인격을 더럽히면 온 교회 앞에서 책망을 받아야 한다딤전 5:20 참조. 교회는 장로라는 거룩한 직임을 안전하게 지켜야 할 책임이 있다.

리더십의 자격 조건은 타협 대상이 아니다. 리더십의 자격 조건은 하나님으로부터 지도자로 소명을 받았다는 사실을 입증하는 시금석이다. 성경 학교와 신학교는 목회자 수업을 쌓도록 도와줄 수 있고, 교회 위원회나 청빙 위원회는 목회자로 일할 기회를 제공할 수 있지만, 어떤 사람을 목회자로 부르시고 목회 사역에 적합한 인물로 만드는 것은 오직 하나님만 하실 수 있다. 목회자의 소명은 사람의 재능과 소질을 분석해 최선의 진로를 선택하는 것만이 다가 아니다. 하나님의 사람이 되어 교회 안에서 그분을 섬기겠다는 성령의 강한 감동이 반드시 필요할 뿐 아니라 성경이 요구하는 자격 조건을 전부 충족시켜야 한다.

왜 하나님은 지도자의 자격 기준을 그렇게 높게 설정하셨을까? 그 이유는 사람들이 지도자를 그대로 본받기 때문이다. 호세아 선지자는 "백성이나 제사장이나 일반이라"호 4:9고 말했고, 예수님도 "무릇 온전케 된 자는 그 선생과 같으리라"눅 6:40고 말씀하셨다. 성경의 역사를 돌아보면 사람들이 지도자의 영적 수준을 뛰어넘었던 경우는 거의 없다.

디모데전서 3장은 지도자의 자격 기준을 명확하게 제시하고 있다. 바울은 지금부터 살펴보게 될 디모데전서 3장 1-7절에서 장로의 자격 기준을 구체적으로 명시했다. 하지만 장로와 집사의 자격 기준을 비교해 보면 차이점은 단 한 가지에 불과하다. 다시 말해 그들의 유일한 차이는 장로는 가르치는 일을 잘해야 한다는 것뿐이다 1-7절과 8-13절 비교.

"책망할 것이 없으며" – 흠이 없는 성품의 소유자

바울은 "감독은 책망할 것이 없으며"라는 말로 서두를 열었다. 여기에는 '해야 한다'는 뜻의 헬라어 '데이dei'를 사용했는데, 이 말은 절대적 필요를 강조한다. 장로에게 '책망할 것이 없는' 성품은 절대적이고, 근본적이며, 보편적인 자격 기준이다. 사실 바울이 2-7절에서 명시한 다른 자격 기준은 모두 책망할 것이 없는 성품을 예시하고 설명한 것에 지나지 않는다고 해도 과언이 아니다.

헬라어 원문에 따르면 책망이 없는 성품은 현재 상태를 기준으로 한다. 즉 이 말은 성숙한 그리스도인이 되기 이전에 지은 죄를 가리키지 않는다. 물론 과거의 죄로 인한 오점이 현재까지 계속 남아 있는 경우는 예외이다. 과거의 죄까지 묻는다면 흠이 없을 사람은 아무도 없다.

"책망할 것이 없는"은 '붙잡아 둘 수 없는'이라는 뜻과 같다. 흠이 없는 사람은 감옥에 가두어 놓아야 할 범죄자처럼 붙잡아 둘 수 없지 않는가? 그런 사람은 비난할 것이 없다. 아무 흠이 없는 사람이기 때문이다.

태도나 습관, 혹은 어떤 사건을 통해서도 지도자의 삶이 죄의 영향 아래 놓여서는 안 된다. 물론 완전해야 한다는 뜻은 아니다. 하지만 지도자에게는 눈에 띄는 성품의 결함이 존재해서는 안 된다. 지도자는 경건의 본을 보여 그를 따르는 사람들에게 귀감이 되어야 한다.빌 3:17 참조. 지도자는 사람들에게 그들을 죄로 인도하지 않는다는 확신을 갖게 해야 한다.

영적 지도자가 흠이 없어야 하는 이유는 사람들의 본보기가 되어야 하기 때문이다. 이는 높은 자격 기준이지만 그렇다고 지도자와 평신도에게 각각 따로 적용되는 이중 기준은 아니다. 하나님이 지도자에게 흠이 없는 성품을 요구하시는 이유는 평신도도 경건한 지도자를 본받아야 할 책임이 있기 때문이다.히 13:7, 17 참조. 물론 어떤 죄는 교회에서 그렇게 중요한 일을 하지 않는 그리스도인에게는 그다지 큰 영향을 미치지 않지만 지도자의 경우에는 그 자격을 잃게 만들기도 한다. 그럼에도 불구하고 하나님은 모든 그리스도인에게 "책망할 것이 없는" 성품을 요구하신다엡 1:4; 5:27, 빌 1:10; 2:15, 골 1:22, 벧후 3:14, 유 24절 참조.

교회 지도자의 성품에 결함이 있다는 것은 죄 가운데 살면서도 여전히 지도자의 역할을 한다는 사실을 노출시키는 것밖에는 안 된다. 그런 지도자는 지도자의 자격 기준에 미치지 못한다. 악의를 품은 사람들은 늘 그리스도와 교회를 비난할 빌미를 찾으려고 애를 쓴다. 죄를 지은 지도자는 그런 사람들의 표적이 되어 불신앙을 정당화할 수 있는 이유를 제공할 뿐이다.

죄를 지어 지도자의 자격을 잃는 목회자가 적지 않은 것은 우연한 현상이 아니다. 사탄은 영적 지도자의 인격에 흠집을 내는 일에 혈안이 돼 있다. 그래야만 그들의 사역을 손쉽게 무너뜨리고 그리스도의 명예를 실추시킬 수 있기 때문이다. 따라서 영적 지도자는 생각과 언행에 각별히 주의를 기울여야 하고, 교회는 지도자를 위해 열심히 기도해야 한다.

사탄은 일반 성도들이 경험하는 것보다 훨씬 더 혹독한 유혹으로 영적 지도자를 공격한다. 진리와 빛의 세력을 이끌고 어둠의 왕국에 맞서 싸우는 사람들이 원수 마귀로부터 더 큰 공격을 받는 것은 당연한 이치다.

경건하지 못한 목회자는 채색 유리(참 빛을 걸러내는 종교적 상징)와 같다. "책망할 것이 없는" 성품을 영적 지도자의 첫 번째 자격 기준으로 요구하는 이유가 여기에 있다. 17세기 청교도 리처드 백스터는 이렇게 말했다.

설교자는 다른 사람들에게 짓지 말라고 당부하는 죄와 날마다 엄히 질책하는 죄를 스스로 짓지 않기 위해 각별히 주의해야 한다. 하나님을 영화롭게 하는 사역을 자신의 임무로 말하면서 실제로는 다른 사람들과 다름없이 그분의 영광을 욕되게 해서야 될 말인가? 말로는 그리스도의 통치권을 선포하면서 행위로는 반역을 일삼아 그분의 주권을 멸시할 작정인가?

죄가 악이라면 어찌 죄를 버리지 못하고, 죄가 악이 아니라면 어찌 다른 사람들에게 죄를 짓지 말라고 당부하며, 죄가 위험하다면 어찌 무모한 모험을 감행하고, 죄가 위험하지 않다면 어찌 다른 사람들에게 죄의 위험성을 강조하며, 하나님의 경고가 사실이라면 어찌 그 경고를 두려워하지 않고, 하나님의 경고가 사실이 아니라면 어찌 쓸데없이 사람들을 괴롭히며 두려움을 심어 주는 것인가?

"이 같은 일을 행하는 자는 사형에 해당하다고 하나님의 정하심을 알고서도"롬 1:32 그런 일을 행할 셈인가? "율법을 자랑하는 네가 율법을 범함으로 하나님을 욕되게 하느냐"롬 2:23는 말씀대로 사람들에게는 "간음하지 말라"롬 2:22, 술 취하지 말라, 탐심을 갖지 말라고 가르치면서 어찌 자기 자신은 가르치지 않는 것인가? 악을 미워하라고 가르치는 입으로 악을 말할 셈인가? 다른 사람들에게는 이웃을 헐뜯고 모략하고 비방하지 말라고 가르치면서 스스로는 그런 일을 저지른다면 어떻게 되겠는가?

죄를 꾸짖으면서 정작 스스로는 죄를 극복하지 못하고, 다른 사람들의 죄는 가차 없이 비난하면서 정작 스스로는 죄 앞에 절하며 죄를 위안으로 삼지 않도록 주의하라. 성경은 "너희 자신을 종으로 드려 누구에게 순종하든지 그 순종함을 받는 자의 종이 되는 줄을 너희가 알지 못하느냐 혹은 죄의 종으로 사망에 이르고 혹은 순종의 종으로 의에 이르느니라"롬

6:16고 말씀한다. 형제들이여! 죄는 극복하기보다 꾸짖기가 더 쉽다는 사실을 잊지 말라.

목회자의 심령 상태가 거룩하고 신령하면 그로 인한 축복이 교인들에게 고스란히 전달된다. 다시 말해 목회자의 기도와 찬양과 가르침이 교인들에게 신령하고 은혜롭게 다가온다. 목회자가 하나님과 깊은 관계를 맺고 있으면 교인들도 마음으로 그 사실을 느낀다. 목회자의 마음에 있는 것은 교인들의 귀에 그대로 전달된다. …… 나의 마음이 냉랭하면 나의 설교도 냉랭하고, 나의 마음이 혼란스러우면 나의 설교도 혼란스럽다. 나는 나의 설교가 냉랭해지면 교인들도 냉랭해진다는 사실을 교인 가운데 가장 경건한 그리스도인들을 통해 종종 확인하곤 한다. 그런 경우에는 그들이 드리는 기도도 나의 설교처럼 되고 만다.

따라서 형제들이여, 그대들의 마음을 깊이 성찰하라. 정욕과 욕망과 속된 성향을 떨쳐 버리고, 믿음과 사랑과 거룩한 열정으로 가득한 삶을 유지하라. 헛된 길로 치우치지 말고 하나님을 가까이 하라. …… 가르침에 모순되는 행동을 하지 않도록 각별히 주의하라. …… 입으로 말한 것을 행위로 부인하지 말고, 사역의 성공에 가장 큰 걸림돌이 될 잘못을 저지르지 않도록 주의하라. …… 교만하고, 퉁명스럽고, 거만한 말 한 마디, 불필요한 다툼, 탐욕스런 행동 하나가 많은 설교의 목줄을 자르고, 그대들이 일구어온 모든 열매를 단번에 날려 버릴 수 있다(참목자상*The Reformed Pastor*, Carlisle PA. : Banner of Truth, 1956 reprint, p. 67-68; p. 61-63).

영적 지도자는 사탄의 공격으로부터 어떻게 스스로를 보호할 수 있을까? 대답은 세 가지, 곧 성경, 기도, 성도의 교제다. 다윗은 "내가 주께 범죄치 아니하려 하여 주의 말씀을 내 마음에 두었나이다"시 119:11라고 말했다. 하나님의 살아 있는 말씀을 늘 가까이하면 죄로부터 우리를 지켜 순결해질 수 있다요 15:3 참조.

그런데 불행히도 하나님의 말씀을 멀리하는 지도자들이 많다. 단순히 날마다 성경을 열심히 공부한다고 해서 하나님의 말씀이 가까워지는 것은 아니다. 하나님의 말씀을 가까이한다는 것은 죄를 깨닫게 하는 진리의 말씀으로 스스로의 삶을 정기적으로 점검하는 것을 의미한다. 하나님의 말씀에 충분히 헌신했다고 생각하고 은근히 자부심을 갖는다면 그것은 곧 말씀을 통해 역사하시는 성령의 능력을 무시했을 뿐 아니라 지도자의 영적 갑주에 심각한 약점이 발생했다는 증거다.

기도는 우리의 영적 능력과 승리가 전적으로 하나님께 달려 있다는 사실을 인정한다는 뜻이다. 기도는 하나님의 도우심이 필요하다는 사실을 인정하는 것이다. 성도의 교제도 기도 못지않게 중요하다. 나는 영적 전투에 임하는 동안 같은 싸움을 하는 사람들로부터 많은 용기와 힘을 얻곤 한다.

"책망할 것이 없는"이라는 말은 완전해야 한다는 뜻과는 거리가 멀다. 만일 그렇다면 장로가 될 자격이 있는 사람은 아무도 없다. 이 말은 지도자의 평판을 해치거나 그의 됨됨이를 의심하게 만드는 죄의 결함이 있어서는 안 된다는 뜻이다. 계속 이어지는 장로의 자격 조건은 "책망할 것이 없는" 성품을 구체적으로 명시한 것에 지나지 않는다.

"한 아내의 남편이 되며" – 성적으로 순결한 사람

내가 헬라어 원문을 연구한 바에 따르면 "한 아내의 남편이 되며"딤전 3:2는 그리 적절한 번역은 아니다. 내가 보기에는 '아내(구나이코스 gunaikos)'와 '남편(아네르anēr)'을 '여성'과 '남성'으로 번역하는 것이 더 낫다. 헬라어 문장구조는 '하나'라는 말을 강조한다. 따라서 이 표현은 '한 여성만의 남자'를 뜻한다.

성적 순결이 바울이 나열한 자격 조건 가운데 가장 첫 번째 자리를 차지하는 것은 매우 적절하다. 왜냐하면 성적 순결 여부는 지도자의 자격 상실을 초래하게 만드는 가장 빈번한 이유 가운데 하나로 작용하기 때문이다. 지도자의 성적 순결은 진지한 관심을 요구하는 문제가 아닐 수 없다.

주석학자들은 "한 아내의 남편이 되며"라는 말에 대해 여러 가지 해석을 내놓았다. 그 가운데 가장 전통적인 해석은 장로는 한 번에 한 사람 이상의 여성을 아내로 삼아서는 안 된다는 것이다. 하지만 바울 당시의 종교, 문화적 분위기를 고려할 때 그가 일부다처제를 염두에 두고 말했을 가능성은 매우 희박하다. 당시에는 유대인이나 로마인이나 일부다처제를 용인하지 않았다.

어떤 사람들은 "한 아내의 남편이 되며"를 재혼한 사람은 어떤 경우든 장로가 될 수 없다는 의미로 이해한다. 하지만 바울은 여기에서 재혼을 염두에 두지 않았다. 왜냐하면 하나님은 배우자가 죽은 후에 재혼을 허락하셨기 때문이다 롬 7:2-3, 고전 7:39, 딤전 5:9-15.

이외에도 이 말씀을 이혼한 사람은 장로가 될 수 없다는 의미로 이해하는 사람들도 있다. 하지만 이 역시 바울의 의도와는 거리가 멀다. 만일 바울이 이혼을 염두에 두고 말했다면 "이혼 경력이 없는 사람만 장로가 될 수 있다"는 식으로 확실히 못 박았을 것이 분명하다. 하지만 그렇게 말했다면 문제가 발생한다. 왜냐하면 하나님은 두 가지 조건 아래 이혼과 재혼을 허락하셨기 때문이다.

첫 번째 조건은 배우자가 불륜 행위를 저지르는 경우다. 예수님은 당시 종교 지도자들에게 말씀하셨다. "또 일렀으되 누구든지 아내를 버리거든 이혼 증서를 줄 것이라 하였으나" 마 5:31. 유대인 남성들 가운데는 사소한 문제로 아내와 이혼하는 이들이 많았다. 남성들은 간단한 서류 작업만 마치면 얼마든지 이혼이 가능했기 때문이다.

하지만 예수님은 "누구든지 음행한 연고 없이 아내를 버리면 이는 저로 간음하게 함이요 또 누구든지 버린 여자에게 장가드는 자도 간음함이니라" 32절고 말씀하셨다. 음행 외에 다른 이유로 이혼하는 사람은 자기 자신과 아내를 간음을 행하는 사람으로 만드는 것과 같다는 뜻이다.

여기에서 말하는 '음행'은 뉘우치는 마음이 없이 계속해서 성적 범죄를 저지르는 극단적인 경우를 가리킨다. 하나님은 무죄한 배우자가 그런 악한 배우자의 구속에서 벗어날 수 있는 길을 허락하셨다. 그런 경우에는 충실한 그리스도인과 재혼할 수 있는 자유가 있다.

구약의 율법에 따르면 불륜을 저지른 배우자는 돌에 맞아 죽는 형벌을 받았다. 그것은 무죄한 배우자를 결혼의 속박에서 자유롭게 만들어 다시 혼인할 수 있는 기회를 제공하기 위해서였다. 오늘날 하나님은 더 이상 불충실한 배우자를 죽이라고 요구하지는 않으신다. 하지만 간음죄는 그때나 지금이나 중죄에 해당한다. 하나님이 간음을 저지른 배우자의 생명을 빼앗지 않으신다고 해서 무죄한 배우자가 평생을 독신으로 지내는 형벌을 감당해야 할 필요는 없다. 하나님은 그렇게 형평에 어긋나는 요구를 하지 않으신다. 하나님은 간음을 저지른 배우자의 생명을 보전해 주시는 한편, 무죄한 배우자에게 자유롭게 재혼할 수 있는 기회를 주신다.

두 번째 조건은 믿음이 없는 배우자가 갈라서기를 원하는 경우다. 그런 경우에도 이혼이 가능하다. 바울은 고린도전서 7장 15절에서 이렇게 말했다. "혹 믿지 아니하는 자가 갈리거든 갈리게 하라 형제나 자매나 이런 일에 구속 받을 것이 없느니라 그러나 하나님은 화평 중에서 너희를 부르셨느니라."

믿지 않는 배우자가 이혼을 원할 때는 믿는 배우자는 이혼할 자유가 있다. 하나님은 배우자와 다툼과 갈등을 겪으며 살아가기를 원하지 않으신다.

어떤 사람들은 디모데전서 3장 2절을 독신자는 장로가 될 수 없다는 뜻으로 이해한다. 하지만 장로였던 딤전 4:14, 딤후 1:6 참조 바울 자신도 독신이었다 고전 7:7-9 참조.

'한 여자만의 남자'라는 개념은 혼인 여부와는 아무 상관이 없다. 바울은 영적 지도자의 자격 조건을 제시했을 뿐 장로의 사회적 신분이나 외적 조건을 규정하고 있지 않다. '한 여자만의 남자'는 그 사람의 성품, 곧 마음의 상태와 관련이 있다. 그것은 결혼한 경우에는 아내에게만 헌신해야 한다는 의미다. 결혼을 했든 하지 않았든 여러 여자와 관계를 맺는 남자는 장로가 될 수 없다.

안타깝게도 한 여자와 결혼한 남자가 '한 여자만의 남자'로 머물지 않는 경우가 적지 않다. 예수님은 "여자를 보고 음욕을 품는 자마다 마음에 이미 간음하였느니라" 마 5:28고 가르치셨다. 바울이 디모데에게 말한 의도는 결혼을 했든 하지 않았든 여러 여자에 대해 욕정을 품는 사람은 장로가 될 자격이 없다는 뜻이다. 장로는 오로지 하나님이 허락하신 아내만을 사랑하고, 아끼고, 생각해야 한다. 이처럼 성적 순결은 장로의 가장 중요한 자격 조건이다. 이것이 바울이 성적 순결을 맨 처음 언급한 이유다.

"절제하며" – 무절제한 삶을 일삼지 않는 사람

"절제하며"로 번역한 헬라어 '네팔리오스nēphalios'는 '포도주가 없는', 또는 '포도주가 섞이지 않은'이라는 뜻이다. 이 말은 취한 상태와 반대되는 맑은 정신을 의미한다. 성경 시대에 포도주는 흔한 음료였다. 팔레스타인의 기후는 덥고 건조했기 때문에 열기로 손실되는 수분을 보충하기 위해 많은 양의 포도주를 마셔야 했다. 사람들은 술 취하는 것을 방지하기 위해 대개 물을 많이 섞은 포도주를 음용했다. 하지만 그런 조처에도 불구하고 냉장 보관이 불가능했기 때문에 포도주는 쉽게 발효되어 종종 사람들을 술 취한 상태로 몰아넣었다.

포도주는 사람의 마음을 즐겁게 하고삿 9:13 참조, 위통과 같은 질병을 완화하는 효과를 나타내고딤전 5:23 참조, 죽음을 목전에 둔 사람의 고통을 달래 주는 역할을 했지만잠 31:6 참조 사람들은 종종 포도주를 남용하곤 했다. 이것이 성경이 "포도주는 거만케 하는 것이요 독주는 떠들게 하는 것이라 무릇 이에 미혹되는 자에게는 지혜가 없느니라"잠 20:1라고 경고했던 이유다.

"재앙이 뉘게 있느뇨 근심이 뉘게 있느뇨 분쟁이 뉘게 있느뇨 원망이 뉘게 있느뇨 까닭 없는 창상이 뉘게 있느뇨 붉은 눈이 뉘게 있느뇨 술에 잠긴 자에게 있고 혼합한 술을 구하러 다니는 자에게 있느니라 포도주는 붉고 잔에서 번쩍이며 순하게 내려가나니 너는 그것을 보지도 말지어다 이것이 마침내 뱀같이 물 것이요 독사같이 쏠 것이며 또 네 눈에는 괴이한 것이 보일 것이요 네 마음은 망령된 것을 발할 것이며 너는 바다 가운데 누운 자 같을 것이요 돛대 위에 누운 자 같을 것이며 네가 스스로 말하기를 사람이 나를 때려도 나는 아프지 아니하고 나를 상하게 하여도 내게 감각이 없도다 내가 언제나 깰까 다시 술을 찾겠다 하리라" 잠 23:29-35.

창세기 9장에 포도주로 인한 폐해가 나온다. 노아는 포도나무를 심어 포도주를 만들어 마시고 술에 취했다. 술에 취한 그는 '그 장막 안에서 벌거벗었다' 21절 참조. 히브리어 원문은 노아가 일종의 성적 범죄를 저질렀다는 의미를 담고 있다. 노아의 아들 가운데 하나인 함은 술에 취한 그의 모습을 보고 조롱했고, 다른 두 아들은 그의 죄를 수치스럽게 여겨 보지 않으려고 뒷걸음으로 장막에 들어가 그의 벗은 몸을 덮어 주었다.

예를 들어 어떤 유대인들은 자신의 신분과 영향력을 고려해 포도주를 음용하지 않았다. 제사장들은 술에 취한 상태로 성전에 들어갈 수 없었다 레 10:9 참조. 한 잠언 저자는 왕들에게 판단을 흐릴 수 있다는 이유로 포도주를 마시지 않는 것이 좋다고 조언했다 잠 31:4-5 참조. 구약 시대에 가장 고결한 헌신 서약에 해당했던 나실인 서약은 서약자가 포도주 마시는 것을 엄격히 금했다 민 6:3 참조. 이와 마찬가지로 오늘날에도 영적 지도자는 술에 취하는 일이 없도록 자제해야 한다. 그래야만 성령 충만한 삶의 본을 보일 수 있고 책임 있는 판단을 내릴 수 있다.

"절제하며"라는 말은 단순히 술 취하지 말아야 한다는 의미를 뛰어넘어 항상 신중하고 분별 있는 삶을 살아야 한다는 의미를 담고 있다. 장로는 맑은 사고와 올바른 판단에 영향을 미치는 무절제한 삶을 삼가야 한다.

주석학자 윌리엄 헨드릭슨은 이렇게 설명했다.

> 그런 사람은 깊이 있는 삶을 살아간다. 예를 들어 그는 술 취한 사람의 쾌락과 같은 감각적인 쾌락이 아니라 영혼의 즐거움을 추구한다. 그는 영적으로나 도덕적으로 매우 진지하다. 그는 포도주를 마시는 것과 같은 무절제한 삶을 멀리하고 절도 있고 균형 있고 침착하고 신중하고 확고하고 분별 있는 삶을 지향한다. 그런 삶은 그의 육체적, 도덕적, 정신적 취향과 습관에 잘 어울린다(목회 서신 주석 Exposition of the Pastoral Epistles, Grand Rapids: Baker, 1981, p. 122).

음주는 무절제한 삶의 단면일 뿐이다. 사람들은 과식도 목회자가 흔히 저지르기 쉬운 죄에 해당한다고 생각한다. 그런 비판은 때로 지극히 타당하다. 영적 지도자는 삶의 모든 측면에서 절도와 균형이 있는 삶을 살아야 한다.

"근신하며" - 자제력이 강한 사람

"근신하며"로 번역한 헬라어 '소프론 sōphrōn'은 훈련 또는 자기 통제를 의미한다. 이는 앞서 말한 '절제'와 밀접한 관련이 있다. 절제하는 사람은 상황을 올바로 파악할 수 있고, 맑은 정신은 질서와 절도를 갖춘 삶을 살아갈 수 있게 해 준다. 그런 사람은 삶의 우선순위를 결정하는 방법을 알고 있다.

한편 소프론은 영적 문제를 진지하게 받아들이는 사람을 가리키기도 한다. 그런 사람은 어릿광대의 인기를 원하지 않는다. 물론 그렇다고 유머 감각이 없어야 한다는 뜻은 아니다. 훌륭한 지도자는 유머를 사용하고 즐길 수 있는 능력이 있다. 하지만 지도자는 삶에서 가장 중요한 문제에 먼저 관심을 기울여야 한다.

기질이 경박한 젊은 지도자들이 더러 있다. 하지만 그리스도를 섬기며 인생을 더 많이 경험하다 보면 하나님의 관점에서 상황을 바라보는 안목이 개발된다. 그런 식으로 세월이 흐르다 보면 경박한 기질은 줄어들고 인간의 부패한 상태와 피할 수 없는 지옥의 형벌에 대한 이해가 점점 증폭된다. 맑은 정신의 소유자는 살아가는 동안 그런 깨달음에 도달한다.

일전에 우리 교회 라디오 프로그램을 통해 10년간 계속된 텔레비전 드라마 중독을 고쳤다면서 감사 편지를 보내온 여성이 있었다. 그녀는 하루 다섯 시간씩 텔레비전 드라마를 보던 습관을 버리고 하나님의 말씀을 배우고 묵상하는 법을 배웠다. 그녀는 참으로 큰 은혜를 경험했다며 하나님을 찬양했다. 나는 그녀가 가장 가치 있는 것을 생각하는 습관을 기르게 된 것이 마냥 기뻤다.

바울은 다음과 같이 권고했다. "무엇에든지 참되며 무엇에든지 경건하며 무엇에든지 옳으며 무엇에든지 정결하며 무엇에든지 사랑할 만하며 무엇에든지 칭찬할 만하며 무슨 덕이 있든지 무슨 기림이 있든지 이것들을 생각하라"빌 4:8.

바울은 질서와 자기 수양이 잘 갖춰진 사람의 특징에 대해 이야기한다.

"아담하며"- 조직적인 사람

"아담하며"로 번역한 헬라어는 '코스미오스kosmios'로 '코스모스 kosmos'라는 어근에서 유래했다. 이 말은 본래 하나님과 인간과 사탄의 가치 사이에 존재하는 상호작용의 이치를 가리킨다. 아담한 사람은 삶의 모든 측면을 체계적이고 조직적으로 대한다. 그런 사람은 많은 의무와 책임을 완수하기 위해 부지런히 노력한다.

코스모스의 반대어는 '카오스'다. 장로는 혼란스런 삶의 태도를 지녀서는 안 된다. 왜냐하면 행정, 감독, 일정 수립, 사역의 우선순위 결정과 같은 임무를 완수해야 하기 때문이다.

이루지 못한 계획과 무질서한 활동으로 점철된 삶을 살아가는 사람에게 장로의 사역을 맡길 수는 없다. 나는 지금까지 살아오면서 의미와 질서를 갖춘 삶을 살아가지 못하는 탓에 효율적인 사역을 행하는데 어려움을 겪는 사람들을 많이 목격해 왔다. 그들은 모두 한 가지 일에 집중하거나 체계적으로 목적을 수립해 완수하는 능력이 부족했다. 무질서한 사람은 영적 지도자가 될 자격이 없다.

"나그네를 대접하며" - 낯선 이를 사랑하는 사람

"나그네를 대접하며"로 번역한 헬라어는 '낯선 이'를 뜻하는 '케노스xenos'와 '사랑하다, 애정을 표시하다'를 뜻하는 '필레오phileo'의 합성어다. 이는 낯선 이를 사랑한다는 뜻이다.

사람들은 종종 어떤 여성이 요리를 잘하거나 친구들의 방문을 반가워한다는 이유로 그녀가 남을 대접하는 은사를 받았다고 말하곤 한다. 물론 그런 재능과 성품은 은혜롭고 소중한 것이지만 성경이 말하는 관대함과는 다소 거리가 멀다.

성경이 말하는 관대함은 친구가 아니라 낯선 이에게 친절을 베푸는 것을 의미한다. 예수님이 누가복음 14장 12-14에서 말씀하셨다.

"네가 점심이나 저녁이나 베풀거든 벗이나 형제나 친척이나 부한 이웃을 청하지 말라 두렵건대 그 사람들이 너를 도로 청하여 네게 갚음이 될까 하라 잔치를 배설하거든 차라리 가난한 자들과 병신들과 저는 자들과 소경들을 청하라 그리하면 저희가 갚을 것이 없는 고로 네게 복이 되리니 이는 의인들의 부활시에 네가 갚음을 받겠음이니라."

낯선 이에게 사랑을 베풀 때는 자칫 손해를 볼 수도 있다. 심지어 상대방이 우리의 친절을 이용할 경우에는 위험하기까지 하다. 하나님은 낯선 이들을 대할 때는 지혜와 분별력이 필요하다고 말씀하심과 동시에 마 10:16 참조, 그들에게 사랑과 친절을 베풀라고 요구하신다 롬 12:13, 히 13:2, 벧전 4:9 참조.

낯선 이들을 사랑해야 할 책임을 생각할 때면 다음 말씀을 떠올리며 하나님이 그런 우리를 가족으로 받아 주셨다는 사실을 기억하곤 한다. "그때에 너희는 그리스도 밖에 있었고 이스라엘 나라 밖의 사람이라 약속의 언약들에 대하여 외인이요 세상에서 소망이 없고 하나님도 없는 자이더니"엡 2:12. 하나님은 그리스도를 믿는 유대인은 물론 이방인인 우리를 받아 주셨다는 사실을 생각한다면 낯선 이들을 우리 가정에 받아들이는 것이 당연하지 않겠는가? 우리에게 있는 모든 것은 하나님의 소유다. 우리는 단지 청지기에 불과할 뿐이다.

"가르치기를 잘하며" – 가르치는 데 능한 사람

"가르치기를 잘하며"로 번역한 헬라어 '디닥티콘didaktikon'은 신약성경에 단 두 차례 나온다(한 곳은 여기고 다른 한 곳은 디모데후서 2장 24절이다). 이 말은 '가르치는 데 능한'이라는 뜻으로, 오직 장로에게만 해당하는 자격 기준이다. 이 점이 바로 장로와 집사의 차이다.

바울은 디모데에게 가르치는 일의 중요성을 거듭 강조했다딤전 5:17, 딤후 2:2, 15 참조. 장로는 하나님의 말씀을 잘 전하는 능력은 물론 자신의 가르침에 신뢰를 가져다줄 수 있는 순전한 인격을 갖추어야 한다. 능력 있는 교사는 가르치는 바를 실행에 옮긴다. 그의 말과 행위가 다를 경우에는 그의 가르침이 훼손되고 신뢰가 떨어진다.

바울은 디모데에게 이렇게 권고했다. "누구든지 네 연소함을 업신여기지 못하게 하고 …… 믿는 자에게 본이 되어"딤전 4:12.

바울은 디모데가 다른 사람들의 본보기(즉 가르침을 실천하는 자)가 되기를 원했다. 그는 "말과 행실과 사랑과 믿음과 정절"12절이라는 말로 디모데가 모범을 보여야 할 삶의 분야를 언급했다. 이는 한마디로 삶의 모든 측면에서 모범을 보이라는 의미다. 삶의 모범은 가르치기를 잘하는 사람에게 가장 필요하고 중요한 요소다.

"내가 그리스도를 본받는 자 된 것같이 너희는 나를 본받는 자 되라"고전 11:1. 바울의 말처럼 사람들의 본보기가 되지 못하면 가르침에 능한 지도자가 될 수 없다.

성령께서는 지도자로 부르신 이들에게 가르치는 은사를 허락하신다롬 12:7, 고전 12:28, 엡 4:11 참조. 가르치는 일은 타고난 능력이 아니라 성령께서 하나님의 말씀을 효과적으로 가르치게 하시기 위해 허락하시는 특별한 은사에 해당한다.

디모데전서 4장 6절은 "믿음의 말씀과 …… 선한 교훈으로 양육을 받"아야 선한 일꾼이 될 수 있다고 말한다. 디모데는 이미 지도자의 길을 걷고 있었지만 바울은 그가 배운 건전한 교리를 굳게 붙잡으라고 권고했다. 그는 "디모데야 네게 부탁한 것을 지키"딤전 6:20라고 당부했다. 그는 디모데후서에서도 "너는 …… 내게 들은 바 바른 말을 본받아 지키고 …… 우리 안에 거하시는 성령으로 말미암아 네게 부탁한 아름다운 것을 지키라"1:13-14라고 말했다.

지도자가 교리를 많이 알수록 가르치는 능력도 더불어 배가된다. 물론 이 말은 새 그리스도인이 유능한 교사가 될 수 없다는 뜻은 아니다. 하지만 진리의 지식을 쌓으려면 부단한 노력이 필요하다.

가르치는 자의 태도는 그가 알고 있는 지식만큼 중요하다. 거만한 태도로 하나님의 진리를 가르치면 가르치는 말이 신뢰를 받기 어렵다. 가르치는 능력 외에 겸손한 태도가 반드시 필요한 이유가 여기에 있다. 바울은 "마땅히 주의 종은 다투지 아니하고 모든 사람을 대하여 온유하며 가르치기를 잘하며 참으며 거역하는 자를 온유함으로 징계할지니"딤후 2:24-25라고 말했다.

"술을 즐기기 아니하며" – 술을 마시지 않는 사람

'술을 즐기는'으로 번역한 헬라어 '파로이노스paroinos'는 '술을 마시는 사람'을 뜻한다. 단, 술고래를 뜻하지는 않는다. 여기에서 말하는 요점은 장로가 될 사람의 평판에 있다. 다시 말해 '그가 술꾼이라는 평판을 듣고 있는가?'라는 문제가 관건이다.

앞서 살펴본 대로 "절제하며"로 번역한 헬라어 '네팔리오스'는 포도주에 중독되지 않는 사람을 뜻한다. 이에 비해 '파로이노스'는 술꾼이라는 평판을 듣는 사람을 의미한다. 장로가 될 사람은 유흥업소를 빈번히 출입하지 않거니와, 술을 마시며 떠들어 대는 분위기를 좋아하지 않는다. 그런 사람의 습관은 술을 좋아하는 사람의 습관과는 다르다.

"구타하지 아니하며" – 주먹다툼을 하지 않는 사람

주먹질을 비롯해 폭력적인 방법으로 문제를 해결하려는 사람은 장로가 될 자격이 없다. "구타하지"로 번역한 헬라어 '플레크테스plēktēs'는 '주먹질을 하는 자', 또는 '치는 자'를 뜻한다. 장로는 급한 성격을 이기지 못해 쉽게 폭력에 의지해서는 안 된다. 이 자격 기준은 '술을 즐기기 아니하며'라는 자격 기준과 밀접하게 관련된다. 왜냐하면 대개 술을 과도하게 마시는 사람이 흔히 폭력을 사용하기 때문이다.

영적 지도자는 침착한 생각과 온유한 마음으로 문제를 해결해야 한다. 바울은 "마땅히 주의 종은 다투지 아니하고" 딤후 2:24라고 말했다.

"관용하며" – 인간적인 실수를 너그럽게 용서할 줄 아는 사람

킹제임스 성경은 "더러운 이를 탐하지 아니하며"라는 문구를 첨가

했지만 좀 더 권위 있는 헬라어 사본에는 그런 문구가 보이지 않는다. 이 자격 기준은 3절 마지막에 명시된 "돈을 사랑치 아니하며"와 의미가 같다. 여기에 대해서는 조금 뒤에 살펴보겠다.

"관용하며"로 번역한 헬라어 '에피에이케스*epieikēs*'는 '사려 깊고, 친절하고, 오래 참고, 은혜롭고, 부드러운'이라는 뜻이다. 아리스토텔레스는 이 말을 인간적인 실수를 너그럽게 용서할 줄 아는 사람에게 적용했다(디모데전후서, 디도서, 빌레몬서 주석 *The Letters to Timothy, Titus and Philemon*, 윌리엄 바클레이 Philadelphia : Westminster, 1975, p. 83). 이 말은 "마땅히 주의 종은 …… 모든 사람에 대하여 온유하며"라는 디모데후서 2장 24절에 다시 등장한다.

온유한 성품이란 좋은 것은 기억하고 악한 것은 잊어버릴 수 있는 능력을 말한다. 장로는 사람들이 저지른 잘못을 마음에 담아두고 있어서는 안 된다고전 13:5 참조. 이는 영적 지도자의 중요한 자질에 해당한다. 나는 다른 사람들의 비판이나 그들로 인한 분노를 극복하지 못해 목회 사역을 포기하는 사람들을 목격했다. 사람들의 잘못을 마음속에 일일이 간직하는 사람은 즐거운 마음으로 다른 사람들을 섬길 수 없다.

지도자는 다른 사람들에게 당한 피해를 입에 올리거나 기억하지 않도록 스스로의 감정을 잘 통제해야 한다. 그런 말이나 생각은 생산적인 결과를 가져오지 못한다. 과거의 잘못을 기억하면 상처가 되살아날 뿐 아니라 분노가 솟구쳐 생각이 어두워질 뿐이다.

"다투지 아니하며"- 다툼을 좋아하지 않는 사람

"다투지 아니하며"로 번역한 헬라어 '아마코스*amachos*'는 '구타하지 아니하며'를 뜻하는 헬라어 '메 플레크테스*mē plēktēs*'와 의미가 비슷하다. 메 플레크테스는 물리적인 폭력을 사용하지 않는다는 뜻이고, '아마코스'는 다툼을 좋아하지 않는다는 뜻이다. 교회에서 여러 명의 지도자가 모여 의논할 때 서로 설전을 벌이며 다툰다면 좋은 결과가 나타날 수 없다딤후 2:24 참조. 주님의 종은 화평케 하는 사람이 되어야 한다.

"돈을 사랑치 아니하며" – 탐욕스럽지 않은 사람

"돈을 사랑치 아니하며"로 번역한 헬라어 '아필라구로스*aphilarguros*'는 '사랑'과 '은'을 뜻하는 헬라어의 부정형이다. 이 말은 재물을 탐하지 않는 사람을 뜻한다.

돈을 사랑하면 지도자의 사역이 부패하게 마련이다. 그런 마음의 소유자는 다른 사람들을 치부의 수단으로 바라본다. 바울의 말을 들어 보자.

> "그러나 지족하는 마음이 있으면 경건이 큰 유익이 되느니라 우리가 세상에 아무것도 가지고 온 것이 없으매 또한 아무것도 가지고 가지 못하리니 우리가 먹을 것과 입을 것이 있은즉 족한 줄로 알 것이니라 부하려 하는 자들은 시험과 올무와 여러 가지 어리석고 해로운 정욕에 떨어지나니 곧 사람으로 침륜과 멸망에 빠지게 하는 것이라 돈을 사랑함이 일만 악의 뿌리가 되나니 이것을 사모하는 자들이 미혹을 받아 믿음에서 떠나 많은 근심으로 자기를 찔렀도다" 딤전 6:6-10.

어떻게 하면 돈을 사랑하는 마음에서 벗어날 수 있을까? 나는 '사역의 가치를 돈으로 환산하지 말라'는 단순한 원리를 마음의 지표로 삼는다. 때로 사람들은 나의 설교나 강연의 가격을 묻곤 한다. 그럴 때면 나는 무료라고 대답한다. 사례를 하면 그것으로 족하고, 그렇지 않더라도 무방하다. 나는 그 문제를 내가 섬기는 하나님과 그리스도인들에게 일임한다. 하나님이 공급하시는 것은 무엇이든 감사하게 받아들인다. 나는 재물에 대한 욕심으로 나의 사역이 부패하는 것을 절대 원치 않는다.

누군가가 뜻하지 않게 도움의 손길을 내밀면 주님이 주시는 것으로 알고 감사하며 받으면 된다. 하지만 스스로 물질을 추구하면 그것이 하나님이 주시는 것인지 아니면 우리 자신의 노력에 의한 것인지 알 길이 없다. 그런 삶은 하나님이 우리의 필요를 채워 주신다는 사실을 인정하는 데서 비롯하는 영적 기쁨을 앗아 간다.

"자기 집을 잘 다스려" – 경건한 가정을 꾸리는 사람

"자기 집을 잘 다스려 자녀들로 모든 단정함으로 복종케 하는 자라야 할지며 (사람이 자기 집을 다스릴 줄 알지 못하면 어찌 하나님의 교회를 돌아보리요)" 딤전 3:4-5.

바울의 말처럼 장로를 임명할 때는 그의 가정생활을 반드시 고려해야 한다. 장로는 교회를 인도하기 전에 먼저 자신의 가정에서 영적 리더십을 입증해야 한다.

"다스려"로 번역한 헬라어 '프로이스테미 *proistemi*'는 '관장하다, 권위를 행사하다, 앞장서다'라는 뜻이다. 장로는 한 가정의 운영자다. 이는 남성이 가정의 지도자가 되어야 한다는 성경의 가르침을 다시금 확증한다. 물론 남편과 아내는 가정생활의 공동 책임자다. 아내는 많은 가사를 책임져야 한다. 하지만 가정의 지도자는 남편이다.

"다스려"라는 의미로 번역한 헬라어는 "잘 다스리는 장로들을 배나 존경할 자로 알되" 딤전 5:17라는 말씀에 다시 등장한다. 교회를 인도하는 장로의 능력은 가정에서 입증된다. 따라서 장로는 교회의 지도자가 되기 전에 먼저 가정의 지도자가 되어야 한다.

장로는 가정을 잘 다스려야 한다. 가정을 잘 관리하지 못하는 이들이 많다. 그런 사람은 가정생활을 통해 바람직한 결과를 얻을 수 없다.

가정 운영에는 자산 관리 또한 포함된다. 자산 관리를 잘못해 파산에 이른 사람은 아무리 주님을 사랑하고 영적으로나 도덕적으로 흠이 없을 뿐 아니라 가르치는 일에 능하고 가장의 권위에 순종하는 믿는 아내와 자녀들을 두었다고 해도 영적 지도자가 될 자격이 없다. 돈을 올바로 사용하는 능력은 장로에게 매우 중요하다. 재산을 관리하는 능력은 지도자의 능력을 가늠하는 시금석이다. 장로의 가정은 그의 행정 능력이 여실히 드러나는 장소다.

"복종케 하는"으로 번역한 헬라어 '후포타게 hupotage'는 군사 용어의 하나로서 계급의 고하를 따져 줄을 세운다는 의미다. 경건한 지도자의 자녀들은 단정하고 공손하고 예의바른 태도로 그의 권위 아래 복종한다. 이 자격 조건은 자녀를 둔 경우에만 적용된다. 자녀가 없는 것은 결격 사유가 되지 않는다. 하지만 하나님이 자녀들을 허락하셨다면 그들은 마땅히 부모에게 예의를 갖춰 복종해야 한다.

디도서 1장 6절은 "방탕하다 하는 비방이나 불순종하는 일이 없는 믿는 자녀를 둔 자"를 장로의 자격 조건으로 제시했다. "믿는"으로 번역한 헬라어 '피스토스*pistos*'는 복음을 믿는 것을 가리킨다. 장로의 자녀들은 그가 전하고 가르치는 복음을 믿어야 한다. 자녀들이 그리스도인이 아닌 경우 장로의 사역은 신뢰성을 잃고 만다.

'단정함'으로 번역한 헬라어 '셈노테스*semnotes*'에는 품위, 예의, 겸손, 능력의 개념이 모두 섞여 있다. 이 말은 또한 당당하고 우아한 인품을 가리킨다. 장로의 자녀들은 부모를 명예롭게 해야 한다.

다른 자격 조건을 두루 갖춘 사람이라도 가정 때문에 장로가 될 수 없는 경우가 얼마든지 있다. 예를 들어 본인의 삶은 주님 앞에서 올바르지만 아내나 자녀들이 이미 죄의 습관에 길들여지고 나서 그리스도인이 된 탓에 가정이 혼돈 상태에서 벗어나지 못하는 경우다. 그런 경우에는 안타깝지만 교회 지도자가 될 자격이 없다.

그 밖에 하나님이 그리스도 안에서 구원의 은혜를 허락하지 않으시기로 결정하신 자녀를 둔 경우도 있다. 그런 경우 그 사람은 장로가 될 자격이 없지만 하나님은 그를 위해 다른 계획을 마련하고 계신다. 다시 말해 그런 사람은 지도자가 아닌 다른 위치에서 얼마든지 사역에 종사할 수 있다. 그런 사역도 지도자의 사역에 비해 조금도 못하지 않다. 지도자는 매우 중대한 직책이지만 사역은 무엇이든 똑같이 중요하다고전 12:12-25 참조. 자신이 하는 일이 다른 사람의 일에 비해 조금도 열등하지 않다고 생각하고 하나님이 요구하시는 사역의 기회에 충실히 임하는 자세가 무엇보다 중요하다.

한편 구약성경은 육체에 결함을 지닌 사람은 제사장이 될 수 없다고 명시했다. 다음 성경 말씀을 읽어 보자.

"여호와께서 모세에게 일러 가라사대 아론에게 고하여 이르라 무릇 너의 대대 자손 중 육체에 흠이 있는 자는 그 하나님의 식물을 드리려고 가까이 오지 못할 것이라 무릇 흠이 있는 자는 가까이 못할지니 곧 소경이나 절뚝발이나 코가 불완전한 자나 지체가 더한 자나 발 부러진 자나 손 부러진 자나 곱사등이나 난장이나 눈에 백막이 있는 자나 괴혈병이나 버짐이 있는 자나 불알 상한 자나 제사장 아론의 자손 중에 흠이 있는 자는 나아와 여호와의 화제를 드리지 못할지니 그는 흠이 있은즉 나아와 하나님의 식물을 드리지 못하느니라" 레 21:16-21.

육체에 결함이 있는 사람은 제사장으로서 의무를 행할 수 없다. 물론 불구자라고 해서 인격이나 신앙생활에 흠이 있는 것은 아니다. 하지만 제사장으로 섬길 사람을 선택하는 것은 오로지 하나님의 권한이다. 하나님은 정신과 육체가 모두 온전한 사람을 영적 지도자로 세우시기로 작정하셨다. 이는 교회 지도자의 경우에도 마찬가지다. 하나님은 아무 흠이 없이 가정생활을 모범적으로 이끄는 사람을 장로로 선택하신다.

아버지는 충분한 권한을 행사해 자녀들을 복종하게 만들어야 한다. 자녀들이 불순종하는 경우에는 즉시 부정적인 결과가 초래된다. 아담의 타락으로 인해 인간은 모두 영적으로 심히 부패한 상태로 전락했다(인간은 스스로를 구원하거나 올바른 일을 행할 능력이 없다). 타락한 인간을 훈련시켜 올바른 일을 행하게 만들려면 불순종할 때마다 회초리로 다스리는 길밖에 없다 잠 13:24 참조.

또한 아버지는 지혜가 풍부해 자녀들이 저절로 복종하게 만들어야 한다. 때로 자녀들이 이렇게들 말하며 아버지의 권한에 도전할 수도 있다.

"왜 내가 이것을 할 수 없지?"

"왜 내가 이 일을 해야 하지?"

아버지는 싫든 좋든 자녀를 양육하다 보면 철학자 겸 신학자가 되어야 한다. 즉 아버지가 자녀에게 거는 기대는 합리적이어야 한다.

이외에 아버지는 사랑이 풍부해 자녀들이 기꺼운 마음으로 복종하게 만들어야 한다. 아버지와 자녀와의 관계를 해칠 수 있는 일을 자제해야만 자녀들이 마음에서부터 복종하고 싶은 생각을 갖게 만들 수 있다.

다른 사람들을 섬길 수 있는 능력의 소유자냐 아니냐를 가장 잘 판단하는 잣대는 그 사람의 가정생활이다. 즉 '가족을 잘 돌보는 사람인가? 가족 하나하나에게 헌신적인가? 가족의 필요를 채워 주기 위해 열심히 일하는가?'와 같은 점을 반드시 점검해야 한다. 만일 그렇지 않다면 그런 사람은 교회를 돌볼 자격이 없다.

"새로 입교한 자도 말지니"- 성숙한 믿음을 가진 사람

반드시 생각하지 않으면 안 될 또 하나의 자격 조건은 겸손이다. 겸손은 매우 중요한 영적 자질이다. 물론 바울은 여기에서 겸손을 구체적으로 언급하지 않았다. 하지만 이 표현의 이면에는 영적 교만을 경계하라는 의도가 역력히 암시되어 나타난다.

"새로 입교한"으로 번역한 헬라어 '네오푸토스*neophutos*'는 '새로 심겨진'을 뜻한다. 이 말은 신앙의 초보자나 갓 세례를 받은 사람은 장로가 될 자격이 없다는 뜻을 담고 있다. 네오푸토스는 신약성경에서 단 한 차례, 이곳에만 쓰였다. 성경 이외의 헬라어 문헌에서는 땅에 새로 나무를 심는다는 의미로 쓰였다(신약성경 헬라어, Fritz Rienecher and Cleon Rogers, *Linguistic Key to the Greek New Testament*, Grand Rapids : Zondervan, 1982, p. 623).

새 신자의 반대는 성숙한 그리스도인이다. 장로는 성숙한 그리스도 인이어야 한다. 물론 영적 성숙도는 상대적이기 때문에 이 기준은 교회마다 달라질 수 있다. 문제의 핵심은 장로는 그가 이끄는 다른 그리스도인들보다 영적으로 더욱 성숙해야 한다는 데 있다.

"교만하여져서"로 번역한 헬라어 '투포오*tuphoō*'는 '연기에 감싸이다', 또는 '우쭐해지다'라는 뜻이다. 다시 말해 교만으로 심령이 어두워졌다는 뜻이다. 새 신자가 자신의 영적 수준을 잘못 판단해 우쭐해지거나 교만한 생각으로 심령이 어두워지는 일이 발생하도록 해서는 안 된다.

새 신자를 지도자로 세워서는 안 되는 이유는 단지 가르치는 능력이 없어서가 아니다. 새 신자도 얼마든지 훌륭한 성경 교사가 될 수 있다. 또한 새 신자도 탁월한 리더십을 갖추고 있어 얼마든지 선한 지도자가 될 수 있고, 부지런히 성경을 연구해 빠른 시간 내에 하나님의 말씀에 대한 무지를 극복할 수 있다.

새 신자도 디모데전서 3장 2절의 자격 기준을 충족시켜 얼마든지 흠 없는 삶과 훌륭한 가정생활을 이끌 수 있다. 하지만 상대적으로 신앙 연륜이 짧은 사람을 너무 빨리 지도자로 선택해 오랫동안 신앙생활을 해 온 사람들, 곧 나이도 더 많고 믿음도 더 성숙한 사람들과 동등한 위치에서 함께 일하게 하면 우쭐한 생각에 자칫 교만해지기 쉽다.

그레이스 커뮤니티 교회는 다른 교회에 비해 여러 모로 성숙했다. 우리 교회를 자랑하고 싶은게 아니라 단지 우리 교회가 역사가 깊고 사역의 우선순위를 잘 아는 교회라는 점을 말하고 싶다. 우리 교회는 50년이 넘는 기간동안 항상 하나님의 말씀을 가르치는 일에 주력해 왔다. 우리 교회에는 삼대, 사대, 오대, 육대에 걸친 그리스도인들이 함께 모여 있다. 우리 교회 장로들은 오랫동안 성경을 연구하고 가르쳐 오면서 지도자로서의 소양을 닦아 온 성숙한 그리스도인들이다. 새 신자를 장로로 세운다면 단기간에 높은 영적 수준에 이르렀다고 자평하고 싶은 유혹에 치우쳐 쉽게 교만해질 것이 불 보듯 뻔하다.

미개한 지역에 가서 교회를 세우고 그곳에서 6개월 동안 선교 사역에 종사한 뒤에 고향으로 돌아와야 하는 선교사가 있다고 가정해 보자. 그는 고향으로 돌아오기 전에 그 교회를 담당할 목회자를 선택해야 한다. 그 경우 그는 새 신자를 지도자로 선택할 수 있다. 하지만 누구를 선택하든 간에 다른 사람들보다 영적으로 좀 더 성숙한 사람을 선택해야 한다. 만일 그 사람이 그레이스 커뮤니티 교회에서 장로가 되려면 아직 10년이 더 필요할 수도 있다. 하지만 그는 그 나라에서만큼은 다른 사람들을 지도할 수 있는 목회자가 될 수 있다. 왜냐하면 영적 성숙도는 교회에 따라 상대적이기 때문이다.

우리 교회의 경우에는 장로의 자격 기준이 매우 엄격하기 때문에 신학교를 졸업한 젊은이들이 장로로 임명되지 않은 상태에서 사역을 행한다. 그들 가운데는 성경을 가르치는 능력이 탁월할 뿐 아니라 도덕적 성품이나 가정생활에서도 흠이 없는 사람들이 많다. 하지만 그들을 너무 일찍 장로로 추대할 경우에는 자칫 교만해지기 쉽다.

우리 교회에서 일하는 젊은 사역자들 가운데는 장로로 일한 적이 없는데도 다른 교회에 가서 목회자로 일하는 이들이 적지 않다. 그런 교회들은 그들을 하나님의 말씀을 가르치고 교회를 인도하는 지도자로서의 자질을 충분히 갖춘 사람으로 받아들인다.

바울 사도는 교만한 지도자는 능력을 제대로 발휘할 수 없거나 죄를 짓기 쉽다고 말하지 않고 "마귀를 정죄하는 그 정죄에 빠질까 함이요"딤전 3:6라는 표현을 사용했다. 이는 교만이 매우 심각한 죄라는 점을 강조한다.

그러면 여기에서 정죄는 무엇을 의미할까? 어떤 사람들은 이를 사탄이 교만한 지도자를 단죄할 것이라는 의미로 이해한다. 하지만 성경은 마귀를 사람들을 단죄하는 재판관으로 묘사한 적이 없다. 성경에 따르면 재판관은 하나님이시다. 따라서 "마귀를 정죄하는 그 정죄"는 하나님이 마귀에게 내리신 심판을 의미하는 것으로 이해해야 옳다. 교만한 지도자는 마귀와 똑같은 심판을 받게 된다. 교만을 다루고 있는 성경의 문맥은 이러한 결론을 뒷받침한다. 예를 들어 성경은 하나님이 교만한 자를 물리치신다고 말씀한다약 4:6 참조.

사탄은 교만하게도 하나님께 반역했기 때문에 고귀한 신분을 잃고 말았다. 하나님은 교만한 생각을 품는 사람에게는 모두 그와 똑같은 심판을 내리신다. 믿음이 충분히 성숙하지 않은 상태에서 지도자의 위치에 오르는 사람은 스스로의 영적 성숙도를 오판하기 쉽다.

이사야 14장 12-14절은 루시퍼의 교만한 성품을 아래와 같이 묘사했다.

"너 아침의 아들 계명성이여 어찌 그리 하늘에서 떨어졌으며 너 열국을 엎은 자여 어찌 그리 땅에 떨어졌는고 네가 네 마음에 이르기를 내가 하늘에 올라 하나님의 뭇별 위에 나의 보좌를 높이리라 내가 북극 집회의 산 위에 좌정하리라 가장 높은 구름에 올라 지극히 높은 자와 비기리라 하도다."

사탄은 '높이리라, 좌정하리라, 비기리라'와 같은 표현을 사용하며 하나님의 권위를 찬탈하려고 했다. 하나님은 그의 교만을 용납하지 않으시고 이렇게 심판하셨다. "그러나 이제 네가 음부 곧 구덩이의 맨 밑에 빠치우리로다 너를 보는 자가 주목하여 너를 자세히 살펴보며 말하기를 이 사람이 땅을 진동시키며 열국을 경동시키며 …… 사로잡힌 자를 그 집으로 놓아 보내지 않던 자가 아니뇨"15-17절.

하나님은 사탄을 높이지 않고 처참하게 떨어뜨리셨다. 누군가를 그런 심판에 처하지 않게 만들려면 믿음이 성숙하지 못한 사람을 너무 빨리 지도자로 추대해서는 안 된다. 물론 교만한 지도자라고 해서 구원을 상실하는 것은 아니다. 한번 구원받은 사람은 절대 구원을 상실하지 않는다. 그런 사람은 존경받는 위치를 잃을 뿐이다.

"외인에게서도 선한 증거를 얻은 자라야 할지니"
– 비그리스도인들에게 존경받는 사람

"선한"으로 번역한 헬라어 '칼로스 *kalos*'는 마음과 행동이 모두 선한 상태를 의미한다. 장로는 내적 성품은 물론 외적 행위에서도 선하다는 증거(또는 평판)를 얻을 수 있어야 한다.

"증거"로 번역한 헬라어 '마르투레오 *martureō*'에서 '순교자'를 뜻하는 영어 단어 'martyr'가 유래했다. 하지만 이 말의 기본 의미는 '확실한 증거'다. 다른 사람들의 증거가 장로의 성품을 확증해야 한다.

"외인"은 그리스도인이 아닌 사람들을 가리킨다. 장로는 그를 알고 있는 사람들 사이에서 순전함, 사랑, 친절, 관용, 선함과 같은 덕성의 소유자로 알려져야 한다. 물론 이 말은 다른 사람들이 반드시 그의 신앙에 동조해야 한다는 뜻은 아니다. 사실 그리스도인 가운데도 그의 확신에 동의하지 않는 사람이 얼마든지 있을 수 있다. 이 말은 그가 자신이 속한 공동체 내에서 훌륭한 인품을 지닌 사람으로 정평이 나 있어야 한다는 뜻이다. 이는 매우 중요한 자격 기준이 아닐 수 없다. 왜냐하면 사람들의 존경을 받지 못하는 장로는 자신이 속한 공동체에 선한 영향을 미칠 수 없기 때문이다. 사람들의 존경을 받지 못하는 장로는 오히려 그리스도를 욕되게 할 뿐이다.

7절에서 "비방"으로 번역한 헬라어는 '수치'를 의미한다. 참으로 슬프게도 지금까지 스스로의 죄 때문에 주님과 그분의 교회를 욕되게 만드는 사람들이 많았다. 장로가 흠 없는 평판을 지닌 사람이어야 하는 이유가 여기에 있다.

이 자격 기준은 장로로 임명된 후에 저질렀던 죄에만 적용되지 않는다. 여기에는 그의 평판을 좋지 않게 만들었던 과거의 죄까지 모두 해당된다. 교회는 누군가를 장로로 임명하기 전에 그가 속한 공동체 내에서 평판이 어떤지 반드시 점검해야 한다.

신약성경은 공동체 내에서 선한 평판 듣는 것을 매우 중요하게 본다. 로마서 2장 24절은 이스라엘 백성에 대해 "하나님의 이름이 너희로 인하여 이방인 중에서 모독을 받는도다"라고 말했다. 이스라엘의 죄는 하나님의 영광을 실추시켰다. 이는 교회의 경우도 마찬가지다.

많은 사람이 나의 언행을 주시한다. 따라서 나는 내가 속한 공동체 내에서 언행을 각별히 조심하지 않으면 안 된다. 일전에 가족들과 함께 가구점에 갔다가 가구 구입에 관해 서로 의논을 한 적이 있었다. 고객은 누구든지 자신이 원하는 물건을 자유롭게 평가하거나 살펴볼 자유가 있었다. 판매 사원은 그 점을 알고 우리 대화가 다 끝날 때까지 인내하며 기다렸다. 마침내 우리는 의견 일치를 보았고, 판매 사원에게 물건을 구입할 준비가 끝났다고 말했다. 그러자 그는 얼굴에 미소를 지으며 말했다. "저는 목사님을 알고 있습니다." 순간 이런 생각이 떠올랐다. '오, 저런! 내가 그에게 어떤 인상을 주었을까?'

이어 그는 '목사님의 사역에 깊이 감사하고 있습니다'라고 말했다. 우리 가족이 상품 구입을 앞두고 한참 동안 의논한 것이 주님의 사역에 아무런 지장을 초래하지 않았다는 사실을 알고 안도의 한숨을 내쉬었다.

그리스도인은 누구나 다른 사람들의 눈에 스스로를 드러낼 수밖에 없다. 우리는 사람들에게 흠 없는 삶을 보여 주어야 한다. 사람들이 우리의 믿음에 동의하지 않더라도 우리의 경건한 성품을 목격할 수 있어야 한다. 바울은 빌립보 그리스도인들에게 이렇게 권고했다. "이는 너희가 흠이 없고 순전하여 어그러지고 거스르는 세대 가운데서 하나님의 흠 없는 자녀로 세상에서 그들 가운데 빛들로 나타내며" 빌 2:15.

그리스도인의 삶은 하나님의 존재를 증언한다. 삶을 통한 증언은 매우 고귀하고 신성한 책임이다. 바울은 골로새서 4장 5-6절에서 "외인을 향하여서는 지혜로 행하여 …… 너희 말을 항상 은혜 가운데서 소금으로 고루게 함같이 하라 그리하면 각 사람에게 마땅히 대답할 것을 알리라"고 말했다. 선한 증거에는 경건한 행동은 물론 지혜로운 말까지 포함된다.

"외인에게서도 선한 증거를 얻은 자라야 할지니 비방과 마귀의 올무에 빠질까 염려하라"딤전 3:7는 말씀이 암시하는 대로, 사탄은 영적 지도자를 옭아매어 그의 순전한 인격과 그에 대한 신뢰를 무너뜨리려고 애쓴다. 사탄은 울부짖는 사자처럼 삼킬 자를 두루 찾아다닌다벧전 5:8 참조. 영적 지도자는 사탄의 가장 주된 공격 목표다.

장로도 다른 그리스도인들과 마찬가지로 약점이나 단점이 있다. 그런 이유로 그들은 이따금 사탄의 함정에 빠져들곤 한다. 넘어지지 않는 사람은 완전한 사람뿐이다약 3:2 참조. 장로는 사탄의 올무에 걸려 희생되지 않기 위해 각별히 조심하고 주의해야 한다. 그래야만 다른 사람들을 잘 인도해 사탄의 올무를 피하게 만들 수 있다.

에베소 교회는 지도자들을 시험해야 할 필요가 있었다행 20:28-31 참조. 우리도 마찬가지다. 교회의 미래는 현재의 지도자들에게 달려 있다. 하나님은 지도자를 세워 양떼를 인도하게 하신다. 이미 교회 지도자로 일하고 있는 사람들은 새로운 사람들을 발굴해 지도자로 세우고, 그들을 위해 기도하며, 성도들에게 자신을 본받으라고 격려해야 한다. 그래야만 하나님께 영광을 돌릴 수 있다.

✦ 하나님이 계획하신 교회 ✦

"만물을 살게 하신 하나님 앞과 본디오 빌라도를 향하여 선한 증거로 증거하신 그리스도 예수 앞에서 내가 너를 명하노니 우리 주 예수 그리스도 나타나실 때까지 점도 없고 책망 받을 것도 없이 이 명령을 지키라" 딤전 6:13-14.

"너는 말씀을 전파하라 때를 얻든지 못 얻든지 항상 힘쓰라 범사에 오래 참음과 가르침으로 경책하며 경계하며 권하라 때가 이르리니 사람이 바른 교훈을 받지 아니하며 귀가 가려워서 자기의 사욕을 좇을 스승을 많이 두고 또 그 귀를 진리에서 돌이켜 허탄한 이야기를 좇으리라 그러나 너는 모든 일에 근신하여 고난을 받으며 전도인의 일을 하며 네 직무를 다하라" 딤후 4:2-5.

21장 • 거짓 가르침을 피하라

+

22장 • 무오한 성경을 전하라

+

23장 • 순전한 인격을 갖춰라

+

24장 • 교리에 충실하라

진정한 목자가 되기 위해 6

**THE MASTER'S PLAN
FOR THE CHURCH**

21 : 거짓 가르침을 피하라

리더십 The Master's Plan for the Church

하나님은 진리이시므로 거짓을 말씀하지 않으신다. 하지만 사탄은 거짓말쟁이이자 거짓의 아비다. 이러한 대립 현상은 우주 어디에나 존재한다. 거룩한 천사들과 더러운 귀신들이 서로 맞서고, 하나님의 진리와 사탄의 거짓이 충돌을 일으킨다.

거짓 교리는 하나님의 백성을 늘 괴롭혀 왔다. 하나님의 백성은 지금까지 거짓 선지자들과 이단들로부터 공격을 받아 왔다. 사탄은 거짓으로 사람들을 미혹해 온 세상을 혼란에 빠뜨린다. 사탄은 하와에게 진리를 왜곡시켜 인류의 타락을 유도했다창 3:1-6 참조. 거짓 교리는 마치 강물처럼 불어나 이전보다 더 깊고 넓게 세상을 휩쓸고 있다. 하나님과 그리스도와 성경과 영적 현실에 관한 거짓 가르침이 온 세상에 만연하다.

거짓의 아비 사탄은 하나님이 성경을 통해 우리에게 허락하신 진리, 곧 우리를 구원하고 거룩하게 하는 진리를 무너뜨리려고 안간힘을 쓴다. 지금까지 거짓 가르침은 황폐하고 끔찍한 결과를 초래했다. 이것이 성경이 거짓 가르침을 "멸망케 할 이단"벧후 2:1이라고 일컫는 이유다. 그리스도의 재림이 가까울수록 속임수와 거짓과 진리 왜곡은 더욱 심해진다(거짓 교리와 거짓 교사를 분별하고 처리하는 방법에 관해 좀 더 자세히 알고 싶으면 내가 집필한 신약성경 주석 시리즈 **베드로후서와 유다서 주석** 2, *Peter & Jude*, Chicago : Moody, 2005 5장과 14장, 그리고 **요한일서, 이서, 삼서 주석**, Chicago : Moody, 2007 8장과 14장을 참조하라).

주님의 종은 거짓 교사들을 경계함과 동시에 사람들에게 그들의 거짓을 일깨워 주어야 한다. 바울 사도도 이와 관련해 에베소 교회 그리스도인들과 지도자들에게 경고했다행 20:29-30 참조.

디모데후서 2장 14-19절은 거짓 가르침을 피해야 할 이유를 구체적으로 명시한다. 바울은 디모데에게 주님의 충실한 종이 되라고 당부했다. 그는 디모데에게 불신앙과 거짓 가르침과 악한 사람들을 경계하고 교회를 올바로 세우라고 명령했다. 그것은 디모데와 그의 교인들이 거짓 가르침을 멀리하고 오직 하나님의 진리만 바라봐야 비로소 지킬 수 있는 명령이었다.

"너는 저희로 이 일을 기억하게 하여 말다툼을 하지 말라고 하나님 앞에서 엄히 명하라 이는 유익이 하나도 없고 도리어 듣는 자들을 망하게 함이니라 네가 진리의 말씀을 옳게 분변하여 부끄러울 것이 없는 일꾼으로 인정된 자로 자신을 하나님 앞에 드리기를 힘쓰라 망령되고 헛된 말을 버리라 저희는 경건치 아니함에 점점 나아가나니 저희 말은 독한 창질의 썩어져 감과 같은데 그 중에 후메내오와 빌레도가 있느니라 진리에 관하여는 저희가 그릇되었도다 부활이 이미 지나갔다 하므로 어떤 사람들의 믿음을 무너뜨리느니라 그러나 하나님의 견고한 터는 섰으니 인침이 있어 일렀으되 주께서 자기 백성을 아신다 하며 또 주의 이름을 부르는 자마다 불의에서 떠날지어다 하였느니라."

참지도자들을 일깨우라

14절을 문자 그대로 번역하면 '너는 이 일을 기억하게 하라'다. "저희"는 디모데가 일깨워야 할 사람들을 밝히기 위해 번역자들이 첨가한 것이다. "저희"는 2절에서 언급한 "충성된 사람들"을 가리킨다. 바울은 디도데가 교회 지도자들과 교사들에게 진리를 전해야 할 책임을 일깨워 주기를 원했다. 복음사역의 숭고함과 그들이 지향하는 고결한 명분을 깨닫게 하는 것이 필요했기 때문이다.

거짓 가르침을 피하라

바울의 어조는 긍정적인 일깨움에서 부정적인 명령으로 옮겨 간다. 그는 14절에서 "말다툼을 하지 말라고 하나님 앞에서 엄히 명하라(디아마르투로마이 *diamarturomai*)고 말했다. '디아마르투로마이'는 끊임없는 상기와 계속적인 명령을 나타낸다. 디모데는 지도자들에게 항상 긍정적인 의무를 일깨워 주고, 늘 거짓 가르침을 피하라고 경고해야 했다. 그러한 경고는 매우 엄중하다. 특히 "하나님 앞에서"라는 문구는 경고의 엄중함을 더욱 강조한다. 지도자는 하나님을 경외하는 마음으로 주어진 임무에 충실해야 한다. 바울은 다른 곳에서도 디모데에게 아래와 같이 명령했다.

> "하나님과 그리스도 예수와 택하심을 받은 천사들 앞에서 내가 엄히 명하노니 너는 편견이 없이 이것들을 지켜 아무 일도 편벽되이 하지 말며" 딤전 5:21.
>
> "만물을 살게 하신 하나님 앞과 본디오 빌라도를 향하여 선한 증거로 증거하신 그리스도 예수 앞에서 내가 너를 명하노니 우리 주 예수 그리스도 나타나실 때까지 점도 없고 책망받을 것도 없이 이 명령을 지키라" 딤전 6:13-14.
>
> "하나님 앞과 산 자와 죽은 자를 심판하실 그리스도 예수 앞에서 그의 나타나실 것과 그의 나라를 두고 엄히 명하노니" 딤후 4:1.

이들 명령은 매우 엄중하다. 이는 단순한 조언이 아니라 하나님 앞에서 이루어진 엄숙한 명령이다. 이와 같은 명령을 한 의도는 하나님 앞에서 책임을 지는 삶을 살아야 한다는 점을 상기시켜 그분의 백성에게 경외심을 갖게 하는 데 있다. 하나님의 임재가 우리에게 위로가 되는 경우도 있지만, 그보다는 책임감을 고무시키려는 경우가 더 많다.

우리는 항상 하나님 앞에서 행한다. 그분의 임재는 우리에게 어떻게 살아야 좋은지 일깨워 준다. 하나님은 우리 각자의 삶을 감찰하신다. 하나님 앞에서 이루어진 엄숙한 명령은 거룩하고 의로운 재판장이신 그분 앞에서 책임 있는 삶을 살아야 한다는 점을 일깨워 준다.

그렇게 엄숙한 명령을 내린 뒤에는 사람들이 피해야 할 중대한 범죄 몇 가지를 디모데에게 알려 주어 가르치도록 하는 것이 논리적 순서라고 생각할 테지만, 바울은 그렇게 하지 않고 단지 '말다툼을 하지 말라고 가르치라'고 당부했다.

14절에 "말다툼"으로 번역한 헬라어 '로고마케오*logomacheo*'는 논쟁을 벌이는 것을 의미한다. 바울은 교회 지도자들에게 무익한 논쟁을 피하라고 명령했다. 그 이유는 불필요한 논쟁을 일삼다 보면 가장 중요한 사역을 등한시할 가능성이 높았기 때문이다. 에베소 교회의 거짓 교사들은 하나님의 말씀이 아니라 무익하고 쓸데없는 논쟁에 초점을 맞추었다 딤전 1:3-4; 6:3-10 참조.

루이스가 저술한 스크루테이프의 편지*The Screwtape Letters*는 늙은 마귀 스크루테이프가 조카 웜우드에게 사람들을 영적으로 파멸시킬 수 있는 방법을 편지로 알려 주는 내용이다. 스크루테이프는 첫 번째 편지에서 다음과 같이 이야기한다. "사람들은 어렸을 때부터 서로 양립할 수 없는 철학 사상을 수십 가지나 머릿속에 간직한 채 사변을 일삼는 데 익숙하다. 그들은 어떤 교리가 참인지 거짓인지 생각하기보다 학문적인지 실용적인지 생각하기를 좋아한다. 따라서 논쟁보다는 종잡을 수 없는 허튼소리를 최선의 동지로 삼아 사람들이 교회에 가지 못하도록 막는 것이 좋다"(New York : Macmillan, 1961, p. 8).

사탄은 참된 과학과 이성이 새빨간 거짓에 불과한 자신의 명분에 아무 도움이 될 수 없다는 사실을 너무나도 잘 알고 있다. 따라서 그는 사실이 아니라 사변으로 사람들의 생각을 가득 채우려고 노력한다. 사탄의 수하들은 모두 일시적인 관심사에 초점을 맞추게 유도해 성경의 진리를 흐릿하게 만드는 전략을 구사한다.

한갓 사변에 불과한 개념들이 오늘날의 대학교와 신학교에서 판을

친다. 텔레비전 복음 전도자와 성경 교사들 역시 무익한 사변으로 거짓 종교를 가르쳐 교회를 혼란에 빠뜨린다. 그들의 전략은 이미 상당한 효과를 거두었다. 그 결과 오늘날 낙태가 성행하고, 여성 목회자, 동성애, 무분별한 이혼을 수용하는가 하면, 타락한 지도자를 여전히 지도자로 추대하는 교회가 적지 않다. 또한 가정을 잘 돌보지 않는 남편과 자녀들에게 헌신하지 않는 아내가 너무 많다. 그런가 하면 교회에서는 겸손과 섬김은 가르치지 않고 자긍심에 입각한 자기 계발만 강조하는, 소위 '구도자 중심'의 사역에 기치를 올리는 곳이 많아졌다. 이것이 바로 그 증거가 아니고 무엇이겠는가?

소위 '정치적 올바름'을 추구하는 신학적, 방법론적 사변이 교회에 깊숙이 침투해 들어왔다. 이것이 현대 교회가 세상의 소리에 기꺼이 귀를 기울이는 이유다. 오늘날의 교회는 성경을 인간의 이성과 지혜와 동등하게 취급한다. 바울은 디모데후서 2장 14절에서 세상의 사변을 '무익하다'고 말했다. 사실 세상의 사변은 무익함을 넘어서서 사악하다. 디모데전서 4장 1-2절은 사탄이 위선을 일삼는 거짓말쟁이들을 통해 퍼뜨린 거짓 교리에 관해 말한다.

바울은 그런 논쟁이 '듣는 자들을 망하게 한다'라고 말했다. '망하게 한다'로 번역한 헬라어 '카타스트로페 katastrophē'는 '뒤집어엎다, 파괴하다, 전복하다'라는 의미다. 거짓 가르침은 세우지 않고 무너뜨리며 강화하지 않고 약화시킨다.

카타스트로페는 신약성경에서 이곳과 다른 한 곳에만 나타난다. 그곳은 베드로후서 2장 6절이다. 그곳을 읽어 보면 바울이 어떤 종류의 멸망을 염두에 두고 있었는지 짐작할 수 있다.

베드로는 그곳에서 "소돔과 고모라 성을 멸망하기로 정하여 재가 되게 하사"벧후 2:6라고 말했다. 카타스트로페는 '무력에 의한 완전한 멸망'을 의미한다. 바울은 이 말을 디모데전서 2장 14절에서도 그와 똑같은 의미로 사용했다. 무익한 논쟁은 영혼을 파멸시켜 사람들의 영혼이 저주를 받게 만든다. 베드로가 거짓 선지자들을 "임박한 멸망을 스스로 취하는" "멸망케 할 이단"이라고 일컬은 이유가 여기에 있다벧후 2:1 참조.

"무식한 자들과 굳세지 못한 자들이 다른 성경과 같이 그것도 억지로 풀다가 스스로 멸망에 이르느니라"벧후 3:16. 하나님이 거짓 가르침을 피하라고 명령하시는 이유는 그것이 영혼의 영원한 저주를 불러일으킬 가능성이 있기 때문이다.

아울러 무익한 논쟁은 성경을 가르치는 이들을 부끄럽게 만든다. "네가 진리의 말씀을 옳게 분변하며 부끄러울 것이 없는 일꾼으로 인정된 자로 자신을 하나님 앞에 드리기를 힘쓰라"딤후 2:15. 바울이 한 이 말씀의 핵심 어구는 "부끄러울 것이 없는"이다. 잘 알다시피 수치감은 명예롭지 못한 일을 저질렀다는 사실을 깨닫는 데서 비롯하는 고통스런 감정이다. 거짓 가르침을 전하는 사람은 누구나 하나님을 대할 때 수치를 느끼지 않을 수 없다. 거짓 가르침은 하나님의 칭찬이 아니라 심판을 받아 마땅하다. 얼마나 많은 학위를 소유하고 있고, 얼마나 많은 지식을 갖고 있느냐는 하나님께 그다지 중요하지 않다. 누구든 하나님의 말씀을 잘못 가르친다면 수치를 당해야 마땅하다.

그러면 하나님 앞에서 부끄럽지 않으려면 어떻게 해야 할까? 15절에 "힘쓰라"로 번역한 헬라어 '스푸다조*spoudazō*'는 '부지런히 노력한다, 최선의 노력을 기울인다, 최선을 다한다'는 뜻이다. 하나님의 말씀을 가르치는 일은 최선의 노력을 기울여야 한다. 바울이 "잘 다스리는 장로들을 배나 존경할 자로 알되 말씀과 가르침에 수고하는 이들을 더할 것이니라"딤전 5:17고 말한 이유가 여기에 있다. 성경의 진리를 가르치기 위해 부지런히 준비하는 것은 많은 수고와 노력을 필요로 하는 사역이다.

또한 바울은 설교자들에게 "진리의 말씀을 옳게 분변하라"딤후 2:15고 요구했다. "옳게 분변하라"로 번역한 헬라어 '오르토토메오*orthotomeo*'는 '곧은 선을 새기다'라는 뜻이다. 예를 들어 사람들은 톱으로 곧은 선을 자르거나 숲에 곧은 길을 내거나 건물이 수평이 될 수 있도록 돌의 모서리를 반듯하게 다듬어 건물을 세우거나 옷이나 가죽에 곧은 선을 그릴 때 이 말을 사용했다.

바울은 가죽을 다루는 장인이었다. 흔히 그를 천막제조업자로 말하지만 그의 직업을 가리키는 헬라어 '스카노포이오스*skanopoios*'를 좀 더 의미를 살려 번역하면 '가죽을 다루는 장인'이라는 뜻이다. 그는 동물 가죽과 꼰 털을 이용해 천막을 비롯해 여러 가지 가죽 물건을 만들었다. 천막을 만드는 사람은 많은 가죽 조각을 기워 천막을 만들었다. 천막 제조는 옷을 만드는 것과 비슷했다. 견본에 따라 천을 똑바로 자르지 못하면 조각이 서로 잘 맞지 않아 옷 모양새가 볼품없이 변한다.

영적 사역에도 동일한 원리를 적용할 수 있다. 성경 신학과 성경 주해는 서로 밀접한 관련이 있다. 성경을 가르치는 사람은 진리의 말씀을 정확하게 다루어야 한다. 그래야만 가르침이 일관되고, 진리가 정확하게 전달될 수 있다.

"진리의 말씀"이라는 표현은 아래와 같이 신약성경 다른 곳에도 더러 나타난다.

> 예수님은 "아버지의 말씀은 진리니이다" 요 17:17 라고 말씀하셨다. 여기에서 진리의 말씀은 하나님의 모든 계시를 가리킨다.
> "그 안에서 너희도 진리의 말씀 곧 너희의 구원의 복음을 듣고" 엡 1:13. 여기에서 진리의 말씀은 복음을 가리킨다.
> "그가 …… 진리의 말씀으로 우리를 낳으셨느니라" 약 1:18.

우리는 복음을 올바로 다루어야 한다. 이 점을 깨닫는 순간, 오늘날 복음을 올바로 가르치지 못하는 설교가 얼마나 많은지 인정하게 될 것이다. 하나님의 말씀을 정확하게 다루어 복음을 잘못 전하는 일이 없도록 해야 한다. 경솔하고 즉흥적인 태도가 아니라 진지하고 올바른 태도로 하나님의 말씀을 빠짐없이 가르쳐야 한다. 그러려면 부지런해야 할 뿐 아니라 사람보다 하나님께 인정을 받아야 한다는 마음 자세가 필요하다. 한마디로 말씀을 가르치는 사람은 '일꾼'이 되어야 한다.

"망령되고 헛된 말을 버리라 저희는 경건치 아니함에 점점 나아가나니" 딤후 2:16. "말"은 속되고, 천박하고, 경건하지 못한 말을 가리킨다. 아울러 "헛된"은 영적 유익이 아무것도 없다는 뜻이다. 헛된 말은 이내 악한 말로 변한다. 그 이유는 헛된 말이 만들어 낸 공백을 죄가 몰려와 채우기 때문이다. 무익한 사변을 중심으로 하는 무가치한 대화는 사악한 대화로 빠르게 전락한다. 하나님에게서 비롯하지 않은 말은 곧 경건하지 못한 말로 변한다.

거짓 교사들은 사고의 지평을 열어 주고, 생각의 범위를 넓혀 주며,

새로운 진리를 가르쳐 주겠다고 주장한다. 하지만 그들은 '경건치 아니함에 점점 나아갈 뿐이다.' 거짓 교사들은 경건하지 못하다. 그들은 자신들의 말에 귀 기울이는 사람들을 멸망의 길로 유혹한다. 베드로는 "여럿이 저희 호색하는 것을 좇으리니"벧후 2:2라고 말했다. 경건하지 못한 행위는 항상 경건하지 못한 가르침에서 비롯한다.

"저희 말은 독한 창질의 썩어져 감과 같은데"딤후 2:17. 박테리아성 괴저병은 대초원의 불길처럼 매우 급속히 번져 건강한 세포와 조직을 파괴한다. 의사들은 때로 괴저병을 치유하기 위해 환자를 고압산소실에 옮겨 놓고 감염 부위를 고압 산소에 노출시켜 박테리아를 박멸한다. 그러고 난 뒤에는 환자에게 항생제를 처방한다.

"또 어떤 자를 불에서 끌어 내어 구원하라"유 23. 거짓 가르침은 이웃하는 조직을 파괴하는 악성 종양과 같다. 즉 거짓 가르침은 참된 가르침을 묵살하고 그릇된 교리를 퍼뜨려 다른 사람들을 오염시킨다.

후메내오와 빌레도딤후 2:17 참조는 히브리서 6장 4-6절에 언급된 이들과 마찬가지로 진리를 떠난 배교자들이었다.

> "한번 비췸을 얻고 하늘의 은사를 맛보고 성령에 참예한 바 되고 하나님의 선한 말씀과 내세의 능력을 맛보고 타락한 자들은 다시 새롭게 하여 회개케 할 수 없나니 이는 자기가 하나님의 아들을 다시 십자가에 못 박아 현저히 욕을 보임이라."

배교자가 새로워질 수 없는 이유는 "하나님 아들을 밟고 자기를 거룩하게 한 언약의 피를 부정한 것으로 여기고 은혜의 성령을 욕되게"히 그들 배교자는 부활이 깨닫지 못한 삶에서 깨달은 삶으로 옮겨 올 때 이루어지는 신비로운 경험에 불과하다고 주장했던 것 같다딤후 2:18 참조. 아마도 그들은 당시에 유행했던 이교 철학, 즉 물질은 악하고 영은 선하다는 영지주의에 영향을 받은 듯하다.

육체 부활을 부인하는 것은 심각한 오류다. 바울은 고린도전서 15장 13-14절에서 죽은 자의 부활이 없다면 그리스도께서 부활하지 않으셨을 것이라고 주장했다. 그리스도께서 부활하지 않으셨다면 우리도 부활할 수 없다. 부활을 부인하는 것은 복음의 핵심을 부정하는 것, 곧 그리스도처럼 영광스런 육체를 입고 영생을 누린다는 기독교 희망의 본질을 부정하는 것이다.

후메내오와 빌레도의 그릇된 가르침은 "어떤 사람들의 믿음을 무너뜨"렸다딤후 2:18. '무너뜨리다'로 번역한 헬라어 '아나트레포anatrepo'는 '전복시키다'라는 뜻이다. 믿음이 전복된 사람들은 사실 구원 신앙을 지녔다고 보기 어렵다. 누구도 참 신앙을 전복시킬 수 없기 때문이다요 10:27-29, 롬 8:30 참조. 베드로후서 2장 18절은 거짓 교사들에 대해 "저희가 허탄한 자랑의 말을 토하여 미혹한 데 행하는 사람들에게서 겨우 피한 자들을 음란으로써 육체의 정욕 중에서 유혹하여"라고 말한다. 거짓 교사들이 믿음의 전복을 노리는 이들은 하나님을 찾으며 믿기를 원하고, 복음을 어느 정도 받아들이기 시작하지만 결국에는 거짓 가르침의 영향 아래 놓인다. 거짓 가르침은 구원 신앙과는 무관한 그들의 연약한 믿음을 단번에 파괴한다. 거짓 종교는 인생의 고통과 괴로움에 대한 대답을 구하는 이들을 먹잇감으로 삼는다.

"그러나 하나님의 견고한 터는 섰으니"딤후 2:19. "하나님의 견고한 터"는 교회, 즉 구원 받은 백성의 모임을 뜻한다. 우리는 거짓 교사들이 뒤흔들 수 없는 굳건한 토대를 형성하는 하나님의 참 백성이다. 거짓 교사들은 사람들을 유린하고, 수치스럽게 하고, 경건하지 못하게 하고, 오염시키고, 믿음을 무너뜨리지만 하나님이 선택하신 백성은 털 끝 하나도 건드리지 못한다. 우리는 손으로 짓지 않은 존재이자히 9:11 참조, 살아 계신 하나님이 거하시는 성전이요고후 6:16 참조, 그리스도께서 친히 세우신 교회다마 16:18 참조.

지옥의 권세는 우리를 이길 수 없다. 우리 안에서 착한 일을 시작하신 하나님이 그리스도 예수의 날까지 그 일을 온전히 이루실 것이다빌 1:6 참조. 우리는 그리스도 안에 있는 하나님의 사랑으로부터 절대 끊어지지 않는다롬 8:35 참조. "아버지께서 내게 주시는 자는 다 내게로 올 것이요 …… 나를 보내신 이의 뜻은 내게 주신 자 중에 내가 하나도 잃어버리지 아니하고 마지막 날에 다시 살리는 이것이니라"요 6:37, 39.

예수님의 이 말씀은 바로 우리를 염두에 두고 하신 말씀이다. 거짓 가르침은 많은 사람의 영혼을 유린할 뿐 아니라 때로는 참 그리스도인을 혼란에 빠뜨리지만 그리스도 안에 있는 하나님의 교회의 터는 견고하다. 요한 사도는 "너희가 강하고 하나님이 말씀이 너희 속에 거하시고 너희가 흉악한 자를 이기었음이라"요일 2:14고 말했다. 하나님은 세상을 창조하시기 전에 구원과 영생을 누릴 백성을 미리 선택하셨다.

거짓 교사들은 참 그리스도인을 해칠 수 없다. 왜냐하면 "인침이 있어 일렀으되 주께서 자기 백성을 아신다"딤후 2:19는 말씀대로 참 그리스도인은 하나님의 소유이기 때문이다. 하나님은 주권적인 능력으로 우리를 붙드신다. 우리는 영원 전에 그분의 백성으로 선택되었다. 하나님의 견고한 터인 교회는 그분의 소유로 인침 받았다. 인침의 효력은 영원하며 결코 변하지 않는다.

예수님은 마태복음 7장 22-23절에서 "그날에 많은 사람이 나더러 이르되 주여 주여 …… 하리니 그때에 내가 저희에게 밝히 말하되 내가 너희를 도무지 알지 못하니 불법을 행하는 자들아 내게서 떠나가라 하리라."

거짓 교사들은 하나님이 닦으신 터를 흔들어 놓을 수 없다. 우리는 선택받은 백성이고 주님이 우리를 알고 계시기 때문에 교회의 터는 굳건할 것이다. 바울은 "하나님이 처음부터 너희를 택하"셨다살후 2:13고 말했다.

"주의 이름을 부르는 자마다 불의에서 떠날지어다"딤후 2:19. 주님의 이름을 부르는 것은 곧 그분과 하나가 되었다는 뜻이다. 우리가 주님께 속한 자라면 마땅히 죄를 버려야 한다. 하나님의 백성은 선택을 받았을 뿐 아니라 의롭게 살아야 할 의무가 있다. 하나님의 선택은 거룩함을 위한 선택이다. 하나님의 선택과 예정을 통해 구원 받은 그리스도인은 의로운 삶을 추구해야 한다. 바울은 "값으로 산 것이 되었으니 그런즉 너희 몸으로 하나님께 영광을 돌리라"고전 6:20고 말했다. 주님의 이름을 부르는 사람은 불의를 삼갈 것이 틀림없다. 이 말씀은 권고이자 확증이다. 그리스도와 진정으로 하나가 된 그리스도인은 믿음이 아니라 죄를 버릴 것이 틀림없다.

디모데후서 2장 19절에서 언급한 두 개의 성경 구절은 모두 민수기 16장에서 인용한 것으로 보인다. 고라가 하나님께 반역을 일으켰고,

많은 사람이 그를 추종했다. 하지만 하나님은 그들을 심판하셨다. "여호와께서 자기에게 속한 자가 누구인지 …… 보이시고"민 16:5.

이 문구는 디모데후서 2장 19절의 첫 번째 인용문("주께서 자기 백성을 아신다")과 거의 일치한다. 고라와 그의 추종자들은 모세와 나머지 백성에게 대항했을 때 그는 하나님이 누가 자기에게 속한 자인지 아신다고 말했다. 디모데후서 2장 19절의 두 번째 인용문은 민수기 16장 26절에 기록된 모세의 명령, 곧 "이 악인들의 장막에서 떠나고 그들의 물건을 아무것도 만지지 말라"는 말씀과 흡사하다.

하나님은 장차 세상을 심판하실 것이다. 하지만 그분은 자기에게 속한 백성에게는 은혜를 베푸실 것이다. 우리는 악인들의 장막을 멀리 하는 것을 보고 참믿음을 가진 동료 그리스도인을 구별할 수 있다. 하나님이 선택하신 백성은 복종의 삶을 통해 그 사실을 드러낸다. 우리를 미혹하기 위한 마귀의 거짓 가르침은 아무 효력도 발휘하지 못한다. 그 이유는 우리가 하나님의 터 위에 굳게 서 있기 때문이다. 고라가 주도했던 반란이 심판을 받았듯이민 16:31-35 참조 거짓 교사들도 장차 심판을 받을 것이다벧후 2:4-10, 유 10-16절 참조.

22 리더십 The Master's Plan for the Church
: 무오한 성경을 전하라

　　내가 신학교에 다닐 당시 학장은 지금은 고인이 된 찰스 파인버그 박사였다. 그는 내가 아는 매우 명석하고 존경할 만한 인물 가운데 한 사람이었다. 그는 유대인이었고, 랍비가 되기 위해 14년 동안 공부했다. 하지만 성령의 부르심을 받고 그리스도를 영접했다. 그는 30개국 이상의 언어를 구사했다. 언젠가 그는 나에게 네덜란드 개혁주의 신학을 알고 싶어 네덜란드어를 배우고 있다고 말했다. 또한 그는 해마다 성경을 네 차례나 통독했다. 그는 보기 드물게 비범한 인물이었다. 우리 모두는 그에게 탄복해 마지않았다. 동시에 나는 그를 사랑했다.

　　앞서 2장에서 언급한 대로 나는 신학교에 다니는 동안 두 편의 설교를 전했고, 그 가운데 하나는 다윗 언약을 다루는 사무엘하 7장을 본문으로 했다. 당시 청중은 내 설교에 관심을 나타내는 듯했고, 심지어 설교에 동의한다는 듯 나지막하게 웅얼거리는 소리도 들려왔다. 나는 흡족한 마음으로 설교를 마쳤다. 그리고 단 한 사람, 곧 나의 정신적 스승이었던 파인버그 박사의 평가가 궁금했다.

하지만 그가 내놓은 평가서에는 단 한 줄의 문장이 대문자로 선명하게 적혀 있었다. "학생은 본문의 요점을 간과했습니다." 나를 응시하는 붉은 색의 대문자는 내가 예상했던 그 어떤 비판보다 훨씬 심했다.

내 설교는 구성이 그런 대로 훌륭했다. 특히 재치 있는 서두와 깔끔한 결론이 돋보였다. 중간에 성경 내용을 혼동하지만 않았더라면 큰 성공을 거두었을 것이 틀림없다. 나는 성경 본문과 관련된 실천 원리를 강조하는 데 역점을 두었다. 그 대목에 보면 나단은 다윗에게 하나님을 위해 성전을 건축할 뜻이 있으면 그렇게 하라고 말했다. 하지만 하나님은 말씀하셨다. "잠깐 기다려라. 너는 성전을 건축하지 말라. 그것은 내 계획이 아니다." 따라서 나는 하나님의 뜻을 함부로 곡해해서는 안 된다는 점을 설교의 주안점으로 삼았다.

그런데 파인버그 박사가 내놓은 평가는 "학생은 본문의 요점을 간과했습니다"였다. 그러한 평가는 설교자가 저지를 수 있는 최악의 실수를 저질렀다는 뜻이었다.

젊은 목회자들이 흔히 그러듯이 나도 본문의 의미를 올바로 이해하기보다 순진하게도 내가 관심이 있는 내용만 강조하고 말았다. 전달 방법이나 몸짓, 일화, 유머와 경험담, 일목요연한 요점에만 관심을 기울였을 뿐 성경 본문 자체에는 정작 깊은 관심을 기울이지 못했다.

파인버그 박사의 충고

그날 늦게 파인버그 박사의 사무실로 오라는 전갈을 받고 그의 사무실을 찾았다. 그는 책상에 앉아 실망스럽다는 듯이 머리를 흔들었다. "어떻게 그럴 수가 있는가? 어떻게 그럴 수가? 그것은 메시아와 그분의 영광스런 왕국에서 정점을 이루는 다윗 언약을 언급하는 본문인데, 자네는 매일의 삶 속에서 하나님의 뜻을 곡해해서는 안 된다고만 강조했네. 만일 민수기 15장 30-31절이나 시편 19편 13절을 본문으로 삼았다면 그런 설교를 할 수 있었을 걸세. 하지만 사무엘하 7장을 그렇게 다루어서는 곤란하지. 자네는 본문의 요점을 간과했네. 사무엘하 7장은 구약성경 가운데 가장 위대한 본문 가운데 하나일세. 다시는 이런 잘못을 범하지 말게나."

그는 더 이상 아무 말도 하지 않았다. 나는 쇠망치로 머리를 두드려 맞은 듯한 느낌이었다. 이 일은 신학교 시절 경험 가운데 내게 가장 큰 인상을 남긴 사건이었다. "본문의 요점을 절대로 간과하지 말라."

나는 지금까지도 매주 설교 본문을 읽고 그 안에 담긴 깊고 풍성한 진리를 연구할 때마다 파인버그 박사의 진심 어린 충고를 기억하곤 한다. 성경의 의미를 올바로 이해하지 못하면 하나님의 말씀을 깨달았다고 할 수 없다. 하나님이 말씀하신 의도를 간과할 경우에는 그분의 말씀을 전했다고 말할 수 없다. 나는 그레이스 커뮤니티 교회에서 거의 40년 동안 말씀을 전해 오면서 항상 그 사실을 명심하려고 노력했다.

시대 상황에 맞추려는 노력

지난 40년 동안 나는 다양한 유행이 교회를 거쳐 가는 것을 목격했다. 새로운 목회 사역 방법이든 자기 계발을 다룬 최신 도서이든 오늘날의 교회 안에서 유행하는 것들은 모두 일시적인 성격을 띤다. 그런 유행을 받아들이는 목회자들은 대개 하나님의 말씀을 도외시한 채 오직 시대 상황에 보조를 맞추는 일에만 관심을 기울이며, 무엇인가 기발한 것을 생각해 내 시대의 발전에 뒤처지지 않기 위해 노력한다. 오늘날의 설교자들 가운데 목회 사역을 그런 식으로 접근하고픈 유혹을 쉽게 뿌리칠 수 있는 사람은 그리 많지 않다.

끝없이 전개되는 새로운 유행은 복음 운동의 대세가 기우는 방향을 따라 똑같이 흘러간다. 오늘날 목회 사역에 관한 책들은 대부분 교회의 유행을 따르며 문화 상황에 보조를 맞춘 사역을 강조한다. 잘 알려진 복음주의 목회자들 가운데도 이러한 추세를 따르는 이들이 많다. 심지어는 가장 유명한 신학교들도 대부분 그런 식으로 학생들을 가르친다.

하지만 나는 지난 40년 동안 그런 흐름을 거부하고 저항하기 위해 노력해 왔다. 그렇게 할 수 있도록 나를 도와준 요소 가운데 하나가 파인버그 박사의 조언이다. 그의 조언은 설교를 준비할 때마다 나의 뇌리 속에 본문의 의미를 올바로 파악하는 데 초점을 맞추어 하나님의 말씀을 가능한 한 가장 정확하고 성실하게 전달하는 데 심혈을 기울여야 한다고 속삭인다.

안타깝게도 오늘날의 복음주의는 문화적 적절성을 강조하다가 그만 더 부적절한 상태로 전락하고 말았다. 오스 기니스의 지적대로 '적절성'이라는 솔깃한 약속은 사실상 우리를 도리어 부적절한 상태로 안내할 뿐이다.[1] 교회가 세상의 방식대로 마케팅을 펼친다면 기독교의 독특한 성격을 잃고 복음을 퇴색시킬 수밖에 없다. 오늘날 우리는 영원한 가치는 도외시한 채 오락적 가치에만 관심을 기울인다. 오락 위주의 사역은 매주 많은 사람을 이끌어 오는 효과를 발휘할지 몰라도 그들이 아무런 도전이나 변화를 경험하지 못한 채 집으로 돌아간다면 그야말로 아무짝에도 쓸모가 없다.

게다가 문화적 적절성을 추구하는 것은 교회 사역에 관한 성경의 가르침에 정면으로 위배된다. 하나님은 참 설교자들을 세워 '정치적 올바름'이라는 개념에 오염되지 않고, 설교자 자신의 견해에 희석되지 않고, 시대정신에 보조를 맞추지 않은 진리의 말씀을 전하게 하신다.

나는 처음부터 목회 사역을 그런 식으로 접근했다. 우리 아버지도 목회자였다. 하나님이 나를 목회자로 부르셨다고 처음 말했을 때 아버지는 가지고 있던 성경책 한 권에 '말씀을 전파하라'는 글을 적어 내게 주셨다. 그 간단한 말 한마디가 나의 마음에 강력한 자극제가 되었다. 말씀 전파는 목회 사역 가운데 내가 가장 심혈을 기울여 온 사역이다.

오늘날 목회자들은 말씀 전파만을 제외한 모든 일을 하라는 압력을 받고 있다. 요즘 대다수의 복음주의 교회들은 목회자가 이야기꾼, 코미디언, 심리학자, 동기부여 강사가 되어 주기를 기대한다. 청중이 즐거워하지 않는 주제는 입에 올려서는 안 된다는 것이 요즘 유행하는 통념이다. 많은 설교자가 성경의 진리를 가르치기보다 사람들의 귀에 듣기 좋은 얄팍한 재담을 늘어놓는다. 심지어는 설교를 연극이나 무대 오락의 형태를 갖춘 프로그램으로 대체하는 설교자들도 있다.

하지만 성경적인 열정을 지닌 목회자는 오직 성경을 가르치는 데 전념한다. 바울은 이렇게 명령했다. "너는 말씀을 전파하라 때를 얻든지 못 얻든지 항상 힘쓰라 범사에 오래 참음과 가르침으로 책망하며 경계하며 권하라" 딤후 4:2.

그는 디모데에게 그렇게 말하면서 앞날을 내다보며 이렇게 경고했다. "때가 이르리니 사람이 바른 교훈을 받지 아니하며 귀가 가려워서 자기의 사욕을 좇을 스승을 많이 두고 또 그 귀를 진리에서 돌이켜 허탄한 이야기를 좇으리라"3-4절.

바울의 사역 철학에는 오늘날에 유행하는 이론, 곧 사람들이 원하는 것을 제공하라는 이론이 들어설 여지가 조금도 없었다. 그는 사람들의 기쁨을 구하는 자가 아니었다갈 1:10, 엡 6:6 참조. 그는 디모데에게 설문 조사를 실시해 사람들이 원하는 것을 찾아내라고 조언하지 않았다. 그는 인내하며 말씀을 충실히 전하고, 진리로 경책하고 권하라고 명령했다.

바울은 디모데에게 사람들의 찬사를 받을 사역을 권장하지 않고 오히려 고난과 시련을 감내하라고 당부했다. 그는 디모데에게 성공하는 사역자가 되는 방법을 일러주지 않았다. 그 대신 그는 하나님이 정하신 기준을 충실히 따르라고 권고했다. 그는 번영과 권력과 인기와 명예를 비롯해 세상에서 성공의 증표로 통하는 것들을 추구하기보다 결과에 연연하지 않고 항상 성경의 진리만을 가르치라고 말했다.

말씀 전파의 소명과 도전

말씀 전파는 쉽지 않다. 성경을 정확히 해석하려면 엄격한 훈련이 필요하다. 이러한 훈련은 설교자에게 항상 무거운 짐으로 다가온다. 더욱이 하나님이 전파하라고 명령하시는 말씀은 종종 사람들을 불편하게 만든다. 그리스도 자신도 "부딪히는 돌과 거치는 반석"롬 9:33, 벧전 2:8이셨다. 십자가의 도는 어떤 이들에게는 거리끼는 것이고, 또 어떤 이들에게는 미련한 것이다고전 1:23 참조.

하지만 주님은 말씀을 사람들의 기호에 맞게 재단하거나 손질하라고 명령하지 않으셨다. "모든 성경은 하나님의 감동으로 된 것으로 교훈과 책망과 바르게 함과 의로 교육하기에 유익하니"딤후 3:16. 바울은 이 말씀으로 디모데에게 이 점을 분명히 가르쳤다. 이것이 우리가 전해야 할 말씀이다. 우리는 하나님의 뜻을 모두 전해야 한다행 20:27 참조.

"너는 …… 내게 들은 바 바른 말을 본받아 지키고"딤후 1:13. 바울은 성경에 계시된 모든 말씀을 언급했다. 그는 디모데에게 "네게 부탁한 아름다운 것을 지키라"14절고 당부했고, 진리의 말씀을 깊이 연구해 올바로 전하라고 말했다딤후 2:15 참조. 바울 서신은 무슨 일이 있든지 하나님의 말씀을 전파하라고 명령하는 대목에서 정점에 이른다. 충실한 사역자는 하나님의 말씀을 지키고, 연구하고, 전하는 일에 전력해야 한다.

바울 사도는 골로새서 1장에서 자신의 사역 철학을 이렇게 묘사했다. "내가 교회 일꾼 된 것은 하나님이 너희를 위하여 내게 주신 경륜을 따라 하나님의 말씀을 이루려 함이니라"골 1:25. 그는 고린도전서의 다음 말씀을 통해 이 점을 더욱 분명히 했다. "형제들아 내가 너희에게 나아가 하나님의 증거를 전할 때에 말과 지혜의 아름다운 것으로 아니하였나니 내가 너희 중에서 예수 그리스도와 그의 십자가에 못 박히신 것 외에는 아무것도 알지 아니하기로 작정하였음이라"고전 2:1-2. 복음 전도자로서 바울의 목적은 탁월한 수사력으로 사람들을 즐겁게 하거나 정교한 방법론이나 새로운 통찰력, 또는 유머나 재치로 사람들의 이목을 끄는 데 있지 않았다. 그는 단지 십자가에 못 박히신 그리스도를 전했다.

말씀을 충실히 전하고 가르치는 것이 사역 철학의 핵심이 되어야 한다. 그 외의 사역 방법은 하나님의 말씀을 인간의 지혜로 대체하는 것에 지나지 않는다. 철학, 정치학, 유머, 심리학, 구수한 조언, 개인적인 견해 따위는 말씀의 능력을 절대로 대체할 수 없다. 그런 것들은 흥미롭고, 교훈적이고, 재미있고, 때로는 유익하지만 교회가 해야 할 의무와는 거리가 멀다. 설교자의 임무는 인간의 지혜를 전하는 데 있지 않다. 설교자는 하나님을 대신해 그리스도인들에게 그분의 말씀을 전해야 한다. 사람의 말에는 신성한 권위가 없다. 오직 하나님의 말씀에만 그러한 권위가 있다. 그런데도 감히 하나님의 말씀을 다른 메시지로 대체하려는지 묻고 싶다.

이러한 엄숙한 특권을 포기하기를 주저하지 않는 설교자들을 이해할 수 없다. 하나님의 말씀을 전하는 특권을 가지고 있는데도 왜 인간의 지혜를 전하려고 그토록 애쓰는 것인지 참으로 안타깝기 그지없다.

하나님의 말씀을 전파하는 이유

내가 40년 동안 목회 사역에 종사하면서 성경을 가르치는 이유 열 가지를 제시하면 다음과 같다. 물론 내가 제시하는 열 가지 이유가 전부는 아니다. 하지만 이들 이유만으로도 설교자들은 하나님의 말씀을 성령의 능력으로 하나님의 백성에게 충실히 전파할 수 있는 마음을 갖게 될 것이 분명하다.

1. 성경의 진리는 강력하고 영원하다

내가 지금도 성경을 전하는 주된 이유 가운데 하나는 성경이 강력하고 영원한 하나님의 말씀이기 때문이다. 성경의 진리는 강력하고 영원하다. 40년은 물론 그 이상의 세월이 흐른다 해도 한정된 시간 안에서 성경의 진리를 모두 전한다는 것은 불가능하다. 그 이유는 성경의 진리가 늘 새롭고 깊고 풍성할 뿐 아니라 삶을 변화시키는 능력을 지니고 있기 때문이다. 성경의 진리가 영원한 이유는 그것을 기록하신 분이 영원하시기 때문이다. 시대와 문화가 아무리 변해도 구원의 진리는 결코 변하지 않는다.

성경이 강력한 이유는 인간이 만든 프로그램이나 피상적인 해결책과는 달리 하나님 자신이 직접 성경에 권능을 부여하셨기 때문이다. 성경의 진리가 사람들의 마음 깊은 곳을 변화시킬 수 있는 이유가 여기에 있다. 내가 성경을 가르치는 이유는 하나님의 무오한 지식이 간직된 성경 안에 사람들이 필요로 하는 "생명과 경건에 속한 모든 것"벧후 1:3이 담겨 있기 때문이다. 이것이야말로 진정한 의미의 시대적 적절성이다. 바울이 디모데에게 "때를 얻든지 못 얻든지" 말씀을 전파하라고 명령한 이유가 여기에 있다딤후 4:2 참조.

하지만 우리 시대의 현실은 어떤가? 우리 시대는 하나님의 말씀을 한물간 구닥다리로 취급한다. 요즘에 유행하는 시장 중심의 철학은 성경의 진리를 포스트모던 시대의 분위기에 어울리지도 않고 효과도 없는 구식으로 치부한다. 소위 전문가라는 사람들은 성경 주해와 신학을 부적절하고 고리타분한 것으로 받아들인다. 그들이 지향하는 철학을 잠시 인용하면 다음과 같다. "교회에 나오는 사람들은 더 이상 설교 말씀을 원하지 않는다. Y세대에 속한 사람들은 설교자가 앞에서 말씀을 전하는 동안 가만히 회중석에 앉아 있기를 좋아하지 않는다. 그들은 대중매체가 주도하는 문화 상황 안에서 성장했다. 따라서 그들에게는 그들에게 익숙한 것을 제시함으로써 그들의 방식으로 만족을 얻을 수 있는 교회 경험이 필요하다." 특히 요즘 새로 등장한 지도자들은 성경의 의미가 불분명하다고 주장한다.

이 시대는 "때를 얻든지 못 얻든지"라는 말씀에서 후자, 곧 '때를 얻지 못한 시대'에 해당한다. 성령께서는 바울에게 영감을 주시어 말씀 전파의 명령을 기록하게 하시면서 이런 상황을 미리 예견하셨다. 하지만 현대 복음주의는 이 본문을 잘못 이해했다. 다시 말해 요즘 교회 지도자들 가운데는 이 본문을 '때를 얻었을 때만 말씀을 전파하라. 사람들이 복음을 받아들일 태도가 되어있을 때만 말씀을 전하라'는 식으로 이해하는 이들이 많은 듯하다.

역사적으로 탁월한 웅변가, 재치 넘치는 이야기꾼, 연예인과 같은 설교자, 매혹적인 인격, 머리가 뛰어난 군중 선동가, 열정 넘치는 강연자, 인기 있는 정치인, 박학한 학자와 같이 군중을 모으는 능력이 남다른 사람들이 항상 있어 왔다. 설교자도 그런 사람들의 유형을 따르면 당장 인기를 누릴 수는 있다. 하지만 그렇다고 반드시 능력 있는 설교를 할 수 있는 것은 아니다. 하나님의 말씀을 전하지 않는 사람은 그 누구도 능력 있는 설교를 할 수 없다. 충실한 설교자는 하나님의 뜻을 왜곡하거나 무시하는 잘못을 저지르지 않는다. 말씀을 전파하는 것, 오직 그것만이 목회자의 사명이다.

2. 성경은 구원의 좋은 소식이기 때문이다

말씀을 전파해야 하는 두 번째 이유는 오직 성경만이 하나님의 구원 계획을 제시하기 때문이다. 베드로는 예수님께 말했다. "주여 영생의 말씀이 계시매 우리가 뉘게로 가오리이까"요 6:68. 성령의 영감으로 기록된 예수 그리스도의 계시를 외면하고 도대체 어디에서 영적 해답을 찾을 수 있단 말인가? 성경은 "그리스도의 마음"고전 2:16을 보여 준다. 나를 포함해 그 누구에게도 생명의 말씀은 없다. 생명의 말씀은 오직 그리스도께만 있다.

성경은 사람들이 원하는 필요가 무엇이든 상관없이 진정한 필요는 죄 사함과 구원을 받아 영원한 지옥의 형벌을 모면하고 천국의 축복을 누리는 것이라고 가르친다. 충만한 삶, 행복한 결혼, 친밀한 우정, 남보다 앞선 경력 등 인간의 필요는 무엇이든 우리 모두가 직면한 영원의 문제와 비교하면 아무런 의미가 없다. 따라서 목회자가 가장 깊은 영적 욕구를 도외시한 채 피상적이고 일시적인 욕구에만 모든 관심과 노력을 기울이는 것은 참으로 어리석기 짝이 없는 일이다. 더욱이 영생을 올바로 이해하면 현세의 일시적인 고난에 대응하는 방식이 달라진다. 하지만 요즘 목회자들은 성경을 포기하고 인공적으로 만든 시장 중심의 사역 전략을 선택하기를 좋아한다.

또한 성경은 참된 믿음은 단순한 정신적 동의 이상의 의미를 지닌다고 가르친다약 2:19 참조. 성경적인 믿음은 단순한 신앙 고백을 뛰어넘는다. 그것은 죄의 지배에서 벗어나 그리스도의 주권에 복종하는 변화를 의미한다. '예수님을 믿는다고 고백하면 구원을 받습니다. 설혹 신앙고백을 입증하는 증거가 삶 속에서 발견되지 않아도 괜찮습니다'라는 식으로 복음을 전한다면 참으로 편리할 것이 틀림없다. 하지만 나는 그렇게 말할 수 없다. 왜냐하면 참된 복음이 아니기 때문이다.

성경은 불신자들에게 거듭 회개를 촉구한다마 4:17; 11:20-21; 막 6:12; 눅 5:32; 13:3-5; 15:7-10; 24:47; 행 2:38; 3:19; 11:18; 17:30; 20:21; 고후 7:9-10; 딤후 2:25 참조. 요한 사도는 "저 안에 거한다 하는 자는 그의 행하시는 대로 자기도 행할지

니라"요일 2:6고 말했고, 바울 사도는 "너희가 믿음에 있는가 너희 자신을 시험"고후 13:5하라고 말했으며, 예수님은 '그의 열매로 그들(거짓 선지자들)을 알라' 마 7:16, 눅 6:43-44 참조고 말씀하셨다. 내가 성경을 전하는 이유는 나의 상상에서 비롯한 복음이 아니라 참 복음을 전하고 있다고 확신하기 때문이다. 나는 교인들이 구원의 확신을 가지고 진리와 거짓을 분별할 수 있기를 원한다.

신학교를 졸업할 때만 해도 지난 40년간 치러 온 싸움이 나를 기다리고 있을 줄은 꿈에도 생각하지 못했다. 교회론에 관한 의견이나 사역의 형태가 서로 다르거나 성경 영감설이나 종말론에 관한 견해가 엇갈리는 데서 약간의 갈등이 생길 것이라고는 생각했지만, 복음주의의 최전선에 뛰어들어 기독교 그리스도인을 자처하며 성경의 복음과 건전한 교리를 훼손하려는 사람들과 맞서 싸우는 일에 인생의 대부분을 보내게 될 줄은 전혀 예상하지 못했다. 하나님의 말씀은 올바로 해석하기만 하면 절대불변의 진리를 얻을 수 있다.

3. 하나님의 진리를 명확하고 확실하게 제시하기 위해서다

우리가 하나님의 말씀을 전해야 하는 세 번째 이유는 성경을 이해할 수 있기 때문이다. 하나님은 인간이 명확히 이해할 수 있는 방식으로 자신의 말씀을 계시하셨다시 119:105, 130 참조. 만일 하나님이 사람이 이해할 수 없게 말씀을 계시하셨다면 성경은 객관적인 삶의 규범이 되지 못했을 것이다. 하지만 하나님은 모두가 이해할 수 있는 방식으로 말씀을 계시하셨다. 따라서 누구나 예외 없이 성경을 이해할 수 있다.

성경의 명료성을 부인한다면 그것은 곧 성경이 가르치는 교리의 확실성을 거부하는 것과 같다. 그 이유는 성경이 무엇을 의미하는지 더 이상 이해할 수 없을 것이기 때문이다. 성경의 권위에 근거를 둔 교리의 확실성을 부인하면 굳건한 토대가 사라지기 때문에 개인의 믿음마저 함께 포기할 수밖에 없다. 또한 개인의 믿음이 사라지면 신앙 공동체도 함께 자취를 감추게 된다. 성도의 교제는 반드시 공유된 가치와 확신을 바탕으로 하기 때문이다.

건강한 교회의 동력은 하나님과 그분의 말씀에 대한 공통된 감정에서 비롯한다. 건강한 교회는 서로 사랑하는 것이 무슨 의미인지 아는 교회를 말한다. 하나님과 동료 그리스도인들을 향한 사랑의 감정은 성경이 절대적인 진리이며 일반인도 명확하게 이해할 수 있는 경전이라는 사실을 확신하는 데서 나온다.

성경 중심의 사역에서 멀어진 복음주의자들이 어디에서도 확실성과 명료성을 찾지 못하는 것처럼 보이는 것은 조금도 놀랍지 않다. 포스트모던 시대의 불확실성 때문에 신중한 성경 해석과 교리적인 정확성이 점차 자취를 감추고 있다. 소위 보수주의를 표방하는 어떤 목회자는 다음과 같은 충격적인 말을 남겼다. "기독교 신학에 토대가 있다면, 아니 나는 그런 토대가 반드시 있다고 믿는다. 하지만 그 토대는 교회나 성경이나 전통이나 문화에서 발견되지 않는다. …… 신학은 성경 본문을 이성으로 접근하려는 시도가 아니라 인간의 차원에서 '그분의 음성을 들으려는' 겸허한 시도가 되어야 한다."[2]

놀라움을 뛰어넘어 어안이 벙벙한 말이 아닐 수 없다. 하나님이 말씀하시는 장소, 곧 그분의 말씀 앞에 나가지 않고 도대체 어디에서 그분 곧 하나님의 음성을 들을 수 있단 말인가? 확신을 얻으려면 하나님이 하시는 말씀을 귀담아 듣고 신중하고 분별력 있게 깊이 이해하겠다는 마음으로 성경 본문을 대해야 한다. 성경을 배제한 채 어디에서 진리에 대한 확실한 토대를 발견할 수 있단 말인가?

이머징 운동에 종사하는 한 인기 있는 저술가는 "확실성이 과대평가되었다"[3]라고 말했다. 그는 자신의 책에 이런 말을 남겼다. "나는 도발적이고, 장난스럽고, 불분명한 목적으로, 즉 명료성이 이따금 과대평가된다는 점과 명료성보다는 충격, 불투명함, 장난기, 주의 깊게 구성된 음모가 종종 우리의 생각을 훨씬 더 자극한다는 점을 보여 주기 위해 과감하게 파격을 시도했다."[4]

이머징 운동을 이끄는 한 목회자의 아내도 다음과 같이 말했다. "나는 우리가 성경을 이해하고 그 의미를 알 수 있다고 생각하며 성장했다. 하지만 지금은 성경 대부분이 의미하는 바를 도무지 모르겠다. 삶이 다시금 거대해졌다. 과거만 해도 삶은 흑과 백으로 선명하게 나뉘었지만 이제는 온통 다채롭기만 하다."[5]

요즘 우리 앞에는 새로운 해석학이 등장했다. 이 해석학을 가리켜 '겸손의 해석학'이라고들 하지만 한마디로 어불성설이다. 그들이 말하는 겸손이란 "나는 너무 겸손하기 때문에 성경이 말하고자 하는 의미를 내가 알고 있다고 말할 수 없다. 성경이 말하고자 하는 의미를 알고 있다고 주장하는 사람은 모두 교만하다'라는 의미에 지나지 않는다.

오히려 하나님이 우리가 이해할 수 있도록 분명하게 말씀하지 않으셨다고 주장하는 것이 훨씬 교만한 생각 아니겠는가?

나는 설교 말씀을 전한 뒤에 청중이 '메시지가 참 분명합니다'라는 반응을 보일 때가 가장 기쁘다. 명료성은 가장 중요한 기본 요소다. 불

명료성은 치명적이며 비생산적이다. 진리가 모호하다고 생각하는 사람들은 어디에서 구원을 찾아야 할지 모른다. 그들은 거룩해질 수도 없고, 위로를 찾을 수도 없다. 불명료성은 혼란 외에 아무것도 주지 못한다. 성경을 올바로 이해하면 명료한 진리를 얻을 수 있다. 설교자가 청중에게 명료한 메시지를 전하지 못하는 이유는 스스로의 이해가 명료하지 못하기 때문이다. 그렇다면 더욱 열심히 성경을 연구해야 한다.

사역을 처음 시작했을 때부터 주해 설교(성경만 해석하는 설교)에 몰두했다. 그 어디에도 하나님이 말씀하신 것보다 더 중요한 것은 없기 때문이다. 나의 설교 사역은 가능한 사견을 배제하고 성경 본문의 의미를 올바로 파악해 청중에게 명료하게 전하는 것을 목표로 한다. 목회자는 강단에 처음 서는 순간부터 그러한 목표를 잊어서는 안 된다.

하나님의 말씀은 명료하다. 목회자가 성경을 정확하게 설명하면 청중은 그 의미를 분명하게 이해한다. 명료한 이해는 주해 설교의 가장 중요한 핵심 요소다. 이해하지 못하는 진리를 삶에 적용하거나 실천하는 일은 불가능하기 때문이다. 하나님의 말씀을 명확히 이해하면 우리의 삶을 인도하고 거룩한 진리를 추구하게 하는 확신에 도달할 수 있다. 명료성은 우리의 삶을 위로부터 오는 지혜 위에 건설할 수 있게 해준다시 19:10, 119:129-31 참조.

4. 하나님의 권위 있는 자기 계시를 전해야 한다

우리가 성경을 전하는 네 번째 이유는 하나님의 권위가 우리의 생각과 영혼을 지배하게 하기 위해서다. 하나님의 말씀을 전하면 사람들은 자신의 영혼을 지배하는 존재가 누구인지 이해하게 된다. 다시 말해 오직 하나님만이 우리의 생각과 행위를 지배하신다는 사실을 깨닫게 된다.

나는 청중이 나의 말을 들었을 뿐인데 마치 하나님의 말씀을 직접 들은 것처럼 착각하게 만드는 어리석음을 범하지 않으려고 노력한다. '나는 강단에 오를 하나님의 대변자에 불과하다'라고 생각한다. 나는 내 말이 아니라 하나님의 말씀을 대신 전할 뿐이다.

몇 년 전, 전국적으로 유명한 신문사 소유주와 저녁식사를 했다. 그는 그리스도인이 아니면서 그저 호기심에서 그레이스 커뮤니티 교회를 찾아왔다. 그가 나에게 물었다. "목사님은 왜 목사님 자신의 견해를 한마디도 밝히지 않으시죠?"

"매일 온갖 견해가 실린 신문을 읽으면서 정말 또 다른 견해를 듣고 싶으신가요? 내가 목회자로 부르심을 받은 이유는 나의 사견을 전하기 위해서가 아닙니다. 내가 여기 있는 이유는 살아 계신 하나님의 말씀을 대언하기 위해서입니다. 내 자신의 견해를 실은 기사를 쓰고 싶은 생각은 추호도 없습니다. 하지만 여러 가지 문제에 관해 하나님의 뜻을 밝힐 수 있는 기고란을 허락하신다면 기꺼이 글을 쓸 생각이 있습니다."

물론 그는 내 제안을 받아들이지 않았다. 하지만 나는 그가 내가 말하고자 하는 요점을 충분히 파악했으리라고 믿는다.

목회자는 하나님의 사자로서 자신의 생각을 전하기보다 왕이신 주님의 뜻을 올바로 대언해야 한다. 하나님의 계시된 진리가 청중의 생각을 지배하게 하는 것이 목회자의 임무다. 심지어 우리의 생각조차 성경에 충실해야 한다. 찰스 스펄전은 존 번연에 관해 이렇게 말했다. "그는 진정 걸어 다니는 성경이었다. 그의 아무 곳이나 찔러 보라. 그의 피에는 성경이 흐른다. 성경의 진수가 그에게서 흘러나온다. 그는 무슨 말을 하든지 성경을 인용한다. 왜냐하면 그의 영혼에 하나님의 말씀이 가득하기 때문이다."[6]

우리도 그런 사람이 될 수 있기를 간절히 바란다. 우리는 시대와 장소를 막론하고 어떤 문제를 다루든지 하나님의 뜻을 밝혀야 한다.

5. 교회의 머리가 그리스도이시기 때문이다

다섯째, 우리가 성경을 전하는 이유는 교회에 대한 그리스도의 주권을 확립하기 위해서다. 교회사를 돌이켜보면 그리스도께서 교회의 머리가 되신다는 교리만큼 많은 공격과 몰이해의 대상이 된 교리는 없다. 오늘날도 마찬가지다. 이 사실은 오늘날에도 조금도 변하지 않았다. 이 교리는 핏물의 바다를 헤치고 오늘날 우리에게 전해졌다.

교회의 주권을 둘러싼 문제는 종교 개혁자들과 로마 가톨릭 그리스도인들 사이에서 가장 격렬한 논쟁거리였다. 가톨릭 그리스도인들은 교황이 교회의 머리라고 주장했다. 로마 교회는 자신의 주장을 거부하는 이들을 파문했다. 많은 종교개혁자들, 특히 스코틀랜드 언약파 그리스도인들은 오직 그리스도만이 교회의 머리라는 신앙을 수호하기 위해 목숨을 내놓아야 했다.

불행히도 오늘날의 개신교 내에는 스스로가 교회의 머리인 양 행세하는 목회자들이 적지 않다. 교회의 머리이신 주님께 대한 그들의 반란 행위는 하나님의 말씀을 고의로 무시하는 행태를 통해 가장 극명하게 드러난다. 그들은 성경을 도외시한 채 하나님의 음성을 묵살하는 죄를 서슴지 않는다. 교회에서 성경을 제거하는 것은 교회의 머리이신 주님을 향한 반란에 해당한다. 그리스도의 말씀을 전하는 것은 곧 교회에 대한 그리스도의 주권을 확립하려는 노력의 일환이다.

초기 종교 개혁가 가운데 한 사람이었던 요한 후스도 그리스도가 교회의 머리이시라는 신앙 때문에 목숨을 잃었다. 1415년 7월 6일, 그는 감방에서 끌려나와 제사장의 옷차림을 하고 처형장으로 향했다. 사형집행자들은 그의 옷을 하나씩 다시 벗긴 후 막대기에 그를 결박했다. 그러고는 마지막으로 신념을 버리라고 요구했다. 하지만 그는 거부했고, 결국 산 채로 불타 죽었다. 그는 죽어 가면서 이렇게 기도했다. "주 예수님, 제가 이 잔인한 죽음을 감내하는 이유는 주님 때문입니다. 기도하오니 저의 원수들에게 자비를 베풀어 주소서."[7] 그는 교회의 머리가 그리스도이시라는 신앙을 굽히지 않은 이유로 장렬하게 순교했다.

로마 교회는 왜 요한 후스의 가르침을 잔인하게 탄압했을까? 후스의 가르침 가운데는 로마 교회가 도무지 용납할 수 없었던 세 가지 내용이 있었다. 첫째, 후스는 하나님이 예정하신 그리스도인들이 참교회를 형성한다고 가르쳤다. 그의 가르침은 당시에 가톨릭 교회가 주장하던 교리와 정면으로 부딪쳤다. 당시 가톨릭 교회는 사제들만이 참교회를 구성하고, 일반 그리스도인들은 단지 성체성사를 통해서만 교회와 교통할 수 있다고 믿었다. 둘째, 후스는 성경의 권위가 교회의 권위보다 더 우월하다고 가르쳤다. 셋째, 후스는 교황이나 사제가 아니라 예수 그리스도께서 교회의 머리라고 가르쳤다. 결국 모든 것이 권위의 문제로 집약된다. 후스는 그리스도와 그분의 말씀이 교회를 지배한다고 말했다. 로마 교회는 그의 가르침을 배격하고 그의 목숨을 빼앗았다.

그로부터 약 100년 뒤 마르틴 루터는 우연히 후스의 설교집을 발견했다. 이를 유심히 읽어 본 루터는 "너무 놀라 정신이 아득했다. 도대체 무슨 이유로 성경을 그토록 진지하고 능숙하게 설명했던 위대한 사람을 화형에 처했는지 도무지 이해할 수 없었다"[8]라고 말했다. 후스의 가르침과 그의 삶, 특히 죽음 앞에서도 타협을 불허했던 그의 태도는 루터와 다른 종교 개혁자들에게 의미심장한 동기를 부여했다. 후스처럼 그들도 그리스도께서 교회의 머리이시라는 교리를 위해 투쟁했다. 그것이 곧 종교 개혁의 핵심이었다. 이는 지금도 마찬가지다.

교회의 머리는 누구인가? 분명히 나는 아니다. 나는 교회의 머리가 아니다. 나는 목회자를 중심에 놓는 기업식 사역을 원하지 않는다. 목회자는 목자장이신 주님의 권한을 찬탈하는 대신 도리어 그분을 섬겨야 할 작은 목자다. 목회자가 하나님의 말씀을 전하면 청중의 생각 속에 그리스도의 주권을 각인시키고, 그분이 교회의 머리라는 사실을 굳게 확립할 수 있다. 성경을 무시하는 것은 곧 성경의 저자이신 주님을 무시하는 것이다. 그것은 영적 배신에 해당한다.

6. 성경은 하나님이 그분의 백성을 거룩하게 하시는 도구다

우리가 하나님의 말씀을 전하는 여섯 번째 이유는 성경이 성령께서 사람들을 구원하고 거룩하게 하시는 도구이기 때문이다. 우리는 진리의 말씀으로 거듭난다. 예수님은 말씀하셨다. "저희를 진리로 거룩하게 하옵소서 아버지의 말씀은 진리니이다"요 17:17.

위로와 격려와 영적 양식을 비롯해 모든 것이 말씀에서 나온다벧전 2:1-3 참조. 성령께서는 말씀을 통해 역사하신다엡 5:18-21과 골 3:16-17을 비교하라. 말씀과 성령은 서로 불가분의 관계를 맺는다. 성령께서는 인간 저자들에게 하나님의 말씀을 불어넣어 성경을 기록하게 하셨다벧후 1:20-21 참조. 또한 성경은 성령의 검이다.

목회자는 자신이 교회에서 무엇을 원하는지 스스로에게 물어보라. 교인들이 하나님의 복된 주권과 권위에 복종하기를 원하는가? 예수 그리스도의 통치와 지배가 교회를 주관하기를 원하는가? 교인들이 성령의 강력한 사역을 경험하기를 원하는가? 만일 그렇다면 그런 소원을 이루는 가장 적절한 방법은 성경을 펼쳐 들고 교인들에게 말씀의 의미를 가르치는 것이다. 그 이유는 성경의 진리가 은혜를 갈망하는 영혼들에게 위로와 확신을 주기 때문이다. 성령께서는 은혜를 구하지 않는 심령조차도 말씀으로 은혜를 갈망하게 만드신다.

설교자는 하나님의 말씀을 연구하고 전하는 사역을 통해 스스로 거룩해져야 한다. 설혹 설교 말씀을 전할 수 있는 기회가 다시 오지 않더라도 설교자는 날마다 귀한 성경 말씀을 연구하는 특권을 누리는 덕분에 거룩한 삶을 살아갈 수 있는 은혜를 하나님께 허락받았다는 사실을 기억하고 늘 감사해야 한다. 목회자는 설교 준비를 위해서가 아니라 하나님을 알기 위해 성경을 연구해야 한다. 설교 사역이 나에게 가져다주는 가장 큰 기쁨은 강단에서의 선포가 아니라 설교를 준비하고 전하는 과정에서 진리가 나의 사고를 지배하는 데서 일어나는 내 인격의 변화다. 교인들에게 경건한 목회자로 알려진 설교자는 말씀을 전할 때 하나님의 강력한 도구가 될 수 있다.

우리가 하나님의 말씀을 전하는 이유는 성경이 잃어버린 자들을 구원하고 선택받은 백성을 거룩하게 만드는 하나님의 도구이기 때문이다. 아울러 설교자는 성경 말씀을 자신에게 전해야 한다. 다시 말해 설교자는 성경을 연구하면서 말씀으로 스스로 거룩해져야 한다. 설교자는 말씀을 전한 후에 스스로 버림을 받지 않도록 자신의 성화에 진지한 관심을 기울여야 한다 고전 9:27 참조.

7. 성경은 우리의 예배와 삶을 규정한다

내가 지금까지 성경 주해를 계속하는 또 다른 이유는 성경이 예배의 현실과 진정성에 막대한 영향을 미치기 때문이다. 나는 처음 목회 일선에 나선 젊은 목회자들에게 종종 이렇게 조언한다. "교인들을 위로 이끌어 올리려면 본인이 아래로 내려가야 합니다."

다시 말해 교인들이 초월적인 예배를 경험하는 정도는 하나님의 진리를 이해하는 깊이에 달려 있다. 복음을 가장 깊이 이해하는 사람들이 가장 큰 기쁨과 열정으로 하나님을 예배할 수 있다.

불행히도 답보 상태를 벗어나지 못하는 교회가 많다. 설교자가 깊이 있는 설교를 전하지 못하는 탓에 교인들의 예배 경험이 높이 고양되지 못한다. 그런 교회들은 영광스런 진리로 충만한 심령들이 존재하지 않기에 참예배를 드리지 못한다. 참예배를 감정 조절, 아름다운 음악 등으로 대체하는 교회가 허다하다. 그들은 그것을 예배라고 부르지만 사실은 심오한 교리를 깊이 이해하는 데서 우러나오는 참된 예배라기보다 주관적인 감정이나 신비적인 정서를 표현한 것에 지나지 않는다.

나는 개인적으로 예배 음악의 가장 중요한 요소는 가사 내용이라고 생각한다. 적절한 곡조를 곁들이면 더 좋고 기억에도 오래 남지만 진리를 전달하는 것은 곡조가 아니라 가사 내용이다. 가사에 풍부한 신학적 진리와 정확한 성경 말씀이 가득 실리면 우리의 생각을 일깨워 하나님을 영화롭게 하는 예배를 드릴 수 있게 도와준다. 하지만 찬송가 가사에 실린 진리는 이해하려면 반드시 성경적인 배경이 필요하다. 성경 지식이 없으면 찬송가 가사의 심오한 내용을 이해하기 어렵다. 교인들이 하나님이 원하시는 참 예배를 경험하고 표현할 수 있게 하려면요 4:24 참조 그들에게 성경을 가르쳐야 한다.

성경 주해는 참예배만이 아니라 그리스도인의 삶에 아주 위험한 영향을 미치는 죄와 정욕으로부터 교인들을 보호한다. 일부 교회 목회자들은 매주 강단에서 자기 계발이나 긍정적인 감정을 유도하는 데 그치는 '짧은 명상 설교'를 전한다. 하지만 그런 설교로는 죄와 잘못과 유혹으로부터 교인들을 보호할 수 없다. 성경은 양떼를 영적 해악으로부터 보호하지 못하는 목자들을 날카롭게 꾸짖는다슥 10:12-13 참조. 양떼가 사나운 늑대들에게 피해를 당하도록 방치하는 목자는 충실한 목자와는 거리가 멀다.

그런 목자는 하나님에 관한 참지식을 가르치지도 못하고, 깊이 있는 영혼의 사역을 이루지도 못하며, 교리의 토대를 닦는 일에도 실패하고 만다. 그들의 설교 방법은 사람들의 흥미를 자극해 많은 사람을 예배에 참석하게 할 수 있을지는 몰라도 하나님의 말씀을 충실히 전하지 못하는 탓에 결국 양떼에게 가장 필요한 것을 등한시하는 것으로 끝나고 만다. 그러한 목회자들은 장차 목자장이신 주님 앞에서 양떼를 잘 돌보지 못한 일에 대해 책임을 져야 할 것이다벧전 5:1-4 참조.

8. 목회자의 사역에 깊이와 균형을 가져다준다

일관된 성경 주해의 또 다른 장점은 성경 본문이 목회자의 믿음과 삶을 판단하는 잣대라는 것이다. 지금까지 내가 가르쳐 온 것은 모두 성경의 시험대를 거치지 않으면 안 된다. 주님이 원하시면 내 목숨이 다하기 전에 구약성경의 배경과 사례를 증거로 삼아 신약성경을 단 한 구절도 빼놓지 않고 모두 가르치고 싶다. 하나님의 말씀은 나의 삶과 믿음에 결정적으로 영향을 미쳐 왔다. 구약성경에 의해 뒷받침된 신약성경의 모든 내용이 나의 삶과 믿음을 인도하고 새롭게 변화시켰다. 나의 삶과 믿음은 내가 전하는 성경 본문을 통해 늘 판단 받아야 한다.

성경 각 권을 한 구절씩 강해하는 설교 방식은 균형 있는 사역을 가능케 해 준다. 즉 그런 식의 강해 설교는 중요한 진리를 간과하거나 설교자 취향 중심의 한정된 설교 방법을 지양할 수 있게 해 준다. 강해 설교는 성경 구절을 순서대로 설명하게 하기 때문에 설교자의 관심을 자극하지 못하는 주제도 빠뜨리지 않도록 도와준다. 한마디로 강해 설교는 목회자에게 하나님의 진리를 그분이 계시하신 대로 전할 수 있도록 인도한다. 강해 설교는 하나님의 말씀을 전하는 가장 좋은 방법이다.

어떤 설교자들은 교인들이 설교의 주제를 정하도록 허락한다. 어느 유명한 목회자는 이렇게 말했다.

> 설교자는 자신의 스타일을 청중에게 맞춰야 한다. …… 우리와 불신자들이 공유할 수 있는 토대는 성경이 아니라 인간으로서 지니고 있는 공통의 필요와 상처와 관심사다. 불신자들이 성경에 관심을 기울일 것이라고 기대하고 성경을 가르치는 데서부터 출발해서는 곤란하다. 먼저 그들의 관심을 사로잡고 나서 천천히 성경의 진리를 가르쳐야 한다. 불신자들의 관심을 자극하는 주제에서부터 시작한 다음 성경의 답변을 제시한다면

그들의 관심을 사로잡고, 그들의 편견을 허물며, 전에 느끼지 못했던 성경에 대한 관심을 일깨워 줄 수 있다.[9]

미끼를 던진 뒤에 잡아챈다는 전략은 자칫 타협의 소지를 남길 위험성이 다분하다. 즉 그런 전략은 청중의 귀를 즐겁게 하거나 사람들의 이목을 끄는 데 급급한 나머지 복음의 진리를 왜곡하는 잘못을 범하게 하기 쉽다. 한마디로 그런 접근 방식은 하나님의 말씀이 부적절하다는 의미밖에 안 된다. 그것은 인간의 재주를 복음에 대한 관심을 유도하는 비결로 삼으려는 시도에 불과하다. 우리는 그런 접근 방식을 단호히 거부해야 한다. 제임스 하이딩어는 이렇게 말했다.

> 복음주의 목회자와 신학자는 진리보다 적절성을 우위에 놓는 요즘 세태로부터 교훈을 얻어야 한다. 우리는 강요가 아닌 설득을 통해 새로운 것을 제시해야만 현대인들에게 좀 더 쉽게 믿음을 전할 수 있다는 유혹의 소리에 귀를 기울여서는 안 된다. 방법은 변할 수 있지만 메시지는 결코 변하지 않는다. …… 우리는 신뢰할 수 있는 위대한 신학적 유산을 충실히 지켜야 할 청지기로 부르심을 받았다. 우리에게는 주장해야 할 진리와 피해야 할 오류가 있다. 진리를 좀 더 매혹적으로 보이게 하려거나 사용자에게 편리한 방식으로 전환시킬 목적으로 그 품격을 떨어뜨리는 행위는 자제해야 마땅하다. 우리는 요즘 유행하는 '신학적 번지점프'에 단호히 맞서야 한다. 그런 노력은 단지 구경하는 군중을 즐겁게 하는 데 지나지 않는다.[10]

우리는 성경을 정확하고 일관되게 전하라는 부르심을 받았다. 오직 하나님의 계시, 곧 성령의 능력으로 전달되는 성경 말씀만이 영혼을 구원하고 거룩하게 만들 수 있다. 따라서 우리는 성경 본문에 초점을 맞춰야 한다. 그럴 때 우리는 하나님을 기쁘시게 할 수 있다 딤후 2:15; 4:2 참조. 왜냐하면 그런 설교만이 하나님의 말씀과 조화를 이룰 수 있기 때문이다.

9. 개인 성경 공부의 필요성을 일깨워 준다

성경을 가르치는 또 다른 이유는 하나님의 말씀을 부지런히 연구하고 가르칠 때 개인 성경 공부의 이점과 가치를 교인들에게 일깨워 줄 수 있기 때문이다. 목회자를 통해 전달되는 말씀은 교인들에게 강한 영향을 미친다. 교인들이 말씀의 능력을 경험하면 목회자의 삶을 본받고 싶은 충동을 느끼게 마련이다.

하나님은 지난 40년 동안 매주 여러 번 성경 말씀을 연구하고 가르칠 수 있는 특권을 나에게 허락하셨다. 세월이 흐르면서 성경을 통해 나타나는 하나님의 영광과 그분의 놀라운 사역을 의식하면서 진리에 대한 나의 열정은 갈수록 커졌다. 그런 나의 열정은 매주 전달되는 설교에 고스란히 스며들어 나타나기 때문에 자연히 교인들에게까지 전달되게 마련이다. 나의 열정에 고무된 교인들은 자신도 한 주 동안 성경을 배우기 위해 노력하겠다는 결심을 하기에 이른다.

강해 설교는 교인들에게 혼자서 성경을 공부할 때 그 의미를 해석하는 방법을 가르쳐 준다. 성경을 가르치는 설교자는 그 자체로 성경 해석학을 가르치는 살아 있는 교재나 다름없다. 설교를 효과적으로 전달하면 교인들을 성경을 올바로 해석하는 과정에 참여시킬 수 있다.

설교자가 성경 본문을 주의 깊게 해석하는 방법을 가르쳐주면 교인들은 베뢰아 사람들처럼 모든 것을 성경 말씀에 비춰 판단하는 삶을 살아가게 된다행 17:11 참조.

성경을 가르치는 사역에 지속적으로 노력을 기울이는 교회에는 목회자가 모범을 보여 준 해석의 원리를 적용시켜 스스로 하나님의 말씀을 연구하는 그리스도인들이 존재하게 마련이다. 그와는 달리 강단에서 하나님의 말씀을 가르치지 않는 교회는 성경이나 교리에 무지할 뿐 아니라 영적으로도 아무런 활력이 없는 그리스도인들만 가득할 것이다. 교인들은 목회자의 수준을 뛰어넘지 못한다. 교인들은 단지 지도자를 본받는 데 그친다. 설교자가 하나님의 말씀을 사랑하면 교인들도 그럴 것이고, 설교자가 그렇지 않으면 교인들도 그렇지 않을 것이다.

10. 하나님을 의지하는 사역을 가능케 한다

마지막으로 말씀 전파에 초점을 맞춘 사역은 전적으로 하나님을 의지하는 사역을 의미한다. 그런 사역은 모든 내용과 방향을 인간의 수단이나 책략이 아니라 하나님께 의지한다.

목회 사역을 처음 시작하면서 하나님 앞에서 사역의 깊이에만 관심을 기울이겠다고 다짐했다. 다시 말해 사역의 넓이는 모두 하나님께 맡기기로 결정했다. 놀랍게도 하나님은 나의 사역을 그레이스 커뮤니티 교회에 몸담고 있는 모두가 기대했던 것보다 훨씬 더 크게 넓혀 주셨다. 하지만 나는 우리 교회의 사역을 널리 알리고 싶다는 생각을 한 적도 없거니와 그런 계획을 세운 적도 없었다. 나와 교인들은 유명해지는 방법이나 교회의 성장을 도모하는 방법에 관해 아무런 관심도 기울이지 않았다. 우리는 단지 깊이와 정확함을 갖추어 성경을 일관되게 가르치는 일에만 초점을 맞추었으며, 무엇보다도 전심으로 하나님을 의지하기로 결정했다.

자신의 생각이 아니라 오직 하나님의 말씀만 전하는 설교자는 모든 결과를 온전히 하나님께 내맡긴다. 그가 가르치는 것은 하나님의 말씀이고, 말씀으로 역사하시는 분은 성령이시다. 죄를 꾸짖고 삶을 변화시키는 능력은 모두 성령으로부터 나온다. 설교자는 단지 성경의 진리를 충실히 전할 뿐이다. 교인들이 말씀에 반응하면 그 영광은 모두 하나님의 것이다.

이것이 내가 40년이 지난 지금도 여전히 하나님의 말씀을 전하는 이유다. 처음부터 그리스도의 영광을 위한 사역에 충성하는 것이 나의 인생 목표였다. 이것이 모든 목회자의 목표가 되어야 한다. 하나님의 말씀을 높이고, 그 진리를 그분의 백성의 삶에 적용하고, 모든 결과를 온전히 그분에게 맡기는 것보다 하나님을 더욱 영화롭게 할 수 있는 방법은 없다. 바울이 디모데에게 당부한 대로 충실한 목회자가 되려면 목회자로서의 거룩한 소명에 힘써 부응해야 한다. 바울 사도는 이렇게 말했다.

"하나님 앞과 산 자와 죽은 자를 심판하실 그리스도 예수 앞에서 그의 나타나실 것과 그의 나라를 두고 엄히 명하노니 너는 말씀을 전파하라 때를 얻든지 못 얻든지 항상 힘쓰라 범사에 오래 참음과 가르침으로 경책하며 경계하며 권하라 때가 이르리니 사람이 바른 교훈을 받지 아니하며 귀가 가려워서 자기의 사욕을 좇을 스승을 많이 두고 또 그 귀를 진리에서 돌이켜 허탄한 이야기를 좇으리라 그러나 너는 모든 일에 근신하여 고난을 받으며 전도인의 일을 하며 네 직무를 다하라 …… 내가 선한 싸움을 싸우고 달려갈 길을 마치고 믿음을 지켰으니 이제 후로는 나를 위하여 의의 면류관이 예비되었으므로 주 곧 의로우신 재판장이 그날에 내게 주실 것이니 내게만 아니라 주의 나타나심을 사모하는 모든 자에게니라 …… 주께서 나를 모든 악한 일에서 건져 내시고 또 그의 천국에 들어가도록 구원하시리니 그에게 영광이 세세 무궁토록 있을지어다 아멘" 딤후 4:1-5, 7-8, 18.

〈Note〉

1. Os Guinness, *Dining with Devil* (Grand Rapids: Baker, 1993) p.64-67를 보라.
2. John Armstrong, "How I Changed My Mind: Theological Method", *Viewpoint* (9-10월호 2003): 4. 이 주제에 관해 그의 블로그에 올린 후속 글을 보면 암스트롱은 '높은 기준의 확신을 가진 그리스도인을 독재자와 폭군에 비유했다. 기사 제목은 "Certitude Can Be Idolatrous"이다. (2005년 6월 30일) http://johnharmstrong.com/.
3. Brian McLaren, Greg Warner 인용, "Brian McLaren", *Faith Works* (no date), http://www.faithworks.com/archives/brian_mclaren.htm.
4. Brian McLaren, *A Generous Orthodoxy* (Grand Rapids: Zondervan, 2004), p.23.
5. Andy Crouch가 인용한 Kristen Bell, wife of Rob Bell, "The Emergent Mystique", *Christianity Today*, 2004년 11월호 p.38.
6. Charles Spurgeon, "The Last Words of Christ on the Cross" #2644, 눅23:46, *Metropolitan Tabernacle Pulpit*, 45권.
7. Mark Galli and Ted Olsen, eds.에서 인용, 131 *Christians Everyone Should Know* (Nashville: Broadman & Holman, 2000), p.369-371.
8. 위와 동일
9. Rick Warren, *The Purpose Driven Church* (목적이 이끄는 교회, 디모데) (Grand Rapids: Zondervan, 1995), p.294-295.
10. James V. Heidinger II, "Toxic Pluralism", *Christianity Today*, 1993년 4월 5일, p.16-17.

23 : 순전한 인격을 갖춰라
리더십 The Master's Plan for the Church

20년 전 신문에서 읽은 작은 기사가 지금까지 나의 뇌리에서 떠나지 않는다. 1987년 3월, 조지아 주 코니어스의 로크데일 주립고등학교 농구팀 '불독스'가 상대팀을 모두 물리치고 처음으로 주 우승을 차지했다. 18년 동안 한 번도 우승한 적 없이 팀을 이끌어 온 코치 클리블랜드 스트라우드는 기뻐서 어쩔 줄 몰랐다.

하지만 챔피언 결정전이 끝난 지 몇 주 후 스트라우드 코치는 선수들의 성적을 점검하던 중 3군 선수 가운데 하나가 몇 개 학과목에서 낙제해 성적 미달로 농구팀에서 뛸 자격을 상실하게 된 사실을 발견했다.

그 선수는 게임에 출전하기 위해 항상 유니폼을 입고 대기했지만 실제로는 시즌에 단 한 번도 경기를 해 본 적이 없는 1학년 학생이었다. 하지만 스트라우드 코치는 준결승 토너먼트 게임을 치르면서 팀이 20점 이상의 점수 차로 상대팀을 앞지르자 모든 선수에게 경기에 참여할 기회를 주고 싶었다. 그는 경기 종료 45초를 남겨 두고 그 자격 없는 선수를 출전시켰다. 그 선수는 점수를 한 점도 획득하지 못했다. 그의 참여는 경기 결과에 아무런 영향을 미치지 못했다. 하지만 그것은 선수 자격에 관한 주 경기 규칙을 어긴 행위였다.

스트라우드 코치는 심각한 곤경에 직면했다. 경기 규칙을 어긴 사실을 발설할 경우 주 체육 담당 부서에서 그의 팀의 자격을 박탈하고, 우승을 취소할 것이 분명했다. 그만 입을 다물고 있으면 그 사실이 발각될 가능성은 매우 희박했다.

하지만 적어도 경기에 출전한 그 선수는 자신이 규칙을 어긴 사실을 분명히 알고 있을 테고, 또 다른 선수들도 그 사실을 눈치 채고 코치가 선수 자격 기준에 관한 규칙을 고의로 무시했다고 생각할 가능성이 높았기 때문에 스트라우도 코치는 진실을 외면하기가 몹시 어려웠다. 더욱이 그가 고의로 진실을 은폐할 경우 자신이 코치로 있는 동안 이룬 가장 큰 승리에 영원히 오점이 남게 될 것이 틀림없었다.

스트라우드 코치의 말에 따르면 규칙을 어겼다는 사실을 발견한 순간부터 무엇을 해야 할지 잘 알고 있었다고 한다. 그는 대안을 강구하려고 하기보다 가장 먼저 해야 할 일을 마음속으로 결정했다. 그는 우승컵보다 인격이 더 중요하다고 판단했다. 그는 이렇게 말했다. "농구 경기 결과는 사람들의 기억에서 쉽게 잊히지만, 우리의 인격은 결코 잊히지 않습니다."

마침내 스트라우드 코치는 규칙을 위반한 사실을 보고했고, 자신의 팀이 이룬 단 한 번의 주 우승을 놓치고 말았다.

하지만 그와 그의 팀은 자신들이 잃은 것보다 훨씬 더 중요한 명예를 얻었다. 그들은 순전한 인격을 손상시키지 않았고, 많은 사람들로부터 존경과 신뢰를 얻었다. 스트라우드 코치는 주 의회로부터 공식적인 찬사를 받았을 뿐 아니라 '올해의 교사상', '올해의 코치상', '올해의 시민상'을 받았다. 그로부터 몇 년 뒤에는 유권자들이 그를 코니어스 시 의원으로 선출했고, 그는 지금도 그 위치에서 시를 위해 일한다. 그의 생각이 옳았다. 사람들은 불독스가 주 우승했다는 사실은 오래전에 잊었지만 스트라우드 코치의 순전한 인격은 결코 잊지 않았다.

순전한 인격은 그리스도와 같은 인격을 구성하는 가장 중요한 성품 가운데 하나다. 특히 이 인격은 목회자로 부르심을 받은 사람에게 반드시 필요하다. 순전한 인격은 건전한 교리를 믿고 성경의 진리를 충실히 가르치는 것만큼 중요하다. 정직한 마음과 하나님의 도덕적 원칙에 대한 일관된 복종은 기독교 지도자가 갖추어야 할 필수 덕목이다.

이는 단순한 의무가 아니다. 하나님의 백성이 지켜야 할 도덕 기준은 가장 고결한 인간의 도덕 기준을 훨씬 상회한다. 이는 예수님이 산상 설교를 통해 가르치신 주된 요점 가운데 하나다. 주님은 "내가 너희에게 이르노니 너희 의가 서기관과 바리새인보다 더 낫지 못하면 결단코 천국에 들어가지 못하리라"마 5:20고 말씀하셨다. 산상 설교는 율법의 도덕적 의미를 파헤치는 데 목적이 있었다. 산상 설교의 핵심은 율법의 도덕적 원리를 다른 사람들이 볼 수 있는 행위에만 적용하려는 태도를 반박하는 것이었다.

예를 들어 예수님은 십계명의 여섯 번째 계명을 살인 행위만이 아니라 살의를 품은 마음에도 똑같이 적용할 수 있다고 가르치셨다21-22절 참조. 일곱 번째 계명도 마찬가지였다. 직접 간음을 저지른 행위뿐만 아니라 마음에 은밀히 음욕을 품는 것도 간음에 해당한다27-28절 참조. 이웃을 사랑하라는 계명은 심지어 원수까지 끌어안는 사랑을 의미한다43-44절 참조.

하지만 성경의 윤리는 종종 많은 부담을 준다. 예수님도 그 점을 인정하셨다. 하지만 예수님은 편리한 윤리만 추구하는 사람은 세리와 하등 다를 바가 없다고 말씀하셨다. 세리는 예수님 당시에 가장 교활하고 가장 비도덕적이라는 평판을 듣는 사람이었다.

그러면 하나님의 율법이 정한 도덕 기준은 얼마나 높을까? 상상할 수 없을 정도로 높다. 예수님은 "그러므로 하늘에 계신 너희 아버지의 온전하심과 같이 너희도 온전하라"48절는 말씀으로 율법의 도덕 기준을 하나님의 완전하심과 동등하게 취급하셨다.

물론 이는 결코 도달할 수 없는 기준이다. 하지만 그럼에도 불구하고 최선을 다해 도덕적 순전함을 추구하는 것이 우리의 의무다. 도덕적으로 완벽한 성품은 모든 그리스도인이 끊임없이 힘써 추구해야 할 궁극적인 목표(즉 그리스도의 형상을 이루는 일)에 반드시 필요한 요소다빌 3:12-14 참조. 따라서 교회 지도자는 순전한 인격을 절대 포기해서는 안 된다.

고결한 윤리 기준을 힘써 추구해야 하는 가장 중요한 이유는 세 가지, 곧 우리의 명예, 우리의 인격, 우리의 증거를 위해서다.

첫째, 우리가 일관된 윤리 행위를 추구해야 하는 이유는 우리의 명예 때문이다. 물론 우리는 그리스도인으로서 지위, 신분, 계급, 경제적 위신 따위에 관심을 기울여서는 안 된다. 그 점에 관한 한 우리는 모든 명예를 포기하고 종의 형체를 입으신 그리스도를 닮아야 한다빌 2:7 참조.

하지만 우리는 진정한 차원에서 우리의 명예를 지키는 일에 깊은 관심을 기울여야 한다. 여기에서 명예란 특히 도덕적 순전함을 견지하는 태도를 의미한다. 장로의 가장 기본적인 자격 요준 가운데 하나는 이것이다. "또한 외인에게서도 선한 증거를 얻은 자라야 할지니 비방과 마귀의 올무에 빠질까 염려하라" 딤전 3:7.

도덕적 순전함을 저버리는 것은 다른 무엇보다도 더욱 빠르고 심각하게 우리의 명예를 손상시킨다. 다른 잘못이나 무지, 또는 실패는 용서받기도 하지만 도덕적 파산은 극복이 거의 불가능한 오점을 남긴다.

몇 년 전, 한 교구민이 어떤 목회자도 듣고 싶어 하지 않을 이야기를 들려주었다. 어느 날 그는 사업상 알고 지내는 사람에게 그레이스 커뮤니티 교회에 나오라고 권유했다. 그러자 그 사람이 대답했다. "그 교회에 다닐 참인가요? 나는 그 교회에 다닐 생각이 없습니다. 우리 마을에서 가장 부패한 법률가가 그 교회에 다니고 있어요."

나는 그때나 지금이나 그가 누구를 가리켰던 것인지 도통 알 수가 없다. 우리 교회 교인 가운데 법률가는 수십 명에 달한다. 나는 그가 그 법률가의 신원을 잘못 알았거나 그가 말한 사람이 우리 교회 교인이 아니기를 간절히 바랐다. 하지만 그 다음 주일에 나는 강단에서 그 이야기를 언급했다. "그 사람이 언급한 법률가가 오늘 아침 이 자리에 나왔거든 삭개오처럼 죄를 뉘우치고 실추된 명예를 지역 사회 안에서 다시 회복하시기 바랍니다. 그러기 전까지는 스스로를 그리스도인이라고 말하지 마세요. 교회 전체의 명예를 실추시키고 있다는 사실을 잊지 말기 바랍니다."

"많은 재물보다 명예를 택할 것이요 은이나 금보다 은총을 더욱 택할 것이니라"잠 22:1. 순전하고 흠 없는 인격을 지니지 않으면 좋은 평판을 얻을 수 없다.

둘째, 우리가 높은 윤리 의식을 갖추어야 하는 이유는 우리의 순전한 인격 때문이다. 예수님이 마태복음 5장에서 겉으로 드러난 행위와 정직한 마음을 대조하는 데 그토록 많은 관심을 기울이신 데는 충분한 이유가 있다. 그것은 우리(특히 교회 지도자들)가 다른 사람들이 보지 않는 순간에 행하는 행동이 우리의 인격과 속마음과 양심을 드러내기 때문이다. 바로 그런 것들이 우리의 됨됨이를 가늠하는 진정한 척도다.

지역 사회 안에서 우리의 명예를 지키는 것도 중요하지만 우리의 인격을 온전히 지키는 것은 그보다 훨씬 더 중요하다. 예수님이 도덕과 윤리 문제를 다루실 때 마음의 깊은 생각에서부터 출발하신 이유가 바로 여기에 있다. 내면의 도덕적 순전함을 유지하기 위해 노력하지 않으면 우리의 인격이 이미 근본부터 부패했다는 증거다. 성경은 이렇게 말씀한다. "대저 그 마음의 생각이 어떠하면 그 위인도 그러한즉"잠 23:7. "마음에서 나오는 것은 악한 생각과 살인과 간음과 음란과 도적질과 거짓 증거와 훼방이니"마 15:19.

순전한 인격을 위해 싸워야 할 가장 중요한 싸움이 있다면 그것은 바로 우리의 생각을 지키기 위한 싸움이다. 이는 조금도 과장이 아니다. 순전한 인격을 위한 싸움의 승패는 생각을 얼마나 잘 지키느냐에 달려 있다. 나쁜 나무가 좋은 실과를 맺을 수 없는 것과 같이 부패한 인격은 필경 명예를 실추시키는 결과를 낳는다마 7:18 참조.

이런 사실은 목회자를 비롯해 모든 그리스도인이 도덕적 순전함을 힘써 지켜야 하는 세 번째 이유(즉 우리의 증거)와 자연스레 연결된다. 평판은 우리에 관한 다른 사람들의 의견이고, 증거는 우리의 인격과 행위와 하나님에 관한 우리 자신의 증언을 의미한다.

도덕적 순전함이 없는 그리스도인이 전하는 말을 생각해 보자. 그의 말은 하나님에 관한 성경의 증언을 진실로 믿고 있지 않다는 사실을 드러낸다.

"의와 공평을 행하는 것은 제사 드리는 것보다 여호와께서 기쁘게 여기시느니라" 잠 21:3.

"악인의 제사는 여호와께서 미워하셔도 정직한 자의 기도는 그가 기뻐하시느니라" 잠 15:8.

"중심에 진실함을 주께서 원하시오니" 시 51:6.

다시 말해 도덕적 순전함을 무시하는 그리스도인은 자신의 삶과 태도를 통해 하나님에 관해 거짓말을 전하는 셈이다. 스스로 하나님의 자녀라고 고백하고, 심지어 하나님의 백성을 보살피는 역할을 하더라도 성경이 가르치는 선하고 순전한 인격을 유지하지 못한다면 그것은 하나님의 이름을 욕되게 할 뿐이다. 그러니 도덕적 순전함에 깊은 관심을 기울여야 마땅하지 않겠는가?

이 문제는 실존주의와 상황 윤리를 논하는 이 시대에 새삼스레 등장한 것이 아니다. 다윗은 이미 아래의 시편을 통해 이와 똑같은 원리를 다루었다.

"여호와여 주의 장막에 유할 자 누구오며 주의 성산에 거할 자 누구오니이까 정직하게 행하며 공의를 일삼으며 그 마음에 진실을 말하며 그 혀로 참소치 아니하고 그 벗에게 행악지 아니하며 그 이웃을 훼방치 아니하며 그 눈은 망령된 자를 멸시하며 여호와를 두려워하는 자를 존대하며 그 마음에 서원한 것은 해로울지라도 변치 아니하며 변리로 대금치 아니하며 뇌물을 받고 무죄한 자를 해치 아니하는 자니 이런 일을 행하는 자는 영영히 요동치 아니하리이다" 시 15편.

편리함을 위해 도덕적 원칙을 굽히고 싶은 유혹이 고개 들 직면할 때마다 우리의 평판과 인격과 증거를 기억하자. 교회의 명예와 우리의 평판과 인격과 증거를 지키기 위해서는 어떤 희생도 기꺼이 감수해야 한다.

성경이 가르치는 개인 윤리와 순전한 인격에 관해 좀 더 자세히 알고 싶으면 내가 쓴 책 **순전한 인격의 능력**The Power of Integrity(Wheaton, Ill.: Crossway, 1977)을 참조하라.

24 : 교리에 충실하라
리더십 The Master's Plan for the Church

　내 서재에는 사이비 기독교 종파 지도자가 저술한 책이 한 권 꽂혀 있다. 그는 조직 신학이나 체계화된 교리가 예수님의 가르침에 위배된다고 말한다.
　예수 그리스도께서 교리를 반대하셨다는 생각은 그의 종파가 신봉하는 기본 신념이다. 하지만 그런 생각은 진리와는 거리가 멀다. 교리라는 말은 '가르침'을 의미한다. 따라서 그리스도께서 가르침을 반대하셨다는 말은 한 마디로 터무니없다. 가르치라는 명령은 그리스도의 전도 대명령의 핵심에 해당한다 마 28:18-20 참조.
　하지만 교리에 대한 편견은 비단 사이비 종파에만 국한되지 않는다. 복음주의자들 가운데도 그런 생각을 지니고 있는 이들이 더러 있다. 그들은 교리가 한갓 지식과 이론일 뿐이라며 무시하는 태도를 취한다. 그들에게 교리는 분열을 조장하고, 지루하고, 실용성이 떨어지고, 위험한 걸림돌에 불과하다.

사람들은 종종 내게 왜 교리를 그토록 중요하게 생각하느냐고 묻는다. 어떤 사람들은 교리보다는 실천에 좀 더 비중을 두는 설교를 했으면 좋겠다고 말하기도 한다.

실천적인 적용은 매우 중요하다. 나는 그 중요성을 무시할 생각이 조금도 없다. 하지만 요즘의 설교는 대부분 건전한 교리를 충분히 강조하지 않고, 대신 인간관계나 유사심리학 및 일상생활과 관련된 피상적인 내용을 주제로 삼는 경향이 다분하다.

교리적 진리와 실천적 진리를 구별하는 것은 인위적이다. 교리는 그 자체로 실천적이다. 엄밀히 말하면 기독교 신앙에서 건전한 교리보다 더 실천적인 것은 존재하지 않는다.

"미쁜 말씀의 가르침을 그대로 지켜야 하리니 이는 능히 바른 교훈으로 권면하고 거스려 말하는 자들을 책망하게 하려 함이라"딛 1:9. 이 말씀으로 미루어 볼 때 건전한 교리를 전하지 않는 목회자는 장로의 가장 중요한 책임을 저버리는 셈이나 마찬가지다.

진리 위에 건설하기

성경 원리에 근거하지 않은 실천 방법이나 전략, 또는 구체적 적용은 아무짝에도 소용이 없다. 말씀의 진리를 저버리는 경우에는 어디에서도 경건한 삶을 위한 토대를 발견할 수 없다. 설교자가 청중에게 의무를 알아야 한다고 촉구하려면 먼저 교리를 제시해야 한다. 설교자의 설교는 신학적인 주제를 중심으로 전개되어야 하고, 본문에서 이끌어 낸 원리를 삶에 적용하는 것으로 결론을 지어야 한다.

로마서는 이러한 원리를 가장 명확하게 보여 주는 사례다. 바울은 장장 11장에 걸쳐 교리를 설명한 뒤에 실천적인 권고를 제시했다.

교리의 위대함을 설명하는 바울의 논조는 로마서 11장 33-36절에서 정점에 이른다.

"깊도다 하나님의 지혜와 지식의 부요함이여 그의 판단은 측량치 못할 것이며 그의 길은 찾지 못할 것이로다 누가 주의 마음을 알았느뇨 누가 그의 모사가 되었느뇨 누가 주께 먼저 드려서 갚으심을 받겠느뇨 이는 만물이 주에게서 나오고 주로 말미암고 주에게로 돌아감이라 영광이 그에게 세세에 있으리로다 아멘."

바울은 이 말을 끝으로 11장까지 설명한 교리를 12장부터 삶에 적용했다. 성경 어디에도 진리 앞에서 그리스도인이 감당해야 할 책임을 로마서 12장 1-2절만큼 명확하게 언급하는 말씀은 없다.

바울은 11장에 걸쳐 심오한 교리를 설명한 뒤에 영적 예배라는 최상의 행위로 우리를 초대한다. 영적 예배란 우리 자신을 산 제물로 드리는 것을 의미한다. 교리는 그리스도를 향한 헌신으로 이어진다. 그리스도를 향한 헌신은 가장 위대한 실천에 해당한다. 로마서의 나머지 내용은 그리스도를 향한 헌신이 실천을 통해 나타나는 여러 가지 경우를 심도 있게 다루고 있다.

바울 사도는 갈라디아서, 에베소서, 빌립보서, 골로새서, 데살로니가전서에서도 동일한 유형을 따른다. 즉 교리를 먼저 진술하고 그에 근거해 실천적 적용이 이루어진다. 바울은 '그러므로'라는 접속부사를 사용해 교리의 토대 위에 실천 원리를 건설했다 롬 12:1, 엡 4:1, 빌 2:1, 골 3:1, 살전 4:1 참조.

진리를 따라 살기

우리는 교리라는 용어에 인위적인 의미를 부여해 왔다. 다시 말해 교리를 일상생활과 아무 관련이 없는 이론적이고 추상적인 것으로 변질시켰다. 그 결과 설교와 가르침이 삶과 아무 상관이 없다는 터무니없는 개념이 생겨났다.

성경이 말하는 교리의 개념은 복음, 곧 하나님과 구원과 죄와 의에 관한 가르침 전체를 아우른다. 그런 개념들은 일상의 삶과 밀접한 관련을 맺는다. 초기 그리스도인들은 교리와 실천 원리를 따로 구분하지 않았다.

하나님은 사도들을 통해 신약 시대 교회를 교리의 굳건한 토대 위에 건설하셨다. 많은 주석학자들은 다음 말씀을 초대 교회 송영으로 해석한다. "그는 육신으로 나타난 바 되시고 영으로 의롭다 하심을 입으시고 천사들에게 보이시고 만국에서 전파되시고 세상에서 믿은 바 되시고 영광 가운데서 올리우셨음이니라" 딤전 3:16.

이 송영에 기독교의 모든 가르침의 토대가 요약되어 있다. 이 토대가 없는 실천적 적용은 아무 소용이 없다.

진리에서 떠날 때 나타나는 결과

다음 성경 말씀은 성경의 진리에서 떠날 때 나타나는 결과를 분명히 보여 준다.

"후일에 어떤 사람들이 믿음에서 떠나 미혹케 하는 영과 귀신의 가르침을 좇으리라 하셨으니 자기 양심이 화인 맞아서 외식함으로 거짓말하는 자들이라 혼인을 금하고 식물을 폐하라 할 터이나 식물은 하나님이 지으신 바니 믿는 자들과 진리를 아는 자들이 감사함으로 받을 것이니라" 딤전 4:1-3.

거짓말, 위선, 무뎌진 양심, 거짓된 종교적 실천이 모두 그릇된 교리에서 기원한다.

건전한 교리를 옳게 이해해 선포하는 사역보다 더 중요한 사역 활동은 없다. 바울은 디모데전후서와 디도서에서 두 젊은이에게 복음 사역을 당부했다. 그의 중심 주제는 건전한 교리를 굳게 붙잡으라는 것이었다.

먼저 바울은 디모데에게 이렇게 권고했다. "네가 이것으로 형제를 깨우치면 그리스도 예수의 선한 일군이 되어 믿음의 말씀과 네가 좇는 선한 교훈으로 양육을 받으리라" 딤전 4:6. "네가 네 자신과 가르침을 삼가 이 일을 계속하라 이것을 행함으로 네 자신과 네게 듣는 자를 구원하리라" 16절.

그는 또한 디도에게 삶을 통해 "범사에 우리 구주 하나님의 교훈을 빛나게 하" 딛 2:10라고 말했다. 건전한 교리를 실천하는 것은 단지 입으로 말하는 것보다 훨씬 더 큰 영향력을 발휘한다. 목회자나 신학교 교수, 또는 기독교 지도자가 도덕적으로 실패할 경우 엄청난 파장이 일어나는 이유가 바로 여기에 있다. 그런 지도자가 전하는 메시지는 교리가 삶과 무관하다는 생각을 더욱 심화시킬 뿐이다. 그의 메시지는 청중에게 교리가 한갓 지식과 이론에 불과하다는 허상을 심어 준다.

진리를 귀 기울여 듣기

참교리가 실천 원리가 되어 일상생활에 깊이 뿌리내리면 으레 행동의 변화가 뒤따른다. 하지만 교리가 충분한 영향력을 발휘하려면 먼저 그 의미를 정확하게 이해하는 것이 필요하다. 목회 사역의 어려움은 진리를 명확하고 정확하게 제시하는 데 있다. 실천적 적용은 그에 비하면 그다지 어렵지 않다.

이해하지 못한 진리를 실천에 옮길 수 있는 사람은 아무도 없다. 결혼, 이혼, 가족, 자녀 양육, 권징, 재물, 채무, 노동, 그리스도를 섬기는 일, 가난한 자와 과부를 돌보는 책임, 정부에 대한 태도, 영원한 상급을 비롯해 그 밖의 일들에 관한 성경 원리를 이해하지 못하면 그것들을 삶에 적용할 수 없다.

구원에 관한 성경의 가르침을 알지 못하면 구원받을 수 없고, 거룩함에 관한 성경의 가르침을 알지 못하면 죄를 극복할 수 없다. 그런 경우에는 하나님의 영광을 위해 살거나 축복을 누리며 사는 삶이 불가능하다. 이것이 바로 교리를 신중하고 정확하게 가르쳐야 하는 이유이자 교리가 그 자체로 실천적 의미를 지니는 이유다.

사명선언문

너희가 흠이 없고 순전하여……세상에서 그들 가운데 빛들로
나타내며 생명의 말씀을 밝혀 _ 빌 2:15-16

1. 생명을 담겠습니다
만드는 책에 주님 주신 생명을 담겠습니다.
그 책으로 복음을 선포하겠습니다.

2. 말씀을 밝히겠습니다
생명의 근본은 말씀입니다.
말씀을 밝혀 성도와 교회의 성장을 돕겠습니다.

3. 빛이 되겠습니다
시대와 영혼의 어두움을 밝혀 주님 앞으로 이끄는
빛이 되는 책을 만들겠습니다.

4. 순전히 행하겠습니다
책을 만들고 전하는 일과 경영하는 일에 부끄러움이 없는
정직함으로 행하겠습니다.

5. 끝까지 전파하겠습니다
모든 사람에게, 땅 끝까지, 주님 오시는 그날까지
복음을 전하는 사명을 다하겠습니다.

서점 안내

광화문점 서울시 종로구 새문안로 69 구세군회관 1층
02)737-2288 / 02)737-4623(F)

강남점 서울시 서초구 신반포로 177 반포쇼핑타운 3동 2층
02)595-1211 / 02)595-3549(F)

구로점 서울시 동작구 시흥대로 602, 3층 302호
02)858-8744 / 02)838-0653(F)

노원점 서울시 노원구 동일로 1366 삼봉빌딩 지하 1층
02)938-7979 / 02)3391-6169(F)

일산점 경기도 고양시 일산서구 중앙로 1391 레이크타운 지하 1층
031)916-8787 / 031)916-8788(F)

의정부점 경기도 의정부시 청사로47번길 12 성산타워 3층
031)845-0600 / 031)852-6930(F)

인터넷서점 www.lifebook.co.kr